高等职业教育路桥工程类专业系列教材

道路建筑材料 第2版

DAOLU JIANZHU CAILIAO

主编 张俊红 / 副主编 姚永春

参编 郭慧敏 王燕春 李 瑞 李建红
　　 杜素军 史云飞 赵永生 姚晓峰

主审 张美珍

重庆大学出版社

内容提要

本书共分 3 个教学单元,1 个阅读材料。每个教学单元又分成若干个项目,以各个项目为载体,系统地介绍了路桥工程中所用的砂石材料、石灰、水泥、沥青、水泥混凝土、砌筑砂浆、无机结合料稳定材料、沥青混合料、土工合成材料等材料的技术性质、评价指标、技术标准及指标的检测方法,介绍了水泥混凝土、沥青混合料、砌筑砂浆、无机结合料稳定材料等混合料的配合比设计方法。

本书可作为高等职业教育(职业本科、职业专科)道路桥梁工程技术、工程造价、工程监理、工程检测、工程养护及其他路桥工程相关专业教材,亦可供路桥工程技术人员参考使用。

图书在版编目(CIP)数据

道路建筑材料 / 张俊红主编. -- 2 版. -- 重庆:
重庆大学出版社,2022.6
高等职业教育路桥工程类专业系列教材
ISBN 978-7-5689-2307-1

Ⅰ.①道… Ⅱ.①张… Ⅲ.①道路工程—建筑材料—
高等职业教育—教材 Ⅳ.①U414

中国版本图书馆 CIP 数据核字(2022)第 087231 号

高等职业教育路桥工程类专业系列教材

道路建筑材料

(第 2 版)

主　编　张俊红
副主编　姚永春
主　审　张美珍
策划编辑:肖乾泉

责任编辑:肖乾泉　　版式设计:肖乾泉
责任校对:王　倩　　责任印制:赵　晟

*

重庆大学出版社出版发行
出版人:饶帮华
社址:重庆市沙坪坝区大学城西路 21 号
邮编:401331
电话:(023) 88617190　88617185(中小学)
传真:(023) 88617186　88617166
网址:http://www.cqup.com.cn
邮箱:fxk@ cqup.com.cn(营销中心)
全国新华书店经销
重庆俊蒲印务有限公司印刷

*

开本:787mm×1092mm　1/16　印张:25.75　字数:644 千
2020 年 8 月第 1 版　2022 年 6 月第 2 版　2022 年 6 月第 2 次印刷
印数:2 001—5 000
ISBN 978-7-5689-2307-1　定价:59.00 元

前　言

"道路建筑材料"是道路桥梁工程技术专业的一门专业基础课。本书以交通运输部最新颁布的技术标准和技术规范为依据,系统地介绍了路桥工程中所用砂石材料、石灰、水泥、沥青、水泥混凝土、砌筑砂浆、无机结合料稳定材料、沥青混合料等材料的技术性质、评价指标、技术标准及指标的检测方法,介绍了水泥混凝土、沥青混合料、砌筑砂浆、无机结合料稳定材料等混合料的配合比设计方法。

课程内容的选择首先根据道路桥梁工程技术专业人才培养目标和职业能力要求,再结合"公路工程材料试验助理检测工程师"从业资格证书中相关考核要求,由学校专任教师、行业和企业专家合作共同进行编写。课程内容的确定与生产一线的实际需要紧密结合,并及时反映生产一线的新技术、新工艺。

在编写过程中,本书力求深入浅出介绍内容,注重学习者的技能培养和综合素质的提高,变知识学科本位为职业能力本位;以"工作项目"为主线,从简单到复杂,从单一到综合,依照认知规律,创设工作情境,将"教、学、做"融为一体,紧紧围绕典型工作任务的需要来编写课程内容,以提高学生的专业理论知识和技术能力。

课程教学可以通过具体的教学项目来完成,实行"理实一体化"教学。教学评价采用阶段性评价、过程性评价与目标性评价相结合,理论与实践一体化的评价模式,突出理论与实践技术技能的结合,体现职业技术教育的特色。

本书共分3个教学单元,1个阅读材料。本书由山西工程科技职业大学张俊红主编,山西路桥建设集团有限公司正高级工程师姚永春为副主编,山西工程科技职业大学张美珍主审。具体编写分工为:山西工程科技职业大学张俊红编写绪论,教学单元1的项目4、项目5及相关学习任务单、记录、报告表;山西路桥建设集团有限公司姚永春编写教学单元1的项目1,教学单元2的项目8及相关学习任务单、记录、报告表;山西工程科技职业大学郭慧敏编写教学单元1的项目2及相关学习任务单、记录、报告表;山西工程科技职业大学王燕春编写教学单元2的项目7及相关学习任务单、记录、报告表;山西工程科技职业大学杜素军编写教学单元2的项目9、教学单元3的项目13及相关学习任务单、记录、报告表;山西工程科技职业大学李瑞编写教学单元1的项目3及相关学习任务单、记录、报告表;山西工程科技职业大学史云飞编写教学单元2的项目6及相关学习任务单、记录、报告表;山西工程科技职业大学李建红编写教学单元3的项目10;山西省公路局晋中分局赵永生编写教学单元3的项目11;山西路桥集团试验检测中心有限公司姚晓峰编写教学单元3的项目12及阅读材料。

本书在编写过程中得到了山西路桥集团试验检测中心有限公司、山西协力监理有限公司、山西省公路局晋中分局试验室的大力支持,在此致以衷心的感谢。

由于编者水平有限,书中难免存在不妥之处,敬请各位同仁、读者批评指正,提出您的宝贵意见。

编　者

2022 年 4 月

目　录

教学单元 2 混合料的性能分析与检验

教学单元 3 混合料的配合比设计

绪　论

道路建筑材料是指用于道路与桥梁建筑的各种材料。道路建筑材料课程是道路桥梁施工技术及相关专业的一门专业基础课,主要讲述路桥工程常用材料的组成、性能、试验检测方法及应用等方面的知识。

1.道路建筑材料在路桥工程中的作用

(1)道路建筑材料是道路与桥梁工程的物质基础

材料质量的好坏、配制是否合理及选用是否适当等,均直接影响结构物质量。道路工程结构物裸露于大自然中,承受瞬时、反复动荷载的作用,材料的性能和质量对结构物的使用性能有极大影响。近年来,由于交通量的迅速增长和车辆行驶的渠化,一些高等级路面出现较严重的波浪、车辙等病害现象,这些均与材料的性质有一定的关系。

(2)材料的使用与工程造价密切相关

道路与桥梁结构物的修建费用中,用于材料的费用占道路总造价的60%~70%,因此,要节约工程投资,降低工程造价,认真合理地选用材料是一个很重要的环节。

(3)材料科学的进步可以促进工程技术的发展

在道路与桥梁工程中采用新设计、新技术、新工艺、新材料亦为其中重要一环。许多新型先进设计,由于材料一关未能突破,因而长期未能实现。某些新材料的出现又推动了新技术的发展。所以,对道路建筑材料的研究是道路与桥梁技术发展的重要基础。

2.道路建筑材料课程的研究内容与要求

1)学习内容

(1)砂石材料

砂石材料有的是由地壳上层的岩石经自然风化得到的(天然砂砾),有的是经人工开采或再经轧制而得到的(如各种不同尺寸的碎石和石屑)。砂石材料可以直接用于砌筑道路、桥梁工程结构及附属构造物,也可以作为集料用于配制沥青混合料、水泥混凝土、无机结合料稳定材料、砌筑砂浆等混合料。

(2)无机结合料及制品

道路与桥梁工程中最常用的无机结合料主要是石灰和水泥。水泥是桥梁建筑中水泥混凝土和预应力混凝土结构的主要材料,水泥混凝土路面也是主要的路面类型之一。石灰和水泥也广泛用于路面基层,是半刚性基层的重要组成材料。

（3）有机结合料及其混合料

有机结合料主要是指沥青类材料,如石油沥青、煤沥青等。这些材料与不同粒径的集料组配,可以修筑成各种类型的沥青路面,是现代路面建筑中一种极为重要的材料。

（4）建筑钢材

钢材是桥梁钢结构及钢筋混凝土结构或预应力钢筋混凝土结构的重要组成材料。

（5）土工合成材料

土工合成材料是指工程建设中应用的以人工合成或天然聚合物为原料制成的工程材料总称,其主要品种有土工织物、土工膜、土工复合材料和土工特种材料等,可应用于公路路基、挡墙、路基防排水、路基防护、路基不均匀沉降防治、路面裂缝防治、特殊土和特殊路基处治、地基处理等工程中。

（6）工业废渣

工业废渣主要有粉煤灰、硅灰和矿渣等,可以作为活性矿物掺合料应用于水泥混凝土、石灰工业废渣稳定材料中。

2）学习要求

①掌握材料的技术性质、评价指标及技术标准。

②能够根据给定资料完成水泥混凝土、沥青混合料、无机结合料稳定材料、砌筑砂浆的配合比设计计算。

③能够正确合理地运输、保管及选用道路建筑材料。

④能完成材料的常规指标检测,并能正确完整地填写试验检测记录表,编制检测报告。

⑤能协助试验检测工程师完成水泥混凝土、沥青混合料、无机结合料稳定材料、砌筑砂浆的配合比设计。

3.道路建筑材料的检验方法和技术标准

1）道路建筑材料的一般检验方法

道路与桥梁材料应具备一定的技术性能,而对这些技术性能的检验,必须通过适当的测试手段进行。材料性质的检验分为实验室室内检验和施工现场实地检验,而本课程着重介绍实验室内材料性能的检验。

2）道路建筑材料的技术标准

建筑材料由于其自身固有的特性,以及试验方法不同而导致试验结果差异,必须要按照统一的技术质量要求和统一的试验方法进行评价。

我国建筑材料的标准分为国家标准、行业标准、地方标准和企业标准4个等级。

对需要在全国范围内统一的技术要求应当制定国家标准,国家标准由国务院标准化行政部门制定。对没有国家标准而又需要在全国某行业范围内统一的技术要求,可以制定行业标准,行业标准由国务院有关行政主管部门制定,并报国务院标准化行政主管部门备案,在公布国家标准之后,该项行业标准即行废止。此外,对没有国家标准、行业标准,又需在省、自治区、直辖市范围内统一的技术要求,可以制定地方标准。企业生产的产品没有国家标准和行业标准的,应当制定企业标准,作为组织生产的依据。

根据《中国标准文献分类法》的规定,国家标准和行业标准表示方法如下:

(1)国家标准的表示方法

国家标准由国家标准代号、编号、制定(修订)年份、标准名称4个部分组成。如《水泥标准稠度用水量、凝结时间、安定性检验方法》(GB/T 1346—2011),GB 为国家标准代号,1346 为标准编号,2011 为制定或修订年代号。

国家标准修订时标准代号和编号一般不变,只改变制定、修订年代号。例如,上述标准原为2001 年制定的 GB/T 1346—2001,只改变年号。

强制性国家标准代号为 GB,它表示任何技术(产品)不得低于此标准规定的技术指标;推荐性国家标准在 GB 后加"T",它表示也可以执行其他标准,为非强制性;在国标后加"Z"表示国家标准化指导性技术文件。

(2)行业标准的表示方法

行业标准由行业标准代号、一级类目代号、二级类目代号、二级类目顺序号、制定(修订)年代号、标准名称等部分组成,如《公路工程沥青与沥青混合料试验规程》(JTG E20—2011),JT 为交通行业标准代号,E20 为二级类目顺序号,2011 为修订年号。

与道路材料有关的国家标准及行业标准代号示例见表0.1。

表 0.1　国家标准及行业标准代号

标准名称	代号	示　例
国家标准	国标 GB	GB/T 14685—2011 建设用卵石、碎石
交通行业标准	交通 JT	JTG E20—2011 公路工程沥青与沥青混合料试验规程
建筑工程行业标准	建工 JG	JGJ 55—2011 普通混凝土配合比设计规程
建材行业标准	建材 JC	JC/T479—2013 建筑生石灰
石油化工行业标准	石化 SH	SH 0522—92 道路石油沥青
黑色冶金行业标准	冶标 YB	YB/T 081—2013 冶金技术标准的数值修约与检测数值的判定

为研究国外有关道路材料的科学技术,现将国际标准和几个主要国家的标准代号列于表0.2中。

表 0.2　国际标准和几个主要国家的标准代号

标准名称	缩写(全名)
国际标准	ISO(International Standard Organization)
美国国家标准	ANS(American National Standard)
美国材料与试验学会标准	ASTM(American Society for Testing and Materials)
英国标准	BS(British Standard)
德国工业标准	DIN(Deutsche Industric Normen)
日本工业标准	JIS(Japanese Standard)
法国标准	NF(Normes Francaises)

原材料的性能分析与检验

项目 1 岩石的性能分析与检验

【项目描述】

岩石是在地质作用下,按一定方式结合而成的矿物集合体,它是构成地壳和地幔的主要物质。对岩石的技术指标进行检测,在施工阶段的主要目的是为实体工程选用符合质量要求的石料提供依据。

本项目包括认知公路工程岩石、测定岩石的毛体积密度、测定岩石的单轴抗压强度、分析岩石的耐久性指标及岩石的技术要求 4 个任务。学生通过对岩石的物理、力学、化学性质的评价指标、检验方法及技术要求等理论知识的学习,通过进行测定岩石的毛体积密度、岩石的单轴抗压强度等技能训练,从而具备能为公路桥涵工程、道路工程选择质量符合要求的石料的能力。

任务 1.1　认知公路工程岩石

【任务描述】

本任务是认知岩石的类型,认知公路工程中常用石料的种类及其技术性质。

【学习目标】

能叙述岩石的种类,能叙述公路工程中常用石料的种类及其技术性质。

1.岩石的分类

公路工程中,无论是承受结构作用的地基岩石,还是由岩石加工作为建筑材料的石料,从它们形成的环境,也就是从成因来划分,可以分为岩浆岩、沉积岩和变质岩 3 大类。

1)岩浆岩

岩浆岩也称为火成岩,是在地壳深处或在上地幔中形成的岩浆,在侵入到地壳上部或者喷出到地表冷却固结并经过结晶作用而形成的岩石,即地球内部产生的部分或全部呈液态的高温熔体(岩浆),温度一般在 7 000~12 000 ℃,在岩石的强大压力下,喷发到地表岩浆冷凝固结而成的岩石。

岩浆岩主要有花岗岩、安山岩、闪长岩、流纹岩、玄武岩、辉长岩等。由于岩浆成分和冷却凝固方式不同,便形成了不同的火成岩。

①安山岩:岩浆经由火山口喷发出地面,快速冷却形成的。

②玄武岩:岩浆经由缓和喷发漫流而出,逐渐冷凝形成的。

③花岗岩:岩浆并不喷出地面,而是在地底下慢慢冷却形成的。

2)沉积岩

沉积岩是在地表或近地表不太深的位置形成的一种岩石类型。它是由风化产物、火山物质、有机物质等碎屑物质在常温常压下经过搬运、沉积和石化作用,最后形成的岩石。不论哪种方式形成的碎屑物质,都要经历搬运过程,然后在合适的环境中沉积下来,经过漫长的压实作用,石化成坚硬的沉积岩。

沉积岩依照沉积物颗粒的大小又分为砾岩、砂岩、页岩、石灰岩。沉积岩的形成过程为:

①风化侵蚀:在河流上游的大石头,经年累月被侵蚀风化,逐渐崩解成小的沙泥、碎屑。

②搬运:这些碎屑被水流从上游搬运到下游。

③堆积:下游流速减缓,搬运力减小,岩石碎屑便沉积下来。

④压密:新的沉积物压在旧的沉积物上,时间久了,底下的沉积物被压得较紧实。

⑤胶结:地下水经过沉积物的孔隙,带来的矿物质填满孔隙,使岩石碎屑颗粒紧紧胶结在一起,形成沉积岩。

⑥露出:堆积在海底的沉积岩层在板块运动的推挤下拱出海面,露出地表。

3)变质岩

在地壳形成和发展过程中,早先形成的岩石(包括岩浆岩、沉积岩),由于后来地质环境和物理化学条件的变化,在固态情况下发生了矿物组成调整、结构构造改变甚至化学成分的变化而形成一种新的岩石,这种岩石被称为变质岩。变质岩是大陆地壳中最主要的岩石类型之一。

变质岩又分为板岩、片岩、片麻岩、大理岩。变质岩的形成过程为:

①变质前的岩层:由于沉积或火山作用,堆积出一层层岩层。

②挤压岩层:在强大挤压和摩擦力之下产生温度和压力,使得深埋在地底下的岩石发生变质作用。

③变质成新岩石:岩石里零散分布的矿物结晶会呈规则排列,或生出新矿物而变成各种新的变质岩。

2.路桥工程中常用石料的类型

道路与桥涵工程使用的石料,一种是由天然岩石经打眼放炮开采得到的大块石,再按要求的规格经粗加工或细加工而得到的规则或不规则的块石、条石等;另一种是由天然的卵石、漂石、巨石经加工而成。

1)桥涵工程中常用的石料

桥涵工程中使用的石料主要用于砌体工程,如桥涵拱圈、墩台、基础、墙身等。按尺寸、形状分为下列3种:

①粗料石:由岩层或大块石料开劈并经粗略修凿而成。外形方正,呈六面体,厚度为200～300 mm,宽度为厚度的1.0～1.5倍,长度为厚度的2.5～4倍,表面凹陷深度不大于20 mm。加工镶面粗料石时,丁石长度应比相邻顺石宽度至少大150 mm,修凿面每100 mm长有錾路4～5条,侧面修凿面应与外露面垂直,正面凹陷深度不应超过15 mm。

②块石:块石形状大致方正,上下面大致平整,厚度为200～300 mm,宽度为厚度的1.5～2.0倍,长度为厚度的1.5～3.0倍。镶面块石的外露面向内稍加修凿。

③片石:一般指用爆破或楔劈法开采的石块,厚度不小于 150 mm。镶面片石表面较平整,尺寸较大。

2)道路工程岩石制品

道路工程岩石制品有高级铺砌(路面面层)用的整齐块石、半整齐块石、不整齐块石,用作路基的锥形块石、片石,用作挡墙等工程的块石、片石等。

3.岩石的技术性质及评价指标

岩石的技术性质主要表现在物理性质、力学性质、化学性质和耐久性 4 个方面。

1)物理性质

岩石的物理性质主要包括物理常数和吸水性。公路工程岩石常用的物理常数有密度、毛体积密度和孔隙率;岩石的吸水性是岩石在规定条件下的吸水能力,采用吸水率和饱和吸水率两项指标来表示。

2)力学性质

公路工程岩石除受到各种自然因素的影响外,还受到车辆荷载的作用。因此,岩石除应具备上述物理性质外,还必须具备各种力学性质(如抗压、抗剪、抗折等纯力学性质),以及一些为路用性能特殊设计的力学指标(如抗磨光性、抗冲击性、抗磨耗性等)。在此主要讨论用于岩石的强度分级、进行岩性描述、评定岩石强度的单轴抗压强度。

3)化学性质

按 SiO_2 含量的多少,将岩石分成酸性、中性及碱性。

①SiO_2 含量>65%,酸性岩石。

②SiO_2 含量为 52%~65%,中性岩石。

③SiO_2 含量<52%,碱性岩石。

4)耐久性

用于道路与桥梁建筑的岩石抵抗大气自然因素作用的性能称为耐久性。岩石的耐久性主要包括抗冻性和坚固性。

任务 1.2　测定岩石的毛体积密度

【任务描述】

本任务是在分析岩石物理性质指标的基础上,根据《公路工程岩石试验规程》(JTG E41—2005)规定的方法测定岩石的毛体积密度。

【学习目标】

①熟悉岩石真密度、毛体积密度、孔隙率的定义。

②能叙述岩石吸水性指标的定义。

③会按《公路工程岩石试验规程》(JTG E41—2005)规定的方法测定岩石的毛体积密度,并能完整、规范地填写试验检测记录表。

1.相关知识

1)岩石的物理常数

岩石的物理常数是岩石矿物组成结构状态的反映,它与岩石的技术性质有着密切的关系。从质量和体积的物理观点出发,岩石内部的组成结构主要由矿质实体、闭口孔隙(不与外界连通的)和开口孔隙(与外界连通的)3部分组成,如图1.1(a)所示。各部分所占的质量和体积如图1.1(b)所示。

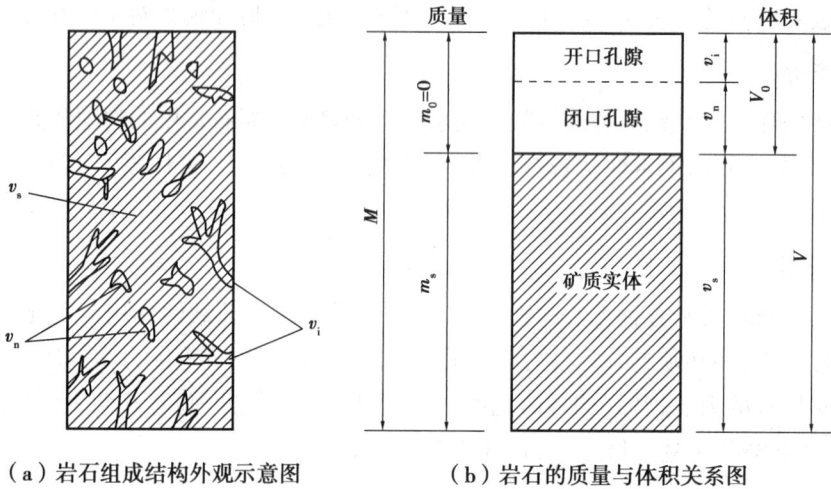

（a）岩石组成结构外观示意图　　　　（b）岩石的质量与体积关系图

图1.1　岩石组成结构示意图

（1）密度 ρ_t（真密度）

密度是指在规定条件(105~110 ℃烘干至恒重,温度20 ℃±2 ℃)下,岩石矿质单位体积(不包括开口与闭口孔隙的体积)的质量。

由图1.1(b)可知,岩石的密度可用式(1.1)表示。

$$\rho_t = \frac{m_s}{v_s} = \frac{M}{v_s} \tag{1.1}$$

式中　ρ_t——岩石的密度,g/cm³;

m_s——岩石矿质实体质量,g;

M——岩石试样的质量,g,由于在空气中称量,所以岩石中的空气质量 $m_0 = 0$,岩石的质量就等于矿质实体的质量,即 $M = m_s$;

v_s——岩石矿质实体体积,cm³。

在成岩过程中,由于地质环境使岩石所受动力地质作用的程度不同,致使岩石含有不同的矿物成分以及不同风化程度的矿物。这些不同矿物所组成的岩石将影响其密度值大小,含密度较大的矿物,岩石的密度也相应较大。岩石的密度是选择建筑材料、研究岩石风化、评价地基基础工程岩体稳定性及确定围岩压力等必需的计算指标。

按《公路工程岩石试验规程》(JTG E41—2005)规定,岩石的密度用密度瓶法测定。将岩石样品粉碎磨细后,在105~110 ℃的条件下烘干至恒重,称得其质量;然后在密度瓶中加水经煮沸后,使水充分进入闭口孔隙中,通过"置换法"测定其真实体积;已知真实体积和质量按式

(1.1)求得密度。

（2）毛体积密度 ρ_h

毛体积密度是指在规定条件（105～110 ℃烘干至恒重）下，岩石单位体积（包括岩石矿质实体和孔隙体积）的质量。由图 1.1(b)可知，岩石的毛体积密度可用式(1.2)表示。

$$\rho_h = \frac{m_s}{v_s + v_n + v_i} = \frac{M}{V} \tag{1.2}$$

式中　ρ_h——岩石的毛体积密度，g/cm^3；

　　　　m_s——岩石矿质实体质量，g；

　　　　v_s——岩石矿质实体体积，cm^3；

　　　　v_n，v_i——岩石闭口孔隙体积和开口孔隙体积，cm^3；

　　　　M——岩石试样的质量，g，由于在空气中称量，所以岩石中的空气质量 $m_0 = 0$，岩石的质量就等于矿质实体的质量，即 $M = m_s$；

　　　　V——岩石的毛体积，cm^3，即 $V = v_s + v_n + v_i$。

岩石的毛体积密度（块体密度）是一个间接反映岩石致密程度、孔隙发育程度的参数。相对而言，块体密度较大的岩石比较致密，且岩石中所含孔隙较少；反之，则表示岩石中所含孔隙较多，岩石较疏松。

（3）孔隙率

孔隙率 n 是指岩石的孔隙体积占岩石总体积的百分率，是反映岩石裂隙发育程度的参数。由图 1.1(b)可知，岩石的孔隙率可用式(1.3)表示。

$$n = \frac{V_0}{V} \times 100 \tag{1.3}$$

式中　n——岩石的孔隙率，%；

　　　　V_0——岩石的孔隙体积（包括开口孔隙体积和闭口孔隙体积），cm^3；

　　　　V——岩石的总体积，cm^3。

孔隙率一般不可实测，可由密度和毛体积密度计算求得。因密度 $\rho_t = M/v_s$，毛体积密度 $\rho_h = M/V$，得 $v_s = M/\rho_t$，$V = M/\rho_h$，代入式(1.3)，即得式(1.4)。

$$n = \left(1 - \frac{\rho_h}{\rho_t}\right) \times 100 \tag{1.4}$$

岩石的孔结构会影响其所轧制成的集料在水泥（或沥青）混凝土中对水泥（或沥青）的吸收、吸附等化学交互作用的程度。

岩石的物理常数（密度、毛体积密度、孔隙率）不仅能反映岩石的内部组成结构状态，而且能间接地反映岩石的力学性质和耐久性。例如，相同矿物组成的岩石，孔隙率越低强度越大；岩石耐冻性大小也主要取决于岩石本身的孔隙率，即孔隙特征。

2）吸水性指标

（1）吸水率

吸水率是指在常温（20 ℃±2 ℃）、常压（大气压）条件下，岩石试件自由吸水最大的吸水质量占烘干（105～110 ℃烘干至恒重）岩石试件质量的百分率。

岩石吸水率按式(1.5)计算:

$$w_a = \frac{m_1 - m}{m} \times 100 \qquad (1.5)$$

式中 w_a——岩石吸水率,%;

　　　　m——岩石烘干至恒重时的质量,g;

　　　　m_1——岩石吸水至恒重时的质量,g。

岩石吸水率主要取决于岩石孔隙率的大小及孔隙特征。一般来说,孔隙率越大,吸水性越强,但因为闭口孔隙水分不易渗入,粗大孔隙中水分又不易存留,所以有些岩石,尽管孔隙率较大,但吸水率却仍然较小,当岩石具有很多微小而开口的孔隙时,其吸水率较大。

岩石吸水率测定的方法按《公路工程岩石试验规程》(JTG E41—2005)规定采用自由吸水法测定。

(2)饱和吸水率

饱和吸水率是指在强制条件下,岩石试件最大的吸水质量占烘干(105～110 ℃烘干至恒重)岩石试件质量的百分率。《公路工程岩石试验规程》(JTG E41—2005)规定采用煮沸法或真空抽气法测定,按式(1.6)计算。

$$w_{sa} = \frac{m_2 - m}{m} \times 100 \qquad (1.6)$$

式中 w_{sa}——岩石饱和吸水率,%;

　　　　m——岩石烘干至恒重时的质量,g;

　　　　m_2——试件经强制饱和后的质量,g。

常压下,岩石吸水时,水只能进入大开口孔隙,当真空抽气后,占据岩石孔隙内部的空气被排出,在恢复常压时,水分很快进入空气稀薄的岩石孔隙,这时水分能够占据小开口孔隙和闭口孔隙。因此,饱和吸水率总比吸水率大。

岩石的吸水率和饱和吸水率能有效地反映岩石微裂隙的发育程度,可用来判断岩石的抗冻性和抗风化等性能。岩石的吸水率和饱和吸水率之比为饱水系数,它是评价岩石抗冻性的一种指标。一般来说,岩石的饱水系数为0.5～0.8。饱水系数越大,说明常压下吸水后留余的空间有限,岩石越容易被冻胀破坏,岩石的抗冻性也就越差。吸水率小于0.5%、饱水系数小于0.8的岩石具有良好的工程性能。

2.测定岩石的毛体积密度

试验依据为《公路工程岩石试验规程》(JTG E41—2005)。

T 0204—2005 毛体积密度试验

1   目的和适用范围

岩石的毛体积密度(块体密度)是一个间接反映岩石致密程度、孔隙发育程度的参数,也是评价工程岩体稳定性及确定围岩压力等必需的计算指标。根据岩石含水状态,毛体积密度可分为干密度、饱和密度和天然密度。

岩石毛体积密度试验可分为量积法、水中称量法和蜡封法。

量积法适用于能制备成规则试件的各类岩石;水中称量法适用于除遇水崩解、溶解和干缩湿胀外的其他各类岩石;蜡封法适用于不能用量积法或直接在水中称量进行试验的岩石。

2　仪器设备

①切石机、钻石机、磨石机等岩石试件加工设备。

②天平:感量 0.01 g,称量大于 500 g。

③烘箱:能使温度控制在 105~110 ℃。

④石蜡及熔蜡设备。

⑤水中称量装置。

⑥游标卡尺。

3　试样制备

3.1　量积法试件制备,试件尺寸应符合本规程 T 0221 中 3.1 的规定。

3.2　水中称量法试件制备,试件尺寸应符合下列规定:试件可采用规则或不规则形状,试件尺寸应大于组成岩石最大颗粒粒径的 10 倍,每个试件质量不宜小于 150 g。

3.3　蜡封法试件制备,试件尺寸应符合下列规定:将岩样制成边长 40~60 mm 的立方体试件,并将尖锐棱角用砂轮打磨光滑;或采用直径为 48~52 mm 圆柱体试件。测定天然密度的试件,应在岩样拆封后,在设法保持天然湿度的条件下迅速制样、称量和密封。

3.4　试件数量,同一含水状态,每组不得少于 3 个。

4　量积法试验步骤

4.1　量测试件的直径或边长:用游标卡尺量测试件两端和中间 3 个断面上互相垂直的两个方向的直径或边长,按截面积计算平均值。

4.2　量测试件的高度:用游标卡尺量测试件断面周边对称的 4 个点(圆柱体试件为互相垂直的直径与圆周交点处;立方体试件为边长的中点)和中心点的 5 个高度,计算平均值。

4.3　测定天然密度:应在岩样开封后,在保持天然湿度的条件下,立即加工试件和称量。测定后的试件可作为天然状态的单轴抗压强度试验用的试件。

4.4　测定饱和密度:试件的饱和过程和称量应符合吸水性试验规定。测定后的试件可作为饱和状态单轴抗压强度试验用的试件。

4.5　测定干密度:将试件放入烘箱内,控制在 105~110 ℃温度下烘 12~24 h,取出放入干燥器内冷却至室温,称干试件质量。测定后的试件可作为干燥状态单轴抗压强度试验用的试件。

4.6　本试验称量精确至 0.01 g,量测精确至 0.01 mm。

5　水中称量法试验步骤

5.1　在测天然密度时,应取有代表性的岩石制备试件并称量;测干密度时,将试件放入烘箱中,在 105~110 ℃下烘干至恒量,烘干时间一般为 12~24 h,取出试件置于干燥器内冷却至室温后,称干试件质量。

5.2　将干试件浸入水中进行饱和,饱和方法可依岩石性质选用煮沸法或真空抽气法。试件的饱和过程和称量,应符合本规程 T 0205 相关条款的规定。

5.3　取出饱和浸水试件,用湿纱布擦去试件表面水分,立即称其质量。

5.4　将试样放在水中称量装置的丝网上,称取试样在水中的质量(丝网在水中质量可事先用砝码平衡)。在称量过程中,称量装置的液面应始终保持同一高度,并记下水温。

5.5 本试验称量精确至 0.01 g。

6 蜡封法试验步骤

6.1 测天然密度时,应取有代表性的岩石制备试件并称量;测干密度时,将试件放入烘箱,在 105~110 ℃下烘至恒量,烘干时间一般为 12~24 h,取出试件置于干燥器内冷却至室温。

6.2 从干燥器内取出试件,放在天平上称量,精确至 0.01 g(本试验称量精度皆同此)。

6.3 把石蜡装在干净铁盆中加热熔化,至稍高于熔点(石蜡熔点一般在 55~58 ℃)。岩石试件可通过滚涂或刷涂的方法使其表面涂上一层厚度 1 mm 左右的石蜡层,冷却后准确称出蜡封试件的质量。

6.4 将涂有石蜡的试件系于天平上,称出其在洁净水中的质量。

6.5 擦干试件表面的水分,在空气中重新称取蜡封试件的质量,检查此时蜡封试件的质量是否大于浸水前的质量。如超过 0.05 g,说明试件蜡封不好,洁净水已浸入试件,应取试件重新测定。

7 结果整理

7.1 量积法岩石毛体积密度按下列公式计算:

$$\rho_0 = \frac{m_0}{V} \quad\quad\quad (\text{T } 0204.1)$$

$$\rho_s = \frac{m_s}{V} \quad\quad\quad (\text{T } 0204.2)$$

$$\rho_d = \frac{m_d}{V} \quad\quad\quad (\text{T } 0204.3)$$

式中　ρ_0——天然密度,g/cm^3;

　　　ρ_s——饱和密度,g/cm^3;

　　　ρ_d——干密度,g/cm^3;

　　　m_0——试件烘干前的质量,g;

　　　m_s——试件强制饱和后的质量,g;

　　　m_d——试件烘干后的质量,g;

　　　V——岩石的体积,cm^3。

7.2 水中称量法岩石毛体积密度按下列公式计算:

$$\rho_0 = \frac{m_0}{m_s - m_w} \rho_w \quad\quad\quad (\text{T } 0204.4)$$

$$\rho_s = \frac{m_s}{m_s - m_w} \rho_w \quad\quad\quad (\text{T } 0204.5)$$

$$\rho_d = \frac{m_d}{m_s - m_w} \rho_w \quad\quad\quad (\text{T } 0204.6)$$

式中　m_w——试件强制饱和后在洁净水中的质量,g;

　　　ρ_w——经排除气体的洁净水的密度,由本规程附录查得,g/cm^3。

7.3 蜡封法岩石毛体积密度按下列公式计算:

$$\rho_0 = \frac{m_0}{\dfrac{m_1-m_2}{\rho_w}-\dfrac{m_1-m_d}{\rho_N}} \quad\quad\quad (\text{T } 0204.7)$$

$$\rho_d = \frac{m_d}{\dfrac{m_1-m_2}{\rho_w}-\dfrac{m_1-m_d}{\rho_N}} \quad\quad\quad (\text{T } 0204.8)$$

式中　m_1——蜡封试件质量,g;

$\quad\quad m_2$——蜡封试件在洁净水中的质量,g;

$\quad\quad \rho_N$——石蜡的密度,g/cm^3。

7.4　毛体积密度试验结果精确至 0.01 g/cm^3,3 个试件平行试验。组织均匀的岩石,毛体积密度应为 3 个试件测得结果之平均值;组织不均匀的岩石,毛体积密度应列出每个试件的试验结果。

7.5　孔隙率的计算。求得岩石的毛体积密度及密度后,用式(T 0204.9)计算总孔隙率 n,试验结果精确至 0.1%。

$$n = \left(1-\frac{\rho_d}{\rho_t}\right)\times100 \quad\quad\quad (\text{T } 0204.9)$$

式中　n——岩石总孔隙率,%;

$\quad\quad \rho_t$——岩石的密度,g/cm^3。

7.6　试验记录。毛体积密度试验记录应包括岩石名称、试验编号、试件编号、试件描述、试验方法、试件在各种含水状态下的质量、试件水中称量、试件尺寸、洁净水的密度和石蜡的密度等。

任务 1.3　测定岩石的单轴抗压强度

【任务描述】

本任务是在分析岩石抗压强度指标的基础上,根据《公路工程岩石试验规程》(JTG E41—2005)规定的方法测定岩石的单轴抗压强度。

【学习目标】

①熟悉岩石单轴抗压强度的定义及其影响因素。

②能按《公路工程岩石试验规程》(JTG E41—2005)规定的方法测定岩石的单轴抗压强度,会进行试验结果的计算,并能完整、规范地填写试验检测记录表。

1.相关知识

岩石的抗压强度是反映岩石力学性质的主要指标之一,它在岩体工程分类、建筑材料选择及工程岩体稳定性评价计算中都是必不可少的指标。影响岩石抗压强度的因素主要包括两个方面:一是岩石本身方面的因素,如矿物组成、结构构造及含水状态等,其中含水状态对岩石强度的影响称为软化性,用软化系数表示;二是试验条件,如试件形状、大小、高径比及加工精度、加载速度等。

岩石的单轴抗压强度是指标准试件经吸水饱和后,在单轴受压并按规定的加载条件下,达到极限破坏时,单位承压面积的强度。

单轴抗压强度按式(1.7)计算:

$$R = \frac{P}{A} \tag{1.7}$$

式中　R——岩石的单轴极限抗压强度,MPa;

　　　P——试件破坏时的荷载,N;

　　　A——试件的截面积,mm^2。

软化系数按式(1.8)计算:

$$K_p = \frac{R_w}{R_d} \tag{1.8}$$

式中　K_p——软化系数;

　　　R_w——岩石饱和状态下的单轴抗压强度,MPa;

　　　R_d——岩石烘干状态下的单轴抗压强度,MPa。

2.测定岩石的单轴抗压强度

对于公路工程岩石的单轴抗压强度标准试件,按《公路工程岩石试验规程》(JTG E41—2005)规定,建筑地基的岩石(岩块)是制备成 50 mm±2 mm、高径比为 2∶1 的圆柱体试件;桥梁工程用石料是制备成 70 mm±2 mm 的立方体试件;路面工程用石料是制备成边长为 50 mm±2 mm 的立方体(或直径和高度均为 50 mm±2 mm 的圆柱体)试件。

T 0221—2005 单轴抗压强度试验

1　目的和适用范围

单轴抗压强度试验是测定规则形状岩石试件单轴抗压强度的方法,主要用于岩石的强度分级和岩性描述。

本法采用饱和状态下的岩石立方体(或圆柱体)试件的抗压强度来评定岩石强度(包括碎石或卵石的原始岩石强度)。

在某些情况下,试件含水状态还可根据需要选择天然状态、烘干状态或冻融循环后状态。试件的含水状态要在试验报告中注明。

2　仪器设备

①压力试验机或万能试验机。

②钻石机、切石机、磨石机等岩石试件加工设备。

③烘箱、干燥器、游标卡尺、角尺及水池等。

3　试件制备

3.1　建筑地基的岩石试验,采用圆柱体作为标准试件,直径为 50 mm±2 mm、高径比为 2∶1。每组试件共 6 个。

3.2　桥梁工程用的石料试验,采用立方体试件,边长为 70 mm±2 mm。每组试件共 6 个。

3.3　路面工程用的石料试验,采用圆柱体或立方体试件,其直径或边长和高均为 50 mm±

2 mm。每组试件共 6 个。

有显著层理的岩石分别沿平行和垂直层理方向各取试件 6 个。试件上、下端面应平行和磨平，试件端面的平面度公差应小于 0.05 mm，端面对于试件轴线垂直度偏差不应超过 0.25°。对于非标准圆柱体试件，试验后抗压强度试验值应进行相应的换算。

4　试验步骤

4.1　用游标卡尺量取试件尺寸（精确至 0.01 mm）。对立方体试件，在顶面和底面上各量取其边长，以各个面上相互平行的两个边长的算术平均值计算其承压面积；对于圆柱体试件，在顶面和底面分别测量两个相互正交的直径，并以其各自的算术平均值分别计算底面和顶面的面积，取其顶面和底面面积的算术平均值作为计算抗压强度所用的截面积。

4.2　试件的含水状态可根据需要选择烘干状态、天然状态、饱和状态、冻融循环后状态。

4.3　按岩石强度性质，选定合适的压力机。将试件置于压力机的承压板中央，对正上、下承压板，不得偏心。

4.4　以 0.5~1.0 MPa/s 的速率进行加荷直至破坏，记录破坏荷载及加载过程中出现的现象。抗压试件试验的最大荷载记录以 N 为单位，精度为 1%。

5　结果整理

5.1　岩石的抗压强度和软化系数分别按式（T 0221.1）、式（T 0221.2）计算。

$$R = \frac{P}{A} \qquad\qquad (T\ 0221.1)$$

式中　R——岩石的抗压强度，MPa；

　　　P——试件破坏时的荷载，N；

　　　A——试件的截面积，mm²。

$$K_p = \frac{R_w}{R_d} \qquad\qquad (T\ 0221.2)$$

式中　K_p——软化系数；

　　　R_w——岩石饱和状态下的单轴抗压强度，MPa；

　　　R_d——岩石烘干状态下的单轴抗压强度，MPa。

5.2　单轴抗压强度试验结果应同时列出每个试件的试验值及同组岩石单轴抗压强度的平均值；有显著层理的岩石，分别报告垂直与平行层理方向的试件强度的平均值。计算值精确至 0.1 MPa。

5.3　软化系数计算值精确至 0.01，3 个试件平行测定，取算术平均值；3 个值中最大值与最小值之差不应超过平均值的 20%，否则，应另取第 4 个试件，并在 4 个试件中取最接近的 3 个值的平均值作为试验结果，同时在报告中将 4 个值全部给出。

5.4　试验记录

单轴抗压强度试验记录应包括岩石名称、试验编号、试件编号、试件描述、试件尺寸、破坏荷载、破坏形态等内容。

任务 1.4　分析岩石的耐久性指标及岩石的技术要求

【任务描述】

本任务是分析岩石的耐久性评价指标及其测定方法;分析路桥工程常用石料的技术要求。

【学习目标】

①能叙述岩石耐久性及其评价指标,了解其测定方法。

②熟悉路桥工程常用石料的技术要求。

③根据《公路桥涵施工技术规范》(JTG/T 3650—2020)中对砌体工程所用石料的技术要求,结合任务 1.2、任务 1.3(或教师给定)的试验数据,能完整、规范地编制试验检测报告。

1.岩石的耐久性指标

1)抗冻性指标

岩石抗冻性是指岩石在吸水饱和状态下,抵抗反复冻结融化产生破坏的性能。

岩石在自然环境中,往往是夏秋季节被水浸湿,岩石中与外界连通的开口孔隙大部分被水充满。当温度降低时水分体积缩小,直至 4 ℃时体积达到最小;当温度再继续下降时,水的体积又逐渐胀大;达到 0 ℃以后,随着温度的下降,冰的体积继续胀大而对岩石孔壁周围施加张应力,如此多次冻融循环后,岩石逐渐产生裂缝、掉边、缺角或表面松散等破坏现象。

一般认为,水在结冰时,体积约增大 9%,对孔壁产生可达 100 MPa 的压力,在压力的反复作用下,使孔壁开裂。所以,当岩石吸收水分体积占开口孔隙体积的90%以下时,岩石不会因冻结而产生破坏。因此,要求在严寒地区(最冷月的月平均气温低于−15 ℃)和寒冷地区(最冷月的月平均气温为−15~5 ℃),岩石的吸水率大于 0.5%时,都需要对岩石进行抗冻性试验。

《公路工程岩石试验规程》(JTG E41—2005)规定,抗冻性的试验方法是采用"直接冻融法",试件在饱水状态下,在−15 ℃时冻结 4 h 后,放入 20 ℃±5 ℃水中融解 4 h,为冻融循环一次,如此反复冻融至规定次数为止。然后确定质量损失率、外形变化、冻融系数(冻融后的强度变化)3 个指标,以此来评价岩石抗冻性的好坏。

(1)外形变化

经历规定的冻融循环次数(如 10 次、15 次、25 次等)后,详细检查各试件有无剥落、裂缝、分层及掉角等现象,并记录检查情况。

(2)质量损失率

将冻融试验后的试件烘干至恒重,称其质量,然后计算质量损失率。质量损失率按式(1.9)计算。

$$L=\frac{m_\mathrm{s}-m_\mathrm{f}}{m_\mathrm{s}}\times100\%$$ (1.9)

式中　L——冻融后的质量损失率,%;

　　　m_s——试验前烘干试件的质量,g;

　　　m_f——试验后烘干试件的质量,g。

（3）冻融系数

测定其抗压强度，计算岩石的冻融系数。岩石的冻融系数按式（1.10）计算。

$$K_f = \frac{R_f}{R_s} \tag{1.10}$$

式中　K_f——冻融系数；

　　　R_f——经若干次冻融试验后的试件饱水抗压强度，MPa；

　　　R_s——未经冻融试验的试件饱水抗压强度，MPa。

2）坚固性指标

岩石的坚固性是岩石在自然风化或其他外界物理化学因素作用下抵抗破裂的能力。《公路工程岩石试验规程》（JTG E41—2005）规定，岩石坚固性试验采用试样经饱和硫酸钠溶液 5 次浸泡与烘干循环后，计算岩石的坚固性试验质量损失率，是测定岩石抗冻性的一种简易方法。

2.岩石的技术要求

1）桥涵工程中常用石料的技术要求

《公路桥涵施工技术规范》（JTG/T 3650—2020）要求砌体工程所用的石料应符合设计规定的类别和强度，石质应均匀、不易风化、无裂纹；一月份平均气温低于-10 ℃的地区，除干旱地区不受冰冻的部位外，所用石料应通过冻融试验，其抗冻性指标合格后方可使用。

《公路圬工桥涵设计规范》（JTG D61—2018）对所用石材强度、抗冻性要求如下：

①公路圬工桥涵所用石材的强度等级为 MU120，MU100，MU80，MU60，MU50，MU40，MU30。石材强度等级采用边长 70 mm 的饱水立方体抗压强度表示。公路圬工桥涵所使用石材的最低强度等级应符合表 1.1 的规定。

表 1.1　圬工桥涵所用石材的最低强度等级

结构物种类型	石材的最低强度等级
拱圈	MU50
大中桥墩台及基础、轻型桥台	MU40
小桥涵墩台、基础	MU30

②最冷月平均温度低于或等于-10 ℃的地区，所用的石材抗冻性指标应符合表 1.2 的规定。

表 1.2　圬工桥涵所用石材抗冻性指标

结构物部位	大、中桥	小桥及涵洞
镶面或表面石材	50	25

注：①抗冻性指标是指材料在饱水状态下经过在-15 ℃冻结和 20 ℃水中融化的循环次数。试验后材料应无明显损伤（裂缝、脱层），其强度不应低于试验前的 0.75 倍。

　　②根据以往经验，能证明材料确有足够抗冻性能的，可不做抗冻性试验。

③石材应具有耐风化和抗侵蚀性。用于浸水或气候潮湿地区受力结构的石材，其软化系数

不应低于0.8。

《公路桥涵施工技术规范》(JTG/T 3650—2020)要求砌筑拱圈的拱石应采用粗料石或块石,按拱圈放样尺寸加工成楔形。

2) 道路工程中常用石料的技术要求

《公路路基设计规范》(JTG D30—2015)要求根据饱和抗压强度指标,对填石路堤的填石料进行分类,见表1.3。不同强度的石料应分别采用不同的填筑层厚和压实标准控制。

表1.3   填石路堤的填石料分类

岩石类型	单轴饱和抗压强度/MPa	代表性岩石
硬质岩石	≥60	①花岗岩、闪长岩、玄武岩等岩浆岩类;
中硬岩石	30~60	②硅质、铁质胶结的砾岩及砂岩、石灰岩、白云岩等沉积岩类; ③片麻岩、石英岩、大理岩、板岩、片岩等变质岩类
软质岩石	5~30	①凝灰岩等喷出岩类; ②泥砾岩、泥质砂岩、泥质页岩、泥岩等沉积岩类; ③云母片岩或千枚岩等变质岩类

思考题

1.岩石的主要物理常数有哪几项?简述它们的含义。

2.影响岩石抗压强度的主要因素(内因和外因)有哪些?

3.岩石的饱水率和吸水率有何区别?

4.岩石的耐久性用什么指标表示?

5.某小桥墩台及基础所用石灰岩岩石样品,其饱和状态单轴抗压强度检验结果为426.27 kN,353.29 kN,385.14 kN,363.58 kN,378.77 kN,388.29 kN,试判断该岩石样品饱和单轴抗压强度是否满足规范要求,判定依据是什么?

项目 2　沥青混合料用原材料性能分析与检验

【项目描述】

沥青路面施工过程中,材料起着至关重要的作用。有些新建的高速公路沥青路面之所以出现早期损坏,材料问题是其中重要的原因之一。因此,应以试验为依据,严格控制材料质量,以防止因使用不符合要求的材料而造成损失。沥青混合料的组成材料主要是矿质混合料和沥青结合料,矿质混合料包括粗集料、细集料、填料等。《公路沥青路面施工技术规范》(JTG F40—2004)对沥青混合料各组成材料的质量提出了明确的要求,使用的各种原材料必须取样进行质量检验,经评定合格后方可使用。

本项目包括沥青混合料用细集料性能分析与检验、沥青混合料用粗集料性能分析与检验、沥青混合料用填料性能分析与检验、道路石油沥青性能分析与检验、其他品种沥青的性能分析5 个子项目。学生通过相关理论知识的学习及技能训练,应具备正确选择沥青混合料用原材料的能力。

子项目 1　沥青混合料用细集料性能分析与检验

【子项目描述】

本子项目是对沥青混合料用细集料的性能进行分析并检验其技术指标。学生通过对沥青混合料用细集料的技术性能、技术要求、检测方法等相关理论知识的学习,通过测定细集料的表观密度、细集料的堆积密度、细集料的颗粒级配和粗细程度等指标进行技能训练,应具备检验评定沥青混合料所用细集料质量的能力。

任务 2.1　认知沥青混合料用细集料

【任务描述】

本任务是认知沥青混合料用细集料的种类及其应具备的技术性质。

【学习目标】

①熟悉集料的定义及分类。
②熟悉细集料的定义及分类。
③熟悉沥青混合料用细集料的技术性质。

1.集料的定义及分类

1)集料的定义

集料是在混合料中起骨架或填充作用的粒料,它包括天然风化而成的砾石(卵石)和砂等,以及岩石经机械和人工轧制的各种尺寸的碎石、机制砂、石屑等。

2)集料的分类

不同粒径的集料在混合料中所起的作用不同,因此对它们的技术要求不同。因此,工程上一般将集料分为粗集料和细集料两种。

(1)粗集料

在沥青混合料中,粗集料是指粒径大于 2.36 mm 的碎石、破碎砾石、筛选砾石和矿渣等;在水泥混凝土中,粗集料是指粒径大于 4.75 mm 的碎石、砾石和破碎砾石等。

(2)细集料

在沥青混合料中,细集料是指粒径小于 2.36 mm 的天然砂、人工砂(包括机制砂)及石屑;在水泥混凝土中,细集料是指粒径小于 4.75 mm 的天然砂、人工砂。

①天然砂。由自然风化、水流冲刷、堆积形成的粒径小于 4.75 mm 的岩石颗粒,按生存环境分为河砂、海砂、山砂。河砂颗粒表面圆滑,比较洁净,质地较好,产源广;山砂颗粒表面粗糙,有棱角,含泥量和含有机杂质多;海砂虽然具有河砂的特点,但因其在海中,常混有贝壳、碎片和盐分等有害杂质。一般工程上多使用河砂。在缺乏河砂的地区,可采用山砂或海砂,但在使用时必须按规定做技术检验。

②人工砂。经人工加工处理得到的符合规定要求的细集料,通常指岩石加工过程中采取真空抽吸等方法除去大部分土和细粉,或将石屑水洗得到的洁净的细集料。从广义上分类,机制砂、矿渣砂和煅烧砂都属于人工砂。

③机制砂。由碎石及砾石反复破碎加工至粒径小于 2.36 mm 的人工砂,亦称破碎砂。

④石屑。采石场加工碎石时通过最小筛孔(通常为 2.36 mm 或 4.75 mm)的筛下部分,也称筛屑。

2.沥青混合料用细集料的技术性质及评价指标

沥青混合料用细集料应具备的技术性质主要包括物理性质、颗粒级配、粗细程度、洁净程度等。

(1)物理性质

细集料的物理性质指标主要有表观密度、堆积密度和空隙率等物理常数。具体数值应通过试验来确定。

(2)颗粒级配

细集料的颗粒级配是指细集料中大小颗粒相互搭配的比例情况。一个良好集料的级配,要求空隙率最小,总表面积也不大。

（3）天然砂的粗度

砂的粗度是一种评价天然砂粗细程度的指标,用细度模数表示。

（4）洁净程度

细集料中的泥土杂物对细集料的使用性能有很大影响,当水分进入沥青混合料内部时遇水即软化,所以沥青混合料中使用的细集料应洁净、干燥、无风化、无杂质。细集料的洁净程度,天然砂以小于 0.075 mm 含量百分数表示,石屑和机制砂以砂当量（适用于 0～4.75 mm）或亚甲蓝值（适用于 0～2.36 mm 或 0～0.15 mm）表示。

任务 2.2　测定细集料的表观密度和堆积密度

【任务描述】

本任务是在学习细集料相关物理性质指标的基础上测定细集料的表观密度和堆积密度。

【学习目标】

①熟悉细集料表观密度、表观相对密度、毛体积密度、毛体积相对密度、表干密度、表干相对密度、堆积密度、空隙率的定义及测定方法。

②会按《公路工程集料试验规程》（JTG E42—2005）规定的方法测定细集料的表观密度、堆积密度和空隙率,并能完整、规范地填写试验检测记录表。

1.相关知识

集料的体积由矿质实体、闭口孔隙、开口孔隙和颗粒间空隙 4 部分组成,在空气中称量集料质量时,集料中空气部分的质量为 0。集料各部分质量与体积的关系如图 2.1 所示。

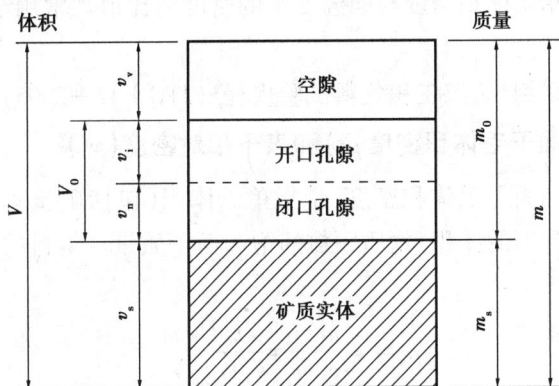

图 2.1　细集料体积与质量关系示意图

材料的密度是指在一定条件下测量的单位体积材料的质量,通常用 ρ 表示。对于材料内部没有孔隙的匀质材料（钢材、玻璃等极少数材料）,测定的密度只有一种;而对于粗、细集料等有孔材料,因为材料的状态及测定条件的不同,便有各种各样的密度。

1）表观密度（视密度 ρ_a）和表观相对密度（视比重 γ_a）

细集料的表观密度是在规定条件（105 ℃±5 ℃烘干至恒重）下,单位体积（包括集料矿质实体和闭口孔隙体积）物质颗粒的干质量。

表观相对密度是表观密度与同温度水的密度的比值。

细集料的表观密度以 ρ_a 表示，按式(2.1)计算。

$$\rho_a = \frac{m_s}{v_s + v_n} = \frac{M}{v_s + v_n} \tag{2.1}$$

式中　ρ_a——集料的表观密度，g/cm^3；

　　　m_s——集料矿质实体质量，g；

　　　M——集料试样的质量，g，由于在空气中称量，所以孔隙中的空气质量 $m_0 = 0$，集料的质量就等于集料矿质实体的质量，即 $M = m_s$；

　　　v_s——集料矿质实体体积，cm^3；

　　　v_n——集料实体中闭口孔隙体积，cm^3。

2) 毛体积密度(ρ_b)和毛体积相对密度(γ_b)

毛体积密度是指在规定条件下，单位毛体积(包括矿质实体、闭口孔隙和开口孔隙等颗粒表面轮廓线所包围的体积)物质颗粒的干质量。集料的毛体积密度可用式(2.2)表示。

$$\rho_b = \frac{m_s}{v_s + v_n + v_i} = \frac{M}{v_s + v_0} = \frac{M}{v_h} \tag{2.2}$$

式中　ρ_b——集料的毛体积密度，g/cm^3；

　　　m_s——集料矿质实体质量，g；

　　　v_s——集料矿质实体体积，cm^3；

　　　v_n, v_i——集料闭口孔隙体积和开口孔隙体积，cm^3；

　　　v_0——集料孔隙体积，cm^3，即 $v_0 = v_n + v_i$；

　　　v_h——集料的毛体积，cm^3，即 $v_h = v_s + v_n + v_i$。

毛体积相对密度是指毛体积密度与同温度水的密度的比值。常用于热拌沥青混合料体积指标的计算。

细集料毛体积密度采用《公路工程集料试验规程》(JTG E42—2005)中的坍落筒法测定。

3) 表干密度(饱和面干毛体积密度 ρ_s)和表干相对密度(γ_s)

表干密度又称为饱和面干毛体积密度，是指单位体积(包括矿质实体、闭口孔隙和开口孔隙等颗粒表面轮廓线所包围的体积)物质颗粒的饱和面干质量。集料的表干密度可用式(2.3)表示。

$$\rho_s = \frac{m}{v_s + v_n + v_i} = \frac{m}{v_s + v_0} = \frac{m}{v_h} \tag{2.3}$$

式中　ρ_s——集料的表干密度，g/cm^3；

　　　m——饱和面干质量，g；

　　　v_s, v_n, v_i, v_0, v_h——意义同式(2.2)。

表干相对密度是指表干密度与同温度水的密度的比值。

4) 堆积密度

细集料的堆积密度是单位体积(包括矿质实体、闭口孔隙、开口孔隙及颗粒间空隙的体积)物质颗粒的质量，有干堆积密度和湿堆积密度之分。干堆积密度又分为自然状态下堆积密度和紧装密度。干堆积密度如图 2.1 所示,可按式(2.4)计算。

$$\rho = \frac{m_s}{v_s+v_n+v_i+v_v} = \frac{M}{V} \tag{2.4}$$

式中　ρ——细集料的堆积密度,g/cm^3;

　　　m_s——集料矿质实体质量,g;

　　　v_s,v_n,v_i,v_v——矿质实体、闭口孔隙、开口孔隙和空隙的体积,cm^3;

　　　V——细集料的堆积体积,cm^3,即 $V=v_s+v_n+v_i+v_v$。

5) 空隙率

空隙率是指细集料的颗粒之间空隙体积占细集料总体积的百分比。测定出砂的表观密度和自然状态下的堆积密度后,可按式(2.5)计算空隙率。

$$n = \left(1-\frac{\rho}{\rho_a}\right)\times100 \tag{2.5}$$

式中　n——细集料的空隙率,%;

　　　ρ——细集料的堆积密度,g/cm^3;

　　　ρ_a——集料的表观密度,g/cm^3。

砂的空隙率与其级配和颗粒形状有关。天然砂的空隙率一般为 35%~45%,特细砂可达 50%左右。

2.测定表观密度、堆积密度和空隙率

试验依据为《公路工程集料试验规程》(JTG E42—2005)。

T 0328—2005 细集料表观密度试验(容量瓶法)

1　目的与适用范围

用容量瓶法测定细集料(天然砂、石屑、机制砂)在 23 ℃时对水的表观相对密度和表观密度。本方法适用于含有少量大于 2.36 mm 部分的细集料。

2　仪器与材料

①天平:称量 1 kg,感量不大于 1 g。

②容量瓶:500 mL。

③烘箱:能控温在 105 ℃±5 ℃。

④烧杯:500 mL。

⑤洁净水。

⑥其他:干燥器、浅盘、铝制料勺、温度计等。

3　试验准备

将缩分至 650 g 左右的试样在温度为 105 ℃±5 ℃的烘箱中烘干至恒重,并在干燥器内冷却至室温,分成两份备用。

4　试验步骤

4.1　称取烘干的试样约 300 g(m_0),装入盛有半瓶洁净水的容量瓶中。

4.2　摇转容量瓶,使试样在已保温至 23 ℃±1.7 ℃的水中充分搅动以排除气泡,塞紧瓶塞,在恒温条件下静置 24 h 左右,然后用滴管添水,使水面与瓶颈刻度线平齐,再塞紧瓶塞,擦干瓶

外水分,称其总质量(m_2)。

4.3 倒出瓶中的水和试样,将瓶的内外表面洗净,再向瓶内注入同样温度的洁净水(温差不超过 2 ℃)至瓶颈刻度线,塞紧瓶塞,擦干瓶外水分,称其总质量(m_1)。

注:在砂的表观密度试验过程中应测量并控制水的温度,试验期间的温差不得超过 1 ℃。

5 计算

5.1 细集料的表观相对密度按式(T 0328.1)计算,精确至小数点后 3 位。

$$\gamma_a = \frac{m_0}{m_0 + m_1 - m_2} \qquad (\text{T 0328.1})$$

式中 γ_a——细集料的表观相对密度,无量纲;

   m_0——试样的烘干质量,g;

   m_1——水及容量瓶总质量,g;

   m_2——试样、水及容量瓶总质量,g。

5.2 表观密度 ρ_a 按式(T 0328.2)计算,精确至小数点后 3 位。

$$\rho_a = \lambda_a \rho_T \quad 或 \quad \rho_a = (\lambda_a - \alpha_T)\rho_w \qquad (\text{T 0328.2})$$

式中 ρ_a——细集料的表观密度,g/cm³;

   ρ_w——水在 4 ℃时的密度,1.000 g/cm³;

   ρ_T——试验温度 T 时水的密度,按表 T 0304.2[T 0304—2005 粗集料密度及吸水率试验(网篮法)中]取用;

   α_T——试验温度时的水温修正系数,按表 T 0304.2[T 0304—2005 粗集料密度及吸水率试验(网篮法)中]取用。

6 报告

以两次平行试验结果的算术平均值作为测定值,如两次结果之差值大于 0.01 g/cm³,应重新取样进行试验。

T 0331—1994 细集料堆积密度及紧装密度试验

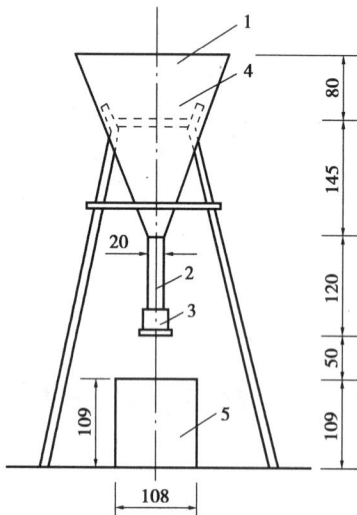

图 T 0331.1 标准漏斗(单位:mm)
1—漏斗;2—φ20 mm 管子;3—活动门;
4—筛;5—金属量筒

1 目的及适用范围

测定砂自然状态下的堆积密度、紧装密度及空隙率。

2 仪具与材料

①台秤:称量 5 kg,感量 5 g。

②容量筒:金属制,圆筒形,内径 108 mm,净高 109 mm,筒壁厚 2 mm,筒底厚 5 mm,容积约为 1 L。

③标准漏斗见图 T 0331.1。

④烘箱:能使温度控制在 105 ℃±5 ℃。

⑤其他:小勺、直尺、浅盘等。

3 试验准备

3.1 试样制备:用浅盘装试样约 5 kg,在温度为 105 ℃±5 ℃的烘箱中烘干至恒量,取出并冷却至室温,分成大致相等的两份备用。

注:试样烘干后如有结块,应在试验前先捏碎。

3.2 容量筒容积的校正方法:以温度为 20 ℃±5 ℃的洁净水装满容量筒,用玻璃板沿筒口滑移,使其紧贴水面,玻璃板与水面之间不得有空隙。擦干筒外壁水分,然后称量,用式(T 0331.1)计算筒的容积 V。

$$V = m_2' - m_1' \qquad\qquad \text{(T 0331.1)}$$

式中 V——容量筒的容积,mL;

　　　m_1'——容量筒和玻璃板总质量,g;

　　　m_2'——容量筒、玻璃板和水总质量,g。

4 试验步骤

4.1 堆积密度:将试样装入漏斗中,打开底部的活动门,将砂流入容量筒中,也可直接用小勺向容量筒中装试样,但漏斗出料口或料勺距容量筒筒口均应为 50 mm 左右,试样装满并超出容量筒筒口,用直尺将多余的试样沿筒口中心线向两个相反方向刮平,称取质量(m_1)。

4.2 紧装密度:取试样 1 份,分两层装入容量筒,装完一层后,在筒底垫放一根直径为 10 mm 的钢筋,将筒按住,左右交替颠击地面各 25 下,然后再装入第二层。

第二层装满后用同样的方法颠实(但筒底所垫钢筋的方向应与第一层放置方向垂直)。两层装完并颠实后,添加试样超出容量筒筒口,然后用直尺将多余的试样沿筒口中心线向两个相反的方向刮平,称其质量(m_2)。

5 计算

5.1 堆积密度及紧装密度分别按式(T 0331.2)和式(T 0331.3)计算,精确至小数点后 3 位。

$$\rho = \frac{m_1 - m_0}{V} \qquad\qquad \text{(T 0331.2)}$$

$$\rho' = \frac{m_2 - m_0}{V} \qquad\qquad \text{(T 0331.3)}$$

式中 ρ——砂的堆积密度,g/cm^3;

　　　ρ'——砂的紧装密度,g/cm^3;

　　　m_0——容量筒的质量,g;

　　　m_1——容量筒和堆积密度细集料总质量,g;

　　　m_2——容量筒和紧装密度细集料总质量,g;

　　　V——容量筒容积,mL。

5.2 砂的空隙率按式(T 0331.4)计算,精确至 0.1%。

$$n = \left(1 - \frac{\rho}{\rho_a}\right) \times 100\% \qquad\qquad \text{(T 0331.4)}$$

式中 n——砂的空隙率,%;

　　　ρ——砂的堆积或紧装密度,g/cm^3;

　　　ρ_a——砂的表观密度,g/cm^3。

6 报告

以两次试验结果的算术平均值作为测定值。

任务 2.3　测定细集料的颗粒级配及粗细程度

【任务描述】

本任务是在学习细集料颗粒级配定义、级配参数、细度模数计算的基础上测定细集料的颗粒级配及粗细程度。

【学习目标】

①熟悉细集料颗粒级配的定义;熟悉细集料粗细程度的评价指标。

②会进行级配参数及细度模数的计算。

③会按《公路工程集料试验规程》(JTG E42—2005)规定的方法进行筛分试验,会进行试验结果的计算,并能完整、规范地填写试验检测记录表。

1.相关知识

1)细集料颗粒级配及天然砂粗度的定义

(1)细集料的颗粒级配

细集料的颗粒级配是指细集料中大小颗粒相互搭配的比例情况。一个良好集料的级配,要求空隙率最小,总表面积也不大。空隙率小,可以得到密实的骨架,空隙率的大小取决于集料颗粒级配的好坏;集料总表面积的大小取决于集料的粗细程度,如图 2.2 所示。当采用相同粒径的砂时,砂的空隙率最大[图 2.2(a)];当两种不同粒径搭配时,空隙率减小[图 2.2(b)];当两种以上粒径搭配时,空隙率就更小[图 2.2(c)]。这样大颗粒间空隙由中颗粒填充,而中颗粒间空隙又由小颗粒填充,逐级填充使砂形成较密实的体积,空隙率达到最小。

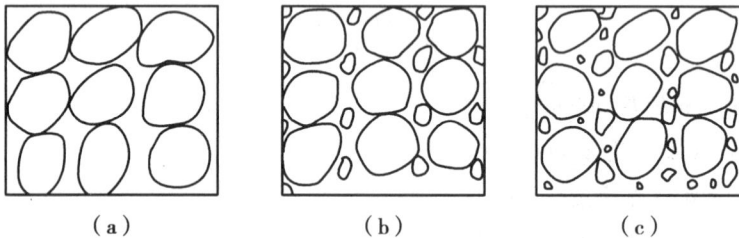

| (a) | (b) | (c) |

图 2.2　颗粒级配示意图

(2)天然砂的粗度

天然砂的粗度是一种评价天然砂粗细程度的指标,用细度模数表示。

2)细集料的颗粒级配及天然砂的粗细程度的测定方法

《公路工程集料试验规程》(JTG E42—2005)规定细集料的颗粒级配及天然砂的粗细程度可通过筛分试验来确定。

公路工程中集料的筛分试验采用符合标准形状和尺寸规格要求的系列标准筛,标准筛筛孔为正方形(方孔筛),筛孔尺寸依次为 75 mm,63 mm,53 mm,37.5 mm,31.5 mm,26.5 mm,19 mm,16 mm,13.2 mm,9.5 mm,4.75 mm,2.36 mm,1.18 mm,0.6 mm,0.3 mm,0.15 mm,0.075 mm。

对水泥混凝土用细集料可采用干筛法,如果需要也可采用水洗法筛分;对沥青混合料及基层用细集料必须用水洗法筛分。

干筛法筛分试验是将预先通过 9.5 mm 孔径的干砂试样,称取 500 g(M)置于一套孔径分别为 4.75 mm,2.36 mm,1.18 mm,0.6 mm,0.3 mm,0.15 mm 的标准筛(方孔筛)上,摇筛后分别求出试样存留在各筛上的质量,然后计算其级配有关参数。

水洗法筛分试验是将预先通过 9.5 mm 孔径(水泥混凝土用天然砂)或 4.75 mm 孔径(沥青混合料及基层用天然砂、人工砂、石屑)的细集料干试样,称取 500 g(M)置于洁净容器中用洁净水冲洗,洗去小于 0.075 mm 的颗粒后再将试样烘干称其质量(M_1),最后置于一套孔径分别为 4.75 mm,2.36 mm,1.18 mm,0.6 mm,0.3 mm,0.15 mm 的标准筛(方孔筛)上,摇筛后分别求出试样存留在各筛上的质量,然后分别计算 3 个参数及细度模数。

3)级配参数的计算

(1)分计筛余百分率

分计筛余百分率是指在某号筛上的筛余质量占试样总质量的百分率。按式(2.6)计算:

$$a_i = \frac{m_i}{M} \times 100\% \tag{2.6}$$

式中　a_i—— 某号筛分计筛余百分率,%;

m_i——存留在某号筛上的质量,g;

M——试样总质量,g。

(2)累计筛余百分率

累计筛余百分率是指某号筛的分计筛余百分率和大于该号筛的各号筛的分计筛余百分率之总和。按式(2.7)计算:

$$A_i = a_1 + a_2 + \cdots + a_i \tag{2.7}$$

式中　A_i——某号筛的累计筛余百分率,%;

$a_1, a_2, \cdots, a_i$——从 4.75 mm,2.36 mm,…至计算的某号筛的分计筛余百分率,%。

(3)通过百分率

通过百分率是指通过某筛的质量占试样总质量的百分率,亦即 100 与累计筛余百分率之差。按式(2.8)计算:

$$P_i = 100 - A_i \tag{2.8}$$

式中　P_i——通过百分率,%;

A_i——某号筛的累计筛余百分率,%。

沥青混合料用细集料的筛分结果以各筛孔的质量通过率表示,宜绘制筛分曲线。绘制细集料的筛分曲线时,横坐标为筛孔尺寸的对数,纵坐标为普通坐标。

4)细度模数的计算

砂的粗度是一种评价砂粗细程度的指标,通过细度模数表示。天然砂的细度模数按式(2.9)计算:

$$M_x = \frac{(A_{0.15} + A_{0.3} + A_{0.6} + A_{1.18} + A_{2.36}) - 5A_{4.75}}{100 - A_{4.75}} \tag{2.9}$$

式中 M_x——细度模数;

$A_{0.15}, A_{0.3}, \cdots, A_{4.75}$——0.15 mm, 0.3 mm, $\cdots$, 4.75 mm 各筛的累计筛余百分率,%。

细度模数越大,表明砂子越粗。《建设用砂》(GB/T 14684—2011)规定,天然砂的规格按细度模数可分为粗砂、中砂、细砂 3 种,其细度模数分别为:

① 粗砂:$M_x = 3.7 \sim 3.1$;

② 中砂:$M_x = 3.0 \sim 2.3$;

③ 细砂:$M_x = 2.2 \sim 1.6$。

因为相同细度模数的砂可有不同的颗粒级配。因此,要全面表征砂的颗粒性质,必须同时使用细度模数和级配两个指标。

【案例 2.1】某 AC-25 型沥青混凝土路面下面层所用天然砂筛分结果见表 2.1,确定其粗细程度。

第 1 页,共 1 页

表 2.1 细集料筛分试验检测记录表(水洗法) JGLQ02013b

检测单位名称:×××

记录编号:JL-20191005-XJL-01

工程名称	×××至×××高速公路建设项目								
工程部位/用途	沥青路面下面层/AC-25 沥青混合料								
样品信息	样品名称:天然砂;样品编号:YP-20191005-XJL;样品数量:25 kg; 样品状态:洁净、无杂质;来样时间:2019 年 10 月 05 日								
试验检测日期	2019 年 10 月 06 日				试验条件	温度18.5 ℃,相对湿度54%			
检测依据	JTG E42—2005(T 0327—2005)				判定依据	JTG F40—2004			
主要仪器设备及编号	标准筛(SY-17)、电子天平(SY-53)、电热恒温干燥箱(SY-83)、标准震筛机(SY-20)								

试验次数	水洗前烘干试样 总质量/g	水洗后烘干试样 总质量/g	集料中小于 0.075 mm 的颗粒含量/%	
			单 值	平均值
1	500.0	486.0		
2	500.0	487.5		

干燥试样 总量/g	第一组				第二组				平均通过 百分率 /%
	486.0				487.5				
筛孔尺寸 /mm	分计质 量/g	分计筛 余/%	累计筛 余/%	通过百 分率/%	分计质 量/g	分计筛 余/%	累计筛 余/%	通过百 分率/%	
4.75	0				0				
2.36	64.5				61.0				
1.18	100.5				95.5				
0.6	134.0				126.5				
0.3	130.5				141.0				
0.15	39.0				43.0				
0.075	16.0				19.0				
底	0				0				
合计质量/g	合计 $m_1 =$				合计 $m_2 =$				
细度模数	$M_{x1} =$				$M_{x2} =$			细度模数平均值=	

附加声明:

检测: 记录: 复核: 日期: 年 月 日

【解】①计算筛后质量。

第一组筛后质量:$m_1 = 484.5$ g;第二组筛后质量:$m_2 = 486.0$ g。

与筛分前试样质量的差值均没有超过筛分前试样质量(486.0 g,487.5 g)的1%。

②计算集料中小于 0.075 mm 的颗粒含量(0.075 mm 筛的通过量)。

第一组:$P_1 = \dfrac{500-486.0}{500} \times 100\% = 2.8\%$。

第二组:$P_2 = \dfrac{500-487.5}{500} \times 100\% = 2.5\%$。

平均值为:$P_{0.075} = (2.8\% + 2.5\%)/2 = 2.6\%$。

③计算各级筛的分计筛余百分率、累计筛余百分率、通过百分率。

第一组:$a_{4.75} = 0$;$A_{4.75} = 0$;$P_{4.75} = 100$。

$a_{2.36} = \dfrac{64.5}{500} \times 100\% = 12.9\%$;$A_{2.36} = 12.9\% + 0 = 12.9\%$;$P_{2.36} = 100\% - 12.9\% = 87.1\%$

$a_{1.18} = \dfrac{100.5}{500} \times 100\% = 20.1\%$;$A_{1.18} = 12.9\% + 20.1\% = 33\%$;$P_{1.18} = 100\% - 33\% = 67\%$

其余以此类推,计算结果填入表2.2。

第 1 页,共 1 页

表 2.2 细集料筛分试验检测记录表(水洗法)   JGLQ02013b

检测单位名称:×××

记录编号:JL-20191005-XJL-01

工程名称	×××至×××高速公路建设项目								
工程部位/用途	沥青路面下面层/AC-25 沥青混合料								
样品信息	样品名称:天然砂;样品编号:YP-20191005-XJL;样品数量:25 kg; 样品状态:洁净、无杂质;来样时间:2019 年 10 月 05 日								
试验检测日期	2019 年 10 月 06 日				试验条件		温度18.5 ℃,相对湿度54%		
检测依据	JTG E42—2005(T 0327—2005)				判定依据		JTG F40—2004		
主要仪器设备及编号	标准筛(SY-17)、电子天平(SY-53)、电热恒温干燥箱(SY-83)、标准震筛机(SY-20)								
试验次数	水洗前烘干试样 总质量/g		水洗后烘干试样 总质量/g		集料中小于 0.075 mm 的颗粒含量/%				
					单 值		平均值		
1	500.0		486.0		2.8		2.6		
2	500.0		487.5		2.5				
干燥试样总量 /g	第一组				第二组				平均通过 百分率 /%
	486.0				487.5				
筛孔尺寸 /mm	分计质 量/g	分计筛 余/%	累计筛 余/%	通过百 分率/%	分计质 量/g	分计筛 余/%	累计筛 余/%	通过百 分率/%	
4.75	0	0	0	100	0	0	0	100	100
2.36	64.5	12.9	12.9	87.1	61.0	12.2	12.2	87.8	87.4

续表

1.18	100.5	20.1	33.0	67.0	95.5	19.1	31.3	68.7	67.8
0.6	134.0	26.8	59.8	40.2	126.5	25.3	56.6	43.4	41.8
0.3	130.5	26.1	85.9	14.1	141.0	28.2	84.8	15.6	14.8
0.15	39.0	7.8	93.7	6.3	43.0	8.6	93.4	6.6	6.4
0.075	16.0			2.8	19.0			2.5	2.6
底	0				0				
合计质量/g	合计 $m_1 = 484.5$				合计 $m_2 = 486.0$				
细度模数	$M_{x1} = 2.89$			$M_{x2} = 2.78$			细度模数平均值 = 2.8		
附加声明:									

检测:×××   记录:×××   复核:×××   日期:2019 年 10 月 06 日

④计算细度模数。

$$M_{x1} = 2.89$$

$$M_{x2} = 2.78$$

$$M_x = (2.89 + 2.78)/2 = 2.8$$

该砂细度模数 $M_x = 2.8$,所以为中砂。

2.测定细集料的颗粒级配及天然砂的粗细程度

试验依据为《公路工程集料试验规程》(JTG E42—2005)。

T 0327—2005 细集料筛分试验

1　目的与适用范围

测定细集料(天然砂、人工砂、石屑)的颗粒级配及粗细程度。对水泥混凝土用细集料可采用干筛法,如果需要,也可采用水洗法筛分;对沥青混合料及基层用细集料必须用水洗法筛分。

注:当细集料中含有粗集料时,可参照此方法用水洗法筛分,但需特别注意保护标准筛筛面不遭损坏。

2　仪具与材料

①标准筛。

②天平:称量 1 000 g,感量不大于 0.5 g。

③摇筛机。

④烘箱:能控温在 105 ℃±5 ℃。

⑤其他:浅盘和硬、软毛刷等。

3　试验准备

根据样品中最大粒径的大小,选用适宜的标准筛,通常为 9.5 mm 筛(水泥混凝土用天然砂)或 4.75 mm 筛(沥青路面及基层用天然砂、石屑、机制砂等)筛除其中的超粒径材料。然后将样品在潮湿状态下充分拌匀,用分料器法或四分法缩分至每份不少于 550 g 的试样两份,在 105 ℃±5 ℃的烘箱中烘干至恒重,冷却至室温后备用。

注:恒重指相邻两次称量间隔时间大于 3 h(通常不少于 6 h)的情况下,前后两次称量之差小于该项试验所要求的称量精密度,下同。

4　试验步骤

4.1　干筛法试验步骤

4.1.1　准确称取烘干试样约 500 g(m_1),准确至 0.5 g。置于套筛的最上一只筛,即 4.75 mm 筛上,将套筛装入摇筛机,摇筛约 10 min,然后取出套筛,再按筛孔大小顺序,从最大的筛号开始,在清洁的浅盘上逐个进行手筛,直到每分钟的筛出量不超过筛上剩余量的 0.1% 时为止,将筛出通过的颗粒并入下一号筛,和下一号筛中的试样一起过筛,以此顺序进行至各号筛全部筛完为止。

注:①试验如为特细砂,试样质量可减少到 100 g;

②如试样含泥量超过 5%,不宜采用干筛法;

③无摇筛机时,可直接用手筛。

4.1.2　称量各筛筛余试样的质量,精确至 0.5 g。所有各筛的分计筛余量和底盘中剩余量的总量与筛分前的试样总量,相差不得超过后者的 1%。

4.2　水洗法试验步骤

4.2.1　准确称取烘干试样约 500 g(m_1),准确至 0.5 g。

4.2.2　将试样置一洁净容器中,加入足够数量的洁净水,将集料全部淹没。

4.2.3　用搅棒充分搅动集料,将集料表面洗涤干净,使细粉悬浮在水中,但不得有集料从水中溅出。

4.2.4　用 1.18 mm 筛及 0.075 mm 筛组成套筛。仔细将容器中混有细粉的悬浮液徐徐倒出,经过套筛流入另一容器中,但不得将集料倒出。

注:不可直接倒至 0.075 mm 筛,以免集料掉出损坏筛面。

4.2.5　重复 4.2.2—4.2.4 步骤,直至倒出的水洁净且小于 0.075 mm 的颗粒全部倒出。

4.2.6　将容器中的集料倒入搪瓷盘中,用少量水冲洗,使容器上黏附的集料颗粒全部进入搪瓷盘中。将筛子反扣过来,用少量的水将筛上的集料冲洗入搪瓷盘中。操作过程中不得有集料散失。

4.2.7　将搪瓷盘连同集料一起置 105 ℃±5 ℃烘箱中烘干至恒重,称取干燥集料试样的总质量(m_2),准确至 0.1%。m_1 与 m_2 之差即为通过 0.075 mm 部分。

4.2.8　将全部要求筛孔组成套筛(但不需 0.075 mm 筛),将已经洗去小于 0.075 mm 部分的干燥集料置于套筛上(一般为 4.75 mm 筛),将套筛装入摇筛机,摇筛约 10 min,然后取出套筛,再按筛孔大小顺序,从最大的筛号开始,在清洁的浅盘上逐个进行手筛,直至每分钟的筛出量不超过筛上剩余量的 0.1% 时为止。将筛出通过的颗粒并入下一号筛,和下一号筛中的试样一起过筛,这样顺序进行,直至各号筛全部筛完为止。

注:如为含有粗集料的集料混合料,套筛筛孔根据需要选择。

4.2.9　称量各筛筛余试样的质量,精确至 0.5 g。所有各筛的分计筛余量和底盘中剩余量的总质量与筛分前试样总量 m_2 的差值不得超过后者的 1%。

5　计算

5.1　计算分计筛余百分率

各号筛的分计筛余百分率为各号筛上的筛余质量除以试样总量(m_1)的百分率,准确到0.1%。对沥青路面细集料而言,0.15 mm 筛下部分即为0.075 mm 的分计筛余,由4.2.7 测得的m_1 与 m_2 之差即为小于0.075 mm 的筛底部分。

5.2   计算累计筛余百分率

各号筛的累计筛余百分率为该号筛及大于该号筛的各号筛的分计筛余百分率之和,准确至0.1%。

5.3   计算质量通过百分率

各号筛的质量通过百分率等于100减去该号筛的累计筛余百分率,准确至0.1%。

5.4   根据各筛的累计筛余百分率或通过百分率,绘制级配曲线。

5.5   天然砂的细度模数按式(T 0327.1)计算,精确至0.01。

$$M_x = \frac{(A_{0.15}+A_{0.3}+A_{0.6}+A_{1.18}+A_{2.36})-5A_{4.75}}{100-A_{4.57}} \qquad (\text{T 0327.1})$$

式中 M_x——砂的细度模数;

　　　　$A_{0.15}, A_{0.3}, \cdots, A_{4.75}$——0.15 mm,0.3 mm,$\cdots$,4.75 mm 各筛上的累计筛余百分率,%。

5.6   应进行两次平行试验,以试验结果的算术平均值作为测定值。如两次试验所得的细度模数之差大于0.2,应重新进行试验。

任务 2.4   分析细集料的洁净程度指标及细集料的技术要求

【任务描述】

本任务是分析细集料的洁净程度评价指标定义、测定方法;分析《公路沥青路面施工技术规范》(JTG F40—2004)对沥青混合料所用细集料的要求。

【学习目标】

①熟悉沥青混合料用各类细集料洁净程度的评价指标及测定方法。

②熟悉《公路沥青路面施工技术规范》(JTG F40—2004)对沥青混合料所用细集料的要求;结合任务 2.2、任务 2.3(或教师给定)的试验数据,能完整、规范地编制试验检测报告。

1.细集料洁净程度的指标

细集料的含泥量、砂当量及亚甲蓝值是评价细集料洁净程度的指标。

1)天然砂的含泥量(Q_n)

天然砂的含泥量是指天然砂中粒径小于0.075 mm 的尘屑、淤泥和黏土的含量。天然砂的洁净程度用含泥量表示。

《公路工程集料试验规程》(JTG E42—2005)规定天然砂的含泥量用筛洗法测定。

2)砂当量(SE)

公称最大粒径不超过4.75 mm 的石屑和机制砂以砂当量表示其洁净程度。

严格地讲,含泥量应是集料中的泥土含量,筛洗法洗去的粒径小于0.075 mm 的颗粒中实际上包含了矿粉、细砂与黏土成分,而筛洗法很难将这些成分加以区别。将通过0.075 mm 颗粒部分全都当作"泥土"的做法是不正确的。在天然砂规格中,通常允许 0.075 mm 通过率为 0～5%,而含泥量一般不超过 3%。其实,不管是天然砂、石屑还是机制砂,各种集料中小于 0.075 mm 的部分都不一定是土,大部分可能是石粉或超细砂粒。为了将小于 0.075 mm 的矿粉、细砂的含泥量加以区分,国内外通常采用砂当量试验。

细集料砂当量试验是将通过 4.75 mm 筛的颗粒(干燥试样 120 g)装入透明、有刻度线的圆柱形试筒中,用配制的冲洗液(氯化钙、甘油、甲醛等)按规定的方法使矿粉、细砂与黏土分层沉淀。砂当量是指矿粉、细砂沉淀物的高度与絮凝物和沉淀物总高度的百分比,用 SE 表示。砂当量越大,细集料越洁净。

3) 亚甲蓝值(MBV)

亚甲蓝试验适用于小于 2.36 mm 或小于 0.15 mm 的细集料,主要是确定细集料中是否存在膨胀性黏土矿物,并测定其含量,以评定集料的洁净程度,以亚甲蓝值 MBV 表示。当细集料中小于 0.075 mm 通过率小于 3%时,可不进行此项试验,作为合格看待。其试验原理是:向集料与水搅拌制成的悬浊液中不断加入亚甲蓝溶液,每加入一定量的亚甲蓝溶液后,亚甲蓝被细集料的粉料所吸附,用玻璃棒蘸取少许悬浊液滴到滤纸上观察是否有游离的亚甲蓝放射出的浅蓝色色晕,判断集料对染料溶液的吸附情况。通过色晕试验,确定亚甲蓝染料的终点,直到该染料停止表面吸附。当出现游离的亚甲蓝(以浅蓝色色晕宽度 1 mm 左右作为标准)时,计算亚甲蓝值 MBV,计算结果表示每 1 000 g 试样吸附的亚甲蓝的克数。由于膨胀性黏土具有极大的比表面积,很容易吸附亚甲蓝染料,所以亚甲蓝值越小,集料越洁净。

2.沥青混合料用细集料的技术要求

《公路沥青路面施工技术规范》(JTG F40—2004)规定,细集料必须由具有生产许可证的采石场、采砂场生产,其技术要求如下:

1) 物理性能要求

细集料应洁净、干燥、无风化、无杂质,质量应符合表 2.3 的规定。

表 2.3　沥青混合料用细集料质量要求

项　目	单　位	高速公路、一级公路	其他等级公路	试验方法
表观相对密度	—	≤2.50	≤2.45	T 0328
坚固性(>0.3 mm)	%	≥12	—	T 0340
含泥量(小于 0.075 mm 的含量)	%	≤3	≤5	T 0330
砂当量	%	≥60	≥50	T 0334
亚甲蓝值	g/kg	≤25	—	T 0346
棱角性(流动时间)	s	≤30	—	T 0345

2) 粒径规格要求

天然砂可采用河砂或海砂。通常采用粗砂、中砂,其规格应符合表 2.4 的要求,砂的含泥量超过规定应水洗后使用,海砂中的贝壳类材料必须筛除。在热拌密级配沥青混合料中,天然砂的用量不宜超过集料总量的20%,SMA和OGFC混合料不宜使用天然砂。石屑是指采石场破碎岩石时通过4.75 mm或2.36 mm的筛下部分,其规格应符合表2.5的要求。采石场生产石屑的过程中应具备抽吸设备。机制砂采用专用的制砂机制造,并选用优质石料生产,其级配应符合表2.5中S16的要求。细集料与粗集料和填料配制成矿质混合料,其级配应符合要求。当一种细集料不能满足级配要求时,可采用两种或两种以上的细集料掺和使用。

表2.4　沥青混合料用天然砂规格

筛孔尺寸/mm	通过各筛孔的质量百分率/%		
	粗　砂	中　砂	细　砂
9.5	100	100	100
4.75	90～100	90～100	90～100
2.36	65～95	75～100	85～100
1.18	35～65	50～90	75～100
0.6	15～29	30～60	60～84
0.3	5～20	8～30	15～45
0.15	0～10	0～10	0～10
0.075	0～5	0～5	0～5

表2.5　沥青混合料用机制砂或石屑规格

规　格	公称粒径	水洗法通过各筛孔的质量百分率/%							
		9.5	4.75	2.36	1.18	0.6	0.3	0.15	0.075
S15	0～5	100	90～100	60～90	40～75	20～55	7～40	2～20	0～10
S16	0～3	—	100	80～100	50～80	25～60	8～45	0～25	0～15

注:当生产石屑采用喷水抑制扬尘工艺时,应特别注意含粉量不得超过表中要求。

【案例2.2】根据案例2.1检验结果,判定该砂颗粒级配是否符合《公路沥青路面施工技术规范》(JTG F40—2004)对细集料的规格要求(表2.4),并绘制筛分曲线。

【解】根据案例2.1计算结果$M_x=2.8$,该砂为中砂,中砂规格要求及检验结果列于表2.6中。从表中可以看出,该砂颗粒级配符合要求。

表2.6　沥青混合料用中砂的规格要求及检验结果

筛孔尺寸/mm		9.5	4.75	2.36	1.18	0.6	0.3	0.15	0.075
通过百分率/%	要求范围	100	90～100	75～90	50～90	30～60	8～30	0～10	0～5
	检验结果	—	100	87.4	67.8	41.8	14.8	6.4	2.6

绘制筛分曲线图如图2.3所示。

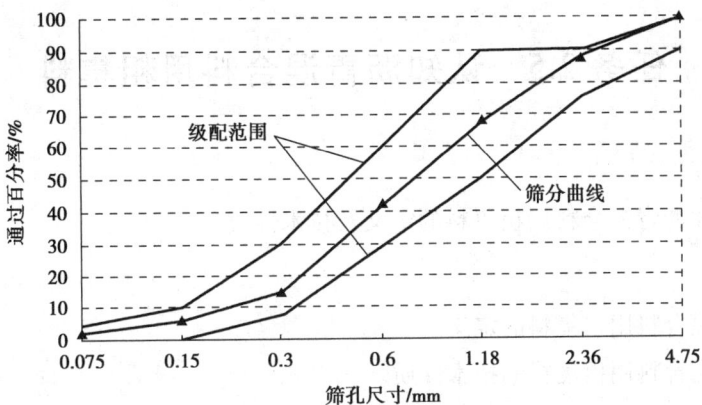

图 2.3　筛分曲线图

思考题

1.沥青混合料中所用细集料有哪些类型？

2.试验室使用电子天平称量集料质量时,有哪些注意事项？

3.什么是"级配"？表示级配的参数有哪些？

4.沥青混合料中所用细集料的洁净程度用什么指标来表征？

5.集料的毛体积密度和表观密度的定义有何区别？

6.有一份天然砂试样,经筛分试验,测得其各筛筛余质量如表 2.7 所示,完善表 2.7 并计算该砂的细度模数。

表 2.7　天然砂试样筛分记录表

筛孔尺寸/mm	4.75	2.36	1.18	0.6	0.3	0.15	底
筛余质量/g	42.1	31.2	89.4	120.3	159.5	47.1	10.2
分计筛余/%							
累计筛余/%							
通过百分率/%							

子项目 2　沥青混合料用粗集料性能分析与检验

【子项目描述】

本子项目是对沥青混合料用粗集料的性能进行分析并检验其技术指标。学生通过对沥青混合料用粗集料的技术性能、技术要求、检测方法等相关理论知识的学习,通过测定粗集料的密度、粗集料的压碎值、粗集料的颗粒级配等指标进行技能训练,应具备检验评定沥青混合料所用粗集料质量的能力。

任务 2.5　认知沥青混合料用粗集料

【任务描述】

本任务是认知沥青混合料用粗集料的定义及技术性质。

【学习目标】

①熟悉沥青混合料用粗集料的定义。

②熟悉沥青混合料用粗集料的技术性质。

1.沥青混合料用粗集料的定义

在沥青混合料中,粗集料是指粒径大于 2.36 mm 的碎石、破碎砾石、筛选砾石和矿渣等。

2.沥青混合料用粗集料的技术性质及评价指标

沥青混合料用粗集料应具备的技术性质主要包括粒径、物理性质、颗粒级配、颗粒形状、力学性质、与沥青的黏附性等。

（1）集料的最大粒径和公称最大粒径

集料的最大粒径是指通过百分率为100%的最小标准筛筛孔尺寸。集料的公称最大粒径是指全部通过或允许少量不通过(一般允许筛余不超过 10%)的最小标准筛筛孔尺寸。通常公称最大粒径比最大粒径小一个粒级。例如,某集料在 16 mm 筛孔的通过率为 100%,在 13.2 mm 筛孔上的筛余量小于 10% ,则此集料的最大粒径为 16 mm,而公称最大粒径为 13.2 mm。

（2）物理性质

粗集料的物理性质指标主要有表观密度、表观相对密度、毛体积密度、毛体积相对密度、堆积密度和空隙率等物理常数。具体数值通过试验来确定。

（3）颗粒级配

粗集料中各组成颗粒的分级和搭配称为级配。

（4）颗粒形状

集料的形状有浑圆状、多棱角状、针状和片状 4 种,其中较好的是接近于球体或立方体的浑圆状和多棱角状颗粒,而细长和扁平的针状和片状颗粒易破损,从而影响沥青混合料的路用性能,所以应该加以限制。

（5）力学性质

粗集料的力学性质主要包括抗压碎能力、磨耗性。抗压碎能力用压碎值表示,磨耗性用洛杉矶磨耗损失表示。除此之外,还有评价沥青路面表层用的粗集料抗滑性能的指标——磨光值。

（6）与沥青的黏附性

粗集料与沥青的黏附性直接影响沥青路面的使用质量和耐久性。

任务 2.6　测定粗集料的表观密度和表观相对密度

【任务描述】

本任务是在学习粗集料各项物理性质指标的基础上,测定粗集料的表观密度和表观相对密度。

【学习目标】

①熟悉粗集料各项密度及吸水率的定义。

②会按《公路工程集料试验规程》(JTG E42—2005)规定的方法测定粗集料的表观密度和表观相对密度,并能完整、规范地填写试验检测记录表。

1.相关知识

1)粗集料的密度

①粗集料的表观密度(ρ_a)、表观相对密度(γ_a)、毛体积密度(ρ_b)、毛体积相对密度(γ_b)、表干密度(ρ_s)、表干相对密度(γ_s)的含义及计算方法与细集料完全相同,采用《公路工程集料试验规程》(JTG E42—2005)中网篮法测定。

②堆积密度及骨架间隙率。沥青混合料用粗集料的堆积密度,包括自然堆积状态密度和捣实状态堆积密度。

a.自然堆积状态密度。用平头铁锹铲起试样,使石子自由地落入规定的容量筒内,铁锹的齐口至容量筒上口的距离保持在 50 mm 左右,装满容量筒所测定的密度。

b.捣实状态堆积密度。根据沥青混合料类型和公称最大粒径确定起骨架作用的关键性筛孔,将矿料以此筛出。SMA 混合料中,公称最大粒径等于或小于 9.5 mm 的以 2.36 mm 作为粗骨料骨架的分界筛孔,公称最大粒径等于或大于 13.2 mm 的以 4.75 mm 作为粗骨料骨架分界筛孔。取筛上部分作为试样,分 3 层装入一定规格要求的容量筒中,每层用一根直径 16 mm、一端为圆头的捣棒沿边缘向中心均匀捣实 25 次所测定的密度。

c.沥青混合料用粗骨料骨架捣实状态下的间隙率。沥青混合料用粗骨料骨架捣实状态下的间隙率按式(2.10)计算。

$$VCA_{\text{DRC}} = \left(1 - \frac{\rho}{\rho_b}\right) \times 100\% \tag{2.10}$$

式中　VCA_{DRC}——捣实状态下粗骨料骨架间隙率,%;

ρ_b——粗集料的毛体积密度,t/m^3;

ρ——按捣实法测得的粗集料的堆积密度,t/m^3。

2)粗集料的吸水率

粗集料的吸水率是指以烘干质量为基准的饱和面干状态的含水率,可以单独测定也可以用网篮法与其他物理指标同时测定。

2.测定粗集料的表观密度和表观相对密度

试验依据为《公路工程集料试验规程》(JTG E42—2005)。

T 0304—2005 粗集料密度及吸水率试验(网篮法)

1　目的与适用范围

本方法适用于测定各种粗集料的表观相对密度、表干相对密度、毛体积相对密度、表观密度、表干密度、毛体积密度以及粗集料的吸水率。

2　仪具与材料

①天平或浸水天平:可悬挂吊篮测定集料的水中质量,称量应满足试样数量称量要求,感量不大于最大称量的0.05%。

②吊篮:耐锈蚀材料制成,直径和高度为150 mm左右,四周及底部用1~2 mm的筛网编制或具有密集的孔眼。

③溢流水槽:在称量水中质量时能保持水面高度一定。

④烘箱:能控温在105 ℃±5 ℃。

⑤毛巾:纯棉制,洁净,也可用纯棉的汗衫布代替。

⑥温度计。

⑦标准筛。

⑧盛水容器(如搪瓷盘)。

⑨其他:刷子等。

3　试验准备

3.1　将试样用标准筛过筛除去其中的细集料,对较粗集料可用4.75 mm筛过筛,对2.36~4.75 mm集料或者混在4.75 mm以下石屑中的粗集料,则用2.36 mm标准筛过筛,用四分法或分料器法缩分至要求的质量,分两份备用。对沥青路面用粗集料,应不同规格的集料分别测定,不得混杂,所取的每一份集料试样应基本上保持原有的级配。在测定2.36~4.75 mm的粗集料时,试验过程中应特别小心,不得丢失集料。

3.2　经缩分后供测定密度和吸水率的粗集料质量应符合表T 0304.1的规定。

表 T 0304.1　测定密度所需要的试样最小质量

公称最大粒径/mm	4.75	9.5	16	19	26.5	31.5	37.5	63	75
每一份试样的最小质量/kg	0.8	1	1	1	1.5	1.5	2	3	3

3.3　将每一份集料试样浸泡在水中,并适当搅动,仔细洗去附在集料表面的尘土和石粉,经多次漂洗干净至水完全清澈为止。清洗过程中不得散失集料颗粒。

4　试验步骤

4.1　取试样一份装入干净的搪瓷盘中,注入洁净的水,水面至少应高出试样20 mm,轻轻搅动石料,使附着在石料上的气泡完全逸出。在室温下保持浸水24 h。

4.2　将吊篮挂在天平的吊钩上,浸入溢流水槽中,向溢流水槽中注水,水面高度至水槽的溢流孔为止,将天平调零。吊篮的筛网应保证集料不会通过筛孔流失,对2.36~4.75 mm的粗集料应更换小孔筛网,或在网篮中加入一个浅盘。

4.3　调节水温在15~25 ℃范围内。将试样移入吊篮中。溢流水槽中的水面高度由水槽的溢流孔控制,维持不变。称取集料的水中质量(m_w)。

4.4　提起吊篮,稍稍滴水后,将试样倒入浅搪瓷盘中,或直接将粗集料倒在拧干的湿毛巾上。将较细的粗集料(2.36~4.75 mm)连同浅盘一起取出,稍稍倾斜搪瓷盘,仔细倒出余水,将粗集料倒在拧干的湿毛巾上,用毛巾吸走从集料中漏出的自由水。此步骤需特别注意不得有颗粒丢失,或有小颗粒附在吊篮上。再用拧干的湿毛巾轻轻擦干集料颗粒的表面水,至表面看不到发亮的水迹,即为饱和面干状态。当粗集料尺寸较大时,宜逐颗擦干。注意对较粗的粗集料,拧湿毛巾时不要太用劲,防止拧得太干;对较细的含水较多的粗集料,毛巾可拧得稍干些。擦颗粒的表面水时,要将表面水擦掉,但千万不能将颗粒内部的水吸出。整个过程中不得有集料丢失,且已擦干的集料不得继续在空气中放置,以防止集料干燥。

注:对2.36~4.75 mm的集料,用毛巾擦拭时容易黏附细颗粒集料,从而造成集料损失,此时宜改用洁净的纯棉汗衫布擦拭至表干状态。

4.5　立即在保持表干状态时称取集料的表干质量(m_f)。

4.6　将集料置于浅盘中,放入105 ℃±5 ℃的烘箱中烘干至恒重。取出浅盘,放在带盖的容器中冷却至室温,称取集料的烘干质量(m_a)。

注:恒重是指相邻两次称量间隔时间大于3 h的情况下,其前后再次称量之差小于该项试验要求的精密度,即0.1%。一般在烘箱中烘烤的时间不得少于4~6 h。

4.7　对同一规格的集料应平行试验两次,取平均值作为试验结果。

5　计算

5.1　表观相对密度 γ_a、毛体积相对密度 γ_s、毛体积相对密度 γ_h 按式(T 0304.1)、式(T 0304.2)、式(T 0304.3)计算,精确至小数点后3位。

$$\gamma_a = \frac{m_a}{m_a - m_w} \qquad\qquad (T\ 0304.1)$$

$$\gamma_s = \frac{m_f}{m_f - m_w} \qquad\qquad (T\ 0304.2)$$

$$\gamma_h = \frac{m_a}{m_f - m_w} \qquad\qquad (T\ 0304.3)$$

式中　γ_a——集料的表观相对密度,无量纲;

　　　γ_s——集料的表干相对密度,无量纲;

　　　γ_h——集料的毛体积相对密度,无量纲;

　　　m_a——集料的烘干质量,g;

　　　m_f——集料的表干质量,g;

　　　m_w——集料的水中质量,g。

5.2　集料的吸水率以烘干试样为基准,按式(T 0304.4)计算,精确至0.01%。

$$w_x = \frac{m_f - m_a}{m_a} \times 100\% \qquad\qquad (T\ 0304.4)$$

式中　w_x——粗集料的吸水率,%。

5.3　粗集料的表观密度(视密度)ρ_a、表干密度 ρ_s、毛体积密度 ρ_h 按式(T 0304.5)、式(T 0304.6)、式(T 0304.7)计算,精确确至小数点后3位。不同水温条件下测量的粗集料表观密度需进行水温修正,不同试验温度下水的密度 ρ_T 及水的温度修正系数 α_T 按表 T 0304.2选用。

$$\rho_a = \gamma_a \rho_T \quad 或 \quad \rho_a = (\gamma_a - \alpha_T)\rho_w \qquad (T\ 0304.5)$$

$$\rho_s = \gamma_s \rho_T \quad 或 \quad \rho_s = (\gamma_s - \alpha_T)\rho_w \qquad (T\ 0304.6)$$

$$\rho_h = \gamma_h \rho_T \quad 或 \quad \rho_h = (\gamma_h - \alpha_T)\rho_w \qquad (T\ 0304.7)$$

式中　ρ_a——粗集料的表观密度,g/cm^3;

　　　ρ_s——粗集料的表干密度,g/cm^3;

　　　ρ_h——集料的毛体积密度,g/cm^3;

　　　ρ_T——试验温度时水的密度,按表 T 0304.2 取用;

　　　α_T——试验温度时的水温修正系数;

　　　ρ_w——水在 4 ℃时的密度(1.000 g/cm^3)。

表 T 0304.2　不同水温时水的密度及水温修正系数 α_T

水温/℃	15	16	17	18	19	20
水的密度 $\rho_T/(g \cdot cm^{-3})$	0.999 13	0.998 97	0.998 80	0.998 62	0.998 43	0.998 22
水温修正系数 α_T	0.002	0.003	0.003	0.004	0.004	0.005
水温/℃	21	22	23	24	25	
水的密度 $\rho_T/(g \cdot cm^{-3})$	0.998 02	0.997 79	0.997 56	0.997 33	0.997 02	
水温修正系数 α_T	0.005	0.006	0.006	0.007	0.007	

6　精密度或允许差

重复试验的精密度,对表观相对密度、表干相对密度、毛体积相对密度,两次结果相差不得超过 0.02,对吸水率不得超过 0.2%。

任务 2.7　测定粗集料的颗粒级配

【任务描述】

本任务是测定粗集料的颗粒级配。

【学习目标】

会按《公路工程集料试验规程》(JTG E42—2005)规定的方法进行粗集料的筛分试验,会计算筛分结果及绘制筛分曲线,并能完整、规范地填写试验检测记录表。

粗集料中各组成颗粒的分级和搭配称为级配,级配是通过筛分试验确定的。《公路工程集料试验规程》(JTG E42—2005)中规定对水泥混凝土用粗集料可采用干筛法筛分试验,对沥青混合料及基层用粗集料必须采用水洗法筛分试验。

筛分曲线绘制时,其横坐标为筛孔尺寸的 0.45 次方,纵坐标为普通坐标。

T 0302—2005 粗集料及集料混合料的筛分试验

1　目的与适用范围

1.1　测定粗集料(碎石、砾石、矿渣等)的颗粒组成。对水泥混凝土用粗集料可采用干筛法筛分,对沥青混合料及基层用粗集料必须采用水洗法试验。

1.2　本方法也适用于同时含有粗集料、细集料、矿粉的集料混合料筛分试验,如未筛碎石、级配碎石、天然砂砾、无机结合料稳定基层材料、沥青拌合料的冷料混合料、热料仓材料、沥青混合料经溶剂抽提后的矿料等。

2　仪具与材料

①试验筛:根据需要选用规定的标准筛。

②摇筛机。

③天平或台秤:感量不大于试样质量的 0.1%。

④其他:盘子、铲子、毛刷等。

3　试验准备

按规定将来料用分料器或四分法缩分至表 T 0302.1 要求的试样所需量,风干后备用。根据需要可按要求的集料最大粒径的筛孔尺寸过筛,除去超粒径部分颗粒后,再进行筛分。

表 T 0302.1　筛分用的试样质量

公称最大粒径/mm	75	63	37.5	31.5	26.5	19	16	9.5	4.75
最小试样质量/kg	10	8	5	4	2.5	2	1	1	0.5

4　水泥混凝土用粗集料干筛法试验步骤

4.1　取试样一份置 105 ℃±5 ℃烘箱中烘干至恒重,称取干燥集料试样的总质量(m_0),准确至 0.1%。

4.2　用搪瓷盘作筛分容器,按筛孔大小排列顺序逐个将集料过筛。人工筛分时,需使集料在筛面上同时有水平方向及上下方向的不停顿的运动,使小于筛孔的集料通过筛孔,直至 1 min 内通过筛孔的质量小于筛上残余量的 0.1% 为止;当采用摇筛机筛分时,应在摇筛机筛分后再逐个由人工补筛。将筛出通过的颗粒并入下一号筛,和下一号筛中的试样一起过筛,顺序进行,直至各号筛全部筛完为止。应确认 1 min 内通过筛孔的质量确实小于筛上残余量的 0.1%。

注:由于 0.075 mm 筛干筛几乎不能把粘在粗集料表面的小于 0.075 mm 部分的石粉筛过去,而且对水泥混凝土用粗集料而言,0.075 mm 通过率的意义不大,所以也可以不筛,且把通过 0.15 mm 筛的筛下部分全部作为 0.075 mm 的分计筛余,将粗集料的 0.075 mm 通过率假设为 0。

4.3　如果某个筛上的集料过多,影响筛分作业时,可以分两次筛分。当筛余颗粒的粒径大于 19 mm 时,筛分过程中允许用手指轻轻拨动颗粒,但不得逐颗塞过筛孔。

4.4　称取每个筛上的筛余量,准确至总质量的 0.1%。各筛分计筛余量及筛底存量的总和与筛分前试样的干燥总质量 m_0 相比,相差不得超过 m_0 的 0.5%。

5　沥青混合料及基层用粗集料水洗法试验步骤

5.1　取一份试样,将试样置 105 ℃±5 ℃烘箱中烘干至恒重,称取干燥集料试样的总质量(m_3),准确至 0.1%。

注:恒重是指相邻两次称量间隔时间大于 3 h(通常不少于 6 h)的情况下,前后两次称量之差小于该项试验所要求的称量精密度(下同)。

5.2　将试样置一洁净容器中,加入足够数量的洁净水,将集料全部淹没,但不得使用任何洗涤剂、分散剂或表面活性剂。

5.3　用搅棒充分搅动集料,使集料表面洗涤干净,使细粉悬浮在水中,但不得破碎集料或有集料从水中溅出。

5.4　根据集料粒径大小选择组成一组套筛,其底部为 0.075 mm 标准筛,上部为 2.36 mm 或 4.75 mm 筛。仔细将容器中混有细粉的悬浮液倒出,经过套筛流入另一容器中,尽量不将粗集料倒出,以免损坏标准筛筛面。

注:无须将容器中的全部集料都倒出,只倒出悬浮液,且不可直接倒至 0.075 mm 筛上,以免集料掉出损坏筛面。

5.5　重复 5.2—5.4 步骤,直至倒出的水洁净为止,必要时可采用水流缓慢冲洗。

5.6　将套筛每个筛子上的集料及容器中的集料全部回收在一个搪瓷盘中,容器上不得有黏附的集料颗粒。

注:粘在 0.075 mm 筛面上的细粉很难回收扣入搪瓷盘中,此时需将筛子倒扣在搪瓷盘上用少量的水并辅以毛刷将细粉刷落入搪瓷盘中,且注意不要散失。

5.7　在确保细粉不散失的前提下,小心泌去搪瓷盘中的积水,将搪瓷盘连同集料一起置 105 ℃±5 ℃烘箱中烘干至恒重,称取干燥集料试样的总质量(m_4),准确至 0.1%。以 m_3 与 m_4 之差作为 0.075 mm 的筛下部分。

5.8　将回收的干燥集料按干筛方法筛分出 0.075 mm 筛以上各筛的筛余量,此时 0.075 mm 筛下部分应为 0。如果尚能筛出,则应将其并入水洗得到的 0.075 mm 的筛下部分,且表示水洗得不干净。

6　计算

6.1　干筛法筛分结果的计算

6.1.1　计算各筛分计筛余量及筛底存量的总和与筛分前试样的干燥总质量 m_0 之差,作为筛分时的损耗,并计算损耗率,记入记录表中,若损耗率大于 0.3%,应重新进行试验。

$$m_5 = m_0 - \left(\sum m_i + m_{底} \right) \qquad (\text{T } 0302.1)$$

式中　m_5——由于筛分造成的损耗,g;

　　　m_0——用于干筛的干燥集料总质量,g;

　　　m_i——各号筛上的分计筛余,g;

　　　i——依次为 0.075 mm,0.15 mm,…至集料最大粒径的排序;

　　　$m_{底}$——筛底(0.075 mm 以下部分)集料总质量,g。

6.1.2　干筛分计筛余百分率

干筛后各号筛上的分计筛余百分率按式(T 0302.2)计算,精确至 0.1%。

$$P'_i = \frac{m_i}{m_0 - m_5} \times 100\% \qquad (\text{T } 0302.2)$$

式中　P'_i——各号筛上的分计筛余百分率,%;

　　　m_5——由于筛分造成的损耗,g;

　　　m_0——用于干筛的干燥集料总质量,g;

　　　m_i——各号筛上的分计筛余,g;

　　　i——依次为 0.075 mm,0.15 mm,…至集料最大粒径的排序。

6.1.3　干筛累计筛余百分率

各号筛的累计筛余百分率为该号筛以上各号筛的分计筛余百分率之和,精确至 0.1%。

6.1.4　干筛各号筛的质量通过百分率

各号筛的质量通过百分率 P_i 等于 100 减去该号筛累计筛余百分率,精确至 0.1%。

6.1.5　由筛底存量除以扣除损耗后的干燥集料总质量计算 0.075 mm 筛的通过率。

6.1.6　试验结果以两次试验的平均值表示,精确至 0.1%。当两次试验结果 $P_{0.075}$ 的差值超过 1% 时,试验应重新进行。

6.2　水筛法筛分结果的计算

6.2.1　按式(T 0302.3)、式(T 0302.4)计算粗集料中 0.075 mm 筛下部分质量 $m_{0.075}$ 和含量 $P_{0.075}$,精确至 0.1%。当两次试验结果 $P_{0.075}$ 的差值超过 1% 时,试验应重新进行。

$$m_{0.075} = m_3 - m_4 \qquad \text{(T 0302.3)}$$

$$P_{0.075} = \frac{m_{0.075}}{m_3} = \frac{m_3 - m_4}{m_3} \times 100\% \qquad \text{(T 0302.4)}$$

式中　$P_{0.075}$——粗集料中小于 0.075 mm 的含量(通过率),%;

　　　$m_{0.075}$——粗集料中水洗得到的小于 0.075 mm 部分的质量,g;

　　　m_3——用于水洗的干燥粗集料总质量,g;

　　　m_4——水洗后的干燥粗集料总质量,g。

6.2.2　计算各筛分计筛余量及筛底存量的总和与筛分前试样的干燥总质量 m_4 之差,作为筛分时的损耗,并计算损耗率,若大于 0.3%,应重新进行试验。

$$m_5 = m_3 - \left(\sum m_i + m_{0.075} \right) \qquad \text{(T 0302.5)}$$

式中　m_5——由于筛分造成的损耗,g;

　　　m_3——用于水筛筛分的干燥集料总质量,g;

　　　m_i——各号筛上的分计筛余,g;

　　　i——依次为 0.075 mm,0.15 mm,…至集料最大粒径的排序;

　　　$m_{0.075}$——水洗后得到的 0.075 mm 以下部分质量,g,即 $m_3 - m_4$。

6.2.3　计算其他各筛的分计筛余百分率、累计筛余百分率、质量通过百分率,计算方法与 6.1 干筛法相同。当干筛时筛分有损耗时,应按 6.1 的方法从总质量中扣除损耗部分,将计算结果分别记入记录表中。

6.2.4　试验结果以两次试验的平均值表示。

7　报告

7.1　筛分结果以各筛孔的质量通过百分率表示。

7.2　对用于沥青混合料、基层材料配合比设计用的集料,宜绘制集料筛分曲线,其横坐标为筛孔尺寸的 0.45 次方,纵坐标为普通坐标。

7.3　同一种集料至少取两份试样,平行试验两次,取平均值作为每号筛上余量的试验结果,报告集料级配组成通过百分率及级配曲线。

【案例 2.3】某 AC-25 型沥青混凝土路面下面层所用 10~20 mm 碎石筛分结果见表 2.8,试判定其颗粒级配是否符合《公路沥青路面施工技术规范》(JTG F40—2004)的规格要求(表 2.13),并绘制筛分曲线。

表 2.8　粗集料筛分试验检测记录表(水洗法)

JGLQ02001b

检测单位名称:×××

记录编号:JL-20191005-CJL-01

工程名称	×××至×××高速公路建设项目		
工程部位/用途	沥青路面下面层/AC-25 沥青混合料		
样品信息	样品名称:10~20 mm 碎石;样品编号:YP-20191005-CJL;样品数量:50 kg;样品状态:洁净、无杂质;来样时间:2019 年 10 月 05 日		
试验检测日期	2019 年 10 月 06 日	试验条件	温度 18.5 ℃,相对湿度 54%
检测依据	JTG E42—2005(T0302—2005)	判定依据	JTG F40—2004
主要仪器设备和编号	标准筛(SY-19)、电子天平(SY-53)、电热恒温干燥箱(SY-83)、标准震筛机(SY-20)		

		第一组				第二组				平　均
干燥试样总量/g		2 328.1				2 381.2				
水洗后筛上总量/g		2 313.7				2 372.0				
水洗后 0.075 mm 筛下量/g										
0.075 mm 通过率/%										

	筛孔尺寸/mm	筛上质量/g	分计筛余/%	累计筛余/%	通过百分率/%	筛上质量/g	分计筛余/%	累计筛余/%	通过百分率/%	平均通过百分率/%
水洗后干筛法筛分	26.5	0				0				
	19	24.7				36.7				
	16	341.2				322.7				
	13.2	745.3				689.1				
	9.5	1 033.0				1 108.7				
	4.75	167.3				212.4				
	2.36	0.3				0.5				
	1.18	0				0				
	0.6	0				0				
	0.3	0				0				
	0.15	0.5				0.2				
	0.075	0.6				0.5				
	底盘	0				0				
干筛后总量/g										
损耗/g										
损耗率/%										
扣除损耗后总量/g										
备　注										

检测:　　　　记录:　　　　复核:　　　　日期:　年　月　日

【解】①计算其各组分计筛余百分率、累计筛余百分率、通过百分率,填入表2.9中。

表2.9 粗集料筛分试验检测记录表(水洗法)   JGLQ02001b

检测单位名称:×××

记录编号:JL-20191005-CJL-01

工程名称		×××至×××高速公路建设项目								
工程部位/用途		沥青路面下面层/AC-25沥青混合料								
样品信息		样品名称:10~20 mm碎石;样品编号:YP-20191005-CJL;样品数量:50 kg;样品状态:洁净、无杂质;来样时间:2019年10月05日								
试验检测日期		2019年10月06日			试验条件			温度18.5 ℃,相对湿度54%		
检测依据		JTG E42—2005(T0302—2005)			判定依据			JTG F40—2004		
主要仪器设备和编号		标准筛(SY-19)、电子天平(SY-53)、电热恒温干燥箱(SY-83)、标准震筛机(SY-20)								
干燥试样总量/g		第一组			第二组				平均	
		2 328.1			2 381.2					
水洗后筛上总量/g		2 313.7			2 372.0					
水洗后0.075 mm筛下量/g		14.4			9.2					
0.075 mm通过率/%		0.6			0.4				0.5	
	筛孔尺寸/mm	筛上质量/g	分计筛余/%	累计筛余/%	通过百分率/%	筛上质量/g	分计筛余/%	累计筛余/%	通过百分率/%	平均通过百分率/%
水洗后干筛法筛分	26.5	0	0	0	100	0	0	0	100	100
	19	24.7	1.1	1.1	98.9	36.7	1.5	1.5	98.5	98.7
	16	341.2	14.7	15.8	84.2	322.7	13.6	15.1	84.9	84.6
	13.2	745.3	32.0	47.8	52.2	689.1	29.0	44.1	55.9	54.6
	9.5	1 033.0	44.4	92.2	7.8	1 108.7	46.6	90.7	9.3	8.6
	4.75	167.3	7.2	99.4	0.6	212.4	8.9	99.6	0.4	0.5
	2.36	0.3	0	99.4	0.6	0.5	0	99.6	0.4	0.5
	1.18	0	0	99.4	0.6	0	0	99.6	0.4	0.5
	0.6	0	0	99.4	0.6	0	0	99.6	0.4	0.5
	0.3	0	0	99.4	0.6	0	0	99.6	0.4	0.5
	0.15	0.5	0	99.4	0.6	0.2	0	99.6	0.4	0.5
	0.075	0.6	0	99.4	0.6	0.5	0	99.6	0.4	0.5
	底盘	0				0				
	干筛后总量/g	2 312.9				2 370.8				
损耗/g		0.8				1.2				
损耗率/%		0.03				0.05				
扣除损耗后总量/g		2 327.3				2 380.0				
备注										

检测:×××   记录:×××   复核:×××   日期:2019年10月06

②S9(10~20 mm)碎石规格要求及检验结果列于表2.10中。从表中可以看出,该碎石颗粒级配符合要求。

表2.10　S9(10~20 mm)碎石规格要求及检验结果

筛孔尺寸/mm		26.5	19	9.5	4.75
通过百分率/%	要求范围	100	90~100	0~15	0~5
	检验结果	100	98.7	8.6	0.5

③绘制筛分曲线图,如图2.4所示。

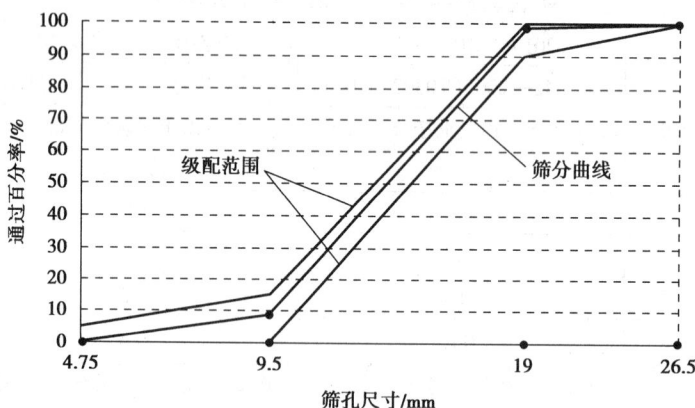

图2.4　筛分曲线图

任务2.8　测定粗集料的压碎值

【任务描述】

本任务是测定粗集料的压碎值。

【学习目标】

①熟悉粗集料压碎值的定义及其意义。

②会按《公路工程集料试验规程》(JTG E42—2005)规定的方法测定粗集料的压碎值,并能完整、规范地填写试验检测记录表。

压碎值(Q_a)是表征粗集料在逐渐增加的荷载下,抵抗压碎能力的指标。作为相对衡量集料强度的指标,压碎值越大,集料抵抗压碎的能力越差。

《公路工程集料试验规程》(JTG E42—2005)规定了粗集料压碎值的测定方法。

T 0316—2005 粗集料压碎值试验

1　目的与适用范围

集料压碎值用于衡量石料在逐渐增加的荷载下抵抗压碎的能力,是衡量石料力学性质的指标,以评定其在工程中的适用性。

2　仪具与材料

①石料压碎值试验仪:由内径15 mm、两端开口的钢制圆形试筒、压柱和底板组成,其尺寸

见表 T 0316.1。试筒内壁、压柱的底面及底板的上表面等与石料接触的表面都应进行热处理，使表面硬化，达到维氏硬度 65 ℃并保持光滑状态。

表 T 0316.1　试筒、压柱和底板尺寸表

部　位	符　号	名　称	尺寸/mm
试筒	A	内径	150±0.3
	B	高度	125~128
	C	壁厚	≥12
压柱	D	压头直径	149±0.2
	E	压杆直径	100~149
	F	压柱总长	100~110
	G	压头厚度	≥25
底板	H	直径	200~220
	I	厚度（中间部分）	6.4±0.2
	J	边缘厚度	10±0.2

②金属棒：直径 10 mm，长 450~600 mm，一端加工成半球形。

③天平：称量 2~3 kg，感量不大于 1 g。

④标准筛：筛孔尺寸 13.2 mm，9.5 mm，2.36 mm 方孔筛各 1 个。

⑤压力机：500 kN，应能在 10 min 内达到 400 kN。

⑥金属筒：圆柱形，内径 112.0 mm，高 179.4 mm，容积 1 767 cm^3。

3　试验准备

3.1　风干石料用 13.2 mm 和 9.5 mm 标准筛过筛，取 9.5~13.2 mm 的试样 3 组各 3 000 g，供试验用。如过于潮湿需加热烘干时，烘箱温度不应超过 100 ℃，烘干时间不超过 4 h。试验前，石料应冷却至室温。

3.2　每次试验的石料数量应满足按下述方法夯击后石料在试筒内的深度为 100 mm。

在金属筒中确定石料数量的方法如下：将试样分 3 次（每次数量大体相同）均匀装入试模中，每次均将试样表面整平，用金属棒的半球面端从石料表面上均匀捣实 25 次，最后用金属棒作为直刮刀将表面仔细整平。称取量筒中试样质量（m_0）。以相同质量的试样进行压碎值的平行试验。

4　试验步骤

4.1　将试筒安放在底板上。

4.2　将要求质量的试样分 3 次（每次数量大体相同）均匀装入试模中，每次均将试样表面整平，用金属棒的半球面端从石料表面上均匀捣实 25 次，最后用金属棒作为直刮刀将表面仔细整平。

4.3　将装有试样的试筒放到压力机上，同时加压头放入试筒内石料面上，注意使压头摆平，勿楔挤试模侧壁。

4.4　开动压力机，均匀地施加荷载，在 10 min 左右的时间内达到总荷载 400 kN，稳压 5 s，然后卸荷。

4.5　将试筒从压力机上取下，取出试样。

4.6   用 2.36 mm 筛筛分经压碎的全部试样,可分几次筛分,均需筛至在 1 min 内无明显的筛出物为止。

4.7   称取通过 2.36 mm 筛孔的全部细料质量(m_1),精确至 1 g。

5   结果整理

石料压碎值按式(T 0316.1)计算,精确至 0.1%。

$$Q_a = \frac{m_1}{m_0} \times 100\% \qquad\qquad (\text{T } 0316.1)$$

式中 Q_a——石料压碎值,%;

　　　　m_0——试验前试样质量,g;

　　　　m_1——试验后通过 2.36 mm 筛孔的细料质量,g。

6   报告

以 3 个试样平行试验结果的算术平均值作为压碎值的测定值。

注:2003 年颁布的《水泥混凝土路面施工技术规范》粗集料的压碎指标是以原 T 0315 为基准的,在该规范下次修订前,可采用本方法 T 0316 试验后,按相关关系式 $y = 0.816x - 5$ 换算。

任务 2.9   分析粗集料其他性质指标及技术要求

【任务描述】

本任务是分析粗集料的针片状颗粒含量、洛杉矶磨耗损失、磨光值及与沥青的黏附性等指标的含义及测定方法;分析《公路沥青路面施工技术规范》(JTG F40—2004)对沥青混合料所用粗集料的要求。

【学习目标】

①熟悉沥青混合料用粗集料针片状颗粒含量、洛杉矶磨耗损失、磨光值、沥青黏附性的定义及测定方法。

②熟悉《公路沥青路面施工技术规范》(JTG F40—2004)对沥青混合料所用粗集料的要求,结合任务 2.6、任务 2.7、任务 2.8(或教师给定)的试验数据,能完整、规范地编制试验检测报告。

1.粗集料其他技术指标

1)针片状颗粒含量

在沥青混合料中,针片状颗粒是指用游标卡尺测定的粗集料颗粒的最大长度(或宽度)方向与最小厚度(或直径)方向的尺寸之比大于 3 倍的颗粒。

针片状颗粒含量采用《公路工程集料试验规程》(JTG E42—2005)中游标卡尺法测定。

测定粗集料针片状颗粒含量(游标卡尺法)采用四分法,取料 1 000 g 左右,用 4.75 mm 标准筛过筛,取筛上部分 m_0 进行试验。试验时首先挑出接近立方体的颗粒,剩下的用卡尺逐颗测量粒料的最大长度方向值(L)与最大厚度方向值(t),将 $L/t \geq 3$ 的颗粒挑出,为针片状颗粒,按式(2.11)计算针片状颗粒含量。

$$Q_e = \frac{m_1}{m_0} \times 100\% \qquad\qquad (2.11)$$

式中　Q_e——针片状颗粒含量,%;

　　　m_0——试验用的集料总量,g;

　　　m_1——针片状颗粒的总量,g。

2) 洛杉矶磨耗损失

洛杉矶磨耗损失是表示粗集料抵抗摩擦、撞击、边缘剪切等综合作用的性能指标。磨耗损失按《公路工程集料试验规程》(JTG E42—2005)采用洛杉矶式磨耗试验测定。

洛杉矶磨耗试验采用洛杉矶磨耗机,圆筒内径为 710 mm±5 mm,内侧长 510 mm±5 mm,两端封闭。试验时将规定质量且有一定级配的试样和一定质量的钢球置于试验机中,以 30 ~ 33 r/min 的转速至要求次数后停止,取出试样,用 1.7 mm 的方孔筛筛去试样中的细屑,用水洗净留在筛上的试样,烘至恒重并称其质量,用式(2.12)计算洛杉矶磨耗损失,精确至 0.1%。

$$Q = \frac{m_1 - m_2}{m_1} \times 100\% \tag{2.12}$$

式中　Q——洛杉矶磨耗损失,%;

　　　m_1——装入圆筒中试样质量,g;

　　　m_2——试验后在 1.7 mm 筛上的洗净烘干的试样质量,g。

粗集料的洛杉矶磨耗损失是粗集料一个很重要指标。尤其对沥青混合料,它与沥青路面抗车辙能力、耐磨性、耐久性密切相关,一般磨耗损失小的集料坚硬耐磨、耐久性好。软弱颗粒含量多、风化严重的石料经过磨耗试验,粉碎严重,这个指标很难通过,所以洛杉矶磨耗试验也是优选石料的一个重要手段。

3) 磨光值

路面表层集料在使用过程中不仅要表现出较高的承载能力,而且还要有较高的耐磨光性,以满足长期使用时高速行驶车辆对路面抗滑性的要求。这种耐磨光性(或抗滑性)用磨光值来表示,集料的磨光值是利用加速磨光机磨光集料,用摆式摩擦系数仪测定集料磨光后的摩擦系数,以 PSV 表示。

磨光值是关系到一种集料能否用于沥青路面抗滑磨耗层的重要决定性指标,集料磨光值越高,路面抗滑性越好。

4) 黏附性

粗集料与沥青的黏附性直接影响沥青路面的使用质量和耐久性。影响沥青与矿料黏附性的因素有很多,集料方面的因素为集料的矿物组成、表面构造、含土量、干燥程度等,沥青方面为沥青的黏度、成分等。

《公路工程沥青及沥青混合试验规程》(JTG E20—2011)规定沥青与粗集料黏附性的测定方法有水煮法和水浸法两种。根据沥青混合料的最大粒径决定,大于 13.2 mm 者采用水煮法,选取粒径为 13.2 ~ 19 mm 且形状接近正立方体的规则集料 5 个,浸入预先加热的沥青中,经沥青裹覆后,在微沸水中浸煮 3 min 取出;小于(或等于)13.2 mm 者采用水浸法,选取 9.5 ~ 13.2 mm 的集料 100 g 与 5.5 g 的沥青在规定温度条件下拌和,配制成沥青-集料混合料,冷却后浸入 80 ℃的恒温水槽中保持 30 min 取出。由两名以上经验丰富的试验人员观察矿料颗粒上沥青膜的剥落程度,分别按表2.11评判黏附性等级后,取平均等级作为试验结果。

对同一料源集料,最大粒径既有大于又有小于 13.2 mm 不同的集料时,取大于 13.2 mm 水煮法试验为标准,对细粒式的沥青混合料应以水浸法试验为标准。

表 2.11　沥青与集料的黏附性等级

试验后石料表面上沥青膜剥落情况	黏附性等级
沥青膜完全保存,剥落面积百分率接近于 0	5
沥青膜少部为水所移动,厚度不均匀,剥落面积百分率小于 10%	4
沥青膜局部明显为水所移动,但还基本留在石料表面上,剥落面积百分率小于 30%	3
沥青膜大部分为水所移动,局部保留在石料表面上,剥落面积百分率大于 30%	2
沥青膜完全为水所移动,石料基本裸露,沥青完全浮于水面上	1

2.沥青混合料用粗集料的技术要求

沥青层用粗集料包括碎石、破碎砾石、筛选砾石、钢渣、矿渣等,但高速公路和一级公路不得使用筛选砾石和矿渣。粗集料必须由具有生产许可证的采石场生产或施工单位自行加工。

1)对集料最大粒径的要求

沥青面层集料的最大粒径宜从上至下逐渐增大,并应与压实层厚度相匹配。对热拌热铺密级配沥青混合料,沥青层一层的压实厚度不宜小于集料公称最大粒径的 2.5~3 倍,对 SMA 和 OGFC 等嵌挤型混合料不宜小于工程最大粒径的 2~2.5 倍,以减少离析,便于压实。

2)对压碎值、洛杉矶磨耗损失、针片状颗粒含量等的要求

沥青混合料所用的粗集料要求洁净、干燥、无风化、无杂质,并且具有足够的强度和耐磨性,形状要接近正立方体,针片状颗粒的含量应符合要求,且要求表面粗糙,有一定的棱角。《公路沥青路面施工技术规范》(JTG F40—2004)规定其各项质量要求应符合表 2.12 的规定。

表 2.12　沥青混合料用粗集料质量技术要求

指　标	单位	高速公路及一级公路		其他等级公路	试验方法
		表面层	其他层次		
石料压碎值	%	≤26	≤28	≤30	T 0316
洛杉矶磨耗损失	%	≤28	≤30	≤35	T 0317
表观相对密度	—	≥2.60	≥2.50	≥2.45	T 0304
吸水率	%	≤2.0	≤3.0	≤3.0	T 0304
坚固性	%	≤12	≤12	—	T 0314
针片状颗粒含量(混合料)	%	≤15	≤18	≤20	T 0312
其中粒径大于 9.5 mm		≤12	≤15	—	
其中粒径小于 9.5 mm		≤18	≤20		
水洗法<0.075 mm 颗粒含量	%	≤1	≤1	≤1	T 0310
软石含量	%	≤3	≤5	≤3	T 0320

注:①坚固性试验可根据需要进行;

　　②用于高速公路、一级公路时,多孔玄武岩的视密度可放宽至 2.45 t/m³,吸水率可放宽至 3%,但必须得到建设单位的批准,且不得用于 SMA 路面;

　　③对 S14 即 3~5 mm 规格的粗集料,针片状颗粒含量可不予要求,小于 0.075 mm 含量可放宽至 3%。

3）粒径规格要求

购买集料首先要讲究规格,沥青混合料的粗集料规格应符合表 2.13 的要求。

表 2.13　沥青面层用粗集料规格

规格	公称粒径 /mm	通过下列筛孔(方孔筛/mm)的质量百分率/%								
		37.5	31.5	26.5	19	13.2	9.5	4.75	2.36	0.6
S6	15～30	100	90～100	—	—	0～15	—	0～5		
S7	10～30	100	90～100	—	—		0～15	0～5		
S8	15～25		100	90～100		0～15		0～5		
S9	10～20			100	90～100	—	0～15	0～5		
S10	10～15				100	90～100	0～15	0～5		
S11	5～15				100	90～100	40～70	0～15	0～5	
S12	5～10					100	90～100	0～15	0～5	
S13	3～10					100	90～100	40～70	0～20	0～5
S14	3～5						100	90～100	0～15	0～3

4）磨光值的要求

对高速公路、一级公路沥青路面表面层(或磨耗层)、二级公路表面层的粗集料的磨光值应满足表 2.14 的规定。其他等级公路可参照执行。除 SMA、OGFC 路面外,允许在硬质粗集料中掺部分较小粒径磨光值达不到要求的粗集料,其最大掺加比例由磨光值试验确定。

表 2.14　粗集料磨光值的技术要求

PSV 年降雨量/mm	公路等级	
	高速公路和一级公路	二级公路
>1 500	>42	>40
500～1 000	>40	>38
250～500	>38	>36
<250	>36	—

5）与沥青的黏附性要求

加工粗集料应尽量选用碱性岩石。由于碱性岩石与沥青具有较强的黏附力,组成沥青结合料可得到较高的力学强度。粗集料与沥青的黏附性应符合表 2.15 的规定。在缺少碱性岩石的情况下,也可采用酸性岩石代替。当黏附性不符合要求时,粗集料宜掺加消石灰、水泥或用饱和石灰水处理后使用,必要时可同时在沥青中掺加耐热、耐水、长期性能好的抗剥落剂,也可采用改性沥青的措施,使沥青混合料的水稳性检验达到要求,掺加外加剂的剂量由沥青混合料的水稳性检验确定。

表 2.15　粗集料与沥青的黏附性的技术要求

雨量气候区		1(潮湿区)	2(湿润区)	3(半干区)	4(干旱区)
年降雨量/mm		>1 000	1 000~500	500~250	<250
粗集料与沥青黏附性	表面层	5级	4级	4级	3级
	其他层次	4级	4级	3级	3级

思考题

1.沥青混合料中所用粗集料有哪些类型?

2.粗集料的主要物理常数有哪几项?

3.《公路试验检测数据报告编制导则》(JT/T 828—2019)要求试验检测记录表基本信息区包括哪些信息?

4.粗集料磨光值表征粗集料的什么性能?

5.沥青混合料用粗集料应具备哪些性能?

6.沥青混合料用粗集料与沥青的黏附性不符合要求时应如何处理?

子项目 3　沥青混合料用填料性能分析与检验

【子项目描述】

本子项目是分析沥青混合料用填料的技术性质、评价指标及技术要求。学生通过对相关理论知识的学习,从而具备评定沥青混合料用填料质量的能力。

【学习目标】

①熟悉沥青混合料中所用填料的表观密度、表观相对密度、颗粒级配的定义及检测方法。

②能叙述填料的黏附性、洁净程度、加热安定性的评价指标。

③能叙述沥青混合料中所用填料的技术要求。

1.填料的技术性质及评价指标

沥青混合料的填料主要为矿粉,有时也加有少量的石灰、水泥、粉煤灰等。其技术性质主要包括物理性质、级配、与沥青的黏附性、洁净程度、加热安定性等。

1)物理性质

填料的表观密度、表观相对密度的定义与细集料相同,根据《公路工程集料试验规程》(JTG E42—2005)规定的矿粉密度试验测定。

矿粉密度试验所用仪器为李氏比重瓶。测定时,先将矿粉放入瓷皿中烘干至恒重,冷却后连同小牛角匙、漏斗一起称量质量,再向比重瓶中注入蒸馏水,至刻度 0~1 mm,将比重瓶放入 20 ℃的恒温水槽中,静放至比重瓶水温不再变化为止,读取比重瓶中水面的刻度 V_1,用小牛角匙将烘至恒重的矿粉徐徐加入比重瓶中,待比重瓶中水的液面上升至接近比重瓶最大刻度为止,将比重瓶放入恒温水槽中,待温度不再变化时,读取比重瓶读数 V_2,准确称取小牛角匙、漏斗、瓷皿及剩余矿粉质量。矿粉的表观密度和表观相对密度按式(2.13)、式(2.14)计算。

$$\rho_f = \frac{m_1 - m_2}{V_1 - V_2} \tag{2.13}$$

$$\gamma_f = \frac{\rho_f}{\rho'_w} \tag{2.14}$$

式中　ρ_f——矿粉的密度,g/cm^3;

　　　γ_f——矿粉对水的相对密度,无量纲;

　　　m_1——牛角匙、瓷皿、漏斗及试验前瓷器中矿粉的干燥质量,g;

　　　m_2——牛角匙、瓷皿、漏斗及试验后瓷器中矿粉的干燥质量,g;

　　　V_1——加矿粉以前比重瓶的初读数,mL;

　　　V_2——加矿粉以后比重瓶的终读数,mL;

　　　ρ'_w——试验温度时水的密度,按 T 0304—2005(粗集料密度及吸水率试验)中表 T 0304.2 取用。

2) 颗粒级配

填料的颗粒级配采用《公路工程集料试验规程》(JTG E42—2005)规定的矿粉筛分试验(水洗法)测定。

测定时,将矿粉试样放入 105 ℃±5 ℃烘箱中烘干至恒重,冷却,称取 100 g,将 0.075 mm 筛装在筛底上,仔细倒入矿粉,盖上筛盖,手工轻轻筛分,至大体上筛不下去为止。除去筛盖和筛底,按筛孔大小顺序套成套筛,将存留在 0.075 mm 筛上的矿粉倒回 0.6 mm 筛上,用水轻轻冲洗矿粉过筛,0.075 mm 筛下部分任其流失,直至流出的水清澈为止。水洗过程中,可以适当用手搅动试样,加速矿粉过筛,待上层筛冲干净后,取去 0.6 mm 筛,接着从 0.3 mm 筛或 0.15 mm 筛上冲洗,但不得直接冲洗 0.075 mm 筛。分别将各筛上的筛余反过来用小水流仔细冲洗入各个搪瓷盘中,待筛余沉淀后,稍稍倾斜,仔细除去清水,放入 105 ℃烘箱中烘干至恒重,称取各号筛上的筛余量。

各号筛上的筛余量除以试样总量的百分率,即为各号筛的分计筛余百分率,用 100 减去 0.6 mm,0.3 mm,0.15 mm,0.075 mm 各筛的分计筛余百分率,即为通过 0.075 mm 筛的通过百分率,加上 0.075 mm 筛的分计筛余百分率即为 0.15 mm 筛的通过百分率,以此类推,计算出各号筛的通过百分率。

3) 与沥青的黏附性

填料与沥青结合料的黏附性能用亲水系数来评价。填料的亲水系数是指填料试样(极性介质)中膨胀的体积与同一试样在煤油(非极性介质)中膨胀的体积之比。填料的亲水系数根据《公路工程集料试验规程》(JTG E42—2005)规定的矿粉的亲水系数试验测定。

亲水系数大于 1 的矿粉,表示矿粉对水的亲和力大于对沥青的亲和力;亲水系数小于 1 的矿粉,表示对沥青的亲和力大于对水的亲和力。

4) 洁净程度

填料的洁净程度用塑性指数来评价,主要是反映填料中黏性土的含量。塑性指数是矿粉的液限含水量和塑限含水量之差,以百分率表示。

填料的塑性指数试验是将填料过 0.6 mm 的筛,去除筛上部分,然后按《公路土工试验规程》(JTG E41—2005)规定的界限含水率试验方法来测定。

5)加热安定性

矿粉的加热安定性是指矿粉在热拌过程中受热而不产生变质的性能。加热安定性用于评价易受热变质的成分的含量。

2.沥青混合料用填料的技术要求

《公路沥青路面施工技术规范》(JTG F40—2004)规定,沥青混合料用矿粉必须采用石灰岩或岩浆岩中的强基性岩石(碱性岩石)磨细制得的矿粉。矿粉应干燥、洁净,其质量应符合表2.16的要求。若使用粉煤灰作为填料,其用量不得超过填料总量的50%,烧失量应小于12%,与矿粉混合后塑性指数小于4%,其余质量要求与矿粉相同,高速公路、一级公路沥青面层不宜采用粉煤灰作填料。拌和机的粉尘可作为矿粉的一部分回收使用,但每盘用量不得超过填料总量的25%,掺有粉尘填料的塑性指数不得大于4%。

表 2.16　沥青混合料用矿粉质量要求

项　目		单　位	高速公路、一级公路	其他等级公路	试验方法
表观密度		t/m³	≤2.50	≤2.45	T 0352
含水量		%	≤1	≤1	T 0103 烘干法
粒度范围	<0.6 mm	%	100	100	T 0351
	<0.15 mm	%	90~100	90~100	
	<0.075 mm	%	75~100	70~100	
外观		—	无团粒结块	—	—
亲水系数		—	<1	—	T 0353
塑性指数		%	<4	—	T 0354
加热安定性		—	实测记录	—	T 0355

思 考 题

1.简述矿粉的表观密度测定方法。

2.什么是矿粉的亲水系数?测定其有什么意义?

子项目4　道路石油沥青性能分析与检验

【子项目描述】

本子项目是对沥青混合料用道路石油沥青的性能进行分析并检验其技术指标。学生通过对道路石油沥青技术性能、技术要求、检测方法等相关理论知识的学习,通过测定道路石油沥青的针入度、延度、软化点等指标进行技能训练,从而具备检验评定道路石油沥青质量的能力。

任务 2.10 认知胶凝材料的定义及沥青的分类

【任务描述】

本任务是认知胶凝材料的定义,认知沥青的分类及石油沥青的分类、组成、结构、技术性质。

【学习目标】

①熟悉胶凝材料的定义及分类。

②能描述沥青的分类、石油沥青的分类。

③熟悉石油沥青的三组分及蜡含量的意义。

④能描述石油沥青的结构,熟悉石油沥青的技术性质。

1.胶凝材料的定义

在建筑工程中,能以自身的物理化学作用将松散材料(如砂、碎石)胶结成为具有一定强度的整体结构的材料统称为胶凝材料,又称为结合料。胶凝材料按其化学成分不同,分为无机胶凝材料和有机胶凝材料两大类。无机胶凝材料根据其硬化条件的不同,又分为既能在水中硬化又能在空气中硬化的水硬性胶凝材料(如水泥)和只能在空气中硬化的气硬性胶凝材料(如石灰、石膏、水玻璃)。

2.沥青的分类

沥青材料是一种有机胶凝材料,其内部组成是一些极其复杂的高分子碳氢化合物和这些碳氢化合物的非金属(氧、硫、氮)衍生物所组成的混合物。

沥青在常温下一般呈固体或半固体,也有少数呈现黏性液体状态,可溶于二硫化碳、四氯化碳、三氯甲烷和苯等有机溶剂,颜色为黑褐色或褐色。

沥青具有良好的憎水性、黏结性和塑性,可以防水、防潮,因而广泛应用于道路工程中。

我国按照来源不同,将沥青分为地沥青和焦油沥青两大类。

(1)地沥青

地沥青是由地下原油演变或石油精制加工得到的沥青。按其产源又可分为天然沥青和石油沥青。

①天然沥青。天然沥青是石油在自然条件下,由于地壳运动使地下石油上升到地壳表层聚集或渗入岩石孔隙,经受长时间地球物理因素作用而形成的产物。

②石油沥青。石油沥青是石油经精制加工其他油品后的残渣,最后加工而得到的产品。由于我国天然沥青储量很少,而石油资源丰富,因此,石油沥青在工程中应用广泛。

(2)焦油沥青

焦油沥青是各种有机物(煤、页岩、泥炭、木材等)干馏加工得到的焦油经再加工而得到的产品。焦油沥青按干馏原料的不同,可分为煤沥青、页岩沥青、木沥青和泥炭沥青等。

在路桥工程中,最常用的是道路石油沥青。

3.石油沥青的基础知识

从油井开采出来的石油,一般简称为原油,它是由多种分子量大小不等的烃类(烷烃、环烷烃和芳香烃等)组成的复杂混合物。炼油厂将原油分馏而提取汽油、煤油、柴油和润滑油等石油产品后所剩残渣,再通过直馏、氧化等工艺加工可制得各种不同的石油沥青。

为了改变黏稠沥青的施工工艺,可将其配制成液体沥青和乳化沥青;为了改善黏稠沥青的使用性能,可将其加工成调和沥青和改性沥青。

1)石油沥青的分类、组成和结构

(1)石油沥青的分类

石油沥青可根据不同的情况进行分类。

①按原油成分分类。原油是生产石油沥青的原料。石油沥青的性质与石油沥青的基属密切相关。

原油的分类一般是根据"关键馏分特性"和"含硫量",可分为石蜡基原油、环烷基原油和中间基原油,以及高硫原油(含硫量>2%)、含硫原油(含硫量0.5%~2%)和低硫原油(含硫量<0.5%)。由不同基属原油炼制的石油沥青分别为石蜡基沥青、环烷基沥青、中间基沥青。

a.石蜡基沥青:也称多蜡沥青,它是由含大量的烷属烃成分的石蜡基原油提炼而得。这种沥青因原油中含有大量烷烃,沥青中蜡含量一般大于5%,有的高达10%以上。蜡在常温下往往以结晶体存在,降低了沥青的黏结性、塑性和温度稳定性。

b.环烷基沥青:也称沥青基沥青,含有较多的环烷烃和芳香烃,所以此种沥青的芳香性高,蜡含量一般小于2%,沥青的黏结性和塑性均较高。

c.中间基沥青:也称混合基沥青,蜡含量、所含烃类成分和沥青的性质一般均介于石蜡基和环烷基沥青之间。

我国石油油田分布较广,国产石油大部分为石蜡基原油和中间基原油,从国外进口的原油多为环烷基原油。

②按加工方法分类。

a.直馏沥青:用直馏方法将石油在不同沸点温度的馏分(汽油、煤油、柴油)提取后,残留的黑色液体状产品,符合沥青标准的残渣称为直馏沥青;不符合沥青标准、蜡含量大的称为渣油。一般情况下,低稠度原油生产的直馏沥青,其温度稳定性不足,还需要进行氧化处理才能达到黏稠石油沥青的性质指标。

b.氧化沥青:将常压或减压重油,或低稠度直馏沥青在250~300 ℃的高温下吹入空气,经数小时氧化后获得的常温下为半固体或固体状的沥青称为氧化沥青。氧化沥青具有良好的温度稳定性。在道路工程中使用的沥青,氧化程度不能太深,有时也称为半氧化沥青。

c.溶剂沥青:这种沥青是对蜡含量较高的重油采用溶剂萃取工艺,提炼出润滑油原料后所余残渣。在溶剂萃取过程中,一些石蜡成分溶解在萃取溶剂中随之被拔出,因此,溶剂沥青中石蜡成分相对减少,其性质较之由石蜡基原油生产的渣油或氧化沥青有很大的改善。

③按常温下沥青的稠度分类。根据用途不同,对石油沥青的稠度要求不同,一般可分为黏

稠沥青和液体沥青两大类。黏稠沥青在常温下为固态或半固态,按针入度分级时,针入度小于40 者为固体沥青,针入度在 40~300 的为半固态,而针入度大于 300 的为黏性液体沥青。

④按用途分类。

a.道路石油沥青:用作道路路面的黏结材料,具有良好的黏结性、塑性和温度稳定性。

b.建筑石油沥青:用作建筑工程防水、防锈、防腐的石油沥青。

（2）石油沥青的组成

①元素组成。石油沥青是由多种碳氢化合物及其非金属（氧、硫、氮）的衍生物组成的混合物。所以,它的组成主要是碳（80%~87%）、氢（5%~10%）,其次是非烃元素,如氧、硫、氮等（<3%）。此外,还含有一些微量的金属元素,如镍、钒、铁、锰、钙、镁、钠等,但含量都很少,约为几个至几十个 ppm（百万分之一）。

由于沥青化学组成结构的复杂性,许多元素组成非常相近的沥青其性质却相差很大,到目前为止还不能直接得到沥青元素含量与路用性能之间的关系。

②化学组分。目前的分析技术尚难将沥青分离为纯粹的化合物单体。为了研究石油沥青化学组成与使用性能之间的联系,从工程角度出发,常将沥青所含烃类化合物中化学性质相近的成分归类分析,从而划分为若干组,称为"沥青化学组分",简称"组分"。

将沥青分为不同组分的化学分析方法称为组分分析法,许多研究者曾提出不同的分析方法,而且还在不断修正和发展中。《公路工程沥青及沥青混合料试验规程》（JTG E20—2011）中规定有三组分和四组分两种分析法。

a.三组分分析法。石油沥青的三组分分析法（马卡森法）,是将石油沥青分离为油分、树脂和沥青质 3 个组分。因我国富产石蜡基或中间基沥青,在油分中往往含有蜡,故在分析时还应将油蜡分离。按三组分分析法所得各组分的性状见表 2.17。

表 2.17 石油沥青 3 组分分析法的各组分性状

组　分	性　状			
	外观特征	平均分子量	碳氢比	物化特征
油分	淡黄色透明液体	200~700	0.5~0.7	几乎可溶于大部分有机溶剂,具有光学活性,常发现有荧光,相对密度为 0.910~0.925
树脂	红褐色黏稠半固体	800~3 000	0.7~0.8	温度敏感性高,熔点低于 100 ℃,相对密度大于 1.000
沥青质	深褐色固体末状微粒	1 000~5 000	0.8~1.0	加热不熔化,分解使沥青呈硬焦炭,使沥青呈黑色

b.四组分分析法。该法可将沥青分离为沥青质、饱和分、芳香分、胶质 4 种成分。对于多蜡沥青,还可将饱和分和芳香分用于丁酮-苯混合溶液冷冻分离出蜡。按四组分分析法所得各组分的性状见表 2.18。

表 2.18 石油沥青 4 组分分析法的各组分性状

性状组分	外观特征	平均分子量 M_w	碳氢比 C/H	物化特征
沥青质	深褐色固体末微粒	1 000~5 000	<1.0	提高热稳定性和黏滞性
饱和分	无色黏稠液体	300~1 000	<1.0	赋予沥青流动性(相当于油分)
芳香分	茶色黏稠液体			
胶质	红褐色至黑褐色黏稠半固体	500~1 000	≈1.0	赋予胶体稳定性,提高黏附性及可塑性
蜡	白色晶体	300~1 000	<1.0	破坏沥青结构的均匀性,降低塑性

沥青的化学组分与沥青的物理力学性质有着密切关系,主要表现为沥青组分及其含量的不同将引起沥青性质趋向性的变化。一般认为,油分使沥青具有流动性;树脂使沥青具有塑性,树脂中含有少量的酸性树脂(即地沥青酸和地沥青酸酐),是一种表面活性物质,能增强沥青与矿质材料表面的黏附性;沥青质能提高沥青的黏结性和热稳定性。

③沥青的蜡含量。蜡组分的存在对沥青性能的影响是沥青性能研究的一个重要课题。特别是在我国富产石蜡基原油的情况下更是应该关注。现有研究认为:由于沥青中蜡的存在,高温时沥青容易发软,导致沥青路面的高温稳定性降低,出现车辙;在低温时会使沥青变得脆硬,导致路面低温抗裂性降低,出现裂缝。此外,蜡会使沥青与石料黏附性降低,在水分的作用下,会使路面骨料与沥青产生剥落现象,造成路面被破坏;更严重的是,蜡含量大的沥青会使沥青路面的抗滑性能降低,影响路面的行车安全。

对于沥青蜡含量的限制,由于世界各国测定方法不同,所以限值也不一致,《公路工程沥青及沥青混合试验规程》(JTG E20—2011)规定用蒸馏法测定道路石油沥青的蜡含量。它是以蒸馏法馏出油分后,使蜡在规定的溶剂及低温下结晶析出,蜡含量以质量百分数表示。

(3)石油沥青的结构

沥青的技术性质不仅取决于它的化学组分,而且取决于它的结构。石油沥青的结构是一种胶体结构。现代胶体理论认为:沥青中沥青质是分散相,饱和分和芳香分是分散介质,但沥青质不能直接分散在饱和分和芳香分中,沥青质是吸附了胶质形成胶团,由于胶质的胶溶作用使胶团胶溶,分散于芳香分和饱和分中。所以,沥青的胶体结构是以沥青质为胶核,胶质被吸附其表面,并逐渐向外扩散形成胶团,胶团再分散于饱和分和芳香分中。

①石油沥青胶体结构分类。根据沥青中各组分的化学组成和相对含量的不同,可以形成不同的胶体结构。沥青的胶体结构可分为 3 种类型。

a.溶胶型结构。当沥青中沥青质分子量较低,并且含量很少(10%以下),同时有一定数量的胶质,这样使胶团能够完全胶溶而分散在芳香分和饱和分的介质中,如图 2.5(a)所示。这类沥青的特点是:沥青的黏滞性小,流动性大,塑性好,温度稳定性较差,具有较好的自愈性和低温时变形能力。

b.溶-凝胶型结构。沥青中沥青质含量适当(15%~25%),并有较多数量的胶质。这样形成的胶团数量增多,胶体中胶团的浓度增加,胶团距离相对靠近,如图 2.5(b)所示,它们之间有一定的吸引力。这是一种介于溶胶与凝胶之间的结构,称为溶-凝胶结构。这类沥青的特点是:高温时具有较低的感温性,低温时又具有较好的形变能力。

c.凝胶型结构。沥青中沥青质含量很高(>30%),并有相当数量的胶质来形成胶团,如图2.5(c)所示。这种胶体结构的沥青称为凝胶型沥青。这类沥青的特点是:弹性和黏性较高,温度敏感性较小,流动性、塑性较低,虽具有较好的温度感应性,但低温变形能力较差。

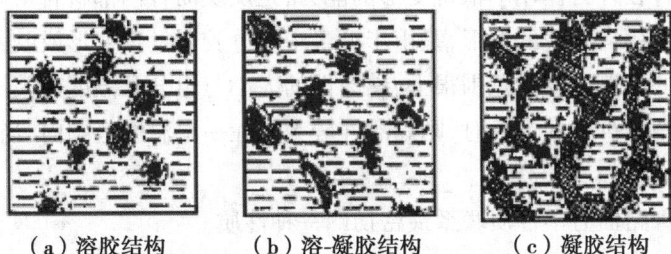

（a）溶胶结构　　　（b）溶-凝胶结构　　　（c）凝胶结构

图 2.5　沥青胶体结构示意图

②石油沥青胶体结构类型的判定。沥青的胶体结构与其路用性能有密切的关系。为便于工程使用,通常采用针入度指数法。该法是根据沥青的针入度指数(PI)值,按表 2.19 来划分其胶体结构类型。

表 2.19　沥青的针入度指数和胶体结构类型

沥青的针入度指数(PI)	<2	-2~+2	>+2
沥青胶体结构类型	溶胶	溶-凝胶	凝胶

2)道路石油沥青的技术性质

道路石油沥青的技术性质包括黏滞性、塑性、温度稳定性、加热稳定性、抗老化性能、安全性、溶解性、密度等。

任务 2.11　测定道路石油沥青针入度、延度、软化点

【任务描述】

本任务是在学习道路石油沥青黏滞性、塑性、温度稳定性相关理论知识的基础上,测定道路石油沥青的针入度、延度、软化点。

【学习目标】

①熟悉道路石油沥青黏滞性、塑性、温度稳定性的定义及其评价指标。

②熟悉针入度、延度、软化点的定义及测定条件。

③会按《公路工程沥青及沥青混合料试验规程》(JTG E20—2011)规定的方法进行道路石油沥青的取样,并测定其针入度、延度、软化点;能分析试验检测数据发生异常引起的原因;能完整、规范地填写试验检测记录表。

1.相关知识

1)黏滞性的评价指标

(1)黏滞性定义

黏滞性是指沥青在外力作用下抵抗变形的能力,是反映沥青内部材料阻碍其相对流动的特性。沥青受到外力作用后表现的变形,是由于沥青中组分胶团发生变形或胶团之间产生相互位移。各种石油沥青的黏滞性变化范围很大,黏滞性的大小与组分及温度有关。当沥青质含量较高,又含有适量的树脂、少量的油分时,则黏滞性较大。在一定温度范围内,当温度升高时,黏滞性随之降低,反之则增大。

黏滞性是与沥青路面力学性质联系最密切的一种性质。

(2)黏滞性指标

道路石油沥青的黏滞性通常用黏度表示。在现代交通条件下,为防止路面出现车辙,沥青黏度是首先要考虑的参数。

根据牛顿黏性定律,黏度是流体剪应力和剪变率之比,是流体抗流动的量度,单位为Pa·s。剪应力和剪变率之比为常数的属于牛顿流体,比值不是常数的则是非牛顿流体。当被测物体为牛顿流体时,所得的黏度称为绝对黏度;当采用某个剪切应力和剪切变率进行非牛顿流体的黏度测量时,所得的黏度称为表观黏度。

①60 ℃动力黏度。60 ℃时,道路石油沥青基本表现出流体的性质。60 ℃动力黏度是在60 ℃时测定的石油沥青的绝对黏度。其值越大,表明沥青的黏滞性越大。《公路工程沥青及沥青混合料试验规程》(JTG E20—2011)规定沥青的动力黏度采用真空减压毛细管法测定。

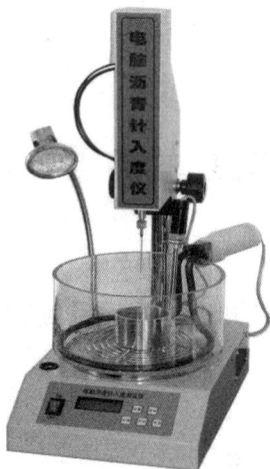

图 2.6 针入度测定仪

②旋转黏度。旋转黏度是道路石油沥青在 45 ℃以上温度范围内的表观黏度。《公路工程沥青及沥青混合料试验规程》(JTG E20—2011)规定旋转黏度采用布洛克菲尔德黏度计法测定,简称布氏旋转黏度计法。布氏旋转黏度计法同时是确定普通道路石油沥青混合料拌和温度和压实温度的方法。

虽然绝对黏度是沥青黏滞性最好的量测形式,但由于其测定方法较为复杂,故一般用条件黏度——针入度来表征沥青的黏滞性。

③针入度。针入度是黏稠石油沥青黏滞性的常用技术指标,采用针入度测定仪(图 2.6)测定。沥青的针入度是在规定的温度和时间内,附加一定质量的标准针垂直贯入试样的深度,以 0.1 mm表示。试验条件以 $P_{T,m,t}$ 表示,其中 P 为针入度,T 为试验温度,m 为荷重,t 为贯入时间。《公路工程沥青及沥青混合料试验规程》(JTG E20—2011)规定:标准针和针连杆组合件的总质量为 50 g±0.05 g,另加 50 g±0.05 g 的砝码一个,试验时总质量为 100 g±0.05 g,试验温度为 25 ℃(当计算针入度指数 PI 时可采用 15 ℃,30 ℃,25 ℃ 或 5 ℃),标准针贯入时间为 5 s。

例如,某沥青在上述条件时测得针入度为 65(0.1 mm),可表示为:

$$P(25\ ℃,100\ g,5\ s)=65(0.1\ mm)$$

针入度是划分沥青标号的主要指标。针入度值越小,表明沥青越稠。通常稠度高的沥青,其黏度也高。

2)塑性的评价指标

(1)塑性的定义

塑性是指沥青在外力作用下发生变形而不被破坏的能力。

影响塑性大小的因素与沥青的组分及温度有关。沥青中树脂含量多,油分及沥青质含量适当,则塑性较大。当温度升高,塑性增大,沥青膜层越厚则塑性越高;反之,塑性越差。在常温下,塑性好的沥青不易产生裂缝,并能减少摩擦时的噪声,同时它对沥青在温度降低时抵抗开裂的性能有重要影响。

(2)塑性指标

沥青的塑性用延度来表示,用延度仪测定。

《公路工程沥青及沥青混合料试验规程》(JTG E20—2011)规定,沥青的延度是将沥青试样注入"∞"字形标准试模中,按规定时间、规定温度养护后,将盛有试样的试模移入延度仪中,在规定的拉伸速度(5 cm/min)和规定温度15 ℃(或10 ℃)下拉断时的长度,以 cm 表示,如图2.7所示。

沥青的延度越大,塑性越好,柔性和抗断裂性能越好。

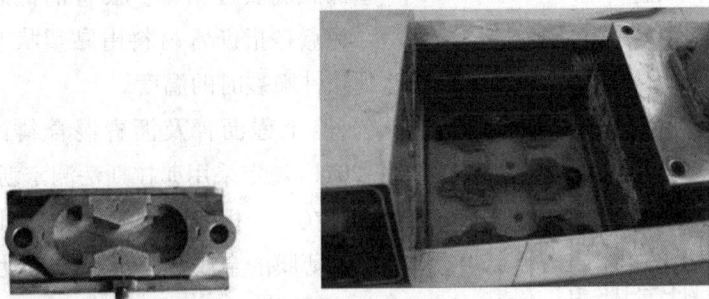

图 2.7　延度试验试模及拉伸试样

3)温度稳定性的评价指标

(1)温度稳定性定义

温度稳定性是指沥青的黏滞性和塑性随温度的升降而变化的性能。当温度升高时,沥青由固态或半固态逐渐转化成流态;当温度降低时,由流态转变成固态甚至变脆。在道路工程中使用的沥青要求有较好的温度稳定性。

(2)温度稳定性指标

①高温稳定性指标。沥青的高温稳定性用软化点表示。软化点是沥青材料由固体状态转变为具有一定流动性的黏塑态时的一种条件温度。《公路工程沥青及沥青混合料试验规程》(JTG E20—2011)规定沥青软化点采用环球软化点仪测定。将沥青试样装入规定尺寸的铜环内,试样上放置标准钢球浸入水(软化点低于80 ℃)或甘油(软化点高于80 ℃)中,以5 ℃(水)或32 ℃(甘油)的起始温度,按规定的升温速度(5 ℃/min)加热,使沥青软化下垂至规定距离时的温度,以℃表示,如图2.8所示。

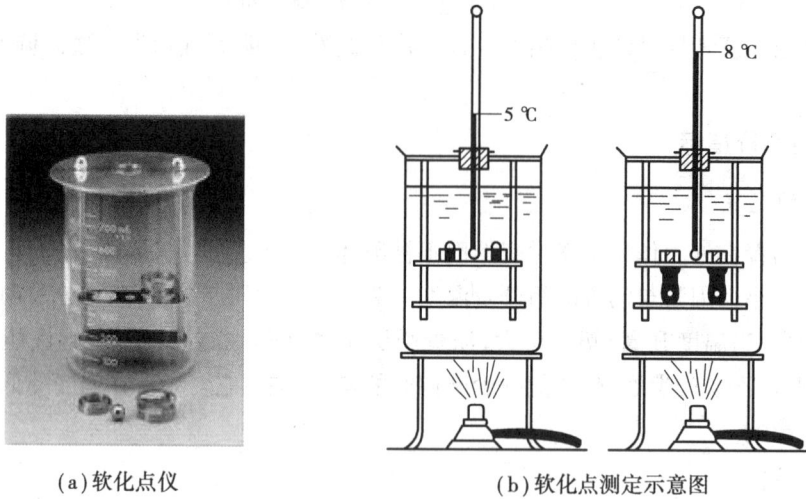

(a)软化点仪　　　　　　　　(b)软化点测定示意图

图 2.8　软化点仪及软化点测定示意图

软化点越高,表明沥青的耐热性越好,即温度稳定性越好。

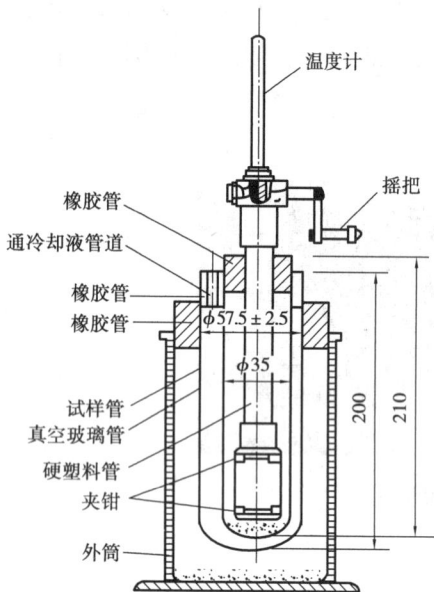

图 2.9　弗拉斯脆点仪示意图(单位:mm)

以上所论及的针入度、延度、软化点是评价黏稠石油沥青路用性能最常用的经验指标,所以统称为"沥青的三大指标"。

②低温抗裂性指标。沥青的低温抗裂性用脆点表示。脆点是指沥青材料由黏塑状态转变为固体状态达到条件脆裂时的温度。

《公路工程沥青及沥青混合料试验规程》(JTG E20—2011)规定采用弗拉斯法测定沥青脆点,将0.4 g沥青试样在一个标准的金属薄片上摊成薄膜,之后将涂有沥青薄膜的金属片置于有冷却设备的脆点仪(图 2.9)内,摇动脆点仪的曲柄,能使涂有沥青薄膜的金属片产生弯曲。随着冷却设备中制冷剂温度以 1℃/min 的速度降低,沥青薄膜的温度亦逐渐降低。当降至某一温度时,沥青薄膜在规定弯曲条件下产生断裂时的温度,即为沥青的脆点。

在工程中,要求沥青具有较高的软化点和较低的脆点,否则沥青材料夏季高温容易软化,冬季会变脆甚至产生开裂等。

③针入度指数(PI)。针入度指数是沥青结合料的温度感应性指标,反映针入度随温度而变化的程度,不仅可以用来评价沥青的温度敏感性,也可以用来判断沥青的胶体结构。

针入度指数可通过测定 15 ℃,25 ℃,30 ℃等 3 个或 3 个以上温度条件下的针入度后,按公式计算得到。

对不同温度条件下测试的针入度值取对数,令 $y=\lg P,x=T$,按式(2.15)的针入度对数与温度的直线关系,进行 $y=a+bx$ 一元一次方程的直线回归,求取针入度温度指数 $A_{\lg \text{Pen}}$。

$$\lg P = K + A_{\lg \text{Pen}} \times T \tag{2.15}$$

式中　T——不同试验温度,相应温度下的针入度为 P;

　　　$\lg P$——针入度值的对数;

　　　K——回归方程常数项 a;

　　　$A_{\lg Pen}$——回归方程常数项 b(针入度温度指数)。

按式(2.15)回归时,必须进行相关性检验,直线回归相关系数 R 不得小于 0.997,否则试验无效。

按式(2.16)确定沥青针入度指数 PI,并记为 $PI_{\lg Pen}$。

$$PI=\frac{20-500A_{\lg Pen}}{1+50A_{\lg Pen}} \tag{2.16}$$

针入度指数(PI)值越大,表示沥青的感温性越低。通常,按 PI 来评价沥青的感温性时,要求沥青的 PI 为 -1 ~ +1。此外,针入度指数值亦可作为沥青胶体结构类型的评价标准(表2.19)。

2.测定道路石油沥青的针入度、延度、软化点

《公路工程沥青及沥青混合料试验规程》(JTG E20—2011)规定了测定道路石油沥青针入度、延度、软化点的取样、试样制备及测定方法。

T 0601—2011 沥青取样法

1　目的与适用范围

1.1　本方法适用于在生产厂、储存或交货验收地点为检查沥青产品质量而采集各种沥青材料的样品。

1.2　进行沥青性质常规检验的取样数量为:黏稠沥青或固体沥青不少于 4.0 kg;液体沥青不少于 1 L;沥青乳液不少于 4 L。

进行沥青性质非常规检验及沥青混合料性质试验所需的沥青数量,应根据实际需要确定。

2　仪器与材料技术要求

2.1　盛样器:根据沥青的品种选择;液体或黏稠沥青采用广口、密封带盖的金属容器(如锅、桶等);乳化沥青也可使用广口、带盖的聚氯乙烯塑料桶;固体沥青可用塑料袋,但需要有外包装,以便携运。

2.2　沥青取样器:金属制,带塞,塞上有金属长柄提手。

3　方法与步骤

3.1　准备工作

检查取样和盛样器是否干净、干燥,盖子是否配合严密。使用过的取样器或金属桶等盛样容器必须洗净、干燥后才可使用。对供质量仲裁用的沥青试样,应采用未使用过的新容器存放,且由供需双方人员共同取样,取样后双方在密封条上签字盖章。

3.2　试验步骤

3.2.1　从储油罐中取样

(1)无搅拌设备的储罐

①液体沥青或经加热已经变成液体的黏稠沥青取样时,应先关闭进油阀和出油阀,然后取样。

②用取样器按液面上、中、下位置(液面高各为 1/3 等分处,但距罐底不得低于总液面高度

的1/6)各取1~4 L样品。每层取样后,取样器应尽可能倒净。当储罐过深时,亦可在流出口按不同深度分3次取样。对静态存取的沥青,不得仅从罐顶用小桶取样,也不得仅从罐底阀门流出少量沥青取样。

③将取出的3个样品充分混合后取4 kg样品作为试样,样品也可分别进行检验。

(2)有搅拌设备的储罐

将液体沥青或经加热已经变成流体的黏稠沥青充分搅拌后,用取样器从沥青层的中部取规定数量试样。

3.2.2 从槽车、罐车、沥青洒布车中取样

①设有取样阀时,可旋开取样阀,待流出至少4 kg或4 L后取样。

②仅有放料阀时,待放出全部沥青的1/2取样。

③从顶盖处取样时,可用取样器从中取样。

3.2.3 在装料或卸料过程中取样

在装料或卸料过程中取样时,要按时间间隔均匀地取至少3个规定样品,然后将这些样品充分混合后取规定样品作为试样,样品也可分别进行检验。

3.2.4 从沥青储存池中取样

沥青储存池中的沥青应待加热熔化后,经管道或沥青泵流出至沥青加热锅之后取样。分间隔每锅至少取3个样品,然后将这些样品充分混匀后取4.0 kg作为试样,样品也可分别进行检验。

3.2.5 从沥青运输船中取样

沥青运输船到港后,应分别从每个沥青舱取样,每个舱从不同部位取3个4 kg的样品,将这些样品充分混合后再从中取出4 kg,作为一个舱的沥青样品供检验用。在卸油过程中取样时,应根据卸油量,大体均匀地分间隔3次从卸油口或管道途中的取样口取样,然后混合作为一个样品供检验用。

3.2.6 从沥青桶中取样

①当能确认是同一批生产的产品时,可随机取样;当不能确认是同一批生产的产品时,应根据桶数按照表T 0601.1规定或按总桶数的立方根随机选取沥青桶数。

表 T 0601.1 选取沥青样品桶数

沥青桶总数	选取桶数	沥青桶总数	选取桶数
2~8	2	217~343	7
9~27	3	344~512	8
28~64	4	513~729	9
65~125	5	730~1 000	10
126~216	6	1 001~1 331	11

②将沥青桶加热使桶中沥青全部熔化成流体后,按罐车取样方法取样。每个样品的数量,以充分混合后能满足供检验用样品的规定数量不少于4 kg要求为限。

③当沥青桶不便加热熔化沥青时,可在桶高的中部凿开取样,但样品应在距桶壁5 cm以上

的内部凿取,并采取措施防止样品散落地面粘有尘土。

3.2.7　固体沥青取样

从桶、袋、箱或散装整块中取样时,应在表面以下及容器侧面以内至少 5 cm 处采取。如沥青能够打碎,可用一个干净的工具将沥青打碎后取中间部分试样;若沥青是软塑的,则用一个干净的热工具切割取样。

当能确认是同一批生产的样品时,应随机取出一件按本条的规定取 4 kg 供检验用。

3.2.8　在验收地点取样

当沥青到达验收地点卸货时,应尽快取样。所取样品为两份:一份样品用于验收试验;另一份样品留存备查。

3.3　样品的保护与存放

3.3.1　除液体沥青、乳化沥青外,所有需加热的沥青试样必须存放在密封带盖的金属容器中,严禁灌入纸袋、塑料袋中存放。试样应存放在阴凉干净处,注意防止试样污染。装有试样的盛样器加盖、密封好并擦拭干净后,应在盛样器上(不得在盖上)标出识别标记,如试样来源、品种、取样日期、地点及取样人。

3.3.2　冬季乳化沥青试样应注意采取妥善防冻措施。

3.3.3　除试样的一部分用于检验外,其余试样应妥善保存备用。

3.3.4　试样需加热采取时,应一次取够一批试样所需的数量装入另一盛样器,其余试样密封保存,应尽量减少重复加热取样。用于质量仲裁检验的样品,重复加热的次数不得超过两次。

T 0602—2011 沥青试样准备方法

1　目的与适用范围

1.1　本方法规定了按本规程 T 0601 取样的沥青试样在试验前的试样准备方法。

1.2　本方法适用于黏稠道路石油沥青、煤沥青、聚合物改性沥青等需要加热后才能进行试验的沥青试样,按此法准备的沥青供立即在实验室进行各项试验使用。

1.3　本方法也适用于对乳化沥青试样进行各项性能测试。每个样品的数量根据需要决定,常规测定不少于 600 g。

2　仪器与材料要求

2.1　烘箱:200 ℃,装有温度控制调节器。

2.2　加热炉具:电炉或燃气炉(丙烷石油气、天然气)。

2.3　石棉垫:不小于炉具上面积。

2.4　滤筛:筛孔孔径 0.6 mm。

2.5　沥青盛样器皿:金属锅或瓷坩埚。

2.6　烧杯:1 000 mL。

2.7　温度计:量程 0~100 ℃及 200 ℃,分度值 0.1 ℃。

2.8　天平:称量 2000 g,感量不大于 1 g;称量 100 g,感量不大于 0.1 g。

2.9　其他:玻璃棒、溶剂、棉纱等。

3　方法与步骤

3.1　热沥青试样制备

3.1.1　将装有试样的盛样皿带盖放入恒温烘箱中,当石油沥青试样中含有水分时,烘箱温度 80 ℃左右,加热至沥青全部熔化后供脱水用。当石油沥青中无水分时,烘箱温度宜为软化点温度以上 90 ℃,通常为 135 ℃左右。对取来的沥青试样不得直接采用电炉或燃气炉明火加热。

3.1.2　当石油沥青试样中含有水分时,将盛样皿放在可控温的砂浴、油浴、电热套上加热脱水,不得已采用电炉、燃气炉加热脱水时必须加石棉垫。加热时间不超过 30 min,并用玻璃棒轻轻搅拌,防止局部过热。在沥青温度不超过 100 ℃的条件下,仔细脱水至无泡沫为止,最后的加热温度不宜超过软化点以上 100 ℃(石油沥青)或 50 ℃(煤沥青)。

3.1.3　将盛样器中的沥青通过 0.6 mm 的滤筛过滤,不等冷却立即一次灌入各项试样的模具中。当温度下降太多时,宜适当加热再灌模。根据需要也可将试样分装入擦拭干净并干燥的一个或数个沥青盛样皿中,数量应满足一批试验项目所需的沥青样品。

3.1.4　在沥青灌模过程中,如温度下降可放入烘箱中适当加热,试样冷却后反复加热的次数不得超过两次,以防沥青老化影响试验结果。为避免混进气泡,在沥青灌模时不得反复搅动沥青。

3.1.5　灌模剩余的沥青应立即清洗干净,不得重复使用。

3.2　乳化沥青试样制备

3.2.1　将按本规程 T 0601 取有乳化沥青的盛样器适当晃动,使试样上下均匀。试样数量较少时,宜将盛样器上下倒置数次,使上下均匀。

3.2.2　将试样倒出要求数量,装入盛样皿或烧杯中,供试验使用。

3.2.3　当乳化沥青在实验室自行配制时,可按下列步骤进行:

①按上述方法准备热沥青试样。

②根据所需制备的沥青乳液质量及沥青、乳化剂、水的比例计算各种材料的数量。

a.沥青用量按式(T 0602.1)计算:

$$m_b = m_E P_b \tag{T 0602.1}$$

式中　m_b——所需的沥青质量,g;

　　　m_E——乳液总质量,g;

　　　P_b——乳液中沥青含量,g。

b.乳化剂用量按式(T 0602.2)计算:

$$m_e = m_E \times P_E / P_e \tag{T 0602.2}$$

式中　m_e——乳化剂用量,g;

　　　P_E——乳液中乳化剂的含量,%;

　　　P_e——乳化剂浓度(乳化剂中有效成分含量),%。

c.水的用量按式(T 0602.3)计算:

$$m_w = m_E - m_E P_b \tag{T 0602.3}$$

式中　m_w——配制乳液所需水的质量,g。

③称取所需质量的乳化剂放入 1 000 mL 烧杯中。

④向盛有乳化剂的烧杯中加入所需的水(扣除乳化剂中所含水的质量)。

⑤将烧杯放到电炉上加热并不断搅拌,直到乳化剂完全溶解,当需要调节 pH 值时可加入适量的外加剂,将溶液加热到 40~60 ℃。

⑥在容器中称取准备好的沥青并加热到 120~150 ℃。

⑦开动乳化机,用热水先把乳化机预热几分钟,然后把热水排净。

⑧将预热的乳化剂倒入乳化机中,随即将预热的沥青徐徐倒入,待全部沥青乳液在机中循环 1 min 后放出,进行各项试验或密封保存。

注:在倒入乳化沥青过程中,需随时观察乳化情况。如出现异常,应立即停止倒入乳化沥青,并把乳化机中的沥青乳化剂混合液放出。

T 0604—2011 沥青针入度试验

1　目的和适用范围

本方法适用于测定道路石油沥青、聚合物改性沥青针入度以及液体石油沥青蒸馏或乳化沥青蒸发后残留物的针入度,以 0.1 mm 计。其标准试验条件为温度 25 ℃,荷重 100 g,贯入时间 5 s。

针入度指数 PI 用以描述沥青的温度敏感性,宜在 15 ℃,25 ℃,30 ℃等 3 个或 3 个以上温度条件下测定针入度后按规定的方法计算得到,若 30 ℃时的针入度过大,可采用 5 ℃代替。当量软化点 T_{800} 是相当于沥青针入度为 1.2 时的温度,用以评价沥青的低温抗裂性能。

2　主要仪器设备

2.1　针入度仪:为提高测试精度,针入度试验宜采用能够自动计时的针入度仪进行测定,要求针与针连杆在无明显摩擦下垂直运动,针的贯入深度准确至 0.1 mm。针和针连杆组合件总质量为 50 g±0.05 g,另附 50 g±0.05 g 砝码一只,试验时总质量为 100 g±0.05 g。仪器应有放置平底玻璃保温皿的平台,并有调节水平的装置,针连杆应与平台相垂直。应有针连杆制动按钮,使针连杆可以自由下落。针连杆易于装拆,以便检查其质量。仪器还设有可自动转动与调节距离的悬臂,其端部有一面小镜或聚光灯泡,借以观察针尖与试样表面接触情况。当为自动针入度仪时,各项要求与此相同,温度采用温度传感器测定,针入度值采用位移计测定,且应对装置的准确性经常校验。当采用其他试验条件时,应在试验结果中注明。

2.2　标准针:由硬化回火的不锈钢制成,洛氏硬度 HRC54~60,表面粗糙度 Ra0.2~0.3 μm,针及针连杆总质量 2.5 g±0.05 g,针杆上应打印有号码标志,针应设有固定用装置盒(筒),以免碰撞针尖,每根针必须附有计量部门的检验单,并定期进行检验,其尺寸及形状如图 T 0604.1 所示。

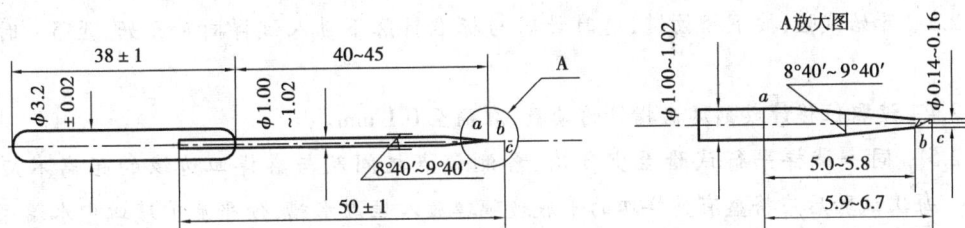

图 T 0604.1　针入度标准针(单位:mm)

2.3　盛样皿:金属制,圆柱形平底。小盛样皿的内径 55 mm,深 35 mm(适用于针入度小于 200 的试样);大盛样皿内径 70 mm,深 45 mm(适用于针入度 200~350 的试样);对针入度大于 350 的试样需使用特殊盛样皿,其深度不小于 60 mm,试样体积不小于 125 mL。

2.4　恒温水槽:容量不小于 10 L,控温的准确度为 0.1 ℃。水槽中应设有一带孔的搁架,位于水面下不得小于 100 mm,距水槽底不得小于 50 mm 处。

2.5　平底玻璃皿:容量不少于1 L,深度不少于80 mm,内设有一不锈钢三脚支架,能使盛样皿稳定。

2.6　温度计或温度传感器:精度为0.1 ℃。

2.7　计数器:精度为0.1 s。

2.8　位移计或位移传感器:精度为0.1 mm。

2.9　盛样皿盖:平板玻璃,直径不小于盛样皿开口尺寸。

2.10　溶剂:三氯乙烯等。

2.11　其他:电炉或砂浴、石棉网、金属锅或瓷坩埚等。

3　试验方法与步骤

3.1　准备工作

3.1.1　按本规程 T 0602 的方法准备试样。

3.1.2　按试验要求将恒温水槽调节到要求的试验温度25 ℃,或15 ℃,30 ℃(或5 ℃)保持稳定。

3.1.3　将试样注入盛样皿中,试样高度应超过预计针入度值10 mm,并盖上盛样皿,以防落入灰尘。盛有试样的盛样皿在15~30 ℃室温中不少于1.5 h(小盛样皿)、2 h(大盛样皿)或3 h(特殊盛样皿)后,移入保持规定试验温度±0.1 ℃的恒温水槽中,并应保温不少于1.5 h(小盛样皿)、2 h(大盛样皿)或2.5 h(特殊盛样皿)。

3.1.4　调整针入度仪使之水平。检查针连杆和导轨,以确认无水和其他外来物,无明显摩擦。用三氯乙烯或其他溶剂清洗标准针,并擦干。将标准针插入针连杆,用螺丝紧固。按试验条件,加上附加砝码。

3.2　试验步骤

3.2.1　取出达到恒温的盛样皿,并移入水温控制在试验温度±0.1 ℃(可用恒温水槽中的水)的平底玻璃皿中的三脚支架上,试样表面以上的水层深度不少于10 mm。

3.2.2　将盛有试样的平底玻璃皿置于针入度仪的平台上。慢慢放下针连杆,用适当位置的反光镜或灯光反射观察,使针尖恰好与试样表面接触。拉下刻度盘的拉杆,使其与针连杆顶端轻轻接触,将位移计或刻度盘指针复位为零。

3.2.3　开始试验,按下释放键,这时计时与标准针落下贯入试样同时开始,至5 s时自动停止。

3.2.4　读取位移计或刻度盘指针的读数,准确至0.1 mm。

3.2.5　同一试样平行试验至少3次,各测试点之间及与盛样皿边缘的距离不应小于10 mm。每次试验后应将盛有盛样皿的平底玻璃皿放入恒温水槽,使平底玻璃皿中水温保持试验温度。每次试验应换一根干净标准针或将标准针取下,用沾有三氯乙烯溶剂的棉花或布揩净,再用干棉花或布擦干。

3.2.6　测定针入度大于200的沥青试样时,至少用3支标准针,每次试验后将针留在试样中,直至3次平行试验完成后才能将标准针取出。

3.2.7　测定针入度指数PI时,按同样的方法在15 ℃,25 ℃,30 ℃(或5 ℃)3个或3个以上(必要时增加10 ℃,20 ℃等)温度条件下分别测定沥青的针入度,但用以仲裁试验的温度条件应为5个。

4 计算

根据测试结果可按以下方法计算针入度指数、当量软化点及当量脆点。

4.1 公式计算法

4.1.1 将 3 个或 3 个以上不同温度条件下测试的针入度值取对数,令 $y=\lg P$,$x=T$,按式 (T 0604.1)的针入度指数与温度的直线关系,进行 $y=a+bx$ 一元一次方程的直线回归,求取针入度温度指数 $A_{\lg Pen}$。

$$\lg P=K+A_{\lg Pen}\times T \tag{T 0604.1}$$

式中 $\lg P$——不同温度条件下测得的针入度值的对数;

　　　T——试验温度,℃;

　　　K——回归方程的常数项 a;

　　　$A_{\lg Pen}$——回归方程的系数 b。

按式(T 0604.1)回归时必须进行相关性检验,直线回归相关系数 R 不得小于 0.997(置信度 95%),否则,试验无效。

4.1.2 按式(T 0604.2)确定沥青的针入度指数,并记为 PI。

$$PI=\frac{20-500A_{\lg Pen}}{1+50A_{\lg Pen}} \tag{T 0604.2}$$

4.1.3 按式(T 0604.3)确定沥青的当量软化点 T_{800}。

$$T_{800}=\frac{\lg 800-K}{A_{\lg Pen}}=\frac{2.903\ 1-K}{A_{\lg Pen}} \tag{T 0604.3}$$

4.1.4 按式(T 0604.4)确定沥青的当量脆点 $T_{1.2}$。

$$T_{1.2}=\frac{\lg 1.2-K}{A_{\lg Pen}}=\frac{0.079\ 2-K}{A_{\lg Pen}} \tag{T 0604.4}$$

4.1.5 按式(T 0604.5)计算沥青的塑性温度范围 DT_w。

$$DT=T_{800}-T_{1.2}=\frac{2.823\ 9}{A_{\lg Pen}} \tag{T 0604.5}$$

4.2 诺模图法

将 3 个或 3 个以上不同温度条件下测试的针入度值绘于图 T 0604.2 的针入度-温度关系诺模图中,按最小二乘法法则绘制回归直线,将直线向两端延长,分别于针入度为 800 及 1.2 的水平线相交,交点的温度即为当量软化点 T_{800} 和当量脆点 $T_{1.2}$。以图中 O 为原点,绘制回归直线的平行线,与 PI 相交,读取交点处的 PI 值即为沥青的针入度指数。此法不能检验针入度对数与温度直线回归的相关系数,仅供快速草算时使用。

5 报告

5.1 应报告标准温度(25 ℃)时的针入度以及其他试验温度 T 所对应的针入度,及由此求取针入度指数 PI、当量软化点 T_{800}、当量脆点 $T_{1.2}$ 的方法和结果。当采用公式计算法时,应报告按式(T 0604.1)回归的直线相关系数 R。

5.2 同一试样 3 次平行试验结果的最大值和最小值之差在下列允许偏差范围内时,计算 3 次试验结果的平均值,取整数作为针入度试验结果,以 0.1 mm 为单位,见表 T 0604.1。当试验值不符合此要求时,应重新进行试验。

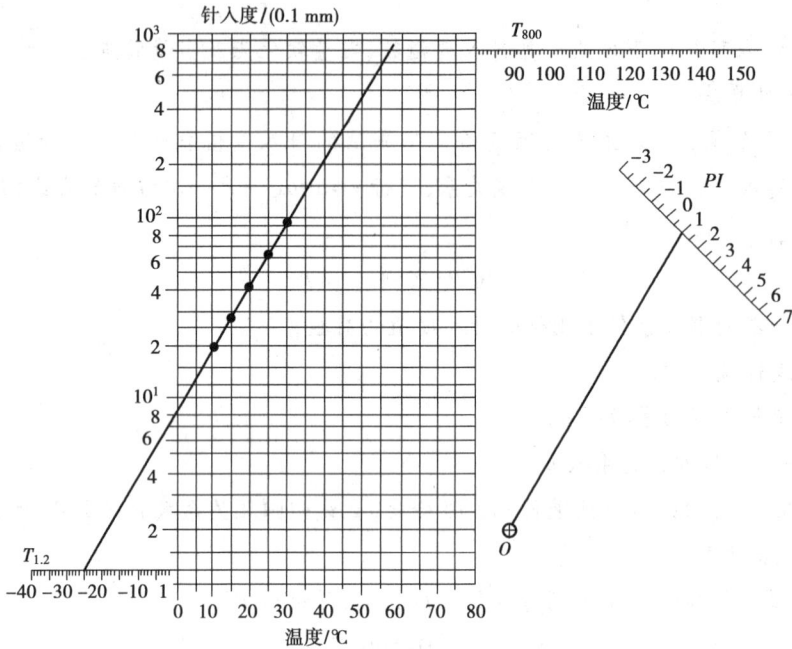

图 T 0604.2　确定道路石油沥青 PI, T_{800}, $T_{1.2}$ 的针入度温度关系诺模图

表 T 0604.1　精密度或允许差

针入度/(0.1 mm)	允许差值/(0.1 mm)
0~49	2
50~149	4
150~249	12
250~500	20

6　允许误差

6.1　当试验结果小于50(0.1 mm)时,重复性试验的允许差为2(0.1 mm),再现性试验的允许差为4(0.1 mm)。

6.2　当试验结果等于或大于50(0.1 mm)时,重复性试验的允许差为平均值的4%,再现性试验的允许差为平均值的8%。

T 0605—2011 沥青延度试验

1　目的与适用范围

1.1　本方法适用于测定道路石油沥青、聚合物改性沥青针入度以及液体石油沥青蒸馏或乳化沥青蒸发后残留物的延度。

1.2　沥青延度的试验温度与拉伸速率可根据要求采用,通常采用的试验温度为25 ℃,15 ℃,10 ℃或5 ℃,拉伸速度为5 cm/min±0.25 cm/min。当低温采用1 cm/min±0.05 cm/min拉伸速度时,应在报告中注明。

2　仪具与材料技术要求

2.1　延度仪:延度仪的测量长度不宜大于 150 cm,仪器应用自动控温、控速系统。应满足试件浸没于水中,能保持规定的试验温度及规定的拉伸速度拉伸试件,且试验时无明显振动。该仪器的形状及组成如图 T 0605.1 所示。

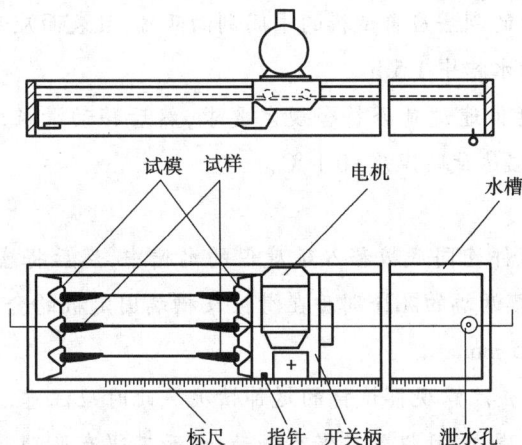

图 T 0605.1　延度仪

2.2　试模:黄铜制,由两个端模和两个侧模组成,试模内侧表面粗糙度 Ra0.2 μm,其形状及尺寸如图 T 0605.2 所示。

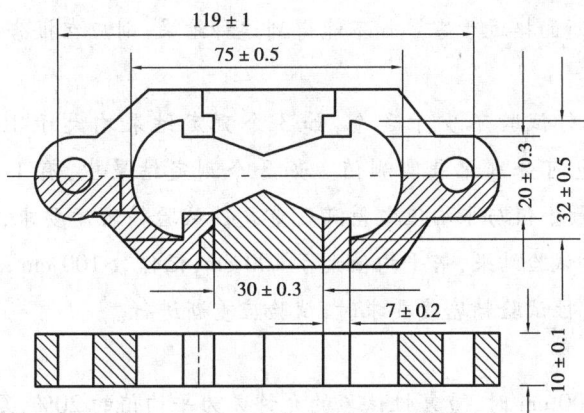

图 T 0605.2　延度试模(单位:mm)

2.3　试模底板:玻璃板或磨光的铜板、不锈钢板(表面粗糙度 Ra0.2 μm)。

2.4　恒温水槽:容量不少于 10 L,控制温度的准确度为 0.1 ℃,水槽中应设有带孔的搁架,搁架距水槽底不得小于 50 mm。试件浸入水中深度不小于 100 mm。

2.5　温度计:0~50 ℃,分度为 0.1 ℃。

2.6　砂浴或其他加热炉具。

2.7　甘油滑石粉隔离剂(甘油与滑石粉的质量比 2:1)。

2.8　其他:平刮刀、石棉网、酒精、食盐等。

3　方法与步骤

3.1　准备工作

3.1.1　将隔离剂拌和均匀,涂于清洁、干燥的试模底板和两个侧模的内侧表面,并将试模在试模底板上安装牢固。

3.1.2　按本规程 T 0602 规定的方法准备试样,然后将试样仔细自试模的一端至另一端往返数次缓缓注入模中,最后略高出试模,灌模时应注意勿使气泡混入。

3.1.3　浇注好的试件在室温中冷却不少于 1.5 h,然后用热刮刀刮除高出试模的沥青,使沥青面与试模面齐平。沥青的刮法应自试模的中间刮向两端,且表面应刮得平滑。将试模连同底板再浸入规定试验温度的水槽中 1.5 h。

3.1.4　检查延度仪延伸速度是否符合规定要求,然后移动滑板,使其指针正对标尺的零点。将延度仪注水,并保温达试验温度±0.1 ℃。

3.2　试验步骤

3.2.1　将保温后的试件连同底板移入延度仪的水槽中,然后将盛有试样的试模自玻璃板或不锈钢板上取下,将试模两端的孔分别套在滑板及槽端固定板的金属柱上,并取下侧模。水面距试件表面应不小于 25 mm。

3.2.2　开动延度仪,并注意观察试样的延伸情况。此时应注意,在试验过程中,水温应始终保持在试验温度规定范围内,且仪器不得有振动,水面不得有晃动,当水槽采用循环水时,应暂时中断循环,停止水流。在试验中,如发现沥青细丝浮于水面或沉入槽底时,则应在水中加入酒精或食盐,调整水的密度至与试样相近后重新试验。

3.2.3　试件拉断时,读取指针所指标尺上的读数,以 cm 计。在正常情况下,试件延伸时应成锥尖状,拉断时实际断面接近于零。如不能得到这种结果,则应在报告中注明。

4　报告

同一样品,每次平行试验不少于 3 个,如 3 个测定结果均大于 100 cm,试验结果记作"＞100 cm",特殊需要也可分别记录实测值。如 3 个测定结果中,有 1 个以上的测定值小于 100 cm 时,若最大值或最小值与平均值之差满足重复性试验精密度要求,则取 3 个测定结果的平均值的整数作为延度试验结果,若平均值大于 100 cm,记作"＞100 cm";若最大值或最小值与平均值之差不符合重复性试验精密度要求时,试验应重新进行。

5　允许误差

当试验结果小于 100 cm 时,重复性试验的允许差为平均值的 20%,复现性试验的允许差为平均值的 30%。

T 0606—2011　沥青软化点试验(环球法)

1　目的与适用范围

本方法适用于测定道路石油沥青、煤沥青的软化点,也适用于测定液体石油沥青经蒸馏或乳化沥青破乳蒸发后残留物的软化点。

2　仪具与材料技术要求

2.1　软化点试验仪:如图 T 0606.1 所示,由下列部件组成:

2.1.1　钢球:直径 9.53 mm,质量 3.5 g±0.05 g。

2.1.2　试样环:黄铜或不锈钢等制成,形状尺寸如图 T 0606.2 所示。

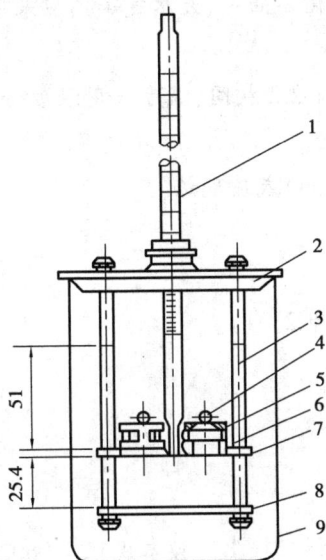

图 T 0606.1　软化点试验仪(单位:mm)

1—温度计;2—上盖板;3—立杆;4—钢球;5—钢球定位环;

6—金属环;7—中层板;8—下底板;9—烧杯

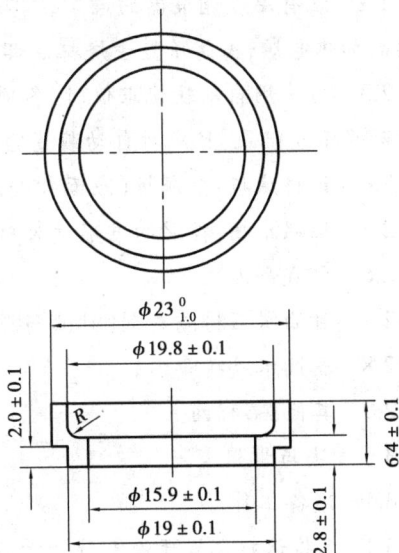

图 T 0606.2　试样环(单位:mm)

2.1.3　钢球定位环:黄铜或不锈钢制成,形状尺寸如图 T 0606.3 所示。

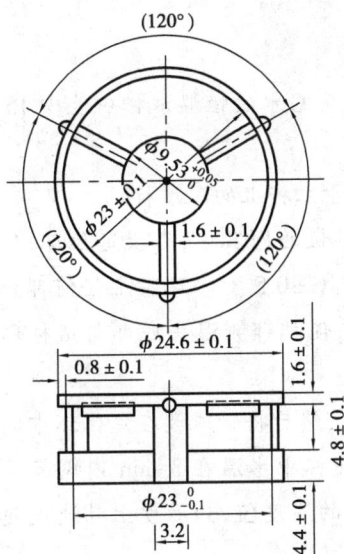

图 T 0606.3　钢球定位环(单位:mm)

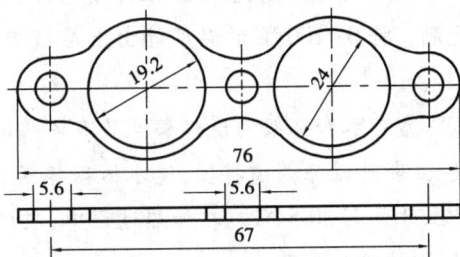

图 T 0606.4　中层板(单位:mm)

2.1.4　金属支架:由两个主杆和 3 层平行的金属板组成。上层为一圆盘,直径略大于烧杯直径,中间有一圆孔,用以插放温度计。中层板形状尺寸如图 T 0606.4 所示,板上有两个孔,各放置金属环,中间有一小孔可支持温度计的测温端部。一侧立杆距环上面 51 mm 处刻有水高标记。环下面距下层底板为 25.4 mm,而下底板距烧杯底不小于 12.7 mm,也不得大于 19 mm。3 层金属板和两个主杆由两螺母固定在一起。

2.1.5　耐热玻璃烧杯:容量 800~1 000 mL,直径不小于 86 mm,高不小于 120 mm。

2.1.6　温度计:0~80 ℃,分度为 0.5 ℃。

2.2　装有温度调节器的电炉或其他加热炉具(液化石油气、天然气等),应采用带有振荡搅拌器的加热电炉,振荡子置于烧杯底部。

2.3　当采用自动软化点仪时,各项要求应与 2.1 及 2.2 相同,温度采用温度传感器测定,并能自动显示或记录,且应对自动装置的准确性经常校验。

2.4　试样底板:金属板(表面粗糙度应达 Ra 0.8 μm)或玻璃板。

2.5　恒温水槽:控温的准确度为±0.5 ℃。

2.6　平直刮刀。

2.7　甘油滑石粉隔离剂(甘油与滑石粉的质量比为 2:1)。

2.8　蒸馏水或纯净水。

2.9　其他:石棉网。

3　方法与步骤

3.1　准备工作

3.1.1　将试样环置于涂有甘油滑石粉隔离剂的试样底板上。按本规程 T 0602 规定的方法将准备好的沥青试样徐徐注入试样环内至略高出环面为止。

如估计试样软化点高于 120 ℃,则试样环和试样底板(不用玻璃板)均应预热至 80~100 ℃。

3.1.2　试样在室温冷却 30 min 后,用热刮刀刮除环面上的试样,应使其与环面齐平。

3.2　试验步骤

3.2.1　试样软化点在 80 ℃以下者

①将装有试样的试样环连同试样底板置于装有 5 ℃±0.5 ℃水的恒温水槽中至少 15 min,同时将金属支架、钢球、钢球定位环等也置于相同水槽中。

②烧杯内注入新煮沸并冷却至 5 ℃的蒸馏水,水面略低于立杆上的深度标记。

③从恒温水槽中取出盛有试样的试样环放置在支架中层板的圆孔中,套上定位环;然后将整个环架放入烧杯中,调整水面至深度标记,并保持水温为 5 ℃±0.5 ℃。环架上任何部分不得附有气泡。将 0~100 ℃的温度计由上层板中心孔垂直插入,使端部测温头底部与试样环下面齐平。

④将盛有水和环架的烧杯移至放有石棉网的加热炉具上,然后将钢球放在定位环中间的试样中央,立即开动振荡搅拌器,使水微微振荡,并开始加热,使杯中水温在 3 min 内调节至维持每分钟上升 5 ℃±0.5 ℃。在加热过程中,应记录每分钟上升的温度值,如温度上升速度超出此范围时,则试验应重做。

⑤试样受热软化逐渐下坠,至与下层底板表面接触时,立即读取温度,准确至 0.5 ℃。

3.2.2　试样软化点在 80 ℃以上者

①将装有试样的试样环连同试样底板置于装有 32 ℃±1 ℃甘油的恒温槽中至少 15 min,同时将金属支架、钢球、钢球定位环等也置于甘油中。

②在烧杯内注入预先加热至 32 ℃的甘油,其液面略低于立杆上的深度标记。

③从恒温槽中取出装有试样的试样环,按上述 3.2.1 的方法进行测定,准确至 1 ℃。

4　报告

同一试样平行试验两次,当两次测定值的差值符合重复性试验精密度要求时,取其平均值作为软化点试验结果,准确至 0.5 ℃。

5　允许误差

5.1　当试样软化点小于 80 ℃时,重复性试验的允许差为 1 ℃,复现性试验的允许差为 4 ℃。

5.2　当试样软化点大于或等于 80 ℃时,重复性试验的允许差为 2 ℃,复现性试验的允许差为 8 ℃。

任务 2.12　分析道路石油沥青的其他性质指标及技术要求

【任务描述】

本任务是分析道路石油沥青的其他技术性质及其评价指标,分析道路石油沥青的技术要求。

【学习目标】

①熟悉道路石油沥青的加热稳定性、耐老化性含义及其评价指标。

②能叙述道路石油沥青的安全性指标、含水量、溶解度定义。

③熟悉道路石油沥青的密度定义及其测定方法,熟悉道路石油沥青的管理存放要点。

④熟悉《公路沥青路面施工技术规范》(JTG F20—2004)对道路石油沥青的技术要求,结合任务 2.11(或教师给定)的试验数据,能完整、规范地编制试验检测报告。

1.道路石油沥青的其他技术性质指标

1) 加热稳定性指标

沥青在加热或长时间的加热过程中,会发生轻馏分挥发、氧化、裂化、聚合等一系列物理及化学变化,使沥青的化学组成及性质相应地发生变化,这种性质称为沥青的加热稳定性。

《公路工程沥青及沥青混合料试验规程》(JTG E20—2011)规定,沥青受热时性质的变化采用蒸发损失试验评定。沥青的蒸发损失试验是将 50 g 沥青试样装入盛样皿(筒状,内径55 mm,深 35 mm)中,置于烘箱内,在 163 ℃下保持受热时间 5 h,冷却后测定其质量损失,并测定残留物的针入度,计算残留针入度比。

2) 耐老化性指标

(1) 沥青老化的含义及影响因素

沥青在自然因素(热、氧化、光和水等)的作用下,产生"不可逆"的化学变化,导致路用性能劣化,通常称为"老化"。

热能加速沥青内部组分的挥发变化,促进沥青的化学反应,最终导致沥青性能劣化;空气中的氧被沥青吸收后产生氧化反应,改变沥青的组成比例,引起沥青老化;日光特别是紫外光照射沥青后,使沥青产生光化学反应,促进沥青的氧化过程;水在与光、氧、热共同作用时,起到加速老化的催化作用。此外,沥青的老化还与荷载的作用有关。所以,沥青的老化过程是诸多因素综合作用的结果。

（2）沥青耐老化性能的评价指标

《公路工程沥青及沥青混合料试验规程》(JTG E20—2011)规定,沥青耐老化性能的评价方法采用薄膜加热试验(TFOT)或旋转薄膜加热试验(RTFOT)。

①沥青薄膜加热试验(TFOT)。将50 g沥青试样盛于内径为140 mm、深为9.5~10 mm的铝皿中,使沥青成为厚度均匀的薄膜。沥青薄膜在163 ℃±1 ℃的薄膜烘箱中加热5 h。以加热前后的质量变化、针入度比和10 ℃及15 ℃的延度值作为评价指标。

②沥青旋转薄膜加热试验(RTFOT)。将35 g沥青试样注入盛样瓶中(盛样瓶为耐热玻璃制,高为139.7 mm±15 mm,外径为64 mm±1.2 mm,壁厚为2.4 mm±0.3 mm,口部直径为31.75 mm±1.5 mm),将盛样瓶放入旋转薄膜烘箱的环形架各个瓶位中,在163 ℃±0.5 ℃的旋转薄膜烘箱中受热75 min,以加热前后的质量变化、针入度比和10 ℃及15 ℃的延度值作为评价指标。

老化的沥青三大指标的变化规律:针入度减小,软化点升高,延度减小。

3)安全性指标

沥青材料在使用时必须加热,当加热至一定温度时,沥青材料中挥发的油分蒸气与周围空气组成混合气体,此混合气体遇火焰则易发生闪火。若继续加热,油分蒸气的饱和度增加,由于此种蒸气与空气组成的混合气体遇火焰极易燃烧,从而引起溶油车间发生火灾或使沥青烧坏的损失。因此,必须测定沥青加热闪火和燃烧的温度,即闪点和燃点。闪点和燃点常用克利夫兰开口杯式闪点仪测定。

①闪点(闪火点)。闪点是指加热沥青挥发的可燃气体与空气组成混合气体在规定条件下与火接触,产生闪光时的沥青温度(℃)。闪点表明存在明火时沥青安全的加热温度,在该温度没有瞬时起火的危险,虽然沥青的闪点高于热拌沥青混合料生产正常使用温度,但从安全考虑对其进行量测与控制是必要的。

②燃点(着火点)。燃点是指沥青加热产生的混合气体与火接触能持续燃烧5 s以上时的沥青温度(℃)。

4)含水量

实践证明,在我国沥青从制造到使用的各个环节中都有可能混进水分,沥青中的水分不仅影响沥青用量,还由于施工中挥发慢,影响施工进度。如果水分过多,在加热过程中,容易产生"溢锅"现象,引起火灾,影响施工安全,所以在溶化沥青时应加快搅拌速度,促进水分蒸发。我国对石油沥青含水量的测定方法是将试样放入沥青含水量测定仪中,按规定方法加热至接收器中收集的水体积不再增加时,收集器中水的质量占试样质量的百分率。

5)溶解度

沥青的溶解度是指石油沥青在三氯乙烯中溶解的百分率,不溶物质会降低沥青的性能,必须加以限制。溶解度反映沥青的纯度,是沥青质量均匀性的指标。

6)密度与相对密度

道路石油沥青的密度是指沥青在规定温度(25 ℃及15 ℃)下单位体积所具有的质量,以g/cm^{3}计。相对密度是指在同一温度下,沥青质量与同体积的水质量之比,无量纲。

道路石油沥青15 ℃密度用于储油容器中沥青体积与质量的换算,25 ℃的相对密度用于沥青混合料配合比的计算。

《公路工程沥青及沥青混合料试验规程》(JTG E20—2011)规定,沥青密度和相对密度采用比重瓶法测定。

2.道路石油沥青的技术要求

1)沥青路面使用性能气候分区

沥青混合料的技术性质与使用环境(如气温和湿度)关系密切。因此,在选择沥青材料的等级、进行沥青混合料配合比设计、检验沥青混合料的使用性能时,应适应公路环境条件的需要,能经受高温、低温、雨(雪)水的考验。所以,应对本地区作出具体的气候区划分,以适应地区具体气候条件的需要。

(1)气候分区指标

①高温指标:采用近 30 年内最热月平均日最高气温的平均值作为反映高温和重载条件下出现车辙等流动变形的气候因子,并作为气候区划的一级指标,分为 3 个区(表 2.20)。

②低温指标:采用最近 30 年的极端最低气温作为反映路面温缩裂缝的气候因子,并作为气候区划的二级指标,分为 4 个区(表 2.20)。

③雨量指标:采用最近 30 年内的年降水量的平均值作为反映沥青路面受雨(雪)水影响的气候因子,并作为气候区划的三级指标,分为 4 个区(表 2.20)。

表 2.20　沥青路面使用性能气候分区

气候分区指标		气候分区			
按照高温指标	高温气候区	1	2		3
	气候区名称	夏炎热区	夏热区		夏凉区
	七月平均最高温度/℃	>30	20~30		<20
按照低温指标	低温气候区	1	2	3	4
	气候区名称	冬严寒区	冬寒区	冬冷区	冬温区
	极端最低气温/℃	<-37.5	-37.5~-21.5	-21.5~-9.0	>-9.0
按照雨量指标	雨量气候区	1	2	3	4
	气候区名称	潮湿区	湿润区	半干区	干旱区
	年降雨量	>1 000	1 000~500	500~250	<250

(2)气候分区的表示

每个气候分区用 3 个数字表示;第一个数字代表高温分区,第二个数字代表低温分区,第三个数字代表雨量分区,每个数字越小,表示气候因素对沥青路面的影响越严重。如我国上海市属 1-3-1 气候分区,为夏炎热冬冷潮湿区,对沥青混合料的高温稳定性和水稳定性要求较高。

2)道路石油沥青的技术要求

道路石油沥青按针入度划分为 160 号、130 号、110 号、90 号、70 号、50 号和 30 号 7 个标号,并且按各项技术性质分为 A,B,C3 个等级,各个沥青等级的适用范围见表 2.21。

表 2.21　道路石油沥青的适用范围

沥青等级	适用范围
A 级沥青	各个等级的公路,适用于任何场合和层次
B 级沥青	1.高速公路、一级公路沥青下面层,二级及二级以下公路的各个层次; 2.用作改性沥青、乳化沥青、改性乳化沥青及稀释沥青的基质沥青
C 级沥青	三级及三级以下公路的各个层次

　　道路石油沥青技术标准除针入度外,对不同标号各等级沥青的针入度指数、软化点、延度、闪点、密度等指标提出了相应的要求,道路石油沥青的技术要求见表 2.22。

3)不同标号道路石油沥青的适用性

　　沥青路面采用的沥青标号,宜按照公路等级、气候条件、交通条件、路面类型及在结构层中的层位及受力特点、施工方法等,结合当地的使用经验,经技术论证后确定。

　　①对高速公路、一级公路,夏季温度高,高温持续时间长,重载交通,山区及丘陵区上坡路段,服务区、停车场等行车速度慢的路段,尤其是汽车荷载剪应力大的层次,宜采用稠度大、60 ℃黏度大的沥青,也可提高高温气候区的温度水平选用沥青等级。

　　②对冬季寒冷的地区和交通量小的公路、旅游公路,宜选用稠度小、低温延度大的沥青;对温度日温差、年温差大的地区宜注意选用针入度指数大的沥青。

　　③当高温要求与低温要求发生矛盾时,应优先考虑满足高温性能的要求。

4)道路石油沥青的管理及存放

　　沥青必须按品种、标号分开存放。除长期不使用的沥青可放在自然温度下储存外,沥青在储存罐中的储存温度不宜低于 130 ℃,且不得高于 170 ℃。桶装沥青直立堆放,加盖布。

　　道路石油沥青在储运、使用及存放过程中应有良好的防水措施,避免雨水或加热管道蒸汽进入沥青中。

思考题

　　1.我国现行的石油沥青化学组分分析方法可将石油沥青分离为哪几个组分? 国产石油沥青在化学组分上有什么特点?

　　2.简述沥青中蜡含量对沥青性质的影响。

　　3.什么是沥青的三大指标? 各表示沥青的哪种性能? 简述各自单位及影响因素。

　　4.某石油沥青延度测定值为 89 cm,103 cm,106 cm,结果如何记录?

　　5.什么是沥青的老化? 老化后沥青的化学组分、技术指标和路用性能有何变化? 沥青的抗老化性能用什么方法评价?

表 2.22　道路石油沥青技术要求

指　标	单　位	等级	160号	130号	110号	90号	70号	50号	30号	试验方法
针入度(25 ℃,5 s,100 g)	0.1 mm	—	140~200	120~140	100~120	80~100	60~80	40~60	20~40	T 0604
适用的气候分区	—	—	—	—	2-1 2-2 3-2	1-1 1-2 1-3 2-2 2-3	1-3 1-4 2-2 2-3 2-4	1-4	—	—
针入度指数 PI	—	A				-1.5~+1.0				T 0604
针入度指数 PI	—	B				-1.8~+1.0				
软化点(R&B)	℃	A	≥38	≥40	≥43	≥45	≥46	≥49	≥55	T 0606
软化点(R&B)	℃	B	≥36	≥39	≥42	≥43	≥44	≥46	≥53	
软化点(R&B)	℃	C	≥35	≥37	≥41	≥42	≥43	≥45	≥50	
60 ℃动力黏度	Pa·s	A	—	≥60	≥120	≥160	≥180	≥200	≥260	T 0620
10 ℃延度	cm	A	≥50	≥50	≥40	≥45 ≥30 ≥20	≥25 ≥20 ≥15	≥15	≥10	T 0605
10 ℃延度	cm	B	≥30	≥30	≥30	≥30 ≥20 ≥15	≥20 ≥15 ≥10	≥10	≥8	
15 ℃延度	cm	A,B	≥80	≥80	≥60	≥100	≥80	≥80	≥50	
15 ℃延度	cm	C				≥50	≥40	≥30	≥20	
含蜡量(蒸馏法)	%	A				≤2.2				T 0615
含蜡量(蒸馏法)	%	B				≤3.0				
含蜡量(蒸馏法)	%	C				≤4.5				
闪点	℃		≥230	≥230	≥230	≥245	≥260	≥260	≥260	T 0611
溶解度	%					≥99.5				T 0607
密度(15 ℃)	g/cm³					实测记录				T 0603
TFOT(或 RTFOT)后										T 0610 或 T 0609
质量变化(不大于)	%					±0.8				
残留针入度比	%	A	≥48	≥54	≥55	≥57	≥61	≥63	≥65	T 0604
残留针入度比	%	B	≥45	≥50	≥52	≥54	≥58	≥60	≥62	
残留针入度比	%	C	≥40	≥45	≥48	≥50	≥54	≥58	≥60	
残留延度(10 ℃)	cm	A	≥12	≥12	≥10	≥8	≥6	≥4	—	T 0605
残留延度(10 ℃)	cm	B	≥10	≥10	≥8	≥6	≥4	≥2	—	
残留延度(15 ℃)	cm	C	≥40	≥35	≥30	≥20	≥15	≥10	—	T 0605

注：①试验方法按照现行《公路工程沥青及沥青混合料试验规程》(JTG E20—2011)规定的方法执行。用于仲裁试验求取 PI 时的 5 个温度的针入度的相关关系的相关系数不得小于 0.997。

②经建设单位同意，表中 PI 值、60 ℃动力黏度、10 ℃延度可作为选择性指标，也可不作为施工质量检验指标。

③30 号沥青可根据需要要求供应商提供针入度范围为 60~70 或 70~80 的沥青，50 号沥青可提供针入度范围为 40~50 或 50~60 的沥青。

④30 号沥青仅适用于沥青稳定基层。130 号和 160 号沥青除寒冷地区可直接在中低级公路上直接应用外，通常用作乳化沥青、稀释沥青、改性沥青的基质沥青。

⑤老化试验以 TFOT 为准，也可以 RTFOT 代替。

⑥气候分区见表 2.20。

子项目 5　其他品种沥青的性能分析

【子项目描述】

本子项目分析道路用液体石油沥青、乳化沥青、改性沥青的技术指标及技术要求。学生通过对相关理论知识的学习,能够了解液体石油沥青、乳化沥青、改性沥青的质量要求。

任务 2.13　认知道路用液体石油沥青的技术指标及技术要求

【任务描述】

本任务是认知道路用液体石油沥青的技术指标及技术要求。

【学习目标】

了解道路用液体石油沥青的技术指标。

1.道路用液体石油沥青基础知识

1)液体石油沥青用途

道路用液体石油沥青是指用针入度较大的石油沥青,按先加热沥青后加稀释剂的顺序,掺配煤油或轻柴油经适当搅拌、稀释制成的产品。基质沥青的加热温度严禁超过 140 ℃,液体沥青的储存温度不得高于 50 ℃。液体石油沥青主要用于透层、黏层及拌制冷拌沥青混合料。

2)液体石油沥青主要技术性质指标

(1)黏度

黏度又称黏滞度,是液体沥青、煤沥青、乳化沥青等液体状态的沥青材料黏滞性的常用技术指标,采用道路标准黏度计(图 2.10)测定。

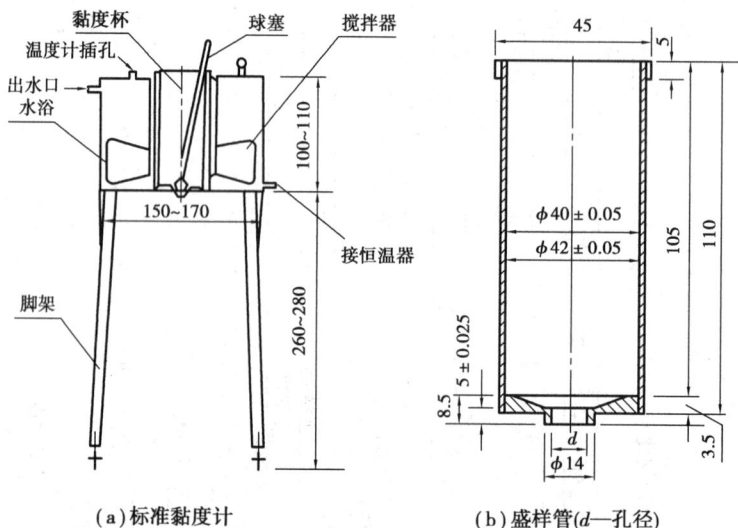

(a)标准黏度计　　　　(b)盛样管(d—孔径)

图 2.10　标准黏度计(单位:mm)

《公路工程沥青及沥青混合料试验规程》(JTG E20—2011)规定,液体状态的沥青材料在标准黏度计中,在规定的温度条件下(20 ℃,25 ℃,30 ℃或60 ℃),通过规定的流孔直径(3 mm, 4 mm,5 mm及10 mm)流出50 mL体积沥青所需的时间(s),以$C_{T,d}$表示,其中C为黏度,T为试验温度,d为流孔直径。例如,某沥青在60 ℃时,自5 mm孔径流出50 mL沥青所需时间为100 s,表示为$C_{60,5}=100$ s。在相同温度和相同流孔条件下,流出时间越长,表示沥青黏度越大。

(2)馏分含量

液体沥青的馏分含量采用蒸馏试验测定。蒸馏试验是将沥青在标准曲颈蒸馏器内加热,滴出蒸馏液,在达到规定温度225 ℃,316 ℃,360 ℃时,分别读取蒸馏出馏分的体积,计算出蒸馏体积百分率,即为馏分含量。残留物进行针入度、延度、漂浮度试验。

通过此试验可了解液体石油沥青在各个温度范围内轻质挥发油的数量,并可根据对残留物的性质测定预估液体沥青在道路路面中的性质。

2.道路用液体石油沥青的技术标准

根据道路液体石油沥青洒布与与集料拌和后凝聚的速度快慢,分为快凝、中凝和慢凝3个等级,除黏度外,对蒸馏的馏分及残留物性质、闪点和含水量也提出相应的要求。道路用液体石油沥青的技术要求见表2.23。

表 2.23　道路用液体石油沥青技术要求

试验项目		单位	快凝		中凝						慢凝					
			AL(R)-1	AL(R)-2	AL(M)-1	AL(M)-2	AL(M)-3	AL(M)-4	AL(M)-5	AL(M)-6	AL(S)-1	AL(S)-2	AL(S)-3	AL(S)-4	AL(S)-5	AL(S)-6
黏度	$C_{25,5}$	s	<20	—	<20	—	—	—	—	—	<20	—	—	—	—	—
	$C_{60,5}$	s	—	5~15	—	5~15	16~25	26~40	41~100	101~200	—	5~15	16~25	26~40	41~100	101~200
蒸馏体积	225 ℃前	%	>20	>15	<10	<7	<3	<2	0	0	—	—	—	—	—	—
	315 ℃前	%	>35	>30	<35	<25	<17	<14	<8	<5	—	—	—	—	—	—
	360 ℃前	%	>45	>35	<50	<35	<30	<25	<20	<15	<40	<35	<25	<20	<15	<5
蒸馏后残留物性质	针入度(25 ℃) 0.1 mm		60~200	60~200	100~300	100~300	100~300	100~300	100~300	100~300						
	延度(25 ℃) cm		>60	>60	>60	>60	>60	>60	>60	>60						
	浮漂度(5 ℃) s		—	—	—	—	—	—	—	—	<20	<20	<30	<40	<45	<50
闪点(TOC法)		℃	>30	>30	>65	>65	>65	>65	>65	>65	>70	>70	>100	>100	>120	
含水量		%	≤0.2	≤0.2	≤0.2	≤0.2	≤0.2	≤0.2	≤0.2	≤0.2	≤2.0	≤2.0	≤2.0	≤2.0	≤2.0	

注:①黏度使用道路沥青黏度计测定,$C_{T,d}$的脚标第一个字母T代表温度(℃),第二个字母d代表孔径(mm)。

②闪点(TOC法)为泰格开口杯法。

任务 2.14　认知乳化沥青的技术指标及技术要求

【任务描述】

本任务是认知乳化沥青的技术指标及技术要求。

【学习目标】

①能叙述乳化沥青的分类及其形成机理。

②熟悉乳化沥青的技术指标。

1.乳化沥青基础知识

乳化沥青是指将黏稠石油沥青加热至流动状态,经高速离心、搅拌及剪切等机械作用,使沥青形成细小的微粒(粒径为 2~5 μm),再使沥青微粒均匀地溶于有乳化剂和稳定剂的水溶液之中,所形成的水包油型乳浊液。

乳化剂和稳定剂的作用是使沥青乳液形成均匀稳定的分散系,其外观为茶褐色,在常温下具有较好的流动性。

1)乳化沥青的特点

①可冷态施工,节约能源。黏稠沥青通常要加热至 160~180 ℃才能用于施工。乳化沥青可以在常温下进行喷洒、贯入或拌和摊铺,现场无须加热,简化了施工程序,操作简便、节省能源。

②可在潮湿环境下使用。其他品种的沥青必须与干燥的矿料拌和形成混合料,而且所形成的混合料只能铺筑在干燥的基层上,只有这样才能保证沥青与矿料、沥青混合料与基层具有足够的黏结力。乳化沥青可以直接与湿集料拌和,可以在潮湿的基层上铺筑,具有足够的黏结力。

③可改善施工环境。乳化沥青无毒、无嗅、不燃,施工安全,可保护环境,减少污染。

④稳定性差。储存期不能超过半年,储存期过长容易引起凝聚分层,储存温度在 0 ℃以上。

⑤乳化沥青修筑路面成型期较长。乳化沥青修筑的路面需待乳化沥青破乳且水分蒸发后才能发挥沥青的黏结作用,故路面成型期较长。最初应控制车辆的行驶速度。

基于上述特点,乳化沥青不仅适用于铺筑路面,而且在路堤的边坡保护、层面防水、金属材料表面防腐等工程中得到广泛的应用。

2)乳化沥青的组成材料

乳化沥青主要由沥青、乳化剂、稳定剂和水等组成。

（1）沥青

沥青是乳化沥青的主要组成材料,占 55%~70%。沥青的性质将直接决定乳化沥青成膜性能和路用性质。在选择沥青时首先要考虑它的易乳化性。一般来讲,稀软的沥青易于形成乳液。另外,沥青中活性组分的含量对沥青乳化难易性有直接关系,通常认为沥青酸总量大于 1%的沥青易于形成乳液。

（2）乳化剂

乳化剂是乳化沥青的关键性材料。沥青乳化剂是表面活性剂的一种类型,从化学结构上看,它是一种"两亲性"分子,分子的一部分具有亲水性质,而另一部分具有亲油性质,这两个基团具有使不相溶的沥青和水连接起来的特殊功能。在沥青、水分散体系中,沥青微粒被乳化剂分子的亲油基吸引,此时以沥青微粒为固体核,乳化剂包裹在沥青微粒表面形成吸附层。乳化剂的另一端与水分子吸引,形成一层水膜,它可机械地阻碍沥青微粒的聚集。

乳化剂按其亲水基在水中是否电离,分为离子型和非离子型两大类,离子型乳化剂又分为阴离子型、阳离子型和两性离子型 3 种。

①阴离子型乳化剂。阴离子型沥青乳化剂是在溶于水中时,能电离为离子或离子胶束,且

与亲油基相连接的亲水基团带有阴(或负)电荷的乳化剂。阴离子型沥青乳化剂最主要的亲水基团有羧酸盐(如-COONa)、硫酸酯盐(如-OSO₃Na)、磺酸盐(如-SO₃Na)3 种。

②阳离子型乳化剂。阳离子型沥青乳化剂是在溶于水中时,能电离为离子或离子胶束,且与亲油基相连接的亲水基团带有阳(或正)电荷的乳化剂。阳离子型沥青乳化剂按其化学结构,主要有季铵盐类、烷基胺类、酰胺类、咪唑啉类、环氧乙烷二胺类和胺化木质素类等。

③两性离子型乳化剂。两性离子型沥青乳化剂是在水中溶解时,电离成离子或离子胶束,且与亲油基相连接的亲水基团,既带有阴电荷又带有阳电荷的乳化剂。两性离子型沥青乳化剂按其两性离子的亲水基团的结构和特性,主要分为氨基酸型、甜菜型和咪唑啉型等。

④非离子型乳化剂。非离子型沥青乳化剂是在水中溶解时,不能离解成离子或离子胶束,而是依赖分子所含的羟基(-OH)和醚链(-O-)等作为亲水基团的乳化剂。非离子型沥青乳化剂根据亲水基团的结构可分为醚基类、酯基类、酰胺类和杂环类等,但应用最多的为环氧乙烷缩合物和一元醇或多元醇的缩合物。

(3)稳定剂

为使乳化沥青乳液具有良好的储存稳定性,以及在施工中喷洒或拌和机械作用下有良好的稳定性,必要时加入适量的稳定剂。稳定剂可分为两类:

①有机稳定剂。常用的有聚乙烯醇、聚丙烯酰胺、羧甲基纤维素钠、糊精、MF 废液等。这类稳定剂可提高乳液的储存稳定性和施工稳定性。

②无机稳定剂。常用的有氯化钙、氯化镁、氯化铵和氯化铬等。这类稳定剂可提高乳液的储存稳定性。

稳定剂对乳化剂的协同作用必须通过试验来确定,并且稳定剂的用量不宜过多,一般宜为沥青乳液的 0.1% ~ 0.15%。

(4)水

水是乳化沥青的主要组成部分。水在乳化沥青中起着润湿、溶解及化学反应的作用。所以,要求乳化沥青中的水应当纯净,不含其他杂质,一般要求每升水中氧化钙含量不得超过 80 mg。水的用量一般为 30% ~ 70%。

3) 乳化沥青的形成机理

根据乳状液理论,沥青与水这两种物质的表面张力相差较大,将沥青分散于水中,则会因表面张力的作用使已分散的沥青颗粒重新聚集结成团块。欲使已分散的沥青能稳定均匀地存在(实际上是悬浮)于水中,必须使用乳化剂,以降低沥青与水之间的表面张力差。沥青能够均匀稳定地分散在乳化剂水溶液中的原因主要有以下 3 个方面:

(1)乳化剂降低界面能的作用

由于沥青与水的表面张力相差较大,在一般情况下是不能互溶的。当加入一定量的乳化剂后,乳化剂能规律地定向排列在沥青和水的界面上,由于乳化剂属表面活性物质,具有不对称的分子结构,分子一端是极性基因,是亲水的;另一端是非极性基因,是亲油的。所以,当乳化剂加入沥青与水组成的溶液中,乳化剂分子吸附在沥青-水界面上,形成吸附层,从而降低了沥青和水之间的表面张力差。

（2）界面膜的保护作用

乳化剂分子的亲油基吸附在沥青微滴的表面,在沥青-水界面上形成界面膜,此界面膜具有一定的强度,对沥青微滴起保护作用,使其在相互碰撞时不易聚结。

（3）界面电荷稳定作用

乳化剂溶于水后发生离解,当亲油基吸附于沥青时,使沥青微滴带有电荷(阳离子乳化沥青带正电荷),此时在沥青-水界面上形成扩散双电层。由于每个沥青微滴都带有相同电荷,且有扩散双电层的作用,故沥青-水体系成为稳定体系。

4）乳化沥青在集料表面分裂（破乳）机理

分裂是指从乳液中分裂出来的沥青微滴在集料表面聚结成一层连续的沥青薄膜,这一过程俗称破乳。乳液产生分裂的外观特征是其颜色由棕褐色变成黑色,此时乳液中还含有水分,需待水分完全蒸发后才能产生黏结力。

（1）水分的蒸发作用

洒布在路上的乳化沥青,随即产生水分蒸发,水分蒸发速度的快慢与温度、湿度、风速等条件有关。在温度较高、有风的环境中,水分蒸发较快,反之则较慢。通常,当沥青乳液中水分蒸发到沥青乳液的 80%~90% 时,乳化沥青即开始凝结。碾压应力也促使沥青凝结。

（2）乳液与集料表面的吸附作用

在水分蒸发、乳液分裂凝聚的同时,沥青与集料表面还有吸附作用。沥青与集料的吸附除依靠分子间产生的物理吸附外,还有两者之间的电性吸附。

①阴离子乳液(沥青微滴带负电荷)与带正电荷的碱性集料(石灰石、玄武岩等)具有较好的黏结性。

②阳离子乳液(沥青微滴带正电荷)与带负电荷的酸性集料(花岗岩、石英岩等)具有较好的黏结性,同时对碱性集料也具有较好的亲和力。

5）乳化沥青的品种及适用范围

乳化沥青的品种及适用范围见表 2.24。

表 2.24　乳化沥青品种及适用范围

分　类	品种及代号	适用范围
阳离子乳化沥青	PC-1	表处、贯入式路面及下封层用
	PC-2	透层油及基层养生用
	PC-3	黏层油用
	BC-1	稀浆封层或冷拌沥青混合料用
阴离子乳化沥青	PA-1	表处、贯入式路面及下封层用
	PA-2	透层油及基层养生用
	PA-3	黏层油用
	BA-1	稀浆封层或冷拌沥青混合料用
非离子乳化沥青	PN-2	透层油用
	BN-1	与水泥稳定集料同时使用(基层路拌或再生)

注:P 为喷洒型,B 为拌和型,C、A、N 分别表示阳离子、阴离子、非离子乳化沥青。

2.乳化沥青的技术要求

乳化沥青的技术要求见表2.25。

表2.25 道路用乳化沥青的技术要求

试验项目		单位	阳离子				阴离子				非离子		试验方法
			喷洒用			拌和用	喷洒用			拌和用	喷洒用	拌和用	
			PC-1	PC-2	PC-3	BC-1	PA-1	PA-2	PA-3	BA-1	PN-2	BN-1	
破乳速度			快裂	慢裂	快裂或中裂	慢裂或中裂	快裂	慢裂	快裂或中裂	慢裂或中裂	慢裂	慢裂	T 0658
粒子电荷			阳离子(+)				阴离子(−)				非离子		T 0653
筛上残留物(1.18 mm 筛)		%	≤0.1				≤0.1				≤0.1		T 0652
黏度	恩格拉黏度计 E_{25}	s	2~10	1~6	1~6	2~30	2~10	1~6	1~6	2~30	1~6	2~30	T 0622
	道路标准黏度计 $C_{25,3}$	s	10~25	8~20	8~20	10~60	10~25	8~20	8~20	10~60	8~20	10~60	T 0621
蒸发残留物	残留分含量	%	≥50	≥50	≥50	≥55	≥50	≥50	≥50	≥55	≥50	≥55	T 0651
	溶解度	%	≥97.5				≥97.5				≥97.5		T 0607
	针入度(25 ℃)	0.1 mm	50~200	50~300	45~150		50~200	50~300	45~150		50~300	60~300	T 0604
	延度(15 ℃)	cm	≥40				≥40				≥40		T 0605
与粗集料的黏附性,裹附面积			≥2/3			—	≥2/3			—	≥2/3	—	T 0654
与粗、细粒式集料拌和试验			—			均匀	—			均匀	—	均匀	T 0659
水泥拌和试验的筛上剩余		%	—			—	—			—	—	≤3	T 0657
常温储存稳定性	1 d	%	≤1				≤1				≤1		T 0655
	5 d		≤5				≤5				≤5		

注:①黏度可选用恩格拉黏度计或沥青标准黏度计之一测定。

②表中的破乳速度与集料的黏附性、拌和试验的要求、所使用的石料品种有关,质量检验时应采用工程上实际的石料进行试验,仅进行乳化沥青产品质量评定时可不要求此3项指标。

③储存稳定性根据施工实际情况选用试验时间,通常采用5 d,乳液生产后能在当天使用时也可用1 d的稳定性。

④当乳化沥青需要在低温冰冻条件下储存或使用时,尚需按 T 0656 进行−5 ℃低温储存稳定性试验,要求没有粗颗粒、不结块。

⑤如果乳化沥青是将高浓度产品运到现场经稀释后使用时,表中的蒸发残留物等各项指标指稀释前乳化沥青的要求。

3.乳化沥青的使用与管理

①乳化沥青类型根据集料品种及使用条件选取。阳离子乳化沥青可适用于各种集料品种,

阴离子乳化沥青适用于碱性石料。乳化沥青的破乳速度、黏度宜根据用途与施工方法选择。

②制备乳化沥青用的基质沥青,对高速公路和一级公路,宜符合道路石油沥青 A、B 级沥青的要求,其他情况可采用 C 级沥青。

③乳化沥青宜存放在立式罐中,并保持适当搅拌。储存期以不离析、不冻结、不破乳为度。

④《公路沥青路面施工技术规范》(JTG F40—2004)规定,乳化沥青作为沥青路面透层材料和黏层材料时宜采用沥青洒布车喷洒,如图 2.11 所示,其规格和洒布数量应符合表2.26和表2.27的规定。

图 2.11 乳化沥青洒布车

表 2.26 沥青路面透层材料的规格和用量表

用 途	液体沥青		乳化沥青		煤沥青	
	规 格	用量/(L·m^{-2})	规 格	用量/(L·m^{-2})	规 格	用量/(L·m^{-2})
无结合料粒料基层	AL(M)-1,2 或 3 AL(S)-1,2 或 3	1.0~2.3	PC-2 PA-2	1.0~2.0	T-1 T-2	1.0~1.5
半刚性基层	AL(M)-1 或 2 AL(S)-1 或 2	0.6~1.5	PC-2 PA-2	0.7~1.5	T-1 T-2	0.7~1.0

表 2.27 沥青路面黏层材料的规格和用量表

下卧层类型	液体沥青		乳化沥青	
	规 格	用量/(L·m^{-2})	规 格	用量/(L·m^{-2})
新建沥青层或旧沥青路面	AL(R)-3~AL(R)-6 AL(M)-3~AL(M)-6	0.3~0.5	PC-3 PA-3	0.3~0.6
水泥混凝土	AL(M)-3~AL(M)-6 AL(S)-3~AL(S)-6	0.2~0.4	PC-3 PA-3	0.3~0.5

任务 2.15 认知改性沥青的技术指标及技术要求

【任务描述】

本任务是认知改性沥青的技术指标及技术要求。

【学习目标】

①熟悉改性沥青的分类。

②熟悉 SBS 改性沥青的主要技术指标。

③熟悉改性沥青的管理及使用要点。

随着国民经济的快速发展,高等级公路上的交通量增长迅猛,车辆的轴重不断增加,荷载间歇作用时间缩短,交通渠化现象明显,由此造成沥青路面高温出现车辙,低温产生裂缝,抗滑性能很快衰减,沥青路面在较短的时间就出现坑槽、松散、水损坏及局部龟裂等。为了进一步提高沥青材料的路用性能,必须对沥青加以改性,亦即提高沥青的流变性能,改善沥青与集料的黏附性能,提高沥青的耐久性。

1.改性沥青的基础知识

1)改性沥青的定义

改性沥青是指掺加橡胶、树脂、高分子聚合物、磨细的橡胶粉或其他填料等外掺剂,或采用对沥青轻度氧化等措施,使沥青的路用性能得以改善而制成的沥青结合料。

改性剂是指在沥青中加入天然的或人工的有机和无机材料,可熔融、分散在沥青中,改善或提高沥青路面的路用性能的材料。

从广义上来讲,根据不同目的使沥青路用性能得以改善的都称为改性沥青。从狭义上讲,道路改性沥青一般是指其力学性能得以改善,以聚合物作为改性剂的改性沥青,也就是聚合物改性沥青。

2)改性沥青的分类及特性

改性沥青按改性剂不同可分为以下几类。

(1)热塑性橡胶类改性沥青

热塑性橡胶类改性沥青中的改性剂主要是苯乙烯嵌段共聚物,如苯乙烯-聚乙烯(SE)、苯乙烯-丁二烯-苯乙烯(SBS)、苯乙烯-异戊二烯-苯乙烯(SIS)、丁基-聚乙烯(BS)。其中 SBS 常用于路面沥青混合料,SIS 常用于热熔黏结料,SE/BS 常用于有抗氧化、抗高温变形要求的道路。目前使用最多的为 SBS 改性沥青。

(2)橡胶类改性沥青

橡胶类改性沥青也称为橡胶沥青,其使用最多的是丁苯橡胶(SBR)和氯丁橡胶(CR)。这类改性沥青出现较早、应用比较广泛,尤其是胶乳形式的 SBR 使用越来越广泛,CR 具有极性,常掺入到煤沥青中使用。

SBR 改性沥青最大的特点是低温稳定性较好,以 5 ℃的延度作为主要指标,但老化试验后的延度严重降低,主要适宜于寒冷地区。

(3)热塑性树脂类改性沥青

热塑性树脂类改性沥青常用的有聚乙烯(PE)、乙烯-乙酸乙烯共聚物(EVA)、聚丙烯、聚氯乙烯以及聚苯乙烯。这类热塑性树脂的共同特点是加热后软化,冷却时变硬,使沥青混合料在常温下黏度增大,高温稳定性提高,但不能提高混合料的弹性,并且加热后容易产生离析现象,再次冷却时产生弥散体。所以,以针入度作为主要指标,没有 5 ℃的延度的要求。

(4)其他改性沥青

①掺天然沥青的改性沥青。将一定的特立尼达湖沥青(TLA)掺入沥青中能提高沥青的高

温稳定性、低温抗裂性及耐久性;掺加页岩的沥青耐久性好,具有抗剥离、耐老化、高温抗车辙等特点。特立尼达湖沥青(TLA)的技术指标见表2.28。

表2.28 特立尼达湖沥青质量技术要求

检验项目	单 位	技术要求	试验方法
针入度(25 ℃)	0.1 mm	0~5	T 0604
软化点 $T_{R\&B}$	℃	≥90	T 0606
灰分	%	33~38	T 0614
25 ℃ 密度	g/cm³	1.3~1.5	T 0603
TFOT 后残留针入度比	%	≥50	T 0604

②炭黑改性沥青。在改性好的 SBS 改性沥青中加入炭黑,可使改性沥青的黏度增大,回弹性能提高。

③多价金属皂化物改性沥青。多价金属皂化物改性沥青是将由一元酸与多价金属所形成的金属皂溶解在沥青中而形成的改性沥青,可使沥青的塑性增加、脆点降低,明显提高沥青与集料的黏附性,增加混合料的强度,提高沥青路面的柔性和疲劳强度。

④玻纤格栅。将一种自黏结型的玻璃纤维格栅,用专用机械铺于沥青混合料中,可以提高沥青的耐热性、黏结性、高温抗车辙性、低温抗裂性,同时还可防止路面的反射裂缝。

2.SBS 改性沥青的主要性质指标

SBS 改性沥青是目前使用最多的改性沥青。此类改性沥青最大的特点是高温稳定性和低温抗裂性好,且具有良好的弹性恢复性能和抗老化性能,其主要性质指标有针入度、5 ℃低温延度、软化点、25 ℃弹性恢复。

改性沥青的弹性恢复值是反映改性沥青在受到外力拉伸后恢复至原状态能力的重要指标,国内外均采用这项指标评价改性沥青弹性能力,其性能的优劣将直接影响混合料的高温、低温、抗疲劳性能与耐久性能。

改性沥青的弹性恢复的测定是将试样按延度的试验方法,将试样拉伸至 10 cm 后停止,立即在中间将沥青试样剪断,保持试样在水中 1 h 后测量试件的残留长度 X,按式(2.17)计算弹性恢复率 D。

$$D = \frac{10-X}{10} \times 100\% \tag{2.17}$$

式中 D——试样的弹性恢复率,%;

   X——试样的残留长度,cm。

3.聚合物改性沥青的技术要求

《公路沥青路面施工技术规范》(JTG F40—2011)规定了各类聚合物改性沥青的质量要求,见表2.29。当使用表列以外的聚合物及复合改性沥青时可通过试验研究制订相应的技术要求。

表 2.29　聚合物改性沥青技术要求

指　标	单　位	SBS 类(Ⅰ类)				SBR 类(Ⅱ类)			EVA,PE 类(Ⅲ类)				试验方法
		Ⅰ-A	Ⅰ-B	Ⅰ-C	Ⅰ-D	Ⅱ-A	Ⅱ-B	Ⅱ-C	Ⅲ-A	Ⅲ-B	Ⅲ-C	Ⅲ-D	
针入度(25 ℃,100 g,5 s)	0.1 mm	>100	80~100	60~80	40~60	>100	80~100	60~80	>80	60~80	40~60	30~40	T 0604
针入度指数 PI		≥-1.2	≥-0.8	≥-0.4	≥0	≥-1.0	≥-0.8	≥-0.6	≥-1.0	≥-0.8	≥-0.6	≥-0.4	T 0604
延度 5 ℃,5 cm/min	cm	≥50	≥40	≥30	≥20	≥60	≥50	≥40	—				T 0605
软化点 $T_{R\&B}$	℃	≥45	≥50	≥55	≥60	≥45	≥48	≥50	≥48	≥52	≥56	≥60	T 0606
运动黏度 135 ℃	Pa·s	≤3											T 0625 T 0619
闪点	℃	≥230				≥230			≥230				T 0611
溶解度	%	≥99				≥99			—				T 0607
弹性恢复 25 ℃	%	≥55	≥60	≥65	≥75								T 0662
黏韧性	N·m	—				≥5							T 0624
韧性	N·m					≥2.5							T 0624
储存稳定性离析,48 h 软化点差	℃	≤2.5							无改性剂明显析出、凝聚				T 0661
TFOT(或 RTFOT)后残留物													
质量变化(不大于)	%	±1.0											T 0610 T 0609
针入度比 25 ℃	%	≥50	≥55	≥60	≥65	≥50	≥55	≥60	≥50	≥55	≥58	≥60	T 0604
延度 5 ℃	cm	≥30	≥25	≥20	≥15	≥30	≥20	≥10	—				T 0605

注:①表中 135 ℃运动黏度可采用《公路工程沥青及沥青混合料试验规程》(JTG E20—2011)中的"沥青布氏旋转黏度试验方法(布洛克菲尔德黏度计法)"进行测定。若在不改变改性沥青物理力学性质并符合安全条件的温度下易于泵送和拌和,或经证明适当提高泵送和拌和温度时能保证改性沥青的质量,容易施工,可不要求测定。

②储存稳定性指标适用于工厂生产的成品改性沥青。现场制作的改性沥青对储存稳定性指标可不作要求,但必须在制作后,保持不间断的搅拌或泵送循环,保证使用前没有明显的离析。

在技术要求中,Ⅰ类为 SBS 类,分为Ⅰ-A 型、Ⅰ-B 型、Ⅰ-C 型、Ⅰ-D 型 4 个等级。同一分类级中 A,B,C,D 主要是基质沥青标号及改性剂不同,从 A 到 D 意味着沥青针入度变小,高温性能好,相反,低温性能差。其中Ⅰ-D 型适用于我国大多数高速公路,西北和东北可选Ⅰ-C 型,Ⅰ-B 型适用于非常寒冷的地区,Ⅰ-A 型除特殊情况外很少使用。Ⅱ类为 SBR 橡胶类聚合物改性沥青。其中Ⅱ-A 型适用于寒冷地区,Ⅱ-B 型,Ⅱ-C 型适用于较热地区。Ⅲ类为热塑性树脂类聚合物改性沥青,适用于较热和炎热地区。通常要求软化点温度比最高月使用温度的最大日空气温度高 20 ℃左右。

①为提高抗永久变形能力,宜使用热塑性橡胶类、热塑性树脂类改性剂。

②为提高抗低温开裂能力,宜使用热塑性橡胶类、橡胶类改性剂。

③为提高抗疲劳开裂能力,宜使用热塑性橡胶类、橡胶类、热塑性树脂类改性剂。

4.改性沥青的使用与管理

①制造改性沥青的基质沥青应与改性剂有良好的配伍性,其质量宜符合 A 级或 B 级道路石油沥青的技术要求。供应商在提供改性沥青的质量报告时,应提供基质沥青的质量检验报告或沥青样品。

②改性沥青的剂量以改性剂占沥青总量的百分数计算,胶乳改性沥青的剂量应以扣除水以后的固体物含量计算。

③改性沥青宜在固定式工厂或现场设厂集中制作,也可在拌和场现场边制造边使用,改性沥青的加工温度不宜超过 180 ℃。乳胶类改性剂和制成颗粒的改性剂可直接投入拌和缸中生产改性沥青混合料。

④现场制造的改性沥青宜随配随用,需作短时间保存,或运送到附近的工地时,使用前必须搅拌均匀,在不发生离析的状态下使用。改性沥青制作设备必须设有随机采集样品的取样口,采集的试样宜立即在现场灌模。

⑤工厂制作的成品改性沥青到达施工现场后存储在改性沥青罐中,改性沥青罐中必须加搅拌设备并进行搅拌,使用前改性沥青必须搅拌均匀。在施工过程中应定期取样,检验产品质量,发现离析等质量不符合要求的改性沥青不得使用。

思考题

1.乳化沥青的主要优点与作用是什么?

2.《公路沥青路面施工技术规范》(JTG F40—2004)规定的 SBS 改性沥青的主要技术指标有哪些?

项目 3　水泥混凝土用原材料性能分析与检验

【项目描述】

原材料的质量及其波动对混凝土的质量及施工有很大影响。如果忽视原材料在使用前或使用过程中的检验,将会给结构物带来隐患。普通水泥混凝土的原材料主要为水泥、粗集料、细集料和水,有时还掺有活性矿物掺合料及外加剂等。《公路桥涵施工技术规范》(JTG/T 3650—2020)及《公路水泥混凝土路面施工技术细则》(JTG/T F30—2014)规定,原材料的检验结果应符合现行国家或行业标准规定。

本项目共包括通用硅酸盐水泥的性能分析与检验、水泥混凝土用集料性能分析与检验,以及水、掺合料和外加剂性能分析 3 个子项目。学生通过相关理论知识的学习及技能训练,应具备正确选择水泥混凝土用原材料的能力。

子项目 1　通用硅酸盐水泥的性能分析与检验

【子项目描述】

本子项目对通用硅酸盐水泥的性能进行分析并检验其技术指标。学生通过对通用硅酸盐水泥的技术性能、技术要求、检测方法、特性应用等相关理论知识的学习,通过测定水泥凝结时间、标准稠度用水量、体积安定性、胶砂强度等指标进行技能训练,从而具备检验评定通用硅酸盐水泥质量的能力。

任务 3.1　认知通用硅酸盐水泥

【任务描述】

本任务是认知通用硅酸盐水泥的定义、种类及其技术性质。

【学习目标】

①熟悉通用硅酸盐水泥的分类及各品种水泥的定义和代号。

②熟悉通用硅酸盐水泥的技术性质。

1.水泥的分类

水泥是一种水硬性胶凝材料。水泥与水混合后,经过一系列物理化学作用,由可塑性浆体变得坚硬。就硬化条件而言,水泥既能在空气中硬化,也能在水中硬化,保持并继续发展其强度。所以,水泥材料既可用于地上工程,也可用于地下工程。

水泥按其化学成分,可分为通用硅酸盐水泥、铝酸盐水泥、硫铝酸盐水泥、铁铝酸盐水泥等。在道路和桥梁中使用的水泥主要是通用硅酸盐水泥。

2.通用硅酸盐水泥的分类

生产通用硅酸盐水泥的原料主要有石灰质原料、黏土质原料和铁质材料等。石灰质原料(如石灰石、白垩、石灰质泥灰岩、贝壳等)主要提供 CaO,黏土质原料(如黏土、黏土质页岩、泥岩、黄土等)主要提供 SiO_2、Al_2O_3,铁质材料主要提供 Fe_2O_3。

各种原料按适当比例配合,在磨机中磨成生料,然后将制备好的生料装入煅烧窑中(煅烧窑有立窑、回转窑),经 1 450 ℃高温煅烧至部分熔融,生成以硅酸钙为主要成分的水硬性胶凝物质,称为硅酸盐水泥熟料。为调节水泥的凝结速度,避免发生急凝现象,在熟料中加入适量的石膏共同磨细,有时为了改善硅酸盐水泥的某些性能和提高产量、降低成本,还加入适量规定的混合材料。

《通用硅酸盐水泥》(GB 175—2007)规定,凡由硅酸盐水泥熟料和适量石膏及规定的混合材料制成的水硬性胶凝材料称为通用硅酸盐水泥。按混合材料的品种和掺量分为硅酸盐水泥、普通硅酸盐水泥、矿渣硅酸盐水泥、火山灰硅酸盐水泥、粉煤灰硅酸盐水泥和复合硅酸盐水泥 6 大品种。

1)硅酸盐水泥

硅酸盐水泥分两种类型,不掺加混合材料的称Ⅰ型硅酸盐水泥,代号为P·Ⅰ。在硅酸盐水泥熟料粉磨时掺加不超过水泥质量5%的石灰石或粒化高炉矿渣混合材料的称Ⅱ型硅酸盐水泥,代号为P·Ⅱ。

2)普通硅酸盐水泥

普通硅酸盐水泥代号为P·O。活性混合材料掺加量大于 5%且不大于 20%,其中允许用不超过水泥质量8%且符合标准的非活性材料或不超过水泥质量5%且符合标准的窑灰代替。

(1)活性混合材料

在常温条件下能与 $Ca(OH)_2$ 或水泥发生水化反应的混合材料称为活性混合材料。常用的活性混合材料有符合国家标准的粒化高炉矿渣、粒化高炉矿渣粉、火山灰质混合材料和粉煤灰。

(2)非活性混合材料

在常温条件下不能与 $Ca(OH)_2$ 或水泥发生水化反应的混合材料称为非活性混合材料。非活性混合材料经磨细后加入水泥中不具有或只具有微弱的化学活性,在水泥水化中基本上不参加化学反应,仅起提高产量、调节水泥强度等级、节约水泥熟料的作用,因此又称为填充性混合材料,如石灰石、砂岩等,以及活性指标低于国家标准要求的粒化高炉矿渣、粒化高炉矿渣粉、粉煤灰及火山灰质混合材料等。

3)矿渣硅酸盐水泥

由硅酸盐水泥熟料、粒化高炉矿渣和适量石膏共同磨细制成的水硬性胶凝材料称为矿渣硅酸盐水泥,简称矿渣水泥,分为 A 型和 B 型。A 型矿渣掺量大于 20%且不大于 50%,代号为 P·S·A;B 型矿渣掺量大于 50%且不大于 70%,代号为 P·S·B。

4)火山灰质硅酸盐水泥

由硅酸盐水泥熟料和火山灰质混合材料、适量石膏磨细制成的水硬性胶凝材料称为火山灰质硅酸盐水泥,简称火山灰水泥,代号为 P·P。水泥中火山灰质混合材料掺量按质量百分比计为大于 20%且不大于 50%。

5)粉煤灰硅酸盐水泥

由硅酸盐水泥熟料和粉煤灰混合材料、适量石膏磨细制成的水硬性胶凝材料称为粉煤灰硅酸盐水泥,简称粉煤灰水泥,代号为 P·F。水泥中粉煤灰掺量按质量百分比计为大于 20%且不大于 40%。

6)复合硅酸盐水泥

复合硅酸盐水泥代号 P·C,水泥中混合材料总掺量按质量的百分比应大于 20%且不大于 50%。混合材料由两种以上符合国家标准的活性混合材料或非活性混合材料组成,其中允许用不超过水泥质量 8%且符合要求的窑灰代替,掺矿渣时混合材料掺量不得与矿渣硅酸盐水泥重复。

3.通用硅酸盐水泥的技术性质指标

(1)物理力学性质指标

反映通用硅酸盐水泥的物理力学性质指标有细度、凝结时间、体积安定性、强度等。

(2)水泥的化学性质指标

水泥的化学物质主要指对水泥物理力学性能造成不利影响的有害成分。这些化学物质指标有氧化镁、三氧化硫、氯离子、碱含量、烧失量、不溶物等。

①氧化镁含量。在水泥熟料中,常含有少量未与其他矿物结合的游离氧化镁,这种多余的氧化镁常在水泥硬化以后才开始水化,在水化时产生体积膨胀,可导致水泥石结构产生裂缝甚至破坏,因此它是引起水泥安定性不良的原因之一。

②三氧化硫含量。水泥中的三氧化硫主要是在生产时为调节凝结时间加入石膏而产生的。适量的石膏能够改善水泥性能,但石膏超过一定限量后,水泥性能会变坏,甚至引起硬化后水泥石体积膨胀,导致结构物破坏。因此,水泥中三氧化硫最大允许值必须加以限制。

③氯离子。氯化物对钢筋有腐蚀作用,应加以限制。

④碱含量。水泥中碱含量按 $Na_2O+0.658K_2O$ 计算值表示。若使用碱活性骨料,活性骨料与水泥中的碱发生碱骨料反应,导致硬化后的混凝土体积膨胀,严重时会由于强度降低导致结构物破坏。

⑤烧失量。水泥煅烧不佳或受潮后,会使水泥在规定温度加热时增加质量损失,表明水泥的品质受到不利因素的影响。

⑥不溶物。水泥中不溶物是用盐酸溶解后的不溶残渣。水泥中的不溶物来自原料中的黏土和氧化硅,由于煅烧不良,化学反应不充分而未能形成熟料矿物,这些物质的存在将影响水泥有效成分的含量。

任务 3.2   测定水泥的细度、标准稠度用水量、凝结时间、体积安定性

【任务描述】

本任务是在学习通用硅酸盐水泥细度、标准稠度用水量、凝结时间以及体积安定性的定义、测定方法、测定意义及影响因素等相关理论知识的基础上,测定水泥的细度、标准稠度用水量、凝结时间、体积安定性。

【学习目标】

①熟悉通用硅酸盐水泥的细度、标准稠度用水量、凝结时间、体积安定性的定义、评价指标及测定方法。

②能分析测定通用硅酸盐水泥的细度、标准稠度用水量、凝结时间、体积安定性的意义;能分析影响水泥体积安定性的因素。

③会根据《公路工程水泥及水泥混凝土试验规程》(JTG 3420—2020)规定的方法测定其细度标准稠度用水量、凝结时间、体积安定性及能完整、规范地填写试验检测记录表。

1.相关知识

1)细度

(1)水泥细度的定义

水泥细度是指水泥颗粒的粗细程度。

(2)水泥细度对水泥性质的影响

一般情况下,水泥颗粒越细,其总表面积越大,与水反应时接触的面积也越大,水化反应速度就越快,所以相同矿物组成的水泥,细度越大,凝结硬化速度越快,早期强度越高。但水泥颗粒太细,在空气中的硬化收缩也较大,使混凝土发生裂缝的可能性增加。此外,水泥颗粒细度提高会导致粉磨能耗增加,生产成本提高。为充分发挥水泥熟料的活性,改善水泥性能,同时考虑能耗的节约,要合理控制水泥细度。

(3)水泥细度的评价指标

①硅酸盐水泥和普通硅酸盐水泥的细度以比表面积表示,即以每千克水泥所具有的总表面积(m^2)表示。《通用硅酸盐水泥》(GB 175—2007)规定,水泥的比表面积采用勃氏法测定。

②矿渣硅酸盐水泥、火山灰质硅酸盐水泥、粉煤灰硅酸盐水泥和复合硅酸盐水泥细度以80 μm筛筛余或45 μm 筛筛余表示,采用筛析法测定。筛析法有负压筛法和水筛法两种,负压筛法为标准法。

2)标准稠度用水量

(1)标准稠度用水量及标准稠度的定义

水泥净浆达到标准稠度时所需的拌和水量,以占水泥质量的百分率表示,称为标准稠度用

水量。

《公路工程水泥及混凝土试验规程》(JTG 3420—2020)规定,水泥标准稠度用水量测定有标准法(试杆法)和代用法(试锥法)两种。以标准法维卡仪的试杆沉入净浆距底板的距离为 6 mm±1 mm 时,或以代用法稠度仪的试锥下沉深度 30 mm±1 mm 的水泥浆的稠度作为标准稠度。

(2)测定标准稠度用水量的意义

在测定水泥的凝结时间和安定性时,为使其测定结果具有可比性,必须采用标准稠度的水泥净浆进行测定。

3)凝结时间

(1)凝结时间的定义

凝结时间是指水泥从加水时至水泥浆失去可塑性所需的时间。凝结时间分为初凝时间和终凝时间。初凝时间是从水泥加水至水泥浆开始失去可塑性所经历的时间;终凝时间是从水泥加水至水泥浆完全失去可塑性所经历的时间。

(2)凝结时间的测定方法

《公路工程水泥及混凝土试验规程》(JTG 3420—2020)规定,凝结时间采用维卡仪测定。初凝状态为初凝针自由沉至距底板 4 mm±1mm 时的稠度状态,由水泥加水至初凝状态的时间为水泥的"初凝时间";终凝状态为终凝针沉入试件 0.5 mm 时,即环形附件开始不能在试件上留下痕迹的稠度状态,由水泥加水至终凝状态的时间为水泥的"终凝时间"。

(3)测定水泥凝结时间的意义

水泥的凝结时间对水泥混凝土的施工有重要意义。水泥混凝土拌和、运输、浇灌、振捣等一系列工艺均要在水泥初凝之前完成,故水泥初凝不能过早。混凝土成型后,为了不拖延工期,要求尽快硬化,以利下一工序的尽早进行,所以终凝时间不能太迟。

4)体积安定性

(1)体积安定性的定义

水泥的体积安定性是表征水泥在凝结硬化后体积变化均匀性的物理指标。

水泥在凝结硬化过程中,总是伴随着一定体积上的变化,这种变化如果轻微均匀,或发生在水泥完全失去塑性之前,将不会影响混凝土的质量。但是如果水泥产生不均匀变形或在水泥硬化后变形较大,会使构件产生变形、膨胀,严重时造成开裂,从而影响混凝土的质量,这种现象称为水泥的体积安定性不良。

(2)影响水泥安定性的主要因素

①水泥中含有过多的游离 CaO 和 MgO。当水泥原料比例不当或煅烧工艺不正常时,会产生较多的处于游离状态的 CaO 和 MgO,它们和熟料一起,同样经历了 1 450 ℃的高温煅烧,属严重过火的 CaO 和 MgO,水化反应速度极慢,在水泥凝结硬化很长时间后才进行水化,生成 $Ca(OH)_2$ 和 $Mg(OH)_2$,在已经硬化的水泥石中膨胀,使水泥石出现开裂、翘曲、疏松和崩溃等现象。

②石膏掺量过多。水泥粉磨时,若掺入过量的石膏,当水泥硬化后,这些多余的石膏还会继续与 C_3AH_6 反应生成钙矾石,体积膨胀,引起水泥石开裂。

（3）水泥体积安定性的检验方法

《公路工程水泥及混凝土试验规程》（JTG 3420—2020）规定,水泥体积安定性的检验方法为沸煮法,分为雷氏夹法（标准法）和试饼法（代用法）两种。

2.测定水泥的标准稠度用水量、凝结时间、体积安定性

试验依据为《公路工程水泥及混凝土试验规程》（JTG 3420—2020）。

T0505—2020　水泥标准稠度用水量、凝结时间、安定性试验方法

1　目的、适用范围

本方法规定了水泥标准稠度用水量、凝结时间和体积安定性的试验方法。

本方法适用于通用硅酸盐水泥、道路硅酸盐水泥及指定采用本方法的其他品种水泥。

2　原理

2.1　水泥标准稠度

水泥标准稠度净浆对标准试杆（或试锥）的沉入具有一定阻力。通过试验不同含水量水泥净浆的穿透性,以确定水泥标准稠度净浆中所加入的水量。

2.2　凝结时间

试针沉入水泥标准稠度净浆至一定深度所需的时间。

2.3　安定性

2.3.1　雷氏法是通过测定水泥标准稠度净浆在雷氏夹中沸煮后试针的相对位移表征其体积膨胀的程度。

2.3.2　试饼法是通过观测水泥标准稠度净浆试饼煮沸后的外形变化表征其体积安定性。

3　仪具与材料

3.1　水泥净浆搅拌机

应符合现行《水泥净浆搅拌机》（JC/T 729）的规定。

3.2　标准法维卡仪

应符合现行《水泥净浆标准稠度与凝结时间测定仪》（JC/T 727）的规定,标准稠度测定用试杆[图 T0505.1（c）]有效长度为 50 mm±1 mm,由直径为 10 mm±0.05 mm 的圆柱形耐腐蚀金属制成。测定凝结时间用试针[图 T0505.1（d）、（e）],由钢制成,其有效长度初凝针为 50 mm±1 mm,终凝针为 30 mm±1 mm,圆柱体直径为 1.13 mm±0.05 mm。滑动部分的总质量为 300 g±1 g。与试杆、试针连接的滑动杆表面应光滑,能靠重力自由下落,不得有紧涩和旷动现象。

盛装水泥净浆的试模[图 T0505.1（a）]应由耐腐蚀的、有足够硬度的金属制成。试模深为 40 mm±0.2 mm,圆锥台顶内径为 65 mm±0.5 mm、底内径为 75 mm±0.5 mm,每只试模应配备一个边长或直径约为 100 mm、厚度为 4~5 mm 的平板玻璃底板或金属底板。

3.3　代用法维卡仪

应符合现行《水泥净浆标准稠度与凝结时间测定仪》（JC/T 727）的规定。

3.4　沸煮箱

应符合现行《水泥安定性试验用沸煮箱》（JC/T 955）的规定。

3.5　雷氏夹膨胀仪

由铜质材料制成,其结构如图 T0505.2 所示。当一根指针的根部先悬挂在一根金属丝或尼

龙丝上,另一根指针的根部挂上质量为 300 g 的砝码时,两根指针的针尖距离应在 17.5 mm±2.5 mm范围以内,去掉砝码后针尖的距离能恢复至挂砝码前的状态。雷氏夹受力示意,如图 T0505.3 所示。

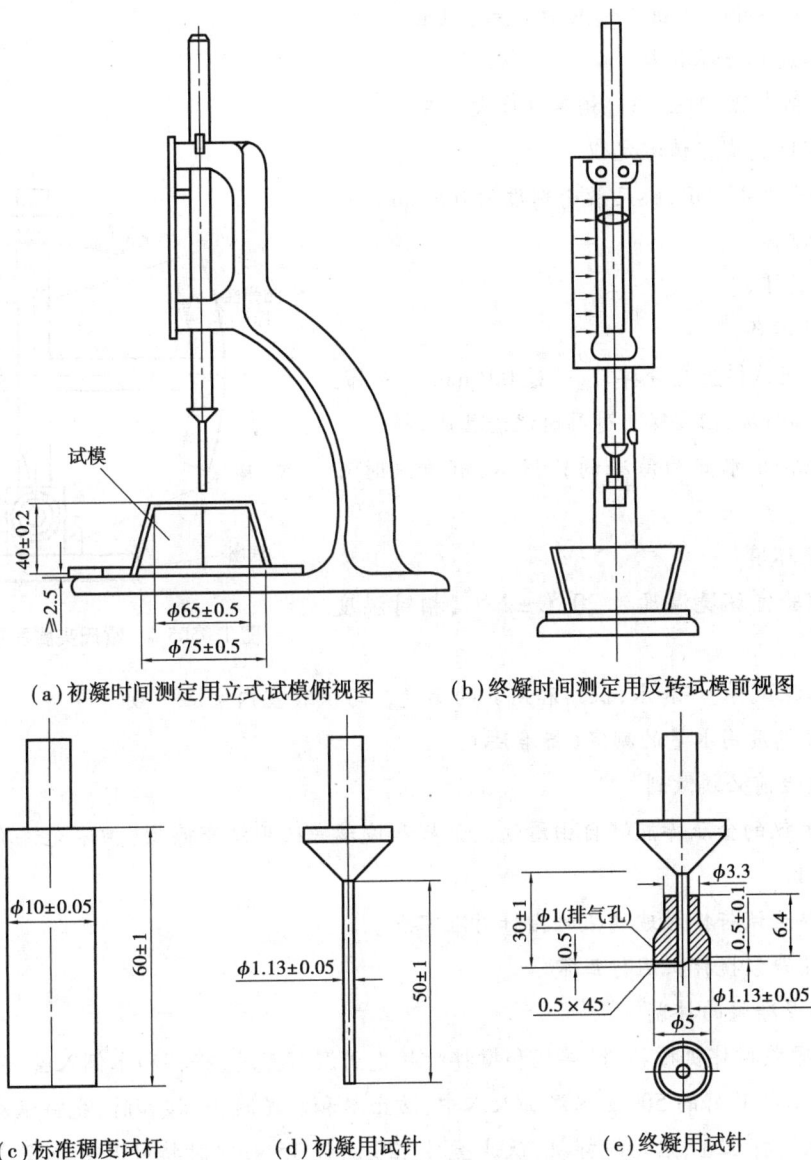

（a）初凝时间测定用立式试模俯视图　　（b）终凝时间测定用反转试模前视图

（c）标准稠度试杆　　（d）初凝用试针　　（e）终凝用试针

图 T0505.1　标准稠度与凝结时间测定维卡仪（单位:mm）

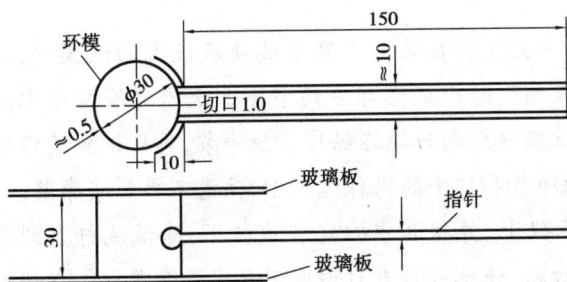

图 T0505.2　雷氏夹（单位:mm）

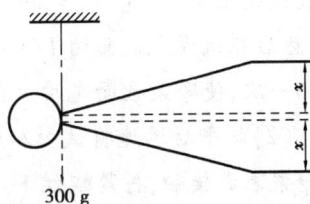

图 T0505.3　雷氏夹受力示意图

3.6　量水器

分度值为 0.5 mL。

3.7　天平

最大量程不小于 1 000 g,感量不大于 1 g。

3.8　水泥标准养护箱

温度控制在 20 ℃±1 ℃,相对湿度大于 90%。

3.9　雷氏夹膨胀值测定仪

如图 T0505.4 所示,标尺最小刻度为 0.5 mm。

3.10　秒表

分度值为 1 s。

图 T 0505.4　雷氏夹膨胀值测定仪

4　试验准备

4.1　水泥试样应充分拌匀,通过 0.9 mm 方孔筛,并记录筛余物情况,但要防止过筛时混进其他粉料。

4.2　试验用水宜为洁净的饮用水,有争议时可用蒸馏水。

5　试验环境

5.1　试验室环境温度为 20 ℃±2 ℃,相对湿度大于 50%。

5.2　水泥试样、拌和水、仪器和用具的温度应与试验室内室温一致。

6　标准稠度用水量的测定(标准法)

6.1　试验前必须做到

(1)维卡仪的金属棒能够自由滑动。试模和玻璃底板用湿布擦拭(但不允许有明水),将试模放在底板上。

(2)调整至试杆接触玻璃板时指针对准零点。

(3)水泥净浆搅拌机运行正常。

6.2　水泥净浆的拌制

用水泥净浆搅拌机搅拌,搅拌锅和搅拌叶片先用湿布擦过,将拌和水倒入搅拌锅中,然后在 5~10 s 内小心将称好的 500 g 水泥加入水中,防止水和水泥溅出;拌和时,先将锅放在搅拌机的锅座上,升至搅拌位置,启动搅拌机,低速搅拌 120 s,停 15 s,同时将叶片和锅壁上的水泥浆刮入锅中间,接着高速搅拌 120 s 停机。

6.3　标准稠度用水量的测定步骤

(1)拌和结束后,立即取适量水泥净浆一次性将其装入已置于玻璃底板上的试模中,浆体超过试模上端,用宽约 25 mm 的直边刀轻轻拍打超出试模部分的浆体 5 次以排除浆体中的孔隙,然后在试模上表面约 1/3 处,略倾斜于试模分别向外轻轻锯掉多余净浆,再从试模边沿轻抹顶部一次,使净浆表面光滑。在锯掉多余的净浆和抹平的操作过程中,注意不要压实净浆。

(2)抹平后迅速将试模和底板移到维卡仪上,并将其中心定在试杆下,降低试杆直到与水泥净浆表面接触,拧紧螺丝 1~2 s 后,突然放松,使试杆垂直自由地沉入水泥净浆中。在试杆停止沉入或释放试杆 30 s 时记录试杆距底板之间的距离,升起试杆后,立即擦净。

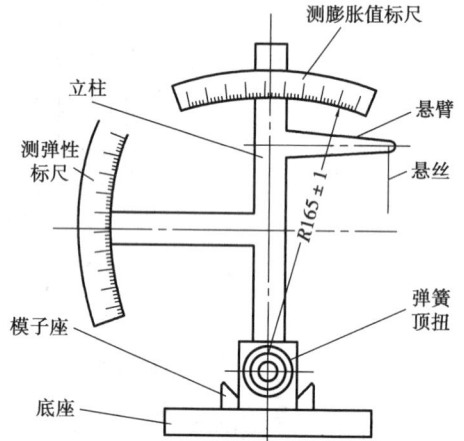

（3）整个操作应在搅拌后 90 s 内完成。以试杆沉入净浆并距底板 6 mm±1 mm 的水泥净浆为标准稠度净浆。其拌和水量为该水泥的标准稠度用水量（P），按水泥质量的百分比计，结果精确至 1%。

（4）当试杆距玻璃板距离小于 5 mm 时，应适当减水，重复水泥浆的拌制和上述过程；若距离大于 7 mm，则应适当加水，并重复水泥浆的拌制和上述过程。

7　标准稠度用水量的测定（代用法）

7.1　标准稠度用水量的测定

标准稠度用水量的测定可用调整水量法和不变水量法两种方法中的任一种，发生争议时，以调整水量法为准。采用调整水量法测定标准稠度用水量时，拌和水量应按经验找水；采用不变水量法测定时，拌和水量为 142.5 mL，水量精确到 0.5 mL。

7.2　试验前须检查项目

仪器金属棒应能自由滑动；试锥降至模顶面位置时，指针应对准标尺零点；搅拌机运转应正常等。

7.3　水泥净浆的拌制

用符合要求的水泥净浆搅拌机搅拌，搅拌锅和搅拌叶片先用湿棉布擦净，将称好的 500 g 水泥试样倒入搅拌锅内。拌和时，先将锅放到搅拌机锅座上，升至搅拌位置，启动机器，同时徐徐加入水拌和，慢速搅拌 120 s，停拌 15 s，接着快速搅拌 120 s 后停机。

7.4　标准稠度用水量的测定

（1）拌和结束后，立即将拌好的净浆装入锥模内，用宽约 25 mm 的直边刀轻轻插捣 5 次，再轻轻振动 5 次，刮去多余净浆；抹平后迅速放到试锥下面固定位置上。将试锥降至净浆表面拧紧螺丝处，拧紧螺丝 1~2 s 后，突然放松，让试锥自由沉入净浆中，到试锥停止下沉时记录试锥下沉深度。整个操作应在搅拌后 90 s 内完成。

（2）用调整水量法测定时，以试锥下沉深度 30 mm±1 mm 时的净浆为标准稠度净浆。其拌和水量为该水泥的标准稠度用水量（P），按水泥质量的百分比计。如下沉深度超出范围，须另称试样，调整水量，重新试验，直至达到 30 mm±1 mm 时为止。

（3）用不变水量法测定时，标准稠度用水量按式（T0505.1）计算：

$$P = 33.4 - 0.185S \tag{T0505.1}$$

式中　P——水泥标准稠度用水量，%；

S——试锥下沉深度，mm。

结果计算精确至 1%。当试锥下沉深度小于 13 mm 时，应改用调整水量法测定。

8　凝结时间的测定

8.1　测定前准备工作

调整凝结时间测定仪的试针接触玻璃板时，指针对准零点。

8.2　试件的制备

以标准稠度用水量按 6.2 制成标准稠度净浆（记录水泥全部加入水中的时间作为凝结时间的起始时间），一次装满试模，振动数次刮平，立即放入养护箱中。

8.3　初凝时间的测定

（1）记录水泥全部加入水中至初凝状态的时间作为初凝时间，用"min"计。

（2）试件在湿气养护箱中养护至加水后 30 min 时进行第一次测定。测定时，从湿养护箱中取出试模放到试针下，降低试针与水泥净浆表面接触。拧紧螺丝 1~2 s 后，突然放松，使试针垂直自由地沉入水泥净浆中。观察试针停止沉入或释放试针 30 s 时指针的读数。

（3）临近初凝时每隔 5 min（或更短时间）测定一次，当试针沉至距底板 4 mm±1 mm 时，为水泥达到初凝状态。

（4）当达到初凝时应立即重复测一次，当两次结论相同时才能定为达到初凝状态。

8.4 终凝时间的测定

（1）由水泥全部加入水中至终凝状态的时间为水泥的终凝时间，用"min"计。

（2）为了准确观察试件沉入的状况，在终凝针上安装了一个环形附件[图 T0505.1（e）]。在完成初凝时间测定后，立即将试模连同浆体以平移的方式从玻璃板下，翻转 180°，直径大端向上，小端向下放在玻璃板上，再放入湿气养护箱中继续养护。

（3）临近终凝时间时每隔 15 min（或更短时间）测定一次，当试针沉入试件 0.5 mm 时，即环形附件开始不能在试件上留下痕迹时，为水泥达到终凝状态。

（4）达到终凝时需要在试体另外两个不同点测试，结论相同时才能确定达到终凝状态。

8.5 测定时应注意，在最初测定的操作时应轻轻扶持金属柱，使其徐徐下降，以防止试针撞弯，但结果以自由下落为准；在整个测试过程中试针沉入的位置至少要距试模内壁 10 mm。每次测定不能让试针落入原针孔，每次测试完毕须将试针擦净并将试模放回湿气养护箱内，整个测试过程要防止试模振动。

9 安定性的测定（标准法）

9.1 测定前的准备工作

每个试样需要两个试件，每个雷氏夹需配备两个边长或直径约 80 mm、厚度为 4~5 mm 的玻璃板。凡与水泥净浆接触的玻璃板和雷氏夹表面都要稍稍涂上一层油。

9.2 雷氏夹试件的制备方法

将预先准备好的雷氏夹放在已稍擦油的玻璃板上，并立刻将已制好的标准稠度净浆装满试模。装模时一只手轻轻扶持试模，另一只手用宽约 25 mm 直边小刀在浆体表面轻轻插捣 3 次，然后抹平，盖上稍涂油的玻璃板，接着立刻将试模移至湿汽养护箱内养护 24 h±2 h。

9.3 沸煮

（1）调整好沸煮箱内的水位，使之在整个沸煮过程中都能没过试件，无须中途添补试验用水，同时又能保证在 30 min±5 min 内升至沸腾。

（2）脱去玻璃板取下试件，先检查试件是否完整（如已开裂、翘曲，要检查原因，确定无外因时，该试件已属不合格品，不必沸煮），在试件无缺陷的情况下，用雷氏法测定时，先测量雷氏夹指针间的距离（A），精确到 0.5 mm，接着将试件放入沸煮箱中的试件架上，指针朝上，试件之间互不交叉，然后在 30 min±5 min 内加热至沸腾并恒沸 180 min±5 min。

9.4 结果判别

沸煮结束后，立即放掉沸煮箱中的热水，打开箱盖，待箱体冷却至室温，取出试件进行判别。

测量试件指针尖端间的距离（C），精确至 0.5 mm，当两个试件煮后增加距离（$C-A$）的平均值不大于 5.0 mm 时，即认为该水泥安定性合格；当两个试件煮后增加距离（$C-A$）的平均值大于 5.0 mm 时，应用同一样品重做一次试验，以复检结果为准。

10　安定性的测定(代用法)

10.1　试验前准备工作

每个样品需准备两块约 100 mm×100 mm 的玻璃板。凡与水泥净浆接触的玻璃板都要稍稍涂上一层油。

10.2　试饼的成型方法

将制好的标准稠度净浆取出一部分分成两等份,使之成球形,放在预先准备好的玻璃板上,轻轻振动玻璃板并用湿布擦净的小刀由边缘向中央抹动,做成直径为 70~80 mm、中心厚约 10 mm、边缘渐薄、表面光滑的试饼,接着将试饼放入湿汽养护箱内养护 24 h±2 h。

10.3　沸煮

(1)调整好沸煮箱内的水位,使之在整个沸煮过程中都能没过试件,无须中途添补试验用水,同时保证水在 30 min±5 min 内能沸腾。

(2)脱去玻璃板取下试件,先检查试饼是否完整(如已开裂、翘曲,要检查原因,确定无外因时,该试饼已属不合格品,不必沸煮),在试饼无缺陷的情况下将试饼放在沸煮箱的水中算板上,然后在 30 min±5 min 内加热至水沸腾,并恒沸 180 min±5 min。

10.4　结果判别

沸煮结束后,立即放掉沸煮箱中的热水,打开箱盖,待箱体冷却至室温,取出试件进行判别。目测试饼未发现裂缝,用直尺检查也没有弯曲(使钢直尺和试饼底部紧靠,以两者间不透光为不弯曲)的试饼为安定性合格,反之为不合格。当两个试饼判别结果有矛盾时,该水泥的安定性为不合格。

11　试验报告

试验报告应包括检测的项目名称,试样编号,试验日期及时间,仪器设备的名称、型号及编号,环境温度和湿度,执行标准,使用检测方法,水泥试样的标准稠度用水量、凝结时间、安定性,要说明的其他内容。

任务 3.3　测定水泥的胶砂强度

【任务描述】

本任务是在学习通用硅酸盐水泥强度的测定方法及影响因素的基础上,测定水泥的胶砂强度。

【学习目标】

①熟悉通用硅酸盐水泥的强度检验方法。

②能叙述影响水泥强度的因素。

③会按《公路工程水泥及水泥混凝土试验规程》(JTG 3420—2020)规定的方法制取水泥的胶砂强度试件并检验其强度,会进行强度结果的计算,并能完整、规范地填写试验检测记录表。

1.相关知识

1)强度及等级

水泥的强度包括抗压强度和抗折强度两个方面。

（1）水泥强度的评价方法

《通用硅酸盐水泥》（GB 175—2007）规定，用水泥胶砂强度法（ISO 法）作为水泥强度的标准检验方法。此方法是以 1：3 的水泥和中国 ISO 标准砂，按规定的水灰比为 0.50，用标准制作方法制成 40 mm×40 mm×160 mm 的标准试件，达到规定龄期（3 d，28 d）时，按规定的方法测其抗折强度和抗压强度。但火山灰质硅酸盐水泥、粉煤灰硅酸盐水泥、复合硅酸盐水泥和掺火山灰质混合材料的普通硅酸盐水泥在进行胶砂强度检验时，其用水量按 0.50 水灰比和胶砂流动度不小于 180 mm 来确定。当流动度小于 180 mm，须以 0.01 的整数倍递增的方法将水灰比调整至胶砂流动度不小于 180 mm。

（2）水泥型号

水泥 28 d 以前的强度称为早期强度，28 d 以后的强度称为后期强度。我国现行标准将水泥分为普通型和早强型（R 型）两个型号。早强水泥 3 d 的抗压强度较同等级的普通型强度提高了 10%～24%；早强型水泥的 3 d 抗压强度可达 28 d 抗压强度的 50%。早强型水泥早期强度发展较快，可用于早期强度要求高的工程中。

（3）强度等级

《通用硅酸盐水泥》（GB 175—2007）规定：

①硅酸盐水泥的强度等级分为 42.5，42.5R，52.5，52.5R，62.5，62.5R 共 6 个等级。

②普通硅酸盐水泥的强度等级分为 42.5，42.5R，52.5，52.5R 共 4 个等级。

③矿渣硅酸盐水泥、火山灰硅酸盐水泥、粉煤灰硅酸盐水泥和复合硅酸盐水泥的强度等级分为 32.5，32.5R，42.5，42.5R，52.5，52.5R 共 6 个等级。

2）影响水泥强度的因素

硅酸盐水泥的强度主要取决于熟料的矿物组成和水泥的细度，此外还与水灰比、试验方法、试验条件、养护龄期等因素有关。

2.测定水泥的胶砂强度

试验依据为水泥胶砂强度检验方法（ISO 法）（GB/T 17671—2021）。

水泥胶砂强度检验方法（ISO 法）（GB/T 17671—2021）

1 范围

本方法适用于通用硅酸盐水泥、石灰石硅酸盐水泥胶砂抗折和抗压强度检验，其他水泥和材料可参考使用。本方法可能对一些品种水泥胶砂强度检验不适用，例如初凝时间很短的水泥。

2 实验室和设备

2.1 实验室

实验室的温度应保持在 20 ℃±2 ℃，相对湿度不应低于 50%。实验室温度和相对湿度在工作期间每天至少记录 1 次。

2.2 养护箱

带模养护试体养护箱的温度应保持在 20 ℃±1 ℃，相对湿度不低于 90%。养护箱的使用性能和结构应符合《水泥胶砂试体养护箱》（JC/T 959）的要求。养护箱的温度和湿度在工作期间至少每 4 h 记录 1 次。在自动控制的情况下,记录次数可以酌减至每天 2 次。

2.3 养护水池

水养用养护水池(带篦子)的材料不应与水泥发生反应。试体养护池水温度应保持在 20 ℃±1 ℃。试体养护池的水温度在工作期间每天至少记录 1 次。

2.4 试验用水泥、中国 ISO 标准砂和水

应与实验室温度相同。

2.5 金属丝网试验筛

应符合《试验筛 技术要求和检验 第 1 部分:金属丝编织网试验筛》(GB/T 6003.1)的要求。

2.6 设备

2.6.1 总体要求:用于制备和测试用的设备应该与实验室温度相同,在给定温度范围内,控制系统所设定的温度应为给定温度范围的中值。

设备公差:图中给出的近似尺寸供生产者或使用者参考,带有公差的尺寸为强制尺寸。当定期计量检测或校准发现公差不符时,应替换该设备或及时进行调整和修理。计量检测或校准记录应予保存。

对新设备的接收检验应按照《行星式水泥胶砂搅拌机》(JC/T 681)、《水泥胶砂试体成型振实台》(JC/T 682)、《40 mm×40 mm 水泥抗压夹具》(JC/T 683)、《水泥胶砂振动台》(JC/T 723)、《水泥胶砂电动抗折试验机》(JC/T 724)、《水泥胶砂试模》(JC/T 726)、《水泥胶砂强度自动压力试验机》(JC/T 960)的要求进行。

在某些情况下设备材质会影响试验结果,这些材质也应符合要求。

2.6.2 搅拌机:行星式搅拌机应符合《行星式水泥胶砂搅拌机》(JC/T 681)的要求。

2.6.3 试模:试模应符合《水泥胶砂试模》(JC/T 726)的要求。成型操作时,应在试模上面加有一个壁高 20 mm 的金属模套,当从上往下看时,模套壁与试模内壁应该重叠,超出内壁不应大于 1 mm。为了控制料层厚度和刮平,应备有图 1 所示的两个布料器和刮平金属直边尺。

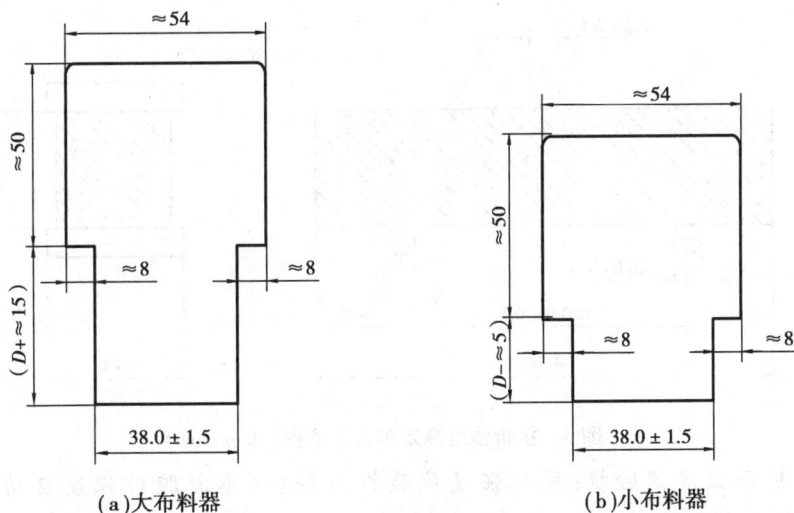

(a)大布料器   (b)小布料器

图 1 典型的布料器和直边尺(单位:mm)

2.6.4 成型设备

2.6.4.1 振实台:振实台(图 2)为基准成型设备,应符合《水泥胶砂试体成型振实台》

（JC/T 682）的要求。振实台应安装在高度约 400 mm 的混凝土基座上。混凝土基座体积应大于 0.25 m³，质量应大于 600 kg。将振实台用地脚螺丝固定在基座上，安装后台盘成水平状态，振实台底座与基座之间要铺一层胶砂以保证它们的完全接触。

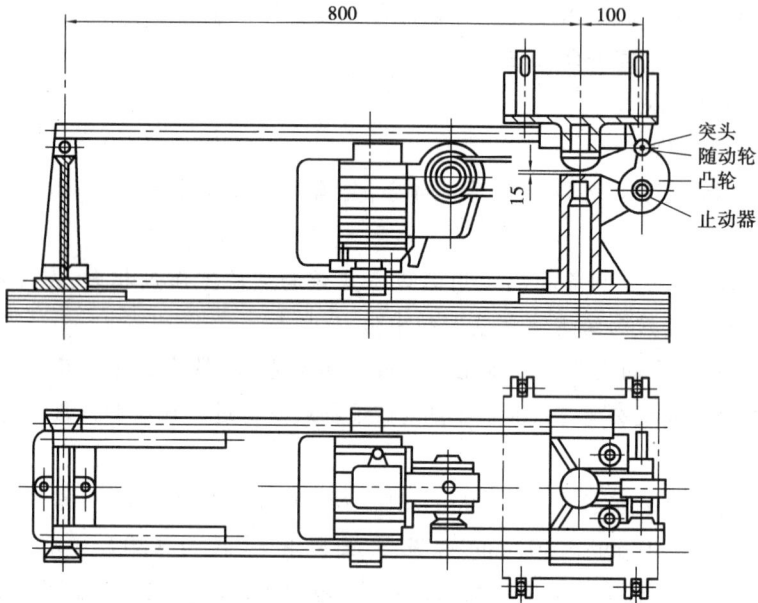

图2 典型的振实台（单位：mm）

2.6.4.2 代用成型设备：代用成型设备为全波振幅 0.75 mm+0.02 mm，频率为 2 800～3 000 次/min 的振动台，振动台应符合《水泥胶砂振动台》（JC/T 723）的要求。

2.6.5 抗折强度试验机：抗折强度试验机应符合《水泥胶砂电动抗折试验机》（JC/T 724）的要求。试体在夹具中受力状态如图3所示。抗折强度也可用液压式试验机（3.6.6）来测定。此时，示值精度、加荷速度和抗折夹具应符合《水泥胶砂电动抗折试验机》（JC/T 724）的规定。

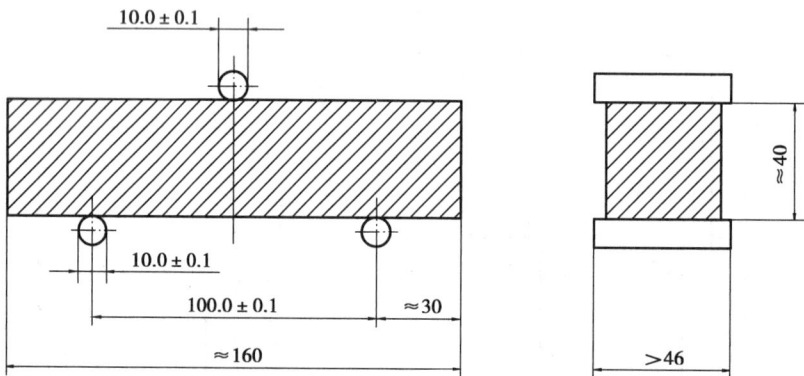

图3 抗折强度测定加荷示意图（单位：mm）

2.6.6 抗压强度试验机：抗压强度试验机应符合《水泥胶砂强度自动压力试验机》（JC/T 960）的要求。

2.6.7 抗压夹具：当需要使用抗压夹具时，应把它放在压力机的上下压板之间并与压力机处于同一轴线，以便将压力机的荷载传递至胶砂试体表面。抗压夹具应符合《40 mm×40 mm 水泥抗压夹具》（JC/T 683）的要求。

2.6.8　天平:分度值不大于±1 g。

2.6.9　计时器:分度值不大于±1 s。

2.6.10　加水器:分度值不大于±1 mL。

3　胶砂组成

3.1　中国 ISO 标准砂:对中国 ISO 标准砂做全面和明确的规定是困难的,因此在鉴定和质量控制时使砂子与 ISO 基准砂比对并标准化是必要的。

3.1.1　ISO 基准砂:ISO 基准砂是由 SiO_2 含量不低于98%、天然的圆形硅质砂组成,其颗粒分布在表1规定的范围内。

表 1　ISO 基准砂的颗粒分布

方孔筛孔径/mm	2.00	1.60	1.00	0.50	0.16	0.08
累计筛余/%	0	7±5	33±5	67±5	87±5	99±1

3.1.2　中国 ISO 标准砂:中国 ISO 标准砂应完全符合表2颗粒分布的规定,通过对有代表性样品的筛析来测定。每个筛子的筛析试验应进行至每分钟通过量小于0.5g为止。中国 ISO 标准砂的湿含量小于0.2%。中国 ISO 标准砂以 1 350 g±5 g 容量的塑料袋包装。

3.2　水泥:水泥样品应贮存在气密的容器里,试验前混合均匀。

3.3　水:验收试验或有争议时应使用符合《分析实验室用水规格和试验方法》(GB/T 6682)规定的三级水,其他试验可用饮用水。

4　胶砂的制备

4.1　配合比:胶砂的质量配合比为一份水泥、三份中国 ISO 标准砂和半份水(水灰比 w/c 为 0.50)。每锅材料需 450 g±2 g 水泥、1 350 g±5 g 砂子和 225 mL±1 mL 或 225 g±1 g 水。一锅胶砂成型三条试体。

4.2　搅拌:胶砂用搅拌机按以下程序进行搅拌,可以采用自动控制,也可以采用手动控制。把水加入锅里,再加入水泥,把锅固定在固定架上,上升至工作位置;立即开动机器,先低速搅拌 30 s±1 s 后,在第二个 30 s±1 s 开始的同时均匀地将砂子加入。把搅拌机调至高速再搅拌30 s±1 s;停拌90 s,在停拌开始的 15 s±1 s 内,将搅拌锅放下,用刮刀将叶片、锅壁和锅底上的胶砂刮入锅中;再在高速下继续搅拌 60 s±1 s。

5　试体的制备

5.1　尺寸和形状:试体为 40 mm×40 mm×160 mm 的棱柱体。

5.2　成型:

5.2.1　用振实台成型:胶砂制备后立即进行成型。将空试模和模套固定在振实台上,用料勺将锅壁上的胶砂清理到锅内并翻转搅拌胶砂使其更加均匀,成型时将胶砂分两层装入试模。装第一层时,每个槽里约放 300 g 胶砂,先用料勺沿试模长度方向划动胶砂以布满模槽,再用大布料器垂直架在模套顶部沿每个模槽来回一次将料层布平,接着振实 60 次。再装入第二层胶砂,用料勺沿试模长度方向划动胶砂以布满模槽,但不能接触已振实胶砂,再用小布料器布平,振实 60 次。每次振实时可将一块用水湿过拧干、比模套尺寸稍大的棉纱布盖在模套上以防止振实时胶砂飞溅。

移走模套,从振实台上取下试模,用一金属直边尺以近似90°的角度(但向刮平方向稍斜)

架在试模模顶的一端,然后沿试模长度方向以横向锯割动作慢慢向另一端移动,将超过试模部分的胶砂刮去。锯割动作的多少和直尺角度的大小取决于胶砂的稀稠程度,较稠的胶砂需要多次锯割。锯割动作要慢以防止拉动已振实的胶砂。用拧干的湿毛巾将试模端板顶部的胶砂擦拭干净,再用同一直边尺以近乎水平的角度将试体表面抹平。抹平的次数要尽量少,总次数不应超过3次。最后将试模周边的胶砂擦除干净。

　　用毛笔或其他方法对试体进行编号。两个龄期以上的试体,在编号时应将同一试模中的3条试体分在两个以上龄期内。

　　5.2.2　用振动台成型:在搅拌胶砂的同时将试模和下料漏斗卡紧在振动台的中心。将搅拌好的全部胶砂均匀地装入下料漏斗中,开动振动台,胶砂通过漏斗流入试模。振动120 s±5 s停止振动。振动完毕,取下试模,用刮平尺以5.2.1规定的刮平手法刮去其高出试模的胶砂并抹平、编号。

6　试体的养护

　　6.1　脱模前的处理和养护:在试模上盖一块玻璃板,也可用相似尺寸的钢板或不渗水的、和水泥没有反应的材料制成的板。盖板不应与水泥胶砂接触,盖板与试模之间的距离应控制在2~3 mm。为了安全,玻璃板应有磨边。立即将做好标记的试模放入养护室或湿箱的水平架子上养护,湿空气应能与试模各边接触。养护时不应将试模放在其他试模上。一直养护到规定的脱模时间时取出脱模。

　　6.2　脱模:脱模应非常小心。脱模时可以用橡皮锤或脱模器。对于24 h龄期的,应在破型试验前20 min内脱模。对于24 h以上龄期的,应在成型后20~24 h之间脱模。如经24 h养护,会因脱模对强度造成损害时,可以延迟至24 h以后脱模,但在试验报告应予说明。已确定作为24 h龄期试验(或其他不下水直接做试验)的已脱模试体,应用湿布覆盖至做试验时为止。

　　6.3　水中养护:将做好标记的试体立即水平或竖直放在20 ℃±1 ℃水中养护,水平放置时刮平面应朝上。试体放在不易腐烂的篦子上,并彼此间保持一定间距,让水与试体的六个面接触。养护期间试体之间间隔或试体上表面的水深不应小于5 mm。每个养护池只养护同类型的水泥试体。最初用自来水装满养护池(或容器),随后随时加水保持适当的水位。在养护期间,可以更换不超过50%的水。

　　6.4　强度试验试体的龄期:除24 h龄期或延迟至48 h脱模的试体外,任何到龄期的试体应在试验(破型)前提前从水中取出。揩去试体表面沉积物,并用湿布覆盖至试验为止。试体龄期是从水泥加水搅拌开始试验时算起。不同龄期强度试验在表3所示时间里进行。

表3　不同龄期龄期强度试验时间

龄期	试验时间
24 h	24 h±15 min
48 h	48 h±30 min
72 h	72 h±45 min
7 d	7 d±2 h
28 d	28 d±8 h

7　试验程序

7.1　抗折强度的测定：用抗折强度试验机测定抗折强度。

将试体一个侧面放在试验机支撑圆柱上，试体长轴垂直于支撑圆柱，通过加荷圆柱以 50 N/s±10 N/s 的速率均匀地将荷载垂直地加在棱柱体相对侧面上，直至折断。保持两个半截棱柱体处于潮湿状态直至抗压试验。

抗折强度按公式（1）进行计算。

$$R_f = \frac{1.5\,F_f L}{b^3} \tag{1}$$

式中　R_f——抗折强度，MPa；

　　　F_f——折断时施加于棱柱体中部的荷载，N；

　　　L——支撑圆柱中心距离，mm；

　　　b——试件断面正方形的边长，为 40 mm。

7.2　抗压强度测定：抗折强度试验完成后，取出两个半截试体，进行抗压强度试验。抗压强度试验在半截棱柱体的侧面上进行。半截棱柱体中心与压力机压板受压中心差应在 ±0.5 mm 内，棱柱体露在压板外的部分约有 10 mm。在整个加荷过程中以 2 400 N/s±200 N/s 的速率均匀地加荷直至破坏。

抗压强度按公式（2）进行计算，受压面积计为 1 600 mm²。

$$R_c = \frac{F_c}{A} \tag{2}$$

式中　R_c——抗压强度，MPa；

　　　F_c——破坏时的最大荷载，N；

　　　A——受压面积，即 1 600 mm²。

8　试验结果

8.1　抗折强度

8.1.1　结果的计算和表示：以一组三个棱柱体抗折结果的平均值作为试验结果。当三个强度值中有一个超出平均值的 ±10% 时，应剔除后再取平均值作为抗折强度试验结果；当三个强度值中有两个超出平均值 ±10% 时，则以剩余一个作为抗折强度结果。

单个抗折强度结果精确至 0.1 MPa，算术平均值精确至 0.1 MPa。

8.1.2　结果的报告：报告所有单个抗折强度结果以及按 8.1.1 规定剔除的抗折强度结果、计算的平均值。

8.2　抗压强度

8.2.1　结果的计算和表示：以一组三个棱柱体上得到的六个抗压强度测定值的平均值为试验结果。当六个测定值中有一个超出六个平均值的 ±10% 时，剔除这个结果，再以剩下五个的平均值为结果。当五个测定值中再有超过它们平均值的 ±10% 时，则此组结果作废。当六个测定值中同时有两个或两个以上超出平均值的 ±10% 时，则此组结果作废。

单个抗压强度结果精确至 0.1 MPa，算术平均值精确至 0.1 MPa。

8.2.2　结果的报告：报告所有单个抗压强度结果以及按 8.2.1 规定剔除的抗压强度结果、计算的平均值。

任务 3.4　分析硅酸盐水泥的凝结硬化及水泥石的腐蚀机理

【任务描述】

本任务是分析硅酸盐水泥的凝结硬化及水泥石的腐蚀机理。

【学习目标】

①熟悉硅酸盐水泥的矿物组成。

②熟悉硅酸盐水泥的水化硬化机理。

③能叙述硅酸盐水泥的腐蚀类型及其机理。

1.硅酸盐水泥的矿物组成和特性

1)硅酸盐水泥的矿物组成

生产硅酸盐水泥所用原料的主要化学成分是氧化钙(CaO)、氧化硅(SiO_2)、氧化铝(Al_2O_3)和氧化铁(Fe_2O_3)。

经过高温煅烧后,这 4 种成分化合为熟料中的主要矿物组成:硅酸三钙,简写式或缩写为C_3S;硅酸二钙,简写式或缩写为C_2S;铝酸三钙,简写式或缩写为C_3A;铁铝酸四钙,简写式或缩写为C_4AF。其中,硅酸钙矿物含量(质量分数)不小于 66%,氧化钙和氧化硅质量比不小于 2.0。

2)硅酸盐水泥熟料主要矿物组成的特性

硅酸盐水泥熟料 4 种主要矿物的含量和特性见表 3.1。

表 3.1　硅酸盐水泥熟料矿物的含量和特性

矿物组成	硅酸三钙	硅酸二钙	铝酸三钙	铁铝酸四钙
化学组成	$3CaO \cdot SiO_2$	$2CaO \cdot SiO_2$	$3CaO \cdot Al_2O_3$	$4CaO \cdot Al_2O_3 \cdot Fe_2O_3$
简写式	C_3S	C_2S	C_3A	C_4AF
大致含量/%	35~65	10~40	0~15	5~15
与水反应速度	中	慢	快	中
水化放热量	中	低	高	中
对早期强度的影响	良	差	良	良
对后期强度的影响	良	优	中	中
耐化学腐蚀	中	良	差	优
干缩性	中	小	大	小

水泥由多种矿物组分组成,改变各矿物组分的含量比例,水泥的性能就会发生相应的变化。例如,提高 C_3S 的相对含量可获得高强度水泥和早强水泥;适当降低 C_3S、C_3A 含量,提高 C_2S 的含量,则可获得低热大坝水泥;提高 C_4AF 和 C_3S 的含量,则可获得具有较高抗弯拉强度的道路硅酸盐水泥。

2.硅酸盐水泥的凝结和硬化

水泥加水拌和后,水泥颗粒立即分散在水中并与水发生化学反应,生成各种水化生成物。水泥与水的拌合物在初始时为具有流动性和可塑性的水泥浆,水泥浆逐渐变稠失去流动性和可塑性而未具有强度的过程,称为水泥的"凝结";水泥浆产生强度并逐渐发展成为坚硬的人造石的过程,称为水泥的"硬化"。凝结和硬化是人为划分的两个阶段,实际上是一个连续而复杂的物理化学变化过程。

1)硅酸盐水泥的水化作用

水泥遇水后,熟料矿物成分与水发生水化反应,并放出一定的热量,反应产物如下:

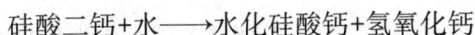

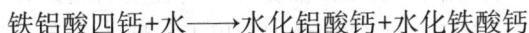

硅酸三钙+水——→水化硅酸钙+氢氧化钙

硅酸二钙+水——→水化硅酸钙+氢氧化钙

铝酸三钙+水——→水化铝酸钙

铁铝酸四钙+水——→水化铝酸钙+水化铁酸钙

铝酸三钙与水反应速度非常快,且生成的水化铝酸钙不稳定。由于硅酸盐水泥熟料中有石膏存在,最后生成物的水化反应为水化铝酸钙或称钙矾石。

综上所述,忽略一些次要的、少量的成分,硅酸盐水泥熟料矿物与水反应后生成的主要水化产物有水化硅酸钙、水化铁酸钙胶体和氢氧化钙、水化铝酸钙、水化硫铝酸钙晶体。

2)掺入石膏的目的

掺入石膏的目的是延缓水泥的凝结硬化速度,防止出现"瞬凝"现象,给水泥的施工造成不便。掺入适量石膏后,石膏与 C_3A 反应生成难溶的钙矾石晶体,钙矾石覆盖在水泥颗粒的表面形成屏蔽膜,可以延缓水化的进一步进行,从而延缓水泥浆体的凝结速度。此外,生成的钙矾石难溶晶体对水化产物结构起加固作用,有利于提高水泥的早期强度。

需要注意的是,石膏的掺量不宜过多,过量的石膏不仅对缓凝作用帮助不大,在硬化后期还会继续生成钙矾石,由于体积膨胀引起水泥的体积安定性不良。

3)硅酸盐水泥的凝结和硬化

水泥与水拌和后,随着时间的延续,水泥浆体由可塑状态逐渐失去塑性,进而硬化产生强度,这个物理化学过程可以分为4个阶段来简单描述。

（1）初始反应期

水泥颗粒与水接触后立即发生水化反应。初期 C_3S 水化,释放出 $Ca(OH)_2$,立即溶解于溶液中,浓度达到饱和后,$Ca(OH)_2$ 结晶析出。暴露在水泥颗粒表面的铝酸三钙也溶解于水,并与已溶解的石膏反应,生成钙矾石结晶析出。在此阶段约1%的水泥产生水化。

（2）诱导期

在初始反应期后,水泥颗粒表面覆盖一层以水化硅酸钙C-S-H凝胶为主的渗透膜,使水化反应进行缓慢。这期间生成的水化产物数量不多,水泥颗粒仍然分散,水泥浆体基本保持塑性。

（3）凝结期

由于渗透压的作用,包裹在水泥颗粒表面的渗透膜破裂,水泥颗粒进一步水化,除继续生成

$Ca(OH)_2$ 及钙矾石外,还生成大量的 C-S-H 凝胶。水泥水化产物不断填充水泥颗粒之间的空隙,随着接触点的增多,结构趋向密实,使水泥浆体逐渐失去塑性。

(4)硬化期

水泥继续水化,除已生成的水化产物的数量继续增加外,铁铝酸四钙等水化物也开始形成,硅酸钙继续进行水化。水化生成物以凝胶与结晶状态进一步填充孔隙,水泥浆体逐渐产生强度,进入硬化阶段。只要温度、湿度合适,而且无外界腐蚀,水泥强度在几年甚至几十年后还能继续增长。

3.硅酸盐水泥石的腐蚀及防止

1)硅酸盐水泥石的腐蚀

硅酸盐水泥硬化后形成的水泥石,在正常环境条件下将继续硬化,强度不断增长。但在某些腐蚀性液体或气体的长期作用下,水泥石会受到不同程度的腐蚀,严重时会使水泥石强度明显降低,甚至完全被破坏。水泥石被腐蚀的类型有以下 4 种:

(1)淡水的腐蚀

淡水的腐蚀又称为溶析性侵蚀,它是指硬化后的水泥水化产物溶于周围的淡水,造成水泥混凝土中孔隙率增大、强度降低的现象。

水泥石在一定浓度的 $Ca(OH)_2$ 溶液中才能稳定地存在。对于硅酸盐水泥的水化产物,$Ca(OH)_2$ 在水中的溶解度最大,首先被溶出。在静水或无水压的情况下,由于 $Ca(OH)_2$ 的迅速溶出,周围的水很快饱和,溶出作用很快终止,对整体水泥石的影响不大。在流水或压力水的情况下,溶出的 $Ca(OH)_2$ 不断被水流带走,水泥石中的 $Ca(OH)_2$ 会不断溶析,不仅导致水泥混凝土的密度和强度降低,还会导致水化硅酸钙、水化铝酸钙的分解,最终可能引起水泥石内部结构的破坏。

(2)硫酸盐的侵蚀

水泥混凝土结构物位于海水、沼泽水和工业污水中时,会受到海水、沼泽水和工业污水中易溶的硫酸盐类的侵蚀。硫酸盐类与水泥石中的 $Ca(OH)_2$ 反应生成石膏,石膏在水泥石孔隙中结晶时体积膨胀,且石膏与水泥水化物中的水化铝酸钙作用,生成水化硫铝酸钙,其体积可增大1.5 倍。水泥石中产生很大的内应力,使水泥混凝土结构的强度降低和被破坏。

(3)镁盐的侵蚀

在海水、地下水或矿泉水中常含有较多的镁盐,如氯化镁、硫酸镁等。镁盐与水泥石中的 $Ca(OH)_2$ 反应生成无胶结能力、极易溶于水的氯化钙,或生成二水石膏导致水泥石内部结构的破坏。

(4)碳酸侵蚀

工业污水或地下水中常溶解有 CO_2,CO_2 与水泥石中的 $Ca(OH)_2$ 反应生成不溶于水的碳酸钙,碳酸钙再与水中的碳酸作用生成易溶于水的碳酸氢钙,其可溶性使水泥石的强度下降。

2) 防止水泥石腐蚀的措施

(1) 根据环境腐蚀特点合理选用水泥品种

选用硅酸三钙含量低的水泥,水泥水化产物中的 $Ca(OH)_2$ 含量减少,可提高其抗腐蚀能力。

(2) 提高水泥石的密度

在施工过程中,采用合理选择水泥混凝土的配合比、降低水泥的用水量、改善集料级配、掺加外加剂等措施,均可以使水泥石的密度提高,从而减少腐蚀介质进入水泥石的内部,起到防腐的作用。

(3) 设置耐腐蚀保护层

在水泥混凝土表面敷设一层耐腐蚀性强且不透水的保护层,如耐酸岩石、耐酸陶瓷、塑料或沥青等,使水泥石与腐蚀介质隔离。

任务 3.5　分析通用硅酸盐水泥的特性、应用及水泥的技术要求

【任务描述】

本任务是分析各品种水泥的特性及应用范围,分析通用硅酸盐水泥的技术要求。

【学习目标】

①能叙述各品种水泥的特性。

②熟悉各品种水泥的应用范围,能根据工程特点和环境要求合理选择水泥。

③熟悉《通用硅酸盐水泥》(GB 175—2007)的技术要求;能叙述《公路桥涵施工技术规范》(JTG/T 3650—2020)、《公路水泥混凝土路面施工技术细则》(JTG/T F30—2014)对所用水泥的要求;结合任务 3.2、任务 3.3(或教师给定的)检测数据,能规范、完整地编制检测报告。

1.通用硅酸盐水泥的特性

1) 硅酸盐水泥的特性

①硅酸盐水泥凝结硬化速度较快,早期强度和后期强度均较高;

②抗冻性好,但水化放热量较大;

③耐腐蚀性差和耐热性差;

④抗炭化性能好、耐磨性好、干缩量小。

硅酸盐水泥适用于地上、地下及水中重要结构的高强混凝土、钢筋混凝土和预应力钢筋混凝土工程。

2) 普通硅酸盐水泥的特性

由于混合材料的掺量较少,普通硅酸盐水泥的性质与硅酸盐水泥基本相同。略有差别的是:

①早期强度略低;

②耐腐蚀性略有提高;

③耐热性稍好;

④水化热略低;

⑤抗冻性、耐磨性、抗碳化性略有降低。

3)矿渣硅酸盐水泥的特性

矿渣水泥加水后,水化过程出现两次水化反应。首先是水泥熟料矿物水化,生成水化硅酸钙、水化铝酸钙、水化铁酸钙、氢氧化钙、水化硫铝酸钙等水化物。由于矿渣水泥中水泥熟料矿物的含量比硅酸盐水泥少得多,其水化和凝结稍慢。其次是 $Ca(OH)_2$ 起着碱性激发剂的作用,与矿渣中的活性 SiO_2 和活性 Al_2O_3 作用形成具有胶凝性能的水化硅酸钙和水化铝酸钙等水化产物。两次水化反应交替进行而又相互制约。

矿渣硅酸盐水泥与硅酸盐水泥相比,具有以下特点:

①凝结硬化缓慢,早期强度低,后期强度高。矿渣水泥的水化过程首先是熟料的水化,矿渣活性成分的水化要在熟料水化产物 $Ca(OH)_2$ 的激发下进行。矿渣水泥中熟料含量少,而且常温下化合反应缓慢,因此强度增长速度较缓慢。到后期随着水化硅酸钙凝胶数量的增多,28 d 以后的强度将超过强度等级相同的硅酸盐水泥。矿渣掺入量越多,早期强度越低,后期强度增长率越大。

此外,矿渣水泥的水化反应对温度敏感,提高养护温度、湿度,有利于强度发展。若采用蒸汽养护,强度增长较普通水泥快,且后期强度仍能很好地增长。

②抗淡水及硫酸盐腐蚀的能力较强。矿渣水泥中水泥熟料相对减少,C_3S 和 C_3A 的含量也随之减少,其水化所析出的 $Ca(OH)_2$ 数量比硅酸盐水泥的要低,而且矿渣中活性 SiO_2、Al_2O_3 与 $Ca(OH)_2$ 作用又消耗了大量的 $Ca(OH)_2$,这样水泥石中的 $Ca(OH)_2$ 就更少了,因此提高了水泥石抗淡水、硫酸盐、镁盐腐蚀的能力。

③水化放热量低。由于水泥熟料含量减少,水化放热量大幅度降低。

④保水性差,干缩性较大。矿渣水泥中混合材料掺量较大,且磨细粒化高炉矿渣有尖锐棱角,其保持水分能力较差,泌水性较大,因而干缩性较大。如养护不当,则易产生裂缝。因此,矿渣水泥的抗冻性、抗渗性和抵抗干湿交替的性能均不及普通水泥,且碱度低,抗碳化能力差。

⑤耐热性较强。矿渣水泥水化物中的 $Ca(OH)_2$ 含量较低,且矿渣本身又是水泥的耐热掺料,故具有较好的耐热性,适用于受热(200 ℃以下)混凝土工程。还可掺入耐火砖粉等配制成耐热混凝土。

矿渣水泥能应用于任何地上工程的各种混凝土及钢筋混凝土构件,但不宜用在温度太低、养生条件差的工程。

矿渣水泥适用于要求耐淡水腐蚀和耐硫酸盐侵蚀的水工或海港工程,宜用于大体积混凝土工程。

4)火山灰硅酸盐水泥的特性

火山灰水泥的水化和硬化过程及水化产物均与矿渣水泥相似。水泥加水后,先是熟料矿物水化,水化生成的 $Ca(OH)_2$ 再与火山灰质混合材料中的活性 SiO_2、Al_2O_3 等产生二次反应,生成以水化硅酸钙为主的一系列水化产物。火山灰质混合材料品种多,组成与结构差异大,虽然各种火山质水泥的水化、硬化过程基本相似,但水化速度和水化产物等却随着混合材料、硬化环境和水泥熟料的不同而发生变化。

与硅酸盐水泥相比,火山灰水泥的性能及应用具有以下特点:

①凝结硬化缓慢,早期强度低,后期强度高。火山灰水泥的凝结硬化过程对环境温度、湿度变化较为敏感,故火山灰水泥宜用蒸汽或压蒸养护,不宜用于有早强要求的工程及低温工程中。

②具有良好的抗渗性、耐水性及一定的抗腐蚀能力。火山灰水泥在硬化过程中形成了大量的水化硅酸钙凝胶,提高了水泥石的致密程度,也提高了其抗渗性、耐水性及抗硫酸盐的性能,而且由于氢氧化钙含量低,火山灰水泥具有良好的抗淡水侵蚀的性能。但是,当混合料中活性氧化铝含量较多时,则抗硫酸盐腐蚀能力较差。火山灰水泥适用于抗渗性要求较高的工程。

③保水性差,干缩性较大。在干燥环境中将由于失水而使水化反应停止,强度不再增长,且水化硅酸钙凝胶的干燥将产生收缩和内应力,使水泥石产生很多细小的裂缝。在表面则由于水化硅酸钙抗碳化能力差,水泥石表面出现"起粉"现象。火山灰水泥不宜用于干燥环境中的地上工程。

④具有较低的水化热,适用于大体积工程。

此外,这种水泥需水量大、收缩大、抗冻性差,使用时需引起注意。

5) 粉煤灰硅酸盐水泥的特性

粉煤灰水泥的水化和硬化过程及水化产物均与矿渣水泥相似。所不同的是,粉煤灰的活性成分主要是玻璃体(玻璃珠或空心玻璃珠),这种玻璃体比较稳定而且结构致密,不易水化,在$Ca(OH)_2$的激发作用下,经过 28 d 到 3 个月的水化龄期,才能在玻璃体表面形成水化硅酸钙和水化铝酸钙。

与硅酸盐水泥相比,粉煤灰水泥的性能及应用具有以下特点:

①凝结硬化慢,早期强度低,后期强度高。粉煤灰活性越高,细度越细,则强度增长速度越快。粉煤灰水泥的后期强度甚至可以赶上或明显超过硅酸盐水泥。粉煤灰水泥宜用于承受荷载较迟的工程。

②干缩性小,抗裂性较强。粉煤灰不仅结构致密、比表面积较小,而且吸附水的能力小、需水量较小,因而这种水泥干缩性小、抗裂性较强。

③泌水较快,易引起失水裂缝。应在硬化早期加强养护并采取一定的工艺措施。

此外,粉煤灰水泥还有一些与矿渣水泥类似的特性,如水化放热量小、抗硫酸盐腐蚀能力强及抗冻性差等特点。因此,粉煤灰水泥除同样能用于工业与民用建筑外,还非常适用于大体积水工混凝土、水中结构、海港工程等。

2.通用硅酸盐水泥的应用

综上所述,硅酸盐水泥、普通硅酸盐水泥、矿渣硅酸盐水泥、火山灰硅酸盐水泥、粉煤灰硅酸盐水泥是目前土建工程上使用最多的水泥,现将其性质与适用范围列于表3.2中。

表 3.2　通用硅酸盐水泥的性质及适用范围

名　称		硅酸盐水泥		普通硅酸盐水泥	矿渣硅酸盐水泥	火山灰质硅酸盐水泥	粉煤灰硅酸盐水泥
简　称		硅酸盐水泥		普通水泥	矿渣水泥	火山灰水泥	粉煤灰水泥
		Ⅰ型	Ⅱ型				
代　号		P·Ⅰ	P·Ⅱ	P·O	P·S	P·P	P·F
密度/(g·cm⁻³)		3.00~3.15		3.00~3.15	2.80~3.10	2.80~3.10	2.80~3.10
堆积密度/(g·cm⁻³)		1 000~1 600		1 000~1 600	1 000~1 200	900~1 000	900~1 000
特性	硬　化	快		较快	慢	慢	慢
	早期强度	高		较高	低	低	低
	水化热	高		高	低	低	低
	抗冻性	好		好	差	差	差
	耐热性	差		较差	好	较差	较差
	干缩性	小		小	较大	较大	较小
	抗渗性	较好		较好	差	较好	较好
应用	优先选用	有耐磨要求及早期强度要求高的混凝土、严寒地区反复遭受冻融作用的混凝土、抗碳化要求高的混凝土			水下混凝土、海港混凝土、大体积混凝土、耐腐蚀要求较高的混凝土、蒸汽养护混凝土		
		高强混凝土		普通气候及干燥环境中的混凝土、有抗渗要求及受干湿交替作用的混凝土	有耐热要求的混凝土	有抗渗要求的混凝土	承载较晚的混凝土
	可以使用	一般工程		高强混凝土、水下混凝土、耐热混凝土	普通气候环境中的混凝土		
	不宜使用	大体积混凝土、耐腐蚀要求高的混凝土、耐热及高温养护混凝土		大体积混凝土、耐腐蚀要求高的混凝土	早期强度、抗冻性及抗渗性要求高的混凝土	早期强度要求高及有抗渗要求的混凝土	早期强度要求高及有抗冻要求的混凝土

3.通用硅酸盐的技术标准及质量评定

1)通用硅酸盐水泥技术标准

(1)组分规定

通用硅酸盐水泥的组分规定,见表 3.3。

表 3.3　通用硅酸盐水泥的组分

品　种	代　号	组分(质量分数)				
		熟料+石膏	粒化高炉矿渣	火山灰质混合材料	粉煤灰	石灰石
硅酸盐水泥	P·Ⅰ	100	—	—	—	—
	P·Ⅱ	≥95	≤5	—	—	—
		≥95	—	—	—	≤5
普通硅酸盐	P·O	≥80且<95	>5且≤20	—	—	—
矿渣硅酸盐水泥	P·S·A	≥50且<80	>20且≤50	—	—	—
	P·S·B	≥30且<50	>50且≤70	—	—	—
火山灰质硅酸盐水泥	P·P	≥60且<80	—	>20且≤40	—	—
粉煤灰硅酸盐水泥	P·F	≥60且<80	—	—	>20且≤40	—
复合硅酸盐水泥	P·C	≥50且<80	>20且≤50			

(2)化学指标

通用硅酸盐水泥化学指标应符合表 3.4 的规定。

表 3.4　通用硅酸盐水泥化学指标

品　种	代　号	不溶物(质量分数)	烧失量(质量分数)	三氧化硫(质量分数)	氧化镁(质量分数)	氯离子(质量分数)
硅酸盐水泥	P·Ⅰ	≤0.75	≤3.0	≤3.5	≤5.0[①]	≤0.06[③]
	P·Ⅱ	≤1.5	≤3.5			
普通硅酸盐	P·O	—	≤5.0			
矿渣硅酸盐水泥	P·S·A	—	—	≤4.0	≤6.0[②]	
	P·S·B	—	—			
火山灰质硅酸盐水泥	P·P	—	—	≤3.5	≤6.0[②]	
粉煤灰硅酸盐水泥	P·F	—	—			
复合硅酸盐水泥	P·C	—	—			

注:①如果水泥压蒸试验合格,则水泥中氧化镁的含量(质量分数)允许放宽至 6.0%。

②如果水泥中氧化镁的含量(质量分数)大于 6.0%时,需进行水泥压蒸安定性试验并合格。

③当有更低要求时,该指标由买卖双方确定。

(3)碱含量(选择性指标)

水泥中碱含量按 $Na_2O+0.658K_2O$ 计算值表示。若使用活性骨料,用户要求提供低碱水泥时,水泥中碱含量不得大于 0.6%或由供需双方商定。

(4)细度(选择性指标)

硅酸盐水泥和普通硅酸盐水泥的细度以比表面积表示,其比表面积不小于 300 m^2/kg;矿渣硅酸盐水泥、火山灰质硅酸盐水泥、粉煤灰硅酸盐水泥和复合硅酸盐水泥以筛余表示,其 80 μm 方孔筛筛余不大于 10%或 45 μm 方孔筛筛余不大于 30%。

（5）凝结时间

硅酸盐水泥初凝时间不得早于 45 min,终凝时间不大于 390 min;普通硅酸盐水泥、矿渣硅酸盐水泥、火山灰质硅酸盐水泥、粉煤灰硅酸盐水泥和复合硅酸盐水泥初凝时间不小于 45 min,终凝时间不大于 600 min。

（6）安定性

通用硅酸盐水泥安定性检验用沸煮法,要求合格。

（7）强度

不同品种、不同强度等级的通用硅酸盐水泥,其不同龄期强度应符合表 3.5 的规定。

表 3.5　通用硅酸盐水泥强度

品　种	强度等级	抗压强度/MPa		抗折强度/MPa	
		3 d	28 d	3 d	28 d
硅酸盐水泥	42.5	≥17.0	≥42.5	≥3.5	≥6.5
	42.5R	≥22.0		≥4.0	
	52.5	≥23.0	≥52.5	≥4.0	≥7.0
	52.5R	≥27.0		≥5.0	
	62.5	≥28.0	≥62.5	≥5.0	≥8.0
	62.5R	≥32.0		≥5.5	
普通硅酸盐水泥	42.5	≥17.0	≥42.5	≥3.5	≥6.5
	42.5R	≥22.0		≥4.0	
	52.5	≥23.0	≥52.5	≥4.0	≥7.0
	52.5R	≥27.0		≥5.0	
矿渣硅酸盐水泥 火山灰硅酸盐水泥 粉煤灰硅酸盐水泥 复合硅酸盐水泥	32.5	≥10.0	≥2.5	≥2.5	≥5.5
	32.5R	≥15.0		≥3.5	
	42.5	≥15.0	≥42.5	≥3.5	≥6.5
	42.5R	≥19.0		≥4.0	
	52.5	≥21.0	≥52.5	≥4.0	≥7.0
	52.5R	≥23.0		≥4.5	

（8）水泥的包装、标志、运输、储存

①包装。水泥可以散装或袋装,袋装水泥每袋净含量为 50 kg,且应不小于标志质量的 99%;随机抽取 20 袋总质量(含包装袋)应不小于 1 000 kg。其他包装形式由供需双方协商确定,但有关袋装质量要求,应符合上述规定。水泥包装袋应符合《水泥包装袋》(GB 9774— 2010)的规定。

②标志。水泥包装袋上应清楚标明执行标准、水泥品种、袋号、强度等级、生产者名称、生产许可证标志(QS)及编号、出场编号、包装日期、净含量。包装袋两侧应根据水泥的品种采用不同的颜色印制水泥名称和强度等级，硅酸盐水泥和普通硅酸盐水泥采用红色，矿渣硅酸盐水泥采用绿色，火山灰质硅酸盐水泥、粉煤灰硅酸盐水泥和复合硅酸盐水泥采用黑色或蓝色。

③运输与储存。水泥在运输与储存时不得受潮和混入杂物，不同品种和强度等级的水泥在储运中避免混杂。

2)通用硅酸盐水泥的质量评定

检验结果符合表 3.4 中化学指标、凝结时间、安定性及表 3.5 中强度要求的为合格品，检验结果不符合其中任意一项技术要求的为不合格品。

4.公路桥涵混凝土工程对水泥的要求

《公路桥涵施工技术规范》(JTG/T 3650—2020)对混凝土工程中所用水泥提出了以下要求：

①公路桥涵工程采用的水泥应符合《通用硅酸盐水泥》(GB 175—2007)的规定。

②水泥品种、强度等级的选用要求：

a.水泥品种、强度等级应通过混凝土配合比试验选定，且其特性应不会对混凝土的强度、耐久性和工作性产生不利影响。

b.为了有效控制混凝土的质量，当掺入外加剂和掺合料来配制桥涵结构的混凝土时，适用的水泥一般应为硅酸盐水泥或普通硅酸盐水泥，大体积混凝土适用的水泥宜为中热硅酸盐水泥、低热矿渣硅酸盐水泥、矿渣硅酸盐水泥或粉煤灰硅酸盐水泥。对于矿渣硅酸盐水泥、粉煤灰硅酸盐水泥，不宜再加入相应的矿渣、粉煤灰。

c.当混凝土中采用碱活性集料时，宜选用含碱量不大于 0.6% 的低碱水泥。

③水泥的储存、运输要求：公路桥涵混凝土工程宜采用散装水泥，在工地应采用专用水泥罐储存。采用袋装水泥时，在运输和储存过程中要防止受潮，且不得长时间露天堆放；不同品种、强度等级和出厂日期的水泥应分别按批存放。

5.公路面层水泥混凝土用水泥的技术要求

《公路水泥混凝土路面施工技术细则》(JTG/T F30—2014)对面层水泥混凝土用水泥提出了以下要求：

(1)路面水泥抗折强度、抗压强度的要求

极重、特重、重交通荷载等级公路面层水泥混凝土应采用旋窑生产的道路硅酸盐水泥、硅酸盐水泥、普通硅酸盐水泥，中、轻交通荷载等级公路面层水泥混凝土可采用矿渣硅酸盐水泥；高温期施工宜采用普通型水泥，低温期施工宜采用早强型水泥。面层水泥混凝土所用水泥的技术要求除应满足《道路硅酸盐水泥》(GB/T 13693—2017)或《通用硅酸盐水泥》(GB 175—2007)的规定外，各龄期的实测抗折强度、抗压强度尚应符合表 3.6 的规定。

表3.6 面层水泥混凝土所用水泥各龄期的实测强度值

混凝土设计弯拉强度标准值/MPa	5.5ª		5.0		4.5		4.0		试验方法
龄期/d	3	28	3	28	3	28	3	28	—
水泥实测抗折强度/MPa	≥5.0	≥8.0	≥4.5	≥7.5	≥4.0	≥7.0	≥3.0	≥6.5	GB/T 17671
水泥实测抗压强度/MPa	≥23.0	≥52.5	≥17.0	≥42.5	≥17.0	≥42.5	≥10.0	≥32.5	GB/T 17671

注:a.本栏也适用于设计弯拉强度为6.0 MPa的纤维混凝土。

（2）水泥化学成分及物理指标要求

水泥进场时应附有化学成分、物理、力学指标合格证明。各交通等级路面所使用水泥的化学成分、物理性能等路用品质应符合表3.7及表3.8的规定。

表3.7 各交通等级公路面层水泥混凝土所用水泥成分要求

项次	水泥成分	极重、特重、重交通荷载等级	中、轻交通荷载等级	试验方法
1	熟料游离氧化钙含量/%	≤1.0	≤1.8	GB/T 176
2	氧化镁含量/%	≤5.0	≤6.0	
3	铁铝酸四钙含量/%	15.0~20.0	12.0~20.0	
4	铝酸三钙含量/%	≤7.0	≤9.0	
5	三氧化硫含量ª/%	≤3.5	≤4.0	
6	碱含量 $Na_2O+0.658K_2O$ /%	≤0.6	怀疑有碱活性集料时,0.6; 无碱活性集料时,1.0	
7	氯离子含量ᵇ/%	≤0.06	0.06	
8	混合材种类	不得掺窑灰、煤矸石、火山灰、烧黏土、煤渣,有抗盐冻要求时,不得掺石灰岩粉	不得掺窑灰、煤矸石、火山灰、烧黏土、煤渣,有抗盐冻要求时,不得掺石灰岩粉	水泥厂提供

注:a.三氧化硫含量在硫酸盐腐蚀场合为必测项目,无腐蚀场合为选测项目。

b.氯离子含量在配筋混凝土与钢纤维混凝土面层中为必测项目,水泥混凝土面层为选测项目。

表3.8 各交通等级公路面层水泥混凝土所用水泥物理性能指标要求

项次	水泥物理性能		极重、特重、重交通荷载等级	中、轻交通荷载等级	试验方法
1	出磨时安定性		雷氏夹或蒸煮法检验必须合格	蒸煮法检验必须合格	JTG E30 T0505
2	凝结时间/h	初凝时间	≥1.5	≥0.75	
		终凝时间	≤10	≤10	
3	标准稠度需水量/%		≤28.0	≤30.0	
4	比表面积/(m² · kg⁻¹)		300~450	300~450	JTG E30 T0504
5	细度(80 μm 筛余)/%		≤10.0	≤10.0	JTG E30 T0502
6	28 d 干缩率/%		≤0.09	≤0.10	JTG E30 T0511
7	耐磨性/(kg · m⁻²)		≤2.5	≤3.0	JTG E30 T0510

思考题

1.为什么在水泥的生产过程中要加入石膏？掺入过多的石膏会产生什么样的结果？

2.硅酸盐水泥熟料矿物成分有哪些？它们相对含量的变化,对水泥性能有什么影响？

3.什么是水泥的细度？水泥的细度对水泥性能有什么影响？水泥细度的表征指标有哪些？检测方法有哪些？

4.什么是凝结时间？凝结时间对水泥混凝土的施工会产生什么影响？

5.什么是水泥的体积安定性？引起水泥体积安定性不良的原因是什么？如何检测？

6.简述相同等级的水泥普通型和早强型(R型)的区别。

7.某桥涵工程拟使用 P·O42.5 水泥,实验室取样对该水泥进行了检测,试验结果如表 3.9 所示,试分析该水泥强度是否合格[《通用硅酸盐水泥》(GB 175—2007)规定,强度等级 42.5 的普通水泥的强度标准为:3 d 的抗折强度不得小于 3.5 MPa、抗压强度不得小于 17.0 MPa;28 d 的抗折强度不得小于 6.5 MPa、抗压强度不得小于 42.5 MPa]。

表 3.9　思考题 7 试验结果表

抗折强度/MPa		抗压强度破坏荷载/kN	
3 d	28 d	3 d	28 d
4.4	7.1	23.2	71.2
		28.9	75.5
3.8	6.6	29.0	70.3
		28.4	67.6
3.4	6.8	26.5	69.4
		26.5	68.8

8.在下列混凝土工程中,试分别选用合适的水泥品种,并说明选用的理由。

①早期强度要求高、抗冻性好的混凝土。

②抗软水和硫酸盐腐蚀较强、耐热的混凝土。

③抗淡水侵蚀强、抗渗性高的混凝土。

④抗硫酸盐腐蚀较高、干缩小、抗裂性较好的混凝土。

⑤夏季现浇混凝土。

⑥紧急军事工程。

⑦大体积混凝土。

⑧水中、地下的建筑物。

⑨在我国北方,冬季施工混凝土。

⑩位于海水下的建筑物。

⑪填塞建筑物接缝的混凝土。

子项目 2　水泥混凝土用集料性能分析与检验

【子项目描述】

本子项目是对水泥混凝土用集料性能进行分析并检验其技术指标。学生通过对水泥混凝土用细集料、粗集料的技术性能、技术要求、检测方法等相关理论知识的学习,结合已经完成的技能训练,从而具备检验评定水泥混凝土用集料质量的能力。

任务 3.6　分析水泥混凝土用细集料的技术性质及技术要求

【任务描述】

本任务是分析水泥混凝土用细集料的技术性质及技术要求。

【学习目标】

①熟悉水泥混凝土用细集料技术性质的评价指标及测定方法。

②熟悉《公路桥涵施工技术规范》(JTG/T 3650—2020)、《公路水泥混凝土路面施工技术细则》(JTG/T F30—2014)对细集料的技术要求;根据教师给定数据,能规范、完整地编制检测报告。

水泥混凝土中,细集料是指粒径小于 4.75 mm 的天然砂、人工砂。

1.细集料的技术性质及评价指标

细集料的技术性质主要包括物理性质、颗粒级配及粗度、洁净程度、有害物质含量、坚固性、碱集料反应等。

1)物理性质

细集料的物理性质主要有表观密度、堆积密度和空隙率等。具体指标的概念、测定方法同沥青混合料中的细集料。

2)颗粒级配及粗度

颗粒级配是指细集料中大小颗粒相互搭配的比例情况,粗度是指砂的粗细程度。砂按细度模数分为粗砂(3.7~3.1)、中砂(3.0~2.3)和细砂(2.2~1.6)。砂的细度模数仅反映了全部砂的粗细程度,而不能反映颗粒级配程度,细度模数相同而级配不同的砂会有不同的混凝土配制性质。所以,在选择砂时应同时考虑砂的粗度及颗粒级配。砂的级配和粗细程度应使所配制的混凝土达到设计强度等级和节约水泥的目的。

砂的颗粒级配及粗度通过筛分试验确定,对水泥混凝土用砂采用干筛法筛分。计算分计筛余百分率、累计筛余百分率、通过百分率,计算细度模数,通过这些参数来评价其粗细程度及颗粒级配是否合格。

3)洁净程度

细集料中的泥土杂物对细集料的使用性能有很大影响,这些细微颗粒的材料或者在集料表面形成包裹层,妨碍集料与水泥石的黏附;或者以松散的颗粒存在,大大增加了集料的表面积,因而增加了需水量,特别是黏土颗粒,体积不稳定,干燥时收缩,潮湿时膨胀,对混凝土有很大的破坏作用。混凝土中细集料的洁净程度,天然砂以含泥量和泥块含量表示,人工砂以石粉含量、亚甲蓝值和泥块含量表示。

(1)天然砂的含泥量

天然砂的含泥量是指天然砂中粒径小于0.075 mm的尘屑、淤泥和黏土的含量。测定方法同沥青混合料中细集料的含泥量试验。

(2)人工砂石粉含量、亚甲蓝 MB 值

人工砂的石粉含量是指人工砂中粒径小于0.075 mm颗粒的含量。《建设用砂》(GB/T 14684—2011)规定人工砂的石粉含量按筛洗法测定。

亚甲蓝 MB 值是用于判定人工砂中粒径小于0.075 mm的颗粒含量主要是泥土还是与被加工母岩化学成分相同的石粉的指标。《公路工程集料试验规程》(JTG E42—2005)规定了亚甲蓝 MB 值的测定方法。

(3)泥块含量

泥块含量是指砂中原粒径大于1.18 mm,经水洗、手压后可破碎成小于0.6 mm的颗粒含量。

《公路工程集料试验规程》(JTG E42—2005)规定混凝土用砂中泥块含量的测定方法为:将砂烘干,用1.18 mm筛筛分,取筛上约400 g,分两份备用;取试样200 g,置于容器中,注入洁净的水,水面高出砂面至少200 mm,充分搅拌均匀,静置24 h,然后用手捻碎泥块,再把试样放在0.6 mm的筛上,用水淘净,烘干、冷却、称重。按式(3.1)计算泥块含量。

$$Q_k = \frac{m_1 - m_2}{m_1} \times 100\% \tag{3.1}$$

式中　Q_k——砂中大于1.18 mm的泥块含量,%;

　　　m_1——试验前存留于1.18 mm筛上的烘干试样质量,g;

　　　m_2——试验后烘干集料试样的质量,g。

4)有害物质含量

砂中还含有妨碍水泥水化或降低集料与水泥石黏附性,以及能与水泥水化物产生不良化学反应的各种物质,称为有害杂质。砂中常含的有害杂质主要有云母、轻物质、有机质及硫化物和硫酸盐等。

①云母含量:云母呈薄片状,表面光滑,且极易沿节理裂开,它与水泥浆黏结性极差,影响混凝土的耐久性,对混凝土抗冻、抗渗不利。检验方法是在放大镜下用针挑。

②轻物质含量:指相对密度小于2 000 kg/m³的颗粒,与水泥黏结性差,影响混凝土的强度、耐久性,可用相对密度为1.95~2.00的重液来分离测定。

③有机质:指砂中混有动植物腐殖质、腐殖土等有机物,它会延缓混凝土的凝结时间,并降低混凝土的强度,多用比色法来检验。

④SO₃含量:指砂中硫化物及硫酸盐一类物质的含量,它会与混凝土中水化铝酸钙反应生成晶体,体积膨胀,使混凝土破坏。常用硫酸钡进行定性试验。

5)坚固性

坚固性是指砂在自然风化或其他外界物理化学因素作用下抵抗破裂的能力。

天然砂采用硫酸钠溶液法进行试验,检测砂样经 5 次循环后测其质量损失;人工砂采用压碎值指标法进行试验,测定其压碎值指标。

6)碱集料反应

碱集料反应是指水泥、掺合料、外加剂等混凝土组成物及环境中的碱与集料中碱活性矿物在潮湿环境下缓慢发生并导致混凝土开裂破坏的膨胀反应。

混凝土中产生碱集料反应有 3 个必备条件:集料具有碱活性、混凝土中有 $3.0\ kg/m^3$ 的总碱含量、有足够的湿度环境。

故不使用碱活性集料是最有效防止碱集料反应的办法之一。集料的碱活性可根据《公路工程集料试验规程》(JTG E42—2005)中砂浆长度法检验。

2.细集料的技术指标检测

细集料的表观密度、堆积密度、含泥量、颗粒级配及粗度的检测方法见本单元项目 2。

3.细集料的技术要求

1)桥涵混凝土工程中对细集料的技术要求

《公路桥涵施工技术规范》(JTG/T 3650—2020)对混凝土工程中所用细集料提出了以下要求:

①细集料宜采用级配良好、质地坚硬、颗粒洁净的河砂;当河砂不易得到时,可采用符合规定的其他天然砂或机制砂;细集料不得采用海砂。砂按产源分为天然砂、机制砂两类,按技术要求分为Ⅰ类、Ⅱ类、Ⅲ类。细集料的技术指标应符合表 3.10 的规定。

表 3.10　细集料技术指标

项　　目		技术要求		
		Ⅰ类	Ⅱ类	Ⅲ类
有害物质限量	云母(按质量计)/%	≤1.0	≤2.0	
	轻物质(按质量计)/%	≤1.0		
	有机物(比色法)	合格		
	硫化物及硫酸盐(按 SO^3 质量计)/%	≤0.5		
	氯化物(以氯离子质量计)/%	≤0.01	≤0.02	≤0.06
天然砂	含泥量(按质量计)/%	≤1.0	≤3.0	≤5.0
	泥块含量(按质量计)/%	0	≤1.0	≤2.0
机制砂	MB≤1.40 或快速法试验合格	MB 值	≤0.5	≤1.0	≤1.4 或合格
		石粉含量(按质量计)/%	≤10.0		
		泥块含量(按质量计)/%	0	≤1.0	≤2.0
	MB>1.40 或快速法试验不合格	石粉含量(按质量计)/%	≤1.0	≤3.0	≤5.0
		泥块含量(按质量计)/%	0	≤1.0	≤2.0

续表

项　目		技术要求		
		Ⅰ类	Ⅱ类	Ⅲ类
坚固性	硫酸钠溶液法试验,砂的质量损失/%	≤8		≤10
	机制砂单级最大压碎指标/%	≤20	≤25	≤30
表观密度/(kg·m⁻³)		≥2 500		
松散堆积密度/(kg·m⁻³)		≥1 400		
空隙率/%		≤44		
碱集料反应		经碱集料反应试验后,试件应无裂缝、酥裂、胶体外溢现象,在规定试验龄期的膨胀率应小于0.10%		

②砂的粗细程度分类应符合表 3.11 的规定。

表 3.11　砂的分类

砂　组	粗砂	中砂	细砂
细度模数	3.7~3.1	3.0~2.3	2.2~1.6

③细集料的颗粒级配符合表 3.12 的规定,级配类别应符合表 3.13 的规定。

表 3.12　细集料的颗粒级配

细集料的分类	天然砂			机制砂		
级配区	Ⅰ区	Ⅱ区	Ⅲ区	Ⅰ区	Ⅱ区	Ⅲ区
方孔筛	累计筛余/%					
4.75 mm	10~0	10~0	10~0	10~0	10~0	10~0
2.36 mm	35~5	25~0	15~0	35~5	25~0	15~0
1.18 mm	65~35	50~10	25~0	65~35	50~10	25~0
0.6 mm	85~71	70~41	40~16	85~71	70~41	40~16
0.3 mm	95~80	92~70	85~55	95~80	92~70	85~55
0.15 mm	100~90	100~90	100~90	97~85	94~80	94~75

注:①表中除 4.75 mm 和 0.6 mm 筛孔外,其余各筛孔的累计筛余允许超出分界线,但其超出量不得大于 5%。

②对砂浆用砂,4.75 mm 筛孔的累计筛余量应为 0。

表 3.13　级配类别

类　别	Ⅰ类	Ⅱ类	Ⅲ类
级配区	2 区	1、2、3 区	

细度模数主要反映全部颗粒的粗细程度,不完全反映颗粒的级配情况,混凝土配置时应同时考虑砂的细度模数和级配情况。一般处于Ⅰ区的砂较粗,属于粗砂,其保水性较差,应适当提高砂率,并保证足够的水泥用量,以满足混凝土的和易性;Ⅲ区砂细颗粒多,配制混凝土保水性、黏聚性易满足,但混凝土干缩性大,容易产生微裂缝,宜适当降低砂率;Ⅱ区砂粗细适中,级配良好,拌制混凝土时优先使用。

2)公路面层水泥混凝土用细集料技术要求

《公路水泥混凝土路面施工技术细则》(JTG/T F30—2014)对细集料提出了以下要求:

①细集料应采用质地坚硬、耐久、洁净的天然砂或机制砂,不宜使用再生细集料。

②极重、特重、重交通荷载等级公路面层水泥混凝土用天然砂的质量标准不应低于表3.14规定的Ⅱ级,中、轻交通荷载等级公路面层水泥混凝土可使用Ⅲ级天然砂。天然砂的级配范围宜符合表3.15的规定。面层水泥混凝土使用的天然砂细度模数宜为2.0~3.7。

表3.14　天然砂的质量标准

项次	项　目	技术要求			试验方法
		Ⅰ级	Ⅱ级	Ⅲ级	
1	坚固性(按质量损失计)/%	≤6.0	≤8.0	≤10.0	JTG E42 T0340
2	含泥量(按质量计)/%	≤1.0	≤2.0	≤3.0	JTG E42 T0333
3	泥块含量(按质量计)/%	≤0	≤0.5	≤1.0	JTG E42 T0335
4	氯离子含量[a](按质量计)/%	≤0.02	≤0.03	≤0.06	GB/T 14684
5	云母(按质量计)/%	≤1.0	≤1.0	≤2.0	JTG E42 T0337
6	硫化物及硫酸盐(按SO₃质量计)/%	≤0.5	≤0.5	≤0.5	JTG E42 T0341
7	海砂中的贝壳类物质含量(按质量计)/%	≤3.0	≤5.0	≤8.0	JGJ 206
8	轻物质(按质量计)/%	≤1.0			JTG E42 T0338
9	吸水率/%	≤2.0			JTG E42 T0330
10	表观密度/(kg·m⁻³)	≥2 500.0			JTG E42 T0328
11	松散堆积密度/(kg·m⁻³)	≥1 400.0			JTG E42 T0331
12	空隙率/%	≤45.0			JTG E42 T0331
13	有机物(比色法)	合格			JTG E42 T0336
14	碱活性反应[a]	不得有碱活性反应或疑似碱活性反应			JTG E42 T0325
15	结晶态二氧化硅含量[b]/%	≥25.0			JTG E42 T0325

注:a.碱活性反应、氯离子含量、硫化物及硫酸盐含量在天然砂使用前应至少检验一次。

　　b.按现行《公路工程集料试验规程》(JTG E42—2005)T0324岩相法,测定除隐晶质、玻璃质二氧化硅以外的结晶态二氧化硅含量。

表 3.15　天然砂的级配范围

砂分级	细度模数	方孔筛尺寸/mm（试验方法 JTG E42 T0327）							
		9.5	4.75	2.36	1.18	0.60	0.30	0.15	0.075
		通过各筛孔的质量百分率/%							
粗砂	3.1~3.7	100	90~100	65~95	35~65	15~30	5~20	0~10	0~5
中砂	2.3~3.0	100	90~100	75~100	50~90	30~60	8~30	0~10	0~5
细砂	1.6~2.2	100	90~100	85~100	75~100	60~84	15~45	0~10	0~5

③机制砂宜采用碎石作为原料，并用专门设备生产。极重、特重、重交通荷载等级公路路面水泥混凝土用机制砂的质量标准不应低于表 3.16 规定的 Ⅱ 级，中、轻交通荷载等级公路面层水泥混凝土可使用Ⅲ级机制砂。机制砂的级配范围宜符合表 3.17 的规定。面层水泥混凝土使用的机制砂细度模数宜为 2.3~3.1。

表 3.16　机制砂的质量标准

项次	项　目		技术要求			试验方法
			Ⅰ级	Ⅱ级	Ⅲ级	
1	机制砂母岩的抗压强度/MPa		≥80.0	≥60.0	≥30.0	JTG E41 T0221
2	机制砂母岩的磨光值		≥38.0	≥35.0	≥30.0	JTG E42 T0321
3	机制砂单粒级最大压碎值指标/%		≤20.0	≤25.0	≤30.0	JTG E42 T0350
4	坚固性（按质量损失计）/%		≤6.0	≤8.0	≤10.0	JTG E42 T0340
5	氯离子含量[a]（按质量计）/%		≤0.01	≤0.02	≤0.06	GB/T 14684
6	云母（按质量计）/%		≤1.0	≤1.0	≤2.0	JTG E42 T0337
7	硫化物及硫酸盐（按 SO_3 质量计）/%		≤0.5	≤0.5	≤0.5	JTG E42 T0341
8	泥块含量（按质量计）/%		≤0	≤0.5	≤1.0	JTG E42 T0335
9	石粉含量/%	MB 值<1.40 或合格	3.0	5.0	7.0	JTG E42 T0349
		MB 值≥1.40 或不合格	1.0	3.0	5.0	
10	轻物质含量（按质量计）/%		≤1.0			JTG E42 T0338
11	吸水率/%		≤2.0			JTG E42 T0330
12	表观密度/（kg·m⁻³）		≥2 500.0			JTG E42 T0328
13	松散堆积密度/（kg·m⁻³）		≥1 400.0			JTG E42 T0331
14	空隙率/%		≤45.0			JTG E42 T0331
15	有机物含量（比色法）		合格			JTG E42 T0336
16	碱活性反应[a]		不得有碱活性反应或疑似碱活性反应			JTG E42 T0325

注：a.碱活性反应、氯离子含量、硫化物及硫酸盐含量在机制砂使用前应至少检验一次。

表 3.17　机制砂的级配范围

砂分级	细度模数	方孔筛尺寸/mm(试验方法 JTG E42 T0327)						
		9.5	4.75	2.36	1.18	0.60	0.30	0.15
		水洗法通过各筛孔的质量百分率/%						
Ⅰ级砂	2.3~3.1	100	90~100	80~95	50~85	30~60	10~20	0~10
Ⅱ、Ⅲ级砂	2.8~3.9	100	90~100	50~95	30~65	15~29	5~20	0~10

任务 3.7　分析水泥混凝土用粗集料的技术性质及技术要求

【任务描述】

本任务是分析水泥混凝土用粗集料的技术性质及技术要求。

【学习目标】

①熟悉水泥混凝土用粗集料技术性质的评价指标及测定方法。

②熟悉《公路桥涵施工技术规范》(JTG/T 3650—2020)、《公路水泥混凝土路面施工技术规范》(JTG F30—2014)对粗集料的技术要求;根据教师给定数据,能规范、完整地编制检测报告。

在水泥混凝土中,粗集料是指粒径大于 4.75 mm 的碎石、卵石等。

1.水泥混凝土用粗集料的技术性质及评价指标

粗集料的技术性质主要包括物理性质、强度、颗粒级配、最大粒径、颗粒形状、洁净程度、有害物质含量及坚固性、碱集料反应等。

1) 物理性质

粗集料的物理性质主要有表观密度、堆积密度和空隙率、吸水率等。具体指标的概念、测定方法同沥青混合料中粗集料。

2) 强度

为保证混凝土的强度,要求粗集料必须具备足够的强度。碎石或卵石的强度可用岩石的单轴抗压强度或压碎值来评价。

岩石的抗压强度是将岩石制成边长 50 mm 的立方体试件或直径 50 mm、高径比 1∶1 的圆柱体试件,按规定的方法饱水后取出,测得其饱水状态下的抗压强度值。

压碎值的测定同沥青混合料中粗集料。

3) 颗粒级配

粗集料中各组成颗粒的分级和搭配称为级配。粗集料的良好级配应使孔隙小、水泥用量少、不易离析及和易性好。

混凝土用粗集料的级配类型按供应情况分为连续级配和单级配两种。连续级配粗集料的分级尺寸互相衔接,每级均占一定的数量,配制混凝土时和易性好,不易离析;单粒级级配的集料,分级尺寸不衔接,拌制混凝土时用水泥多,易离析,一般不单独使用,主要用于组合成具有要求级配的连续粒级。

粗集料的颗粒级配通过筛分试验确定。对水泥混凝土用粗集料,可采用干筛法筛分试验。

4)最大粒径

集料的最大粒径是指通过百分率为 100% 的最小标准筛筛孔尺寸。集料的公称最大粒径是指全部通过或允许少量不通过(一般允许筛余不超过 10%)的最小标准筛筛孔尺寸。通常公称最大粒径比最大粒径小一个粒级。

为防止集料过大被卡在钢筋间隙、施工运输设备内,同时也为了保证结构物的密实度和外观质量,粗集料的最大粒径宜按混凝土结构情况及施工方法选取。

5)颗粒形状

集料的形状较好的是接近于球体或立方体的浑圆状和多棱角状颗粒,而成细长和扁平的针状和片状颗粒易破损,从而影响混凝土的强度。在混凝土中所用粗集料中,碎石和卵石颗粒的长度大于该颗粒所属相应粒级的平均粒径 2.4 倍者为针状颗粒,厚度小于平均粒径 0.4 倍者为片状颗粒。平均粒径是指该粒级上、下限粒径的平均值。

针片状颗粒含量采用《公路工程集料试验规程》(JTG E42—2005)中规准仪法测定。

T 0311—2005 水泥混凝土用粗集料针片状颗粒含量试验(规准仪法)

1 目的和适用范围

1.1 本方法适用于测定水泥混凝土使用的 4.75 mm 以上的粗集料的针状及片状颗粒含量,以百分率计。

1.2 本方法测定的针片状颗粒,是指利用专用的规准仪测定的粗集料颗粒的最小厚度(或直径)方向与最大长度(或宽度)方向的尺寸之比小于一定比例的颗粒。

1.3 本方法测定的粗集料中针片状颗粒的含量,可用于评价集料的形状和抗压碎的能力,以评定其在工程中的适用性。

2 仪具与材料

2.1 水泥混凝土集料片状规准仪和针状规准仪(图 T 0311.1 和图 T 0311.2),尺寸应符合表 T 0311.1 的要求。

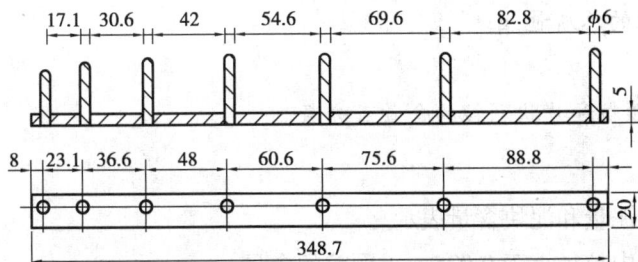

图 T 0311.1 片状规准仪(单位:mm)

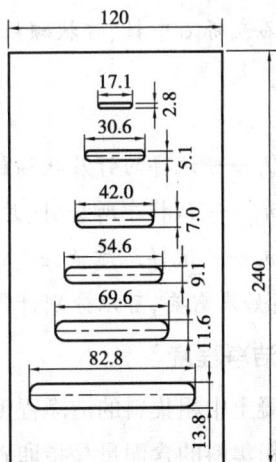

图 T 0311.2 针状规准仪(单位:mm)

表 T 0311.1　水泥混凝土集料针片状颗粒试验的粒级划分极其相应的规准仪孔宽或间距

粒级（方孔筛）/mm	4.75~9.5	9.5~16	16~19	19~26.5	26.5~31.5	31.5~37.5
针状规准仪上相对应的立柱之间的间距宽	17.1(B_1)	30.6(B_2)	42.0(B_3)	54.6(B_4)	69.6(B_5)	82.8(B_6)
片状规准仪上相对应的孔宽	2.8(A_1)	5.1(A_2)	7.0(A_3)	9.1(A_4)	11.6(A_5)	13.8(A_6)

2.2　天平或台秤:感量不大于称量值的 0.1%。

2.3　标准筛:孔径分别为 4.75 mm,9.5 mm,16 mm,19 mm,26.5 mm,31.5 mm,37.5 mm,试验时根据需要选用。

3　试样制备

将来样在室内风干至表面干燥,并用四分法缩分至满足表 T 0311.2 规定的质量,称量 (m_0),然后筛分成表 T 0311.2 所规定的粒级备用。

表 T 0311.2　针片状试验所需的试样最小质量

公称最大粒径/mm	9.5	16	19	26.5	31.5	37.5
试样最小质量/kg	0.3	1	2	3	5	10

4　试验步骤

4.1　目测挑出接近立方体形状的规则颗粒,将目测有可能属于针片状颗粒的集料按表 T 0311.2 所规定的粒级用规准仪逐粒对试样进行鉴定,挑出颗粒长度大于针片状规准仪上相应间距者,为针状颗粒。

4.2　将通过针状规准仪上相应间距的非针状颗粒逐粒进行片状颗粒鉴定,挑出厚度小于片状规准仪上相应孔宽者,为片状颗粒。

4.3　称量由各粒级挑出的针状和片状颗粒的总量(m_1)。

5　计算

碎石或砾石中针、片状颗粒含量按式(T 0311.1)计算,精确至 0.1%。

$$Q_e = \frac{m_1}{m_0} \times 100\% \qquad\qquad (\text{T 0311.1})$$

式中　Q_e——试样的针片状颗粒含量,%;

　　　m_1——试样中所含针、片状颗粒的总质量,g;

　　　m_0——试样总质量,g。

注:如果需要,可以分别计算针状颗粒和片状颗粒的含量百分数。

6) 洁净程度

混凝土中粗集料的洁净程度,用含泥量和泥块含量表示。

①粗集料的含泥量是指卵石、碎石中粒径小于 0.075 mm 颗粒的含量。

②粗集料的泥块含量是指卵石、碎石中原粒径大于 4.75 mm,经水浸洗、手压后可破碎成小于 2.36 mm 的颗粒含量。

③粗集料的含泥量及泥块含量按《公路工程集料试验规程》（JTG E42—2005）中规定的方法检验。

7）有害物质含量

混凝土用粗集料中有害物质主要指有机物、硫酸盐等。

8）坚固性

坚固性是指碎石、卵石在自然风化和其他外界物理化学因素作用下抵抗破裂的能力。采用硫酸钠溶液法进行试验，测定碎石、卵石经 5 次循环后其质量损失。

9）碱集料反应

粗集料碱集料反应的概念、检测方法同细集料。检测有潜在危害的集料，及时采取措施，防止混凝土因碱集料活性反应对结构造成破坏。

2.水泥混凝土用粗集料的技术指标检测

粗集料的表观密度、表观相对密度、毛体积密度、毛体积相对密度、表干密度、表干相对密度、吸水率、颗粒级配的检测方法见本单元项目 2。

3.粗集料的技术要求

1）桥涵混凝土工程中对粗集料的技术要求

《公路桥涵施工技术规范》（JTG/T 3650—2020）对混凝土工程中所用粗集料提出了以下要求：

①粗集料宜采用质地坚硬、洁净、级配合理、粒形良好、吸水率小的碎石或卵石，其技术指标应符合表 3.18 的要求。

表 3.18　粗集料技术指标

项　　目		指　　标		
		Ⅰ类	Ⅱ类	Ⅲ类
碎石压碎指标/%		≤10	≤20	≤30
卵石压碎指标/%		≤12	≤14	≤16
坚固性(硫酸钠溶液法经 5 次循环后质量损失值)/%		≤5	8≤	≤12
吸水率/%		≤1.0		≤2.0
针片状颗粒总含量(按质量计)/%		5≤	≤10	≤15
含泥量(按质量计)/%		≤0.5	≤1.0	≤1.5
泥块含量(按质量计)/%		0	≤0.2	≤0.5
有害物质含量	有机物(比色法)	合格		
	硫化物及硫酸盐(按 SO_3 质量计)/%	≤0.5	≤1.0	
岩石抗压强度(水饱和状态)/MPa		火成岩≥80；变质岩≥60；水成岩≥30		

续表

项 目	指 标		
	Ⅰ类	Ⅱ类	Ⅲ类
表观密度/(kg·m⁻³)	≥2 600		
连续级配松散堆积空隙率/%	≤43	≤45	≤47
碱集料反应	经碱集料反应试验后,由砂配置的试件无裂缝、酥裂、胶体外溢现象,在规定试验龄期的膨胀率应小于0.10%		

注:①粗集料中不应混有草根、树叶、树枝、塑料、煤块、炉渣等杂物。

②混凝土强度等级为C60及以上时应进行岩石抗压强度检验,其他情况下,有必要也可进行岩石的抗压强度检验,岩石的抗压强度除应满足表中要求外,其抗压强度与混凝土强度等级之比对于C60及以上的混凝土,应不小于2,其余应不小于1.5。岩石抗压强度首先应有生产单位提供,工程中可采用压碎值指标进行控制。

③当粗集料含有颗粒状硫酸盐或硫化物杂质时,应进行专门检验,确认能满足混凝土耐久性要求后方可采用。

④采用卵石破碎成砾石时,应具有两个及以上的破碎面,且其破碎面不小于70%。

⑤卵石和碎石混合使用时,压碎值应分别按卵石和碎石控制。

②当混凝土结构物处于不同环境条件下时,粗集料坚固性试验的结果除应符合表3.18的规定外,还应符合表3.19的规定。

表 3.19　粗集料坚固性试验

混凝土所处环境条件	在硫酸钠溶液中循环5次后的质量损失/%
寒冷地区,经常处于干湿交替状态	<5
严寒地区,经常处于干湿交替状态	<3
混凝土处于干燥条件,但粗集料风化或软弱颗粒较多时	<12
混凝土处于干燥条件,但有抗疲劳、耐磨、抗冲击要求或强度等级大于C40	<5

注:有抗冻、抗渗要求的混凝土用硫酸钠溶液法进行粗集料坚固性试验不合格时,可再进行直接冻融试验。

③粗集料的最大粒径宜按混凝土结构情况及施工方法选取,但最大粒径不得超过结构最小尺寸的1/4和钢筋最小净距的3/4;在两层或多层密布钢筋结构中,最大粒径不得超过钢筋最小净距的1/2,同时不得超过75.0 mm。混凝土实心板,粗集料的最大粒径不宜超过板厚的1/3,且不得超过37.5 mm。泵送混凝土时,粗集料最大粒径除应符合上述规定外,对碎石不宜超过输送管径的1/3,对卵石不得超过输送管径的1/2.5。

④粗集料宜根据混凝土最大粒径采用连续两级配或连续多级配。单粒粒级宜用于组合成满足要求的连续粒级;也可以与连续粒级混合使用,改善其级配或配成较大粒度的连续粒级。粗集料的颗粒级配应符合表3.20的规定。

表 3.20　粗集料的颗粒级配

公称粒级/mm		方孔筛筛孔边长尺寸/mm 累计筛余(以质量计)/%											
		2.36	4.75	9.50	16.0	19.0	26.5	31.5	37.5	53.0	63.0	75.0	90.0
连续粒级	5~16	95~100	85~100	30~60	0~10	0	—	—	—	—	—	—	—
	5~20	95~100	90~100	40~80	—	0~10	0	—	—	—	—	—	—
	5~25	95~100	90~100	—	30~70	—	0~5	0	—	—	—	—	—
	5~31.5	95~100	90~100	70~90	—	15~45	—	0~5	0	—	—	—	—
	5~40	—	95~100	70~90	—	30~65	—	—	0~5	0	—	—	—
单粒级	5~10	95~100	80~100	0~15	0	—	—	—	—	—	—	—	—
	10~16	—	95~100	80~100	0~15	0	—	—	—	—	—	—	—
	10~20	—	95~100	85~100	—	0~15	0	—	—	—	—	—	—
	16~25	—	—	95~100	55~70	25~40	0~10	—	—	—	—	—	—
	16~31.5	—	95~100	—	85~100	—	—	0~10	0	—	—	—	—
	20~40	—	—	95~100	—	80~100	—	—	0~10	0	—	—	—
	40~80	—	—	—	—	95~100	—	—	70~100	—	30~60	0~10	0

⑤粗集料碱活性检验要求。施工前应对粗集料进行碱活性检验,在条件许可时宜避免采用碱活性反应的粗集料,必须采用时应采取必要的抑制措施。

2)公路面层水泥混凝土用粗集料及再生粗集料技术要求

《公路水泥混凝土路面施工技术细则》(JTG/T F30—2014)对粗集料提出了以下要求:

①粗集料应使用质地坚硬、耐久、干净的碎石、破碎卵石、卵石,极重、特重、重交通荷载等级公路面层混凝土用粗集料质量不应低于表 3.21 中Ⅱ级的要求;中、轻荷载等级公路面层混凝土可使用Ⅲ级粗集料。

表 3.21 碎石、破碎卵石和卵石的质量标准

项次	项目		技术要求			试验方法
			Ⅰ类	Ⅱ类	Ⅲ类	JTG E42 T0316
1	碎石压碎值%		≤18.0	≤25.0	≤30.0	JTG E42 T0316
2	卵石压值/%		≤21.0	≤23.0	≤26.0	JTG E42 T0314
3	坚固性(质量损失值)/%		≤5.0	≤8.0	≤12.0	JTG E42 T0314
4	针片状颗粒含量(按质量计)/%		≤8.0	≤15.0	≤20.0	JTG E42 T0311
5	含泥量(按质量计)/%		≤0.5	≤1.0	≤2.0	JTG E42 T0310
6	泥块含量(按质量计)/%		≤0.2	≤0.5	≤0.7	JTG E42 T0310
7	吸水率[a](按质量计)/%		≤1.0	≤2.0	≤3.0	JTG E42 T0307
8	硫化物及硫酸盐含量[b](按 SO_3 质量计)/%		≤0.5	≤0.5	≤1.0	GB/T 14685
9	洛杉矶磨耗损失[c]/%		≤28.0	≤32.0	≤35.0	JTG E42 T0317
10	有机物含量(比色法)		合格	合格	合格	JTG E42 T0313
11	岩石抗压强度/MPa[b]	岩浆岩	100			JTG E41 T0221
		变质岩	80			
		沉积岩	60			
12	表观密度/(kg·m⁻³)		≥2 500			JTG E42 T0308
13	松散堆积密度/(kg·m⁻³)		≥1 350			JTG E42 T0309
14	空隙率/%		≤47			JTG E42 T0309
15	磨光值[c]/%		≥35.0			JTG E42 T0321
16	碱集料反应[b]		不得有碱活性反应或疑似碱活性反应			JTG E42 T0325

注:a.有抗冰冻、抗盐冻要求时,应检验粗集料吸水率。

　　b.硫化物及硫酸盐、碱活性反应、岩石抗压强度在粗集料使用前应至少检验一次。

　　c.洛杉矶磨耗损失、磨光值仅在要求制作露石水泥混凝土面层时检测。

②中、轻交通荷载等级公路面层水泥混凝土可使用再生粗集料,其质量标准应符合表 3.22 的规定。再生粗集料可单独或掺配新集料后使用,但应通过配合比试验验证,确定混凝土性能满足设计要求,并符合下列规定:

a.有抗冰冻、抗盐冻要求时,再生粗集料不应低于Ⅱ级;无抗冰冻、抗盐冻要求时,可使用Ⅲ

级再生粗集料。

b.再生粗集料不得用于裸露粗集料的水泥混凝土抗滑表层。

c.不得使用出现碱活性反应的混凝土作为原料破碎生产的再生粗集料。

表 3.22　再生粗集料的质量标准

项次	项　目	技术要求			试验方法
		Ⅰ类	Ⅱ类	Ⅲ类	JTG E42 T0316
1	碎石值/%	≤21.0	≤30.0	≤43.0	JTG E42 T0316
2	坚固性(质量损失值)/%	≤5.0	≤10.0	≤15.0	JTG E42 T0314
3	针片状颗粒含量(按质量计)/%	≤10.0	≤10.0	≤10.0	JTG E42 T0311
4	微粉含量(按质量计)/%	≤1.0	≤2.0	≤3.0	JTG E42 T0310
5	泥块含量(按质量计)/%	≤0.5	≤0.7	≤1.0	JTG E42 T0310
6	吸水率(按质量计)/%	≤3.0	≤5.0	≤8.0	JTG E42 T0307
7	硫化物及硫酸盐含量(按 SO_3 质量计)/%	≤2.0	≤2.0	≤2.0	GB/T 14685
8	氯化物含量(以氯离子质量计)/%	≤0.06	≤0.06	≤0.06	GB/T 14685
9	洛杉矶磨耗损失/%	≤35	≤40	≤45	JTG E42 T0317
10	杂物含量(按质量计)%	≤1.0	≤1.0	≤1.0	JTG E42 T0313
11	表观密度/(kg·m⁻³)	≥2 450	≥2 350	≥2 250	JTG E42 T0308
14	空隙率/%	≤47	≤50	≤53	JTG E42 T0309

注:①当再生粗集料中碎石的岩石品种变化时,应重新检测上述指标。

②硫化物及硫酸盐含量、氯化物含量、洛杉矶磨耗损失在再生粗集料使用前应至少检验一次。

③粗集料与再生粗集料应根据混凝土配合比的公称最大粒径分为 2～4 个单粒级的集料,并掺配使用。粗集料与再生粗集料的合成级配及单粒级级配范围宜符合表 3.23 的要求。不得使用不分级的统料。

表 3.23　粗集料与再生粗集料的级配范围

方孔筛尺寸/mm		2.36	4.75	9.50	16.0	19.0	26.5	31.5	37.5	试验方法
级配类型		累计筛余(以质量计)/%								
合成级配	4.75～16.0	95～100	85～100	40～60	0～10	—	—	—	—	
	4.75～19.0	95～100	85～95	60～75	30～45	0～5	0	—	—	
	4.75～26.5	95～100	90～100	70～90	50～70	25～40	0～5	0	—	
	4.75～31.5	95～100	90～100	75～90	60～75	40～60	20～35	0～5	0	
单粒级级配	4.75～9.5	95～100	80～100	0～15	0	—	—	—	—	JTG E42 T0302
	9.5～16.0	—	95～100	80～100	0～15	0	—	—	—	
	9.5～19.0	—	95～100	85～100	40～60	0～15	0	—	—	
	16～26.5	—	—	95～100	55～70	25～40	0～10	0	—	
	16～31.5	—	—	95～100	85～100	55～70	25～40	0～10	0	

④各种面层水泥混凝土配合比的不同种类粗集料与再生粗集料公称最大粒径宜符合表3.24的规定。

表3.24　各种面层水泥混凝土配合比的不同种类粗集料与再生粗集料公称最大粒径

交通荷载等级		极重、特重、重		中、轻		试验方法
面层类型		水泥混凝土	纤维混凝土、配筋混凝土	水泥混凝土	碾压混凝土、砌块混凝土	
最大公称粒径/mm	碎石	26.5	16.0	31.5	19.0	JTG E42 T0302
	破碎卵石	19.0	16.0	26.5	19.0	
	卵石	16.0	9.5	19.0	16.0	
	再生粗集料	—	—	26.5	19.0	

思考题

1.分析比较水泥混凝土所用集料与沥青混合料集料技术性质有何差别。

2.粗砂、中砂和细砂如何划分？配置混凝土时选用哪种砂最优？为什么？

子项目3　水、掺合料和外加剂性能分析

【子项目描述】

本子项目是分析水泥混凝土用水、掺合料的技术指标及技术要求,分析水泥混凝土外加剂种类及使用要点。学生通过对相关理论知识的学习,能够了解水泥混凝土用水、掺合料质量要求,了解各类水泥混凝土外加剂的使用要点。

任务3.8　认知水泥混凝土用水的指标要求

【任务描述】

本任务是认知水泥混凝土用水的指标要求。

【学习目标】

了解水泥混凝土用水的指标要求。

混凝土用水是指混凝土拌和用水和混凝土养护用水的总称,包括饮用水、地表水、地下水、再生水、混凝土企业设备洗刷水和海水等。地表水是指存在于江、河、湖、塘、沼泽和冰川中的水。地下水是指存在于岩石缝隙或土壤孔隙中可以流动的水。再生水是指污水经适当再生工艺处理后具有使用功能的水。用于拌制和养护混凝土的水,应不含有影响混凝土正常凝结和硬化的有害杂质、油质和糖类等。

《公路桥涵施工技术规范》(JTG/T 3650—2020)对混凝土工程用水的要求如下:

1) 水的品质指标要求

符合国家标准的饮用水可直接作为混凝土的拌制和养护用水;当采用其他水源或对水质有疑问时,应对水质进行检验。水的品质指标应符合表 3.25 的规定。

表 3.25　混凝土用水的品质指标

项　目	拌制用水			养护用水
	预应力混凝土	钢筋混凝土	素混凝土	
pH 值	≥5.0	≥4.5	≥4.5	≥4.5
不溶物/(mg·L^{-1})	≤2 000	≤2 000	≤5 000	—
可溶物/(mg·L^{-1})	≤2 000	≤5 000	≤10 000	—
氯化物(以 Cl$^-$计)/(mg·L^{-1})	≤500	≤1 000	≤3 500	≤3 500
硫酸盐(以 SO$_4^{2-}$计)/(mg·L^{-1})	≤600	≤2 000	≤2 700	≤2 700
碱含量/(rag·L^{-1})	≤1 500	≤1 500	≤1 500	≤1 500

2) 混凝土用水的规定

①混凝土拌和用水不应有漂浮明显的油脂和泡沫,不应有明显的颜色和异味。
②严禁采用海水用于结构混凝土的拌制和养护。

任务 3.9　认知活性矿物掺合料的种类及性能指标要求

【任务描述】

本任务是认知水泥混凝土中活性矿物掺合料的种类及各类的指标要求。

【学习目标】

①熟悉粉煤灰的分类及其技术指标要求。
②能叙述粒化高炉矿渣粉及硅灰的技术指标要求。

活性矿物掺合料是指在拌制水泥混凝土过程中掺入、具有一定细度和水硬活性、用以改善混凝土拌合物和硬化混凝土性能(特别是耐久性)的某些工业排放回收或经处理的矿物产品。

水泥混凝土中常用的活性矿物掺合料主要有粉煤灰、硅灰和矿渣。

1.粉煤灰

粉煤灰是指由发电的电厂煤粉炉烟道气体中收集的粉末。通过对粉煤灰的化学分析,其中除含有少量的未燃尽的煤粉外,主要化学成分为二氧化硅(SiO_2)、氧化铝(Al_2O_3)和少量的氧化铁(Fe_2O_3)、氧化钙(CaO)、氧化镁(MgO)与氧化硫(SO_3)等氧化物。

粉煤灰为球形熔粉,颗粒呈玻璃状,在光学显微镜下观察,其颗粒主要由两类矿物组成:一类是玻璃体,占 70%～80%;另一类是结晶体,占 15%～20%。

1)粉煤灰的分类

①按煤种来分。粉煤灰按燃煤品种分为F类和C类。F类粉煤灰是由无烟煤或烟煤煅烧收集的粉煤灰;C类粉煤灰是由褐煤或次烟煤煅烧收集的粉煤灰,其氧化钙含量一般大于或等于10%。

②根据用途来分。粉煤灰根据用途分为拌制砂浆和混凝土用粉煤灰、水泥活性混合材料用粉煤灰两类。

③按等级来分。拌制砂浆和混凝土用粉煤灰按各项技术指标分为3个等级:Ⅰ级、Ⅱ级、Ⅲ级。水泥活性混合材料用粉煤灰不分级。

2)粉煤灰在公路工程中的用途

道路与桥梁工程利用粉煤灰,既能变废为宝、减少污染,又能就地取材,解决路用材料缺乏的问题,还能提高公路工程的质量。粉煤灰在公路工程中主要用途有:

①作水泥混凝土的掺合料。在混凝土中掺入粉煤灰,可以在等强度等级的条件下,减少水泥用量10%~15%,因而可降低混凝土的成本;可以改善混凝土拌合物的流动性、黏聚性和保水性,使混凝土拌合料易于泵送、浇筑成型,并可减少坍落度的经时损失;掺加粉煤灰后可减少水泥用量,且粉煤灰水化放热量很少,从而减少了水化放热量,使施工时混凝土的温升降低,可明显减少温度裂缝,这对大体积混凝土工程特别有利;由于二次水化作用,混凝土的密实度提高,界面结构得到改善,同时由于二次反应使得易受腐蚀的氢氧化钙数量降低,因此掺加粉煤灰后可提高混凝土的抗渗性、抗硫酸盐腐蚀性和抗镁盐腐蚀性等,同时由于粉煤灰比表面积巨大,吸附能力强,因而粉煤灰颗粒可以吸附水泥中的碱,并与碱发生反应而消耗其数量,而游离碱数量的减少可以抑制或减少碱集料反应,使得混凝土的耐久性提高。但是,掺入粉煤灰后混凝土抗碳化性、抗冻性有所降低,强度发展较慢,早期强度较低,故为保证强度的正常发展,需将养护时间延长。

②粉煤灰与水泥或石灰稳定土、稳定集料作为路面基层材料。

③作为路基填料或与水泥、石灰一起处理湿软地基。

3)粉煤灰的物理化学性能指标

①细度。粉煤灰的细度对强度的形成有一定影响,颗粒越细,粉煤灰的表面积越大,活性越大,强度越高。粉煤灰的细度用45 μm方孔筛筛余表示。

②烧失量。烧失量是指粉煤灰中未烧尽的炭粉含量。未烧尽的炭粉含量大,活性SiO_2、Al_2O_3含量少,所形成的混合料的强度较低,故烧失量越小越好。

③需水量比。按规定的方法测定试验胶砂和对比胶砂的流动度,二者达到规定流动度范围的加水量之比为粉煤灰的需水量比。

④含水率。粉煤灰放入温度不低于110 ℃的烘箱中烘至恒重,以烘干前和烘干后质量之差占烘干前的质量的百分数为粉煤灰的含水率。

⑤安定性。以雷氏夹法检验其膨胀值。

⑥强度活性指数。测定试验胶砂和对比胶砂28 d的抗压强度,二者之比为粉煤灰的强度活性指数。

4）粉煤灰的技术要求

①《公路桥涵施工技术规范》（JTG/T 3650—2020）要求拌制混凝土和砂浆所用粉煤灰应保证其产品品质稳定、来料均匀,应有生产单位专门加工,进行产品检验并出具产品合格证书,技术要求见表 3.26。混凝土中需要掺用粉煤灰,其掺量应在使用前通过试验确定,在运输过程中,应有明显标识,严禁与水泥等其他粉状材料混淆。

表 3.26　拌制砂浆和混凝土用粉煤灰的技术要求

名　称		I	II
细度（45 μm 方孔筛筛余）/%		≤12.0	≤30.0
需水量比/%		≤95	≤105
烧失量/%		≤5.0	≤8.0
含水率/%		≤1.0	
游离氧化钙（f-CaO）质量分数/%	F 类粉煤灰	≤1.0	
	C 类粉煤灰	≤4.0	
三氧化硫（SO_3）质量分数/%		≤3.0	
安定性（雷氏法）/mm	C 类粉煤灰	≤5.0	
密度/（kg·m^{-3}）		≤2.6	
二氧化硅、三氧化二铝、三氧化二铁总质量分数/%	F 类粉煤灰	≥70.0	
	C 类粉煤灰	≥50.0	
强度活性指数/%		≥70.0	
碱含量		按 $Na_2O+0.658K_2O$ 计算,当粉煤灰应用中有碱含量要求时,由供需双方协商确定。	

②面层水泥混凝土可单独或复配掺用符合《公路水泥混凝土路面施工技术细则》（JTG/T F30—2014）规定的粉状低钙粉煤灰,不得掺用结块或潮湿的粉煤灰,其质量不应低于表 3.27 中的 II 级要求,不得掺用高钙粉煤灰（游离氧化钙含量大于或等于 10%）或 III 级及 III 级以下的低钙粉煤灰。

表 3.27　低钙粉煤灰分级和质量指标

粉煤灰等级	细度（45 μm 气流筛,筛余量）/%	烧失量/%	需水量比/%	含水率/%	游离氧化钙/%	三氧化硫/%	混合砂浆活性指数[a]	
							7 d	28 d
I	≤12.0	≤5.0	≤95.0	≤1.0	<1.0	≤3.0	≥75	≥85（75）
II	≤25.0	≤8.0	≤105.0	≤1.0	<1.0	≤3.0	≥70	80（62）
III	≤45.0	≤15.0	≤115.0	≤1.0	<1.0	≤3.0	—	—
试验方法	GB/T 1596	GB/T 176	GB/T 1596	GB/T 1596	GB/T 176	GB/T 176	GB/T 1596	

注:a.混合砂浆的活性指数为掺粉煤灰的砂浆与水泥砂浆的抗压强度比的百分数,不带括号的数值适用于所配制混凝土强度等级不小于 C40 时;当配制混凝土的强度等级小于 C40 时,混合砂浆的活性指数应满足 28 d 括号中的数值的要求。

2.粒化高炉矿渣粉

粒化高炉矿渣粉是以粒化高炉矿渣为主要原料,可掺加少量石膏磨制成一定细度的粉体,简称矿渣粉。其组分为矿渣(炼铁高炉排出的熔渣,经水淬处理而成的粒状矿渣)、石膏和助磨剂(加入量不超过矿渣质量的0.5%)。

从炼铁炉里生产的矿渣,称为铁矿渣;从炼钢炉里排出的矿渣,称为钢渣。钢渣和铁矿渣矿物成分和性能有差别。无论铁矿渣还是钢渣,都必须在水中急冷,使其矿物处于无定形的玻璃态时才具有水化活性。这里的粒化高炉矿渣粉特指磨细粒化高炉铁矿渣。

磨细矿渣的矿物成分与水泥较接近,在有足够碱度条件下自身与水能够产生水化反应而提供强度,属于具有自水化硬化性能的活性掺合料。但其矿物成分与水泥熟料相比,钙含量偏低,生成水化硅酸钙和水化铝酸钙时,由于其缺钙,需要有水泥水化提供氢氧化钙,因此,掺矿渣或矿渣水泥的混凝土具有比硅酸盐水泥和普通硅酸盐水泥更高的抗海水、酸雨等化学腐蚀的耐久性,可用于提高抗海水、酸雨、氯离子、硫酸盐等化学侵蚀的混凝土结构。

《公路桥涵施工技术规范》(JTG/T 3650—2020)及《公路水泥混凝土路面施工技术细则》(JTG/T F30—2014)对水泥混凝土中使用的矿渣粉提出了相应的技术要求。

3.硅灰

硅灰是在冶炼硅铁合金或工业硅时,通过烟道排出的硅蒸气氧化后,经收尘器收集得到的以无定形二氧化硅为主要成分的灰白色超细粉末产品。

硅灰的平均粒径是水泥的百分之一,容重很小,单位质量的体积很大,且活性氧化硅含量很高,是目前已知掺合料中活性最高的掺合料。它可以迅速地与水泥水化释放出的氢氧化钙反应生成水化硅酸钙,因此是目前配制高强和高性能混凝土不可缺少的掺合料。

《公路桥涵施工技术规范》(JTG/T 3650—2020)及《公路水泥混凝土路面施工技术细则》(JTG/T F30—2014)对水泥混凝土中使用的硅灰提出了相应的技术要求。

任务 3.10　分析水泥混凝土外加剂种类及性能指标要求

【任务描述】

本任务是分析水泥混凝土中外加剂的种类及外加剂的性能指标要求。

【学习目标】

①熟悉普通减水剂、高效减水剂、高性能减水剂的定义,熟悉减水剂掺量的定义。

②熟悉混凝土外加剂的技术性能指标要求。

混凝土外加剂是一种在混凝土搅拌之前或拌制过程中加入、用以改善新拌混凝土或硬化混凝土性能的材料。其掺量应不大于胶凝材料质量的5%。

1.外加剂的分类

混凝土外加剂品种繁多,通常每种外加剂具有一种或多种功能,按照主要功能分类见

表3.28。

表 3.28　外加剂分类

外加剂功能	外加剂类型
改善混凝土拌合物流变性能	减水剂、引气剂、泵送剂、保水剂等
调节混凝土凝结时间、硬化速度	缓凝剂、早强剂、速凝剂等
调节混凝土中含气量	引气剂、加气剂、泡沫剂、消泡剂等
改善混凝土耐久性	引气剂、阻锈剂、防水剂、抗渗剂等
为混凝土提供特殊性能	膨胀剂、防冻剂、着色剂、碱集料反应抑制剂等

2.常用混凝土外加剂

1)减水剂

(1)概念及种类特点

减水剂是混凝土外加剂中最重要的品种,按其减水率大小,可分为普通减水剂、高效减水剂和高性能减水剂。

①普通减水剂。普通减水剂(WR)是在混凝土坍落度基本相同的条件下,能减少 8% 以上拌和用水量的外加剂。

普通减水剂的主要成分为木质素磺酸盐,通常由亚硫酸盐法生产纸浆的副产品制得。常用的有木钙、木钠和木镁。其具有一定的缓凝、减水和引气作用。以其为原料,加入不同类型的调凝剂,可制得不同类型的减水剂,如早强型、标准型和缓凝型的减水剂。

②高效减水剂。高效减水剂(HWR)是在混凝土坍落度基本相同的条件下,能大幅减少拌和用水量(不小于 15%)的外加剂。

高效减水剂不同于普通减水剂,具有较高的减水率和较低的引气量,是我国使用量大、面广的外加剂品种。目前,主要有萘系减水剂、氨基磺酸盐系减水剂、脂肪族(醛酮缩合物)减水剂、密胺系及改性密胺系减水剂、蒽系减水剂、洗油系减水剂等。缓凝型高效减水剂是以上述各种高效减水剂为主要组分,再复合各种适量的缓凝组分或其他功能性组分而成的外加剂。

③高性能减水剂。高性能减水剂(HPWR)是国内外近年来开发的新型外加剂品种,比高效减水剂具有更高的减水率、更好的坍落度保持性能、较小的干燥收缩,且具有一定引气性能的减水剂。与其他减水剂相比,高性能减水剂在配制高强度混凝土和高耐久性混凝土时,具有明显的技术优势和较高的性价比。目前主要为聚羧酸盐类产品,它具有"梳状"的结构特点,由带有游离的羧酸阴离子团的主链和聚氧乙烯基侧链组成。

用改变单体的种类、比例和反应条件可生产具各种不同性能和特性的高性能减水剂。早强型高性能减水剂(HPWR A)、标准型高性能减水剂(HPWR S)和缓凝型高性能减水剂(HPWR R)可由分子设计引入不同功能团而生产,也可掺入不同组分复配而成。

高性能减水剂的主要特点为:

a.掺量低(按照固体含量计算,一般为胶凝材料质量的 0.15~0.25),减水率高;

b.混凝土拌合物工作性及工作性保持性较好;

c.外加剂中氯离子和碱含量较低；

d.用其配制的混凝土收缩率较小，可改善混凝土的体积稳定性和耐久性；

e.对水泥的适应性较好；

f.生产和使用过程中不污染环境，是环保型的外加剂。

（2）减水剂的作用机理

减水剂是一种表面活性剂，表面活性剂的分子具有两极构造，由亲水基团和憎水基团组成。水泥加水拌和后，由于水泥颗粒分子引力的作用，水泥浆形成絮凝结构，使 10%～30% 的拌和水被包裹在水泥颗粒之中，不能参与自由流动和润滑作用，从而影响了混凝土拌合物的流动性。当加入减水剂后，减水剂的亲水基团指向水，憎水基团指向水泥，定向吸附于水泥颗粒表面，使水泥颗粒表面带有同一种电荷（通常为负电荷），形成静电排斥作用，促使水泥颗粒相互分散，絮凝结构破坏，释放出被包裹部分水，参与流动，从而有效地增加混凝土拌合物的流动性。同时减水剂中的亲水基极性很强，因此水泥颗粒表面的减水剂吸附膜能与水分子形成一层稳定的溶剂化水膜，这层水膜具有很好的润滑作用，能有效降低水泥颗粒间的滑动阻力，从而使混凝土流动性进一步提高。

（3）掺量

减水剂掺量是指减水剂相对胶凝材料的质量百分比。减水剂的最佳掺量应根据工程施工和使用要求、原材料、施工气温、环境条件等因素，并参考厂家推荐掺量，通过混凝土试配得出。

2）缓凝剂

缓凝剂（Re）是可在较长时间内保持混凝土工作性，延缓混凝土凝结和硬化时间的外加剂。缓凝剂的种类较多，可分为有机和无机两大类，主要有糖类及碳水化合物，如淀粉、纤维素的衍生物等；羟基羧酸，如柠檬酸、酒石酸、葡萄糖酸及其盐类（如可溶硼酸盐和磷酸盐等）。

3）引气剂

引气剂（AE）是一种在搅拌过程中具有在砂浆或混凝土中引入大量、均匀分布的微气泡，而且在硬化后能保留在其中的一种外加剂。引气剂的种类较多，主要有可溶性树脂酸盐（松香酸）、文沙尔树脂、十二烷基磺酸钠、十二烷基苯磺酸钠、磺化石油羟类的可溶性盐等。

4）早强剂

早强剂（Ac）是能加速水泥水化和硬化，促进混凝土早期强度增长的外加剂，可缩短混凝土养护龄期，加快施工进度，提高模板和场地周转率。早强剂主要是无机盐类、有机物等，但现在越来越多地使用各种复合型早强剂。

5）泵送剂

泵送剂（PA）是用改善混凝土泵送性能的外加剂，由减水剂、调凝剂、引气剂、润滑剂等多种组分复合而成。根据工程要求，其产品性能含有所差异。

3.混凝土外加剂的性能指标要求

《混凝土外加剂》（GB 8076—2008）对外加剂的性能指标要求包括掺外加剂混凝土（受检混凝土）性能指标要求及外加剂匀质性指标要求。受检混凝土匀质性指标要求见表3.29，性能性指标要求见表 3.30。

表 3.29　匀质性指标

项　目	指　标
氯离子含量/%	不超过生产厂控制值
总碱量/%	不超过生产厂控制值
含固量/%	$S>25\%$ 时,应控制在 $0.95S \sim 1.05S$;$S\leq 25\%$ 时,应控制在 $0.90S \sim 1.10S$
含水率/%	$W>5\%$ 时,应控制在 $0.90W \sim 1.10W$;$W\leq 5\%$ 时,应控制在 $0.80W \sim 1.20W$
密度/(g · cm^{-3})	$D>1.1$ 时,应控制在 $D\pm 0.03$;$D\leq 1.1$ 时,应控制在 $D\pm 0.02$
细度	应在生产厂控制范围内
pH 值	应在生产厂控制范围内
硫酸钠含量/%	不超过生产厂控制值

注:①生产厂应在相关的技术资料中明示产品匀质性指标的控制值。

②对相同和不相同批次之间的匀质性和等效性的其他要求,可由供需双方商定。

③表中的 S、W 和 D 分别为含固量、含水率和密度的生产厂控制值。

思考题

1.什么是水泥混凝土的活性矿物掺合料、外加剂? 各自常见的种类有哪些?

2.混凝土常用外加剂的类型及作用有哪些?

表 3.30　受检混凝土性能指标

项目	高性能减水剂 HPWR			高效减水剂 HWR		普通减水剂 WR			引气减水剂	泵送剂	早强剂	缓凝剂	引气剂
	早强型	标准型	缓凝型	标准型	缓凝型	早强型	标准型	缓凝型	AEWR	PA	Ac	Re	AE
	HPWR-A	HPWR-S	HPWR-R	HWR-S	HWR-R	WR-A	WR-S	WR-R					
减水率/%	25	25	25	14	14	8	8	8	10	12	—	—	6
泌水率比/%	50	60	70	90	100	95	100	100	70	70	100	100	70
含气量/%	≤6.0	≤6.0	≤6.0	≤3.0	≤4.5	≤4.0	≤4.0	≤5.5	≥3.0	≤5.5	—	—	≥3.0
凝结时间之差/min　初凝	-90~+90	-90~+120	>+90	-90~+120	>+90	-90~+90	-90~+120	>+90	-90~+120	—	-90~+90	>+90	-90~+120
凝结时间之差/min　终凝	—	—	—	—	—	—	—	—	—	—	—	—	—
1 h 经时变化量　坍落度/mm	—	≤80	≤60	—	—	—	—	—	—	≤80	—	—	—
1 h 经时变化量　含气量/%	—	—	—	—	—	—	—	—	-1.5~+1.5	—	—	—	-1.5~+1.5
抗压强度比/%　1 d	180	170	—	140	—	135	—	—	—	—	135	—	—
抗压强度比/%　3 d	170	160	140	130	—	130	115	—	115	—	130	—	95
抗压强度比/%　7 d	145	150	140	125	125	110	115	110	110	115	110	100	95
抗压强度比/%　28 d	130	140	130	120	120	100	110	110	100	110	100	100	90
收缩率比/%　28 d	110	110	110	135	135	135	135	135	135	135	135	135	135
相对耐久性(200次)/%	—	—	—	—	—	—	—	—	80	—	—	—	80

注:①表中抗压强度比、收缩率比、相对耐久性指标为强制性指标,其余为推荐性指标。

②除含气量和相对耐久性外,表中所列数据为掺外加剂混凝土与基准混凝土的差值或比值。

③凝结时间差性能指标中的"-"号表示提前,"+"号表示延缓。

④相对耐久性(200次)性能指标中的"≥80"表示将 28 d 龄期的受检混凝土试件快速冻融循环 200 次后,动弹性模量保留值≥80%。

⑤1 h 含气量经时变化量中的"-"号表示含气量增加,"+"号表示含气量减少。

⑥其他品种的外加剂是否需要测定相对耐久性指标,由供、需双方协商确定。

⑦当用户对泵送剂等产品有特殊要求时,需要进行的补充试验项目、试验方法指标及指标,由供需双方协商确定。

项目 4　无机结合料稳定材料用原材料
性能分析与检验

【项目描述】

无机结合料稳定材料主要用作路面的基层。为保证基层的质量和使用寿命,必须对组成基层的原材料按照规范要求进行控制。无机结合料稳定材料的原材料包括无机结合料(主要是指水泥、石灰、粉煤灰及其他工业废渣)和松散材料(包括各种粗、细集料)。

本项目包括石灰的性能分析与检验,认知粉煤灰、水泥、集料的指标要求两个子项目。学生通过相关理论知识的学习及技能训练,应具备正确选择无机结合料稳定材料用原材料的能力。

子项目 1　石灰的性能分析与检验

【子项目描述】

本子项目是对无机结合料稳定材料用石灰的性能进行分析并检验其技术指标。学生通过对其技术性能、技术要求、检测方法等相关理论知识的学习,通过测定"石灰中有效氧化钙加氧化镁含量"进行技能训练,从而具备检验评定无机结合料稳定材料用石灰质量的能力。

任务 4.1　认知建筑石灰

【任务描述】

本任务是认知建筑石灰的生产工艺、消化硬化机理及运输储存注意事项。

【学习目标】

①能叙述欠火石灰和过火石灰的特性及危害。

②能叙述石灰消化硬化机理。

③熟悉石灰的运输储存注意事项。

1) 生产工艺概况

生石灰是由富含碳酸钙的岩石(如石灰岩、白垩、白云岩等)为原料,经高温煅烧(加热至900 ℃以上),逸出 CO_2 气体后得到白色或灰白色的块状材料。其主要化学成分为氧化钙(CaO)和氧化镁(MgO)。化学反应可表示为:

$$CaCO_3 \xrightarrow{>900\ ℃} CaO+CO_2$$

天然的石灰岩常含有碳酸镁、黏土及其他杂质,因此生石灰中还含有氧化镁。生石灰的品质不仅与原料的纯度有关,生产石灰的窑型、煅烧工艺及煅烧水平等也直接影响其质量。为了使石灰岩能得到完全分解,通常煅烧温度为 1 000~1 100 ℃。

在煅烧过程中,由于火候控制不均,会出现正火石灰、欠火石灰和过火石灰。正火石灰是在正常温度下煅烧得到的石灰,具有多孔结构,内部孔隙大,表观密度较小,与水作用速度快;欠火石灰是由于温度过低或煅烧时间不足,内部残留一部分未分解的石灰岩内核,外部为正常煅烧的石灰,欠火石灰降低了石灰的利用率,使用时缺乏黏结力;过火石灰由于煅烧温度过高、时间过长而使石灰表面出现玻璃状的外壳,孔隙率减小,表观密度增大。

过火石灰加水后消解缓慢,用于建筑结构物中仍能继续消化,引起成型的结构物体积膨胀,导致结构物表面鼓包、隆起、剥落或产生裂缝等破损现象,影响工程质量。

2)石灰的消化和硬化

(1)石灰的消化

块状生石灰在使用前一般都需加水消解,这一过程称为"消化"或"熟化"。消化后的石灰称为"消石灰"或"熟石灰"。其化学反应式如下:

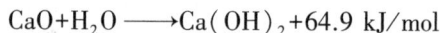

$$CaO+H_2O \longrightarrow Ca(OH)_2+64.9\ kJ/mol$$

生石灰消解时放出大量的热量,消解后体积增大 1~2.5 倍。消解石灰的理论加水量为石灰质量的 32%,由于消化过程中放热反应导致水分的损失,实际加水量需达 70% 以上。在石灰的消解期间应严格控制加水量和加水速度。对消解速度快、活性大的石灰,消解时加水要快,水量要足,并加速搅拌,避免已消解的石灰颗粒包围于未消化颗粒周围,使内部石灰不易消解。对消解速度慢的石灰,则应采用相反措施,使生石灰充分消解,尽量减少未消化颗粒含量。

石灰在消化时,为了消除"过火石灰"的危害,可在消化后"陈伏"半月左右再使用。石灰浆在"陈伏"期间,在其表面应有一层水分,使之与空气隔绝,以防止碳化。

(2)石灰的硬化

石灰的硬化过程包括干燥硬化和碳化硬化两部分。

①石灰浆的干燥硬化(结晶作用)。石灰浆在干燥过程中游离水逐渐蒸发,或被周围砌体吸收,形成氢氧化钙饱和溶液,氢氧化钙逐渐从饱和溶液中结晶析出,产生网状孔隙。这时滞留在孔隙中的自由水由于表面张力的作用而产生毛细管压力,使石灰颗粒互相靠拢黏紧,强度也随之提高。

②石灰浆的碳化硬化(碳化作用)。氢氧化钙与空气中的二氧化碳作用生成碳酸钙晶体,称为熟石灰的碳化作用。石灰浆体经碳化后获得最终强度称为碳化强度。熟石灰的碳化作用在有水条件下才能进行。

该反应主要发生在与空气接触的表面,当浆体表面生成一层 $CaCO_3$ 薄膜后,碳化进程减慢,同时内部的水分不易蒸发,石灰的硬化速度随时间增长逐渐减慢。

石灰浆体的硬化包括上述两个同时进行的过程,即表层以碳化为主,内部则以干燥硬化为主。纯石灰浆硬化时发生收缩开裂,所以工程上常配制成石灰砂浆使用。

3)生石灰的加工品种

煅烧制成的生石灰一般为块状,块状生石灰可加工成生石灰粉、消石灰粉、石灰膏、石灰乳。

①生石灰粉:由块状生石灰磨细而得到的细粉,其主要成分为 CaO。

②消石灰粉:生石灰淋以适量的水,经熟化所得到的粉末状产品,其主要成分为 $Ca(OH)_2$。

③石灰膏:生石灰消解过程加多量的水(为石灰体积的 3~4 倍)消化得到的可塑性浆体称为石灰膏,主要成分为 $Ca(OH)_2$ 和水。常用于石灰砌筑砂浆或抹面砂浆,也可调制混合砂浆。

④石灰乳:在石灰膏中加更多水制成的白色悬浮液称为石灰乳。

4)石灰的应用和储存

(1)石灰在公路工程中的应用

①石灰砂浆。主要用于地面以上部分的砌筑工程,并可用于抹面等装饰工程。

②加固软土地基。在软土地基中打入生石灰桩,可利用生石灰吸水产生膨胀对桩周土壤起挤密作用,利用生石灰和黏土矿物间产生的胶凝反应使周围的土固结,从而达到提高地基承载力的目的。

③石灰和黏土按一定比例拌和制成石灰土或与黏土、砂石、炉渣制成三合土,用于道路工程的垫层。

④在道路工程中,随着半刚性基层在高等级路面中的应用,石灰稳定土、石灰粉煤灰稳定土及其稳定碎石等广泛用于路面基层。在桥梁工程中,石灰、粉煤灰、砂浆广泛用于圬工砌体。

(2)石灰的运输及储存

建筑石灰是自然材料,不应与易燃、易爆和液体物品混装,在运输和储存时不应受潮和混入杂物,不宜长期储存。不同类别石灰应分别储存运输,不得混杂。

需较长时间储存生石灰时,最好将其消解成石灰浆,并使其表面隔绝空气,以防碳化。

石灰能侵蚀呼吸器官和皮肤,在装卸和放置石灰时,应披戴必要的防护用具。

任务 4.2　测定石灰中有效氧化钙加氧化镁含量

【任务描述】

本任务是在学习石灰技术性质指标的基础上,测定石灰中有效氧化钙加氧化镁的含量。

【学习目标】

①熟悉石灰的技术性质指标定义及测定方法。

②会按《公路工程无机结合料稳定材料试验规程》(JTG E51—2009)规定的方法测定石灰中有效氧化钙加氧化镁的含量,并能规范、完整地填写试验检测记录表。

1.基础知识

石灰的技术指标包括以下 6 个方面:

(1)有效氧化钙和氧化镁含量

石灰中产生黏结性的有效成分是活性氧化钙和氧化镁。它们的含量是评价石灰质量的主要指标,其含量越多,活性越高,质量也越好。《公路工程无机结合料稳定材料试验规程》(JTG E51—2009)规定,有效氧化钙和氧化镁的含量可用"石灰有效氧化钙和氧化镁简易测定方法"测定。

(2)生石灰产浆量

产浆量是指每 10 kg 的生石灰经消化后所产石灰浆体的体积(L)。石灰产浆量越高,则表示其质量越好。

(3)二氧化碳含量

控制生石灰或生石灰粉中的 CO_2 含量,是为了检测石灰石在煅烧时"欠火"造成产品中未分解完成的碳酸盐的含量。CO_2 含量越高,即表示未分解完全的碳酸盐含量越高,则 $CaO+MgO$ 含量相对降低,导致石灰的胶结性能下降。

(4)消石灰游离水含量

游离水含量指化学结合水以外的含水量。生石灰在消化过程中加入的水是理论需水量的 2~3 倍,除部分水被石灰消化过程中放出的热蒸发掉外,多加的水分残留于氢氧化钙(除结合水外)中。残余水分蒸发后,留下孔隙会加剧消石灰粉的碳化作用,以致影响石灰的质量,因此对消石灰粉的游离水含量需加以限制。

(5)细度

细度与石灰的质量有密切联系,过量的筛余物影响石灰的黏结性。《建筑生石灰》(JC/T 479—2013)和《建筑消石灰》(JC/T 481—2013)以 90 μm 和 0.2 mm 筛余百分率控制。

(6)体积安定性

体积安定性是指消石灰粉在消化、硬化过程中体积变化的均匀性。

2.测定石灰中有效氧化钙加氧化镁含量

试验依据为《公路工程无机结合料稳定材料试验规程》(JTG E51—2009)。

T 0813—1994　石灰有效氧化钙和氧化镁简易测定方法

1　适用范围

本方法适用于氧化镁含量在5%以下的低镁石灰。

2　仪器设备

2.1　方孔筛:0.15 mm,1 个。

2.2　烘箱:50~250 ℃,1 台。

2.3　干燥器:φ25 cm,1 个。

2.4　称量瓶:φ30 mm×50 mm,10 个。

2.5　瓷研钵:φ12~13 cm,1 个。

2.6　分析天平:量程不小于 50 g,感量 0.000 1 g,1 台。

2.7　电子天平:量程不小于 500 g,感量 0.01 g,1 台。

2.8　电炉:1 500 W,1 个。

2.9　石棉网:20 cm×20 cm,1 块。

2.10　玻璃珠:φ3 mm,1 袋(0.25 kg)。

2.11　具塞三角瓶:250 mL,20 个。

2.12　漏斗:短颈,3 个。

2.13　塑料洗瓶:1 个。

2.14　塑料桶:20 L,1 个。

2.15　下口蒸馏水瓶:5 000 mL,1 个。

2.16　三角瓶:300 mL,10 个。

2.17　容量瓶:250 mL、1 000 mL,各 1 个。

2.18　量筒:200 mL、100 mL、50 mL、5 mL,各 1 个。

2.19　试剂瓶:250 mL、1 000 mL,各 5 个。

2.20　塑料试剂瓶:1 L,1 个。

2.21　烧杯:50 mL,5 个;250 mL(或 300 mL),10 个。

2.22　棕色广口瓶:60 mL,4 个;250 mL,5 个。

2.23　滴瓶:60 mL,3 个。

2.24　酸滴定管:50 mL,两支。

2.25　滴定台及滴定管夹:各 1 套。

2.26　大肚移液管:25 mL、50 mL,各 1 支。

2.27　表面皿:7 cm,10 块。

2.28　玻璃棒:8 mm×250 mm 及 4 mm×180 mm,各 10 支。

2.29　试剂勺:5 个。

2.30　吸水管:8 mm×150 mm,各 5 支。

2.31　洗耳球:大、小各 1 个。

3　试剂

3.1　1 mol/L 盐酸标准溶液:取 83 mL(相对密度 1.19)浓盐酸以蒸馏水稀释至 1 L,按下述方法标定其摩尔浓度后备用。

称取已在 180 ℃烘干 2 h 的碳酸钠(优级纯或基准级纯)1.5~2.0 g(精确至 0.000 1 g),记录为 m_0,置于 250 mL 三角瓶,加入 100 mL 水使其完全溶解;然后加入 2~3 滴 0.1%甲基橙指示剂,记录滴定管中待标定盐酸标准溶液的体积 V_1,用待标定的盐酸标准溶液滴定至碳酸钠溶液由黄色变为橙红色;将溶液加热至微沸,并保持微沸 3 min,然后放在冷水中冷却至室温,如此时橙红色变为黄色,再用盐酸标准溶液滴定,至溶液出现稳定橙红色时为止。记录滴定管中盐酸标准溶液的体积 V_2。V_1,V_2 的差值即为盐酸标准溶液的消耗量 V。

盐酸标准溶液的摩尔浓度按式(T 0813.1)计算:

$$N = \frac{m_0}{V \times 0.053} \qquad\qquad (T\ 0813.1)$$

式中　N——盐酸标准溶液的摩尔浓度,mol/L;

　　　m_0——称取碳酸钠的质量,g;

V——滴定时消耗盐酸标准溶液的体积,mL;

0.053——与 1.00 mL 盐酸标准溶液 [$C(HCl) = 1.000$ mol/L] 相当的以克表示的无水碳酸钠的质量。

3.2　1%酚酞指示剂:称取 0.5 g 酚酞溶于 50 mL 95%乙醇中。

4　准备试样

4.1　生石灰试样。将生石灰样品打碎,使颗粒不大于 1.18 mm,拌和均匀后用四分法缩减至 200 g 左右,放入瓷研钵中研细。再经四分法缩减至 20 g 左右。研细所得石灰样品,通过 0.15 mm(方孔筛)的筛。从此细样中均匀挑取 10 余克,置于称量瓶中在 105 ℃烘箱内烘干至恒量,储于干燥器中,供试验用。

4.2　消石灰试样。将消石灰样品用四分法缩减至 10 余克,如有大颗粒存在,需在瓷研钵中磨细至无不均匀颗粒存在为止,置于称量瓶中在 105 ℃烘箱内烘干至恒量,储于干燥器中,供试验用。

5　试验步骤

5.1　迅速称取 0.8~1.0 g(用减量法称量,精确至 0.000 1 g)放入 300 mL 三角瓶中,记录试样质量为 m,加入 150 mL 新煮沸并已冷却的蒸馏水和 10 粒干玻璃珠。瓶口上插一短颈漏斗,使用带电阻的电炉加热 5 min(调到最高档),但勿使液体沸腾,放入冷水中迅速冷却。

5.2　向三角瓶中滴入酚酞指示剂两滴,记录滴定管中盐酸标准溶液体积 V_3,在不断摇动下以盐酸标准溶液滴定,控制速度为 2~3 滴/s,至粉红色完全消失,稍停,又出现红色,继续滴入盐酸,如此重复几次,直至 5 min 内不出现红色为止,记录滴定管中盐酸标准溶液的体积 V_4。V_3,V_4 的差值即为盐酸标准溶液的消耗量 V_5。如滴定过程持续半小时以上,则结果只能作参考。

6　计算

有效氧化钙和氧化镁含量按式(T 0813.2)计算:

$$X = \frac{V_5 \times N \times 0.028}{m} \times 100\% \qquad (\text{T } 0813.2)$$

式中　X——有效氧化钙和氧化镁的含量,%;

　　　V_5——滴定时消耗盐酸标准溶液的体积,mL;

　　　N——盐酸标准溶液的摩尔浓度,mol/L;

　　　0.028——氧化钙毫克当量,因氧化镁含量较少,并且两者之毫克当量相差不大,故有效氧化钙和氧化镁的毫克当量都以氧化钙的毫克当量计算;

　　　m——试样质量,g。

7　结果整理

7.1　读数精确至 0.1 mL。

7.2　对同一石灰样品至少应做两个试样和进行两次测定,并取两次结果的平均值代表最终结果。

8　报告

试验报告应包括以下内容:

①石灰来源;

②试验方法名称；

③单个试验结果；

④试验结果平均值 $\overline{X}$。

任务 4.3　认知石灰的技术要求

【任务描述】

本任务是认知建筑石灰的技术要求。

【学习目标】

①了解建筑石灰的技术要求。

②熟悉《公路路面基层施工技术细则》(JTG/T F20—2015)对半刚性基层用石灰的要求，结合任务 4.2(或教师给定)的检测数据，能规范、完整地编制检测报告。

1.建筑石灰的技术要求

按《建筑生石灰》(JC/T 479—2013)、《建筑消石灰粉》(JC/T 481—2013)，建筑石灰根据化学成分分为钙质石灰和镁质石灰。钙质石灰主要由氧化钙或氢氧化钙组成，而不添加任何水硬性的或火山灰质的材料。镁质石灰主要由氧化钙和氧化镁($MgO>5\%$)或氢氧化钙和氢氧化镁组成，而不添加任何水硬性的或火山灰质的材料。

由于生石灰和消石灰粉的分等技术项目和指标不同，故分别提出不同要求。

1)建筑生石灰技术标准

(1)等级分类

建筑生石灰根据化学成分的含量，分成各个等级，见表 4.1。

表 4.1　建筑生石灰的等级分类

类　别	名　称	代　号
钙质石灰	钙质石灰 90	CL 90
	钙质石灰 85	CL 85
	钙质石灰 75	CL 75
镁质石灰	镁质石灰 85	ML 85
	镁质石灰 80	ML 80

(2)标记

生石灰的识别标志由产品名称、加工情况和产品依据标准编号组成。生石灰块在代号后加Q，生石灰粉在代号后加 QP。例如，"符合 JC/T 479—2013 的钙质生石灰粉 90"标记为"CL 90-QP JC/T 479—2013"。其中"CL"表示钙质石灰，"90"表示(CaO+MgO)百分含量，"QP"表示粉状，"JC/T 479—2013"表示产品依据标准。

（3）技术要求

建筑生石灰的化学成分及物理性质应符合表4.2规定。

表4.2 建筑生石灰的化学成分及物理性质要求

项 目		名 称									
		CL 90-Q	CL 90-QP	CL 85-Q	CL 85-QP	CL 75-Q	CL 75-QP	ML 85-Q	ML 85-QP	ML 80-Q	ML 80-QP
（CaO+MgO）含量/%		≥90		≥85		≥75		≥85		≥80	
MgO 含量/%		≤5						>5			
CO_2 的含量/%		≤4		≤7		≤12		≤7		≤7	
SO_3		≤2									
产浆量 /[L·(10 kg)$^{-1}$]		≥26	—	≥26	—	≥26	—	—			
细度	0.2 mm 筛余量/%	—	≤2	—	≤2	—	≤2	—	≤2	—	≤2
	90 μm 筛余量/%	—	≤7	—	≤7	—	≤7	—	≤7	—	≤7

2）建筑消石灰技术标准

（1）等级分类

建筑消石灰根据扣除游离水和结合水后（CaO+MgO）的百分含量进行分类，见表4.3。

表4.3 建筑消石灰的分类

类 别	名 称	代 号
钙质消石灰	钙质消石灰90	HCL 90
	钙质消石灰85	HCL 85
	钙质消石灰75	HCL 75
镁质消石灰	镁质消石灰85	HML 85
	镁质消石灰80	HML 80

（2）标记

消石灰的识别标志由产品名称和产品依据标准编号组成。例如，"符合 JC/T 481—2013 的钙质消石灰90"标记为"HCL 90 JC/T 481—2013"。其中"HCL"表示钙质消石灰，"90"表示（CaO+MgO）百分含量，"JC/T 481—2013"表示产品依据标准。

（3）技术要求

建筑消石灰的化学成分及物理性质应符合表4.4规定。

表 4.4　建筑消石灰的化学成分及物理性质要求

项　目		名　称				
		HCL 90	HCL 85	HCL 75	HML 85	HML 80
（CaO+MgO）含量/%		≥90	≥85	≥75	≥85	≥80
MgO 含量/%		≤5			>5	
SO_3		≤2				
游离水/%		≤2				
细度	0.2 mm 筛余量/%	≤2				
	90 μm 筛余量/%	≤7				
安定性		合格				

2.半刚性基层对所用石灰的要求

《公路路面基层施工技术细则》(JTG/T F20—2015)规定,石灰粉煤灰稳定材料和石灰稳定材料所用石灰技术指标应符合表 4.5 和表 4.6 的有关要求。高速公路和一级公路,用石灰应不低于Ⅱ级技术要求,二级公路用石灰应不低于Ⅲ级技术要求,二级以下公路宜不低于Ⅲ级技术要求。高速公路和一级公路的基层,宜采用磨细消石灰粉。

表 4.5　生石灰技术要求

指　标	钙质生石灰			镁质生石灰			试验方法
	Ⅰ	Ⅱ	Ⅲ	Ⅰ	Ⅱ	Ⅲ	
有效钙加氧化镁含量/%	≥85	≥80	≥70	≥80	≥75	≥65	JTG E51 T0813
未消化残渣含量/%	≤7	≤11	≤17	≤10	≤14	≤20	T0815
钙镁石灰的分类界限,氧化镁含量/%	≤5			>5			T0812

表 4.6　消石灰技术要求

指　标		钙质生石灰			镁质生石灰			试验方法
		Ⅰ	Ⅱ	Ⅲ	Ⅰ	Ⅱ	Ⅲ	
有效钙加氧化镁含量/%		≥85	≥80	≥70	≥80	≥75	≥65	JTG E51 T0813
含水率/%		≤4	≤4	≤4	≤4	≤4	≤4	T0801
细度	0.60 mm 方孔筛的筛余/%	0	≤1	≤1	0	≤1	≤1	T0814
	0.15 mm 方孔筛的累计筛余/%	≤13	≤20	—	≤13	≤20	—	
钙镁石灰的分类界限,氧化镁含量/%		≤4			>4			T0812

思考题

1.使用石灰浆时,为何要"陈伏"后才能使用?

2.什么是有效氧化钙?简述测定石灰有效氧化钙和氧化镁的意义和方法要点。

3.石灰的运输和储存有哪些要求?

子项目2　认知粉煤灰、水泥和集料的技术要求

【子项目描述】

本子项目是认知无机结合料稳定材料对粉煤灰、水泥、集料的技术指标要求。学生通过对相关理论知识的学习,应具备评定无机结合料用粉煤灰、水泥和集料质量的能力。

【学习目标】

①熟悉无机结合料稳定材料对水泥和粉煤灰的技术要求。

②熟悉无机结合料稳定材料对集料的技术要求。

1.粉煤灰的技术要求

基层、底基层结合料所用粉煤灰的技术要求如下:粉煤灰中 SiO_2、Al_2O_3 和 Fe_2O_3 的总含量应大于70%,烧失量不大于20%,比表面积大于2 500 cm^2/g,0.075 mm 筛孔通过率应大于或等于70%,0.3 mm 筛孔通过率大于或等于90%,湿粉煤灰含水率不大于35%。

2.水泥的技术要求

基层、底基层结合料所用水泥在符合国家技术标准要求的同时,初凝时间应大于3 h,终凝时间应大于6 h 且小于10 h。

3.集料的技术要求

1)粗集料的技术要求

无机结合料稳定材料中用作被稳定的粗集料包括各种硬质岩石或砾石加工成的碎石、天然砾石等。粗集料各项技术指标应符合表4.7 中Ⅰ类规定,规格宜符合表4.8 的要求。用作级配碎石的粗集料应符合表4.7 中Ⅱ类规定,天然砾石除应满足表4.7 规定外,塑性指数不应大于9。碎石应选择适当的加工工艺,用于破碎的原石粒径应为破碎后碎石公称最大粒径的3 倍以上,高速公路基层用碎石,应采用反击破碎的加工工艺。级配碎石或砾石用作基层时,高速公路和一级公路公称最大粒径应不大于26.5 mm,二级及二级以下公路公称最大粒径应不大于31.5 mm;用作底基层时,公称最大粒径应不大于37.5 mm。

表 4.7 粗集料技术要求

指 标	层 位	高速公路和一级公路				二级及二级以下公路		试验方法
		极重、特重交通		重、中、轻交通				
		Ⅰ类	Ⅱ类	Ⅰ类	Ⅱ类	Ⅰ类	Ⅱ类	
碎石值/%	基层	≤22[a]	≤22	≤26	≤26	≤35	≤30	JTG E42 T0316
	底基层	≤30	≤26	≤30	≤26	≤40	≤35	
针片状颗粒含量/%	基层	≤18	≤18	≤22	≤18	—	≤20	JTG E42 T0312
	底基层	—	≤20	—	≤20	—	≤20	
0.075 mm 以下粉尘含量/%	基层	≤1.2	≤1.2	≤2	≤2	—	—	JTG E42 T0310
	底基层							
软石含量/%	基层	≤3	≤3	≤5	≤5	—	—	JTG E42 T0320
	底基层	—						

注:a.对花岗岩石料,压碎值可放宽至25%。

表 4.8 粗集料规格要求

规格名称	工程粒径/mm	通过下列方筛孔(mm)的质量百分率/%									公称粒径/mm
		53	37.5	31.5	26.5	19.0	13.2	9.5	4.75	2.36	
G1	20~40	100	90~100	—	—	0~10	0~5	—	—	—	19~37.5
G2	20~30	—	100	90~100	—	0~10	0~5	—	—	—	19~31.5
G3	20~25			100	90~100	0~10	0~5	—	—	—	19~26.5
G4	15~25			100	90~100		0~10	0~5	—	—	13.2~26.5
G5	15~20	—	—	—	100	90~100	0~10	0~5	—	—	13.2~19
G6	10~30		100	90~100	—			0~10	0~5	—	9.5~31.5
G7	10~25			100	90~100			0~10	0~5	—	9.5~26.5
G8	10~20	—	—	—	100	90~100		0~10	0~5	—	9.5~19
G9	10~15	—	—	—		100	90~100	0~10	0~5	—	9.5~13.2
G10	5~15					100	90~100	40~70	0~10	0~5	4.75~13.2
G11	5~10						100	90~100	0~10	0~5	4.75~9.5

2) 细集料的技术要求

无机结合料稳定材料中用作被稳定的细集料应洁净、干燥、无风化、无杂质,并应有适当的颗粒级配。细集料规格要求应符合表 4.9 的规定,对 0~3 mm 和 0~5 mm 的细集料应分别严格控制大于 2.36 mm 和 4.75 mm 的颗粒含量。对 3~5 mm 的细集料应严格控制小于 2.36 mm 的颗粒含量。对高速公路、一级公路,细集料中小于 0.075 mm 的颗粒含量应不大于 15%;对二级及以下公路,细集料中小于 0.075 mm 的颗粒含量应不大于 20%。高速公路和一级公路用细集料技术要求应符合表 4.10 的规定。

表 4.9　细集料规格要求

规格名称	工程粒径 /mm	通过下列方筛孔(mm)的质量百分率/%								公称粒径 /mm
		9.5	4.75	2.36	1.18	0.6	0.3	0.15	0.075	
XG1	3~5	100	90~100	0~15	0~5	—	—	—	—	2.36~4.75
XG2	0~3	—	100	90~100	—	—	—	—	0~15	0~2.36
XG3	0~5	100	90~100	—	—	—	—	—	0~20	0~4.75

表 4.10　细集料技术要求

项　　目	水泥稳定	石灰稳定	石灰粉煤灰综合稳定	水泥粉煤灰综合稳定	试验方法
颗粒分析	满足及配要求				JTG E42 T0302/0303/0327
塑性指数	≤17	适宜范围 15~20	适宜范围 12~20	—	JTG E40 T0118
有机质含量/%	<2	≤10	≤10	<2	JTG E42 T0313 JTG E40 T0151
硫酸盐含量/%	≤0.25	≤0.8	—	≤0.25	JTG E42 T0341

思考题

1.什么是塑限、液限、塑性指数? 塑性指数在工程上有何作用?

2.水泥稳定类材料对原材料有哪些要求?

项目 5　建筑钢材的性能分析与检验

【项目描述】

建筑钢材是一种重要的建筑工程材料,道路桥梁工程中使用的建筑钢材包括钢筋混凝土用普通钢筋、预应力混凝土用钢丝和钢绞线、钢结构用碳素结构钢、桥梁用结构钢、低合金高强度结构钢等结构钢材以及一些金属制品。

本项目分 4 个任务,学生通过对道路桥梁工程中用的建筑钢材相关理论知识的学习,通过钢筋的拉伸试验、冷弯试验的技能训练,应具备判定钢筋质量的能力。

任务 5.1　认知建筑钢材

【任务描述】

本任务是认知建筑钢材的种类,认知道路桥梁工程中使用建筑钢材的种类。

【学习目标】

①能叙述建筑钢材的种类。

②熟悉道路桥梁工程中使用建筑钢材的种类。

将生铁在炼炉中冶炼,将含碳量降低到2%以下,并使其杂质控制在指定范围即得到钢。钢锭(或钢坯)经过压力加工(轧制、挤压、拉拔等)及相应的工艺处理后得到钢材。建筑钢材泛指在建筑工程中使用的各种钢材,主要包括钢结构所用的各种型材(也称为型钢)、板材(常称为钢板)和钢筋混凝土结构所用的钢筋、钢丝和钢绞线(俗称线材)等。

1.建筑钢材的分类

(1)按化学成分分类

按化学成分的不同可分为碳素钢和合金钢。

①碳素钢。碳素钢是含碳量<2.0%的铁碳合金。除铁、碳外,常含有如锰、硅、磷、氧、氮等杂质。碳素钢按含碳量可分为:

a.低碳钢:一般含碳量≤0.25%。

b.中碳钢:一般含碳量为 0.25%~0.6%。

c.高碳钢:一般含碳量>0.6%。

②合金钢。为改善钢的性能,在钢中特意加入合金元素(如锰、硅、钒、钛等),使钢材具有特殊的力学性能。合金钢按合金元素含量可分为:

a.低合金钢:合金元素总含量小于 5%。

b.中合金钢:合金元素总含量为5%~10%。

c.高合金钢:合金元素总含量大于10%。

（2）按质量分类

碳素钢按供应的钢材化学成分中有害杂质的含量不同,又可划分为:

①普通钢:钢中P含量≤0.045%,S含量≤0.050%。

②优质钢:所含杂质元素较普通钢低,钢中S含量≤0.035%,P含量≤0.035%。

③高级优质钢:钢中S含量≤0.030%,P含量≤0.030%。

④特级优质钢:钢中S含量≤0.020%,P含量≤0.025%。

（3）按外形分类

①型材。简单截面型钢有圆钢、方钢、六角钢、八角钢等;复杂截面型钢有工字钢、角钢、槽钢、钢轨等,如图5.1所示。

 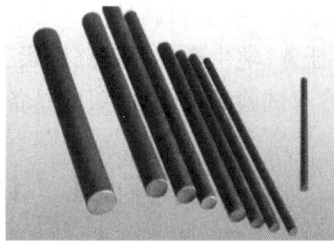

(a)工字钢　　　　　　　　　(b)圆钢

图5.1　型钢

②板材。建筑结构中主要采用中厚板与薄板,如图5.2所示。

③管材。管材如图5.3所示。

图5.2　板钢　　　　　　　　　图5.3　管钢

④线材。线材如图5.4所示。

(a)钢丝　　　　　　　　　(b)钢筋

图5.4　线材

（4）按成型方法分类

钢材按成型方法分为铸造钢、锻造钢、轧压钢、冷拔钢。

（5）按冶炼时脱氧程度分类

①沸腾钢。脱氧不充分的钢,在浇铸及钢液冷却时,有大量的一氧化碳气体逸出,钢液呈激烈沸腾状。

②镇静钢。脱氧充分,钢水较纯净,浇铸钢锭时钢水平静。镇静钢材质致密均匀,质量高于沸腾钢。

③半镇静钢。脱氧程度及钢水质量介于上述两者之间。

（6）按用途分类

钢材按用途不同分为 3 类。

①结构钢:用于各种建筑工程(如桥梁、房屋等)的构件和机械制造(如机械零件、船舶制造等)。这类钢一般属于低碳钢和中碳钢。

②工具钢:用于制造各种刀具、量具、模具。这类钢含碳量较高,一般属于高碳钢。

③特殊钢:具有各种特殊物理化学性能的钢材,如不锈钢、磁性钢等。这类钢一般为合金钢。

2.建筑钢材在道路桥梁工程中的使用

道路桥梁工程中使用的建筑钢材包括钢筋混凝土用普通钢筋、预应力混凝土用钢丝和钢绞线、钢结构用碳素结构钢、桥梁用结构钢、低合金高强度结构钢等结构钢材以及一些金属制品,如预应力筋用锚具、夹具、连接器等。

任务 5.2　测定普通钢筋的屈服强度、抗拉强度、伸长率和冷弯性能

【任务描述】

本任务是在学习普通钢筋的分类、牌号表示、技术性能及其评价指标的基础上,测定普通钢筋的屈服强度、抗拉强度、断后伸长率,并根据普通钢筋的技术要求,评价其质量。

【学习目标】

①熟悉混凝土用热轧光圆钢筋和热轧带肋钢筋的牌号表示。

②熟悉混凝土用普通钢筋的抗拉性能、塑性、冷弯性能的评价指标及其测定方法。

③能叙述混凝土用普通钢筋疲劳性能、焊接性能、化学性能、冷加工性能及时效的评价指标。

④熟悉《钢筋混凝土用钢　第 1 部分:热轧光圆钢筋》(GB 1499.1—2017)和《钢筋混凝土用钢　第 2 部分:热轧带肋钢筋》(GB 1499.2—2018)对混凝土用热轧光圆钢筋和热轧带肋钢筋的技术要求。

⑤会按《金属材料　拉伸试验　第 1 部分:室温试验方法》(GB/T 228.1—2010)、《金属材料　弯曲试验方法》(GB/T 232—2010)规定的方法,测定普通钢筋的屈服强度、抗拉强度、断后

伸长率及冷弯性能,并能规范完整地填写试验检测记录表;能结合试验(或教师给定)数据,规范、完整地编制检测报告。

1.相关知识

1)钢筋混凝土用普通钢筋的种类

钢筋混凝土用普通钢筋主要是热轧钢筋。热轧钢筋是采用钢锭经加热轧制自然冷却而成。热轧钢筋分为光圆钢筋和带肋钢筋。

(1)热轧光圆钢筋

热轧光圆钢筋是指经热轧成型,横截面通常为圆形,表面光滑的成品钢筋。《钢筋混凝土用钢 第1部分:热轧光圆钢筋》(GB 1499.1—2017)规定,屈服强度特征值为300级,牌号由HPB+屈服强度特征值构成,推荐的公称直径为6 mm,8 mm,10 mm,12 mm,16 mm,20 mm等。钢筋可按直条或盘卷交货。按盘卷交货的钢筋,每根盘条质量应不小于500 kg,每盘质量应不小于1 000 kg。

(2)热轧带肋钢筋

热轧带肋钢筋是钢筋混凝土结构中使用的主要钢筋类型,由低合金钢轧制而成。横截面为圆形,外表带肋,长度方向有两条纵肋及均匀分布的月牙状横肋,其形状如图5.5所示。

图5.5 热轧带肋钢筋

《钢筋混凝土用钢 第2部分:热轧带肋钢筋》(GB 1499.2—2018)规定,热轧钢筋分为普通热轧钢筋和细晶粒热轧钢筋两类,按屈服强度特征值分为400级,500级和600级。普通热轧钢筋分为HRB400,HRB500,HRB600,HRB400E,HRB500E 5个牌号,HRB400,HRB500,HRB600分别以4,5,6表示;HRB400E,HRB500E分别以4E,5E表示。细晶粒热轧钢筋分为HRBF400,HRBF500,HRBF400E,HRBF500E 4个牌号,HRBF400,HRBF500分别以C4,C5表示;HRBF400E,HRBF500E分别以C4E,C5E表示。其中H,R,B,F,E分别为热轧(Hotrolled)、带肋(Ribbed)、钢筋(Bars)、细(Fine)、地震(Earthquake)5个词英文首位字母。公称直径为6 mm,8 mm,10 mm,12 mm,14 mm,16 mm,18 mm,20 mm,22 mm,25 mm,28 mm,32 mm,36 mm,40 mm和50 mm。热轧钢筋通常按直条交货,也可按盘卷交货,按盘卷交货时,每盘应是一根钢筋。

2)钢筋的技术性能及评价指标

钢筋的技术性能主要包括力学性能(抗拉性能、塑性)、工艺性能、疲劳性能、焊接性能、化学性能等。

(1)抗拉性能

拉伸是建筑钢材的主要受力形式。抗拉性能是表示钢材性能和选用钢材的重要依据。

将钢筋制成一定规格要求的试件,放在材料试验机上进行拉伸试验。钢筋在受拉力作用时产生拉伸变形,受力的不同阶段有其不同的变形特征。

钢筋混凝土用热轧光圆钢筋和热轧带肋钢筋一般为低碳钢。低碳钢由于其含碳量低,强度低而塑性好,便于观察拉伸应力与应变的变化关系。图 5.6 所示为钢筋拉伸过程中应力-应变关系曲线图。从图中曲线可以看出,钢筋拉伸经历了 4 个阶段:弹性阶段(OB)、屈服阶段(BC)、强化阶段(CD)和颈缩阶段(DE)。

①弹性阶段。图 5.6 中的 OB 段,其特点是:应变随应力 R 增长而增长,卸去荷载后可恢复变形,称为弹性阶段。在弹性阶段中,OA 段 R 与 ε 为线性关系,应力与应变成比例增长,应力与应变之比为常数,称为弹性模量,即 $E = \dfrac{R}{\varepsilon}$。弹性模量反映了材料受力时抵抗弹性变形的能力,即材料的刚度。它是钢材在静荷载作用下计算结构变形的一个重要指标,A 点对应的应力 R_p 称为比例极限。AB 段应变 ε 随应力 R 增长但线性关系不明显,应力与应变不再成正比关系,但卸去外力时,试件变形能立即消失,不产生残留塑性变形的最大应力称为弹性极限,即 B 点对应的 R_B。

②屈服阶段。图 5.6 中 BC 段,曲线 B 点开始向横轴弯转直至 C 点,形成锯齿形水平线,变形迅速增加,应力则大致在恒定位置波动。这就是所谓的"屈服现象",似乎钢材不能承受外力而屈服。此时卸去荷载,变形将不能完全恢复,表明试件已出现塑性变形,这一段称为屈服阶段。在这一段中的最高点 $C_上$ 称屈服上限,上屈服点 $C_上$ 所对应的应力为上屈服强度,用 R_{eH} 表示;不计初始瞬时效应时的最低点 $C_下$ 称屈服下限,下屈服点

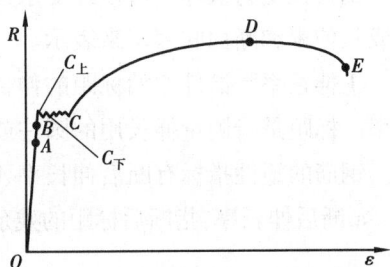

图 5.6　低碳钢拉伸 R-ε 曲线

$C_下$ 所对应的应力为下屈服强度,用 R_{eL} 表示。《钢筋混凝土用钢　第 1 部分:热轧光圆钢筋》(GB/T 1499.1—2017)和《钢筋混凝土用钢　第 2 部分:热轧带肋钢筋》(GB/T 1499.2—2018)规定,钢筋的屈服强度用其下屈服强度表示,即式(5.1)。

$$R_{eL} = \frac{F_{eL}}{S_0} \qquad\qquad (5.1)$$

式中　R_{eL}——屈服强度,MPa;

　　　　F_{eL}——钢材拉伸达到屈服点时的屈服荷载,N;

　　　　S_0——试样的原横截面面积,mm^2。

屈服强度对钢材的使用有着重要意义。钢材实际应力达到屈服强度时,将产生不可恢复的永久变形,即塑性变形,虽未破坏,已不能正常工作,这在结构上是不允许的,因此屈服强度是确定钢材容许应力的主要依据。

③强化阶段。图 5.6 中 CD 段,钢筋抵抗塑性变形的能力又重新增加,其原因是当应力超过屈服强度后,钢材内部组织中晶格发生了畸变,阻止晶格进一步滑移,钢材得到强化,故称为强化阶段。CD 为一段上升曲线,对应于最高点 D 的应力值称为抗拉强度或强度极限,以 R_m 表示,即式(5.2)。

$$R_m = \frac{F_m}{S_0} \qquad\qquad (5.2)$$

式中　R_m——抗拉强度,MPa;

F_m——钢材的极限荷载,N;

S_0——试件原横截面积,mm^2。

抗拉强度是钢筋受拉时所能承受的最大应力值。抗拉强度在设计中虽不能利用,但屈服强度与抗拉强度之比 R_{eL}/R_m,称为屈强比,有一定实用价值。屈强比的大小反映了钢材的利用率和结构的安全可靠度。屈强比越小,则反映钢材结构的安全性越高,即受力超过钢材的屈服强度工作时可靠性较大。但屈强比太小,则反映钢材未能有效地利用。建筑结构用钢合理的屈强比一般为 0.6~0.75。

④颈缩以至断裂阶段。图 5.6 中 D 点以后,钢筋试件在外力作用下,抵抗变形的能力明显降低,在最薄弱处塑性变形迅速增加,此处试件截面迅速缩小,产生颈缩现象,直至断裂,所以 DE 段称为颈缩阶段。

(2)塑性(延性)

钢材在受力破坏前可以经受永久变形的性能,称为塑性。钢材的塑性变形能力通常用伸长率或延伸率和断面收缩率来表示。

①伸长率。试件原始标距的伸长(原始标距的增量)与原始标距(L_0)之比的百分率即为伸长率。标距是指测量伸长用的圆柱或棱柱部分的长度。原始标距是指室温下施力前的试样标距。钢筋的塑性指标有断后伸长率 A 和最大力总延伸率 A_{gt}。

a.断后伸长率:指断后标距的残余伸长(L_u-L_0)与原始标距(L_0)之比的百分率,见式(5.3)。

$$A = \frac{L_u - L_0}{L_0} \times 100\% \tag{5.3}$$

式中　A——伸长率,%;

　　　L_0——试样的原始标距,mm;

　　　L_u——试样的断后标距,mm。

b.最大力总延伸率:最大力时原始标距的总延伸(弹性延伸加塑性延伸)与引伸计标距 L_e 之比的百分率,见式(5.4)。

引伸计标距是指用引伸计测量试样延伸时所使用引伸计起始标距长度。延伸是指试验期间任一给定时刻引伸计标距 L_e 的增量。

$$A_{gt} = \frac{\Delta L_m}{L_e} \times 100\% \tag{5.4}$$

式中　A_{gt}——最大力总延伸率,%;

　　　L_e——引伸计标距,mm;

　　　ΔL_m——最大力下的总延伸,mm。

伸长率是衡量钢材塑性的指标,它的数值越大,表示钢材的塑性越好。钢材在使用中为避免正常受力时在缺陷处产生应力集中发生脆断,要求塑性良好,即有一定的伸长率。这样可以使缺陷处超过材料的屈服强度时,随着塑性变形的发生,使应力重新分布而避免钢材提早破坏。

②断面收缩率。断面收缩率是断裂后试样横截面面积的最大缩减量与原始横截面面积之比的百分数,见式(5.5)。

$$Z = \frac{S_0 - S_u}{S_0} \times 100\% \tag{5.5}$$

式中　Z——断面收缩率,%;

　　　S_0——试样原横截面面积,mm^2;

　　　S_u——断后最小横截面面积,mm^2。

断面收缩率 Z 与伸长率 A 都反映了钢材的变形性能。Z 与 A 越大,说明钢材的塑性越好。塑性好的钢材能较好地承受各种加工工艺,容易保证质量。

(3)工艺性能

钢筋的工艺性能表现为钢筋的弯曲性能和反向弯曲性能。

①弯曲性能。弯曲性能又称为冷弯性能,是指钢筋在常温下承受变形的能力。钢筋的弯曲性能通过钢筋的弯曲试验检验。弯曲试验是将试样在弯曲装置上(图5.7)经受弯曲塑性变形,不改变力的方向,在一定的弯心直径 D 下直至达到规定的弯曲角度 α。弯曲角度越大,弯心直径与试件直径的比值越小,则表示弯曲性能越高。《金属材料弯曲试验方法》(GB/T 232—2010)有 3 种方法:一是,达到某规定的角度 α 的弯曲(图 5.8);二是,绕着弯心弯至两臂平行[图 5.9(a)];三是,弯至两臂接触的重合弯面[图 5.9(b)]。

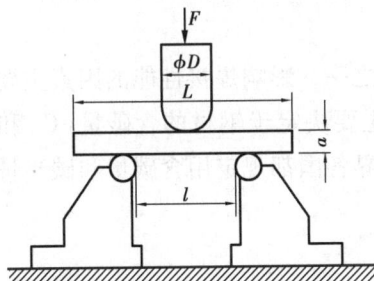

图 5.7　金属试件冷弯时的装置

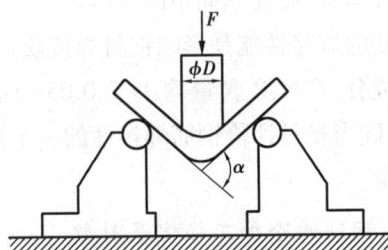

图 5.8　冷弯试验(弯至规定角度)

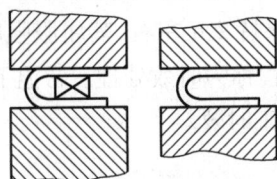

(a)弯至两臂平行

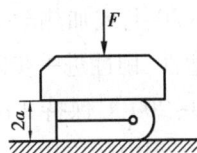

(b)弯至两臂接触重合

图 5.9　冷弯试验

弯曲性能是建筑钢材的重要工艺性能,它表明钢材在静压下的塑性。伸长率和弯曲性能都能反映钢材的塑性,但弯曲试验是对钢材塑性更严格的检验。因为伸长率是测定钢材在均匀荷载作用下的变形,而弯曲试验是测定钢材在不均匀荷载作用下产生的不均匀变形,更有利于揭示钢材内部组织是否均匀,是否存在夹杂物、裂纹等缺陷,而这些缺陷在拉伸试验中常因塑性变形导致应力重新分布而得不到反映。

②反向弯曲性能。热轧带肋钢筋中牌号带 E 的钢筋应进行反向弯曲性能检验,根据需方要求,其他牌号的钢筋也可进行检验。反向弯曲性能通过反向弯曲试验来检验。反向弯曲试验的弯心直径比弯曲试验相应增加一个公称直径,将试样先正向弯曲 90°,把经正向弯曲后的试样在 100 ℃±10 ℃温度下保温不少于 30 min,经自然冷却后再反向弯曲 20°,两个弯曲角度均应在保持荷载时测量。当供货方能保证钢筋经人工时效后的反向弯曲性能时,正向弯曲的试样也

可在室温下进行反向弯曲。

（4）疲劳性能

钢材在交变应力（随时间作周期性交替变更的应力）的反复作用下，往往在工作应力远小于抗拉强度时发生骤然断裂，这种现象称为"疲劳破坏"。钢材疲劳破坏的应力指标用疲劳强度（或称疲劳极限）来表示，它是指试件在交变应力作用下，不发生疲劳破坏的最大应力值。在一定条件下，钢材疲劳破坏的应力值随应力循环次数的增加而降低，实际测量时常以 2×10^6 次应力循环为基准。

钢材的疲劳破坏一般由拉应力引起，首先在局部开始形成细小断裂，随后由于微裂纹尖端的应力集中而使其逐渐扩大，直至突然发生瞬时疲劳断裂。疲劳破坏是在低应力状态下突然发生的，所以危害极大，往往造成灾难性事故。

（5）焊接性能

焊接是把两块金属局部加热或加压，并使其接缝部分迅速呈熔融或半熔融状态而牢固地连接起来，它是钢筋的主要连接形式。钢筋良好的焊接性是指钢材的连接部分焊接后力学性能不低于焊件本身，硬脆倾向小的性能。

钢筋的焊接性能是影响钢材焊接质量的重要因素之一。影响焊接性能的因素主要是钢材的化学成分，在 S、P 含量均小于 0.05% 时，焊接性能主要决定于钢材的含碳量（C）和碳当量（C_{eq}）。碳当量是评价钢筋焊接性的一个控制参数，世界各国都规定用含碳量和碳当量来控制焊接质量。

（6）钢筋的冷加工强化及时效

①钢筋的冷加工强化及时效的定义。钢材在常温下进行冷拉、冷拔或冷轧，使其产生塑性变形，从而使屈服强度提高，塑性、韧性及弹性模量降低，称为冷加工强化。冷加工处理后的钢筋，在常温下存放 15~20 d，或加热至 100~200 ℃保持 2 h 左右，其屈服强度进一步提高，且抗拉强度也提高，同时塑性、韧性进一步降低，这个过程称为时效处理。常温下存放 15~20 d 称为自然时效，加热至 100~200 ℃保持 2 h 左右称为人工时效。

②冷加工在建筑工程中的应用：

a.建筑工程中常对钢筋进行冷拉，以节约钢材。钢筋冷拉后屈服强度可提高 15%~20%。

b.工程中对钢筋进行冷拉还可以起矫直、除锈的作用。钢筋冷拉可采用控制应力和控制冷拉率两种方法。

（7）化学性能

钢材的化学性能主要是指钢材的化学成分对钢材性能的影响。

钢材的性能主要决定于其中的化学成分。钢的化学成分主要是铁和碳，此外还有少量的硅、锰、磷、硫、氧、氮等杂质元素。这些元素的存在对钢材性能有不同影响，其中碳的影响最大。现将化学元素对钢材的力学性能影响分述如下。

①碳（C）。碳是钢中除铁之外含量最多的元素。钢的碳含量对钢材的性能影响最大。随着碳含量的增加，钢材的硬度和强度增强，钢材的塑性、韧性和焊接性能随碳含量的增加而下降。当碳的质量分数大于 1% 时，由于钢材变脆，抗拉强度下降；碳的质量分数大于 0.3% 时，钢的焊接性能显著降低。

②锰（Mn）。锰在一般碳素钢中的质量分数为 0.25% ~ 0.8%。在炼钢过程中锰能起到脱氧去硫的作用，因而可降低钢的脆性，提高钢的强度和韧性，但钢中含锰的质量分数在 0.8% 以下时，锰对钢的性能影响不显著。若锰作为合金元素加入钢中，使钢中锰的质量分数提高到 0.8% ~ 2% 或者更高时，就成为力学性能优于一般碳素钢的锰钢。但当锰的质量分数大于 10% 时，会降低钢材的耐腐蚀和焊接性能。

③硅（Si）。硅在一般碳素钢中的质量分数为 0.1% ~ 0.4%。硅的脱氧能力较锰强，能提高钢材的硬度和强度。若作为合金元素加入钢中，当硅的质量分数提高到 1.0% ~ 1.2% 时，钢材的抗拉强度可提高 15% ~ 20%，但塑性和韧性明显下降，焊接性能变差，并增加钢材的冷脆性。

④硫（S）。硫在钢中含量很少，是在炼钢时由矿石燃料带到钢中的杂质。由于硫的存在，造成钢材的热脆性，即当钢材加热到 1 000 ℃ 以上进行热加工时，钢材会产生破裂现象。热脆性对钢材的热加工性影响很大。

⑤磷（P）。磷的含量也很少，也是在炼钢过程中带进的杂质。磷可使钢材产生冷脆性，即在低温条件下使钢材的塑性和韧性显著降低，则钢材容易脆断。磷虽能适当提高钢的硬度和强度，但磷产生的冷脆使钢材不宜在低温条件下工作。

⑥氧（O_2）、氮（N_2）及氢（H_2）等。这些气体元素是碳素钢中含量极少的杂质，但它们都不同程度地对钢的塑性、韧性及焊接性能有不利影响，因而要求在炼钢过程中采取措施，严格控制其含量，以保证钢的质量。

3) 钢筋技术指标检测的一般规定及尺寸、质量偏差的检验

（1）一般规定

每批质量通常不大于 60 t，超过 60 t 的部分，每增加 40 t（或不足 40 t 的余数），增加一个拉伸试样和一个弯曲试样。

①热轧光圆钢筋的检验项目、数量、取样方法、试验方法见表 5.1 的规定。

表 5.1　热轧光圆钢筋的检验项目和数量

序　号	检验项目	取样数量	取样方法	试验方法
1	化学成分[a]（熔炼分析）	1	GB/T 20066	GB/T 223　GB/T 4336 GB/T 20123　GB/T 20125
2	拉　伸	2	不同根（盘）钢筋切取	GB/T 28900 GB/T 228　GB 1499.1—2017(8.2)
3	弯　曲	2	不同根（盘）钢筋切取	GB/T 28900 GB/T 232　GB 1499.1—2017(8.2)
4	尺　寸	逐支（盘）		GB 1499.1—2017(8.3)
5	表　面	逐支（盘）		目　视
6	质量偏差		GB 1499.1—2017(8.4)	

注：a.对化学成分的试验方法优先采用 GB/T 4336 方法，对结果有争议时，仲裁试验按 GB/T 223 相关部分进行。

②热轧带肋钢筋的检验项目、数量、取样方法、试验方法见表5.2的规定。

表5.2　热轧带肋钢筋的检验项目和数量

序　号	检验项目	取样数量	取样方法	试验方法
1	化学成分[a]（熔炼分析）	1	GB/T 20066	GB/T 223 GB/T 4336 GB/T 20123 GB/T 20124 GB/T 20125
2	拉　伸	2	不同根（盘）钢筋切取	GB/T 28900 GB/T 228 GB 1499.2—2018（8.2）
3	弯　曲	2	不同根（盘）钢筋切取	GB/T 28900 GB/T 232 GB 1499.2—2018（8.2）
4	反向弯曲	1	任1根（盘）钢筋切取	GB/T 28900 GB 1499.2—2018（8.2）
5	尺　寸	逐根（盘）		GB 1499.2—2018（8.3）
6	表　面	逐根（盘）		目　视
7	质量偏差		GB 1499.2—2018（8.4）	
8	金相组织	2	不同根（盘）钢筋切取	GB/T 13298 GB 1499.2—2018（附录B）

注：a.对化学成分的试验方法优先采用GB/T 4336方法，对结果有争议时，仲裁试验按GB/T 223相关部分进行。

（2）尺寸检验

①热轧光圆钢筋直径的测量精确到0.1 mm。

②热轧带肋钢筋的尺寸检验：

a.钢筋的内径测量精确到0.1 mm。

b.带肋钢筋纵肋、横肋高度的测量采用测量同一截面两侧横肋中心高度平均值的方法，即测取钢筋最大外径，减去该处内径，所得数值的一半为该处肋高，应精确到0.1 mm。

c.带肋钢筋横肋间距采用测量平均肋距的方法进行测量，即测取钢筋一面上第1个与第11个横肋的中心距离。该数值除以10即为横肋间距，精确到0.1 mm。

（3）质量偏差检验

①取样。试样从不同根钢筋上截取，数量不少于5支，每支试样长度不小于500 mm。长度应逐支测量，应精确到0.1 mm。测量试样总质量时，应精确到不大于总质量的1%。

②计算。钢筋实际质量与理论质量的偏差（%）按下式计算：

$$质量偏差 = \frac{试样实际总质量-（试样总长度×理论质量）}{试样总长度×理论质量} ×100\%$$

2.测定普通钢筋的屈服强度、抗拉强度、伸长率及冷弯性能

试验依据为《金属材料　拉伸试验　第1部分：室温试验方法》（GB/T 228.1—2010）、《金属材料　弯曲试验方法》（GB/T 232—2010）、《钢筋混凝土用钢　第1部分：热轧光圆钢筋》（GB 1499.1—2017）、《钢筋混凝土用钢　第2部分：热轧带肋钢筋》（GB 1499.2—2018）。

GB/T 228.1—2010　钢筋的拉伸试验

1　试验目的

测定钢筋的屈服强度 R_{eL}、抗拉强度 R_m、断后伸长率 A。

2　试验条件

2.1　环境条件：除非另有规定,试验一般在室温 10~35 ℃下进行;对温度要求严格的试验,试验温度应为(23±5)℃。

2.2　试验机：试验机的测力系统应按照 GB/T 16825.1 进行校准,并且其准确度应为 1 级或优于 1 级。

3　试验准备

3.1　试样准备

3.1.1　拉伸试样不允许车削加工。

3.1.2　不同根(盘)切取两个试样。

3.1.3　试样长度(mm):试验机两夹头之间的自由长度(平行长度)应足够,以使试样原始标距的标记与最近夹头间的距离不小于 $\sqrt{S_0}$,所以试样长度 L 的要求为式(T 228.1.1)。

$$L \geqslant L_0 + 2\sqrt{S_0} + 200 \text{ mm} \qquad (\text{T } 228.1.1)$$

确定试样的原始横截面积 S_0:热轧光圆钢筋计算强度的截面积采用表 T 228.1.1 所列公称截面积。热轧带肋钢筋计算强度的截面积采用表 T 228.1.2 所列公称截面积。

确定原始标距 L_0:原始标距 L_0 为 $5d$。

表 T 228.1.1　热轧光圆钢筋的公称截面积

公称直径/mm	公称横截面积/mm²	公称直径/mm	公称横截面积/mm²
6	28.27	16	201.1
8	50.27	18	254.5
10	78.54	20	314.2
12	113.1	22	380.1
14	153.9		

表 T 228.1.2　热轧带肋钢筋的公称截面积

公称直径/mm	公称横截面积/mm²	公称直径/mm	公称横截面积/mm²
6	28.27	22	380.1
8	50.27	25	490.9
10	78.54	28	615.8
12	113.1	32	804.2
14	153.9	36	1 018
16	201.1	40	1 257
18	254.5	50	1 964
20	314.2		

3.1.4 原始标距的标记:将原始标距细分为 10 mm 的 N 等份,用小标记、细画线或细墨线标记,不得用引起过早断裂的缺口做标记,原始标距的标记应准确到 ±1%。

3.2 选择夹具:夹具应使用楔形夹具、螺纹夹具、平推夹具、套环夹具等,夹具应与钢筋的公称直径相匹配。

3.3 选择加载速率

3.3.1 国家标准《金属材料 拉伸试验 第 1 部分:室温试验方法》(GB/T 228.1—2010)规定了两种试验速率控制方法:应变速率控制试验速率(方法 A)和应力速率控制试验速率(方法 B)。除非另有规定,只要能满足规范要求,实验室可以自行选择方法 A 或方法 B。

3.3.2 试验条件的表示:为了用缩略的形式报告试验控制模式和试验速率,可以使用缩写表示,GB/T 228Annn 或 GB/T 228Bn。"A"定义为使用方法 A,"B"定义为使用方法 B。3 个字母符号"nnn"是指每个试验阶段所用的速率,方法 B 中符号"n"是指在弹性阶段所选取的试验速率。

3.3.3 应力速率控制的试验速率方法(方法 B)如下:

在弹性范围和直至上屈服强度,试验机夹头分离速率应尽可能保持恒定,并在表 T 228.1.3 规定的应力速率范围内。

表 T 228.1.3 应力速率

材料弹性模量 E/MPa	应力速率 R/(MPa·s^{-1})	
	最 小	最 大
<150 000	2	20
≥150 000	6	60

试样平行长度的屈服期间应变速率为 0.000 25~0.002 5/s。平行长度内的应变速率应尽量保持恒定,如不能直接调节这一应变速率,应通过调节屈服即将开始前的应力速率调整,在屈服完成之前不再调整试验机。在任何情况下,弹性范围内的应变速率不得超过表 T 228.1.3 规定的最大速率。

测定屈服强度后,试验速率可以增加到不大于 0.008/s 的单一试验速率。

4 试验步骤

4.1 将试样固定在试验机夹头内,开动试验机,按选定的速率加载。

4.2 上屈服强度的测定:从力-延伸曲线图或峰值力显示器上测得,定义为力首次下降前的最大力值对应的应力。

4.3 下屈服强度的测定:从力-延伸曲线上测得,定义为不计初始瞬时效应时屈服阶段的最小力或屈服阶段的平台力对应的应力。

对于上、下屈服强度位置判定的基本原则如下:

①屈服前的第一个峰值应力(第一个极大值应力)判为上屈服强度,不管其后的峰值应力比它大或小。

②屈服阶段中如出现两个或两个以上的谷值应力,舍去第一个谷值应力(第一个极小值应

力)不计,取其余谷值应力之中最小者判为下屈服强度。如只出现 1 个下降谷,此谷值应力判为下屈服强度。

③屈服阶段中呈现屈服平台,平台应力判为下屈服强度。如呈现多个而且后者高于前者的屈服平台,判为第一个平台应力为下屈服强度。

④正确判定结果应是下屈服强度一定低于上屈服强度。

4.4 抗拉强度的测定:从力-延伸曲线上测得,定义为曲线上最大力对应的应力。

4.5 断后伸长率的测定

①将试样断裂的部分仔细地配接在一起,使其轴线处于同一直线上,并确保试样断裂部分适当接触。

②测量断后标距。

③计算断后伸长量 $L_u - L_0$,并准确到 ±0.25 mm。

5 结果计算

屈服强度、抗拉强度、断后伸长率按式(T 228.1.2)、式(T 228.1.3)、式(T 228.1.4)计算。

屈服强度:

$$R_{eL} = \frac{F_{eL}}{S_0} (\text{结果修约至 5 MPa}) \tag{T 228.1.2}$$

抗拉强度:

$$R_m = \frac{F_m}{S_0} (\text{结果修约至 5 MPa}) \tag{T 228.1.3}$$

断后伸长率:

$$A = \frac{L_u - L_0}{L_0} \times 100 (A \leqslant 10\%, \text{结果修约至 0.5\%}; A > 10\%, \text{结果修约至 1\%}) \tag{T 228.1.4}$$

原则上只有断裂处与最接近的标记的距离小于原始标距的 1/3 情况方有效。但断后伸长率大于或等于规定值,不管断裂位置处于何处,测量均为有效。

如断裂处与最接近的标距标记的距离小于原始标距的 1/3 且断后伸长率小于规定值,为避免试样报废,可以采用移位法测定断后伸长率。

移位法测定断后伸长率

试验前将原始标距 L_0 细分为 N 等份。

试验后,以符号 X 表示断裂后试样短段的标距标记,以符号 Y 表示断裂试样长段的等分标记,此标记与断裂处的距离最接近于断裂处至标距标记 X 的距离。

如 X 与 Y 之间的分格数为 n,按以下测定断后伸长率:

①如 $N-n$ 为偶数,如图 T 228.1.1 所示,测量 X 与 Y 之间的距离和测量从 Y 至距离为 1/2 $(N-n)$ 个分格的 Z 标记之间的距离,按式 $A = \frac{XY + 2YZ - L_0}{L_0} \times 100\%$ 计算断后伸长率。

②如 $N-n$ 为奇数,如图 T 228.1.2 所示,测量 X 与 Y 之间的距离和测量从 Y 至距离分别为 $1/2(N-n-1)$ 和 $1/2(N-n+1)$ 个分格的 Z' 和 Z'' 标记之间的距离,按式 $A = \frac{XY + YZ' + YZ'' - L_0}{L_0} \times 100\%$ 计算断后伸长率。

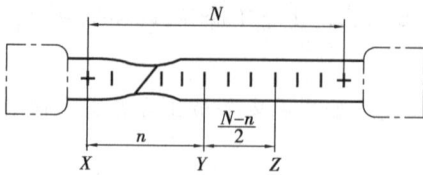

图 T 228.1.1　N-n 为偶数的测量图示

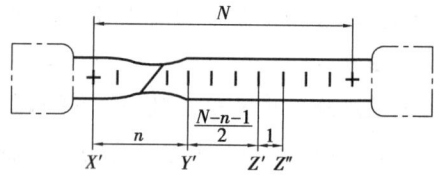

图 T 228.1.2　N-n 为奇数的测量图示

GB/T 232—2010　钢筋的弯曲试验

1　试验目的

检验钢筋常温下弯曲塑性变形能力。

2　试验条件

2.1　环境条件:试验一般在室温为 10~35 ℃时进行;对温度要求严格的试验,试验温度应为(23±5)℃。

2.2　试验设备:配有弯曲装置的试验机或压力机。弯曲装置的类型可以是配有两个支辊和一个弯曲压头的支辊式弯曲装置、配有一个 V 形模具和一个弯曲压头的 V 形弯曲装置、虎钳式弯曲装置等。

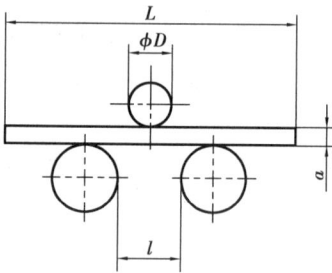

图 T 232.1　支辊式弯曲装置示意图

2.2.1　支辊式弯曲装置(图 T 232.1):支辊长度应大于试样宽度或直径。支辊半径应为 1~10 倍试样厚度,支辊应有足够的硬度。

2.2.2　除非另有规定,支辊间距离应按照式(T 232.1)确定,并且此距离在试验期间保持不变。

$$l=(D+3a)\pm0.5a \tag{T 232.1}$$

式中　D——弯曲压头直径,mm;

a——试样直径,mm。

2.2.3　弯曲压头直径应在相关产品标准中规定,弯曲压头宽度应大于试样宽度或直径。弯曲压头应有足够的硬度。

3　试验准备

3.1　试样准备

3.1.1　拉伸试样不允许车削加工。

3.1.2　任选两根钢筋切取两个试样,试样表面不得有划痕和损伤。

3.1.3　试样长度:试样应根据试样直径和所使用的设备确定,可以参照式(T 232.2)取值。

$$L=0.5\pi(D+a)+140 \text{ mm}(\pi \text{ 取 } 3.1) \tag{T 232.2}$$

3.2　选择弯曲角度及弯曲压头直径

3.2.1　GB 1499.1—2017 和 GB 1499.2—2018 规定热轧光圆钢筋和热轧带肋钢筋的弯曲角度为 180°。

3.2.2　选择弯曲压头直径:弯曲压头直径应与标准规定的钢筋的弯心直径一致。

标准规定的钢筋的弯心直径 d:

①热轧光圆钢筋弯心直径:$d=a$。

②热轧带肋钢筋弯心直径见表 T 232.1。

表 T 232.1　热轧带肋钢筋取用的弯心直径要求

牌　号	公称直径 a/mm	弯心直径 d/mm	牌　号	公称直径 a/mm	弯心直径 d/mm	牌　号	公称直径 a/mm	弯心直径 d/mm
HRB400	6~25	4a	HRB500	6~25	6a		6~25	6a
HRBF400 HRB400E	28~40	5a	HRBF500 HRB500E	28~40	7a	HRB600	28~40	7a
HRBF400E	>40~50	6a	HRBF500E	>40~50	8a		>40~50	8a

4　试验步骤

4.1　将试样放于两支辊(或 V 形模具)上,试样轴线与弯曲压头轴线垂直。

4.2　弯曲压头在两支座间的中心点处对试样连续施加力使其弯曲,直至达到规定弯曲角度。

4.3　弯曲试验时,应缓慢施加弯曲力,使材料能自由地进行塑性变形。

5　结果评定

钢筋受弯曲部位不使用放大镜观察,试样弯曲外表面无可见裂纹为合格。

6　试验报告

试验报告至少包括以下内容:

①本国家标准编号;

②试样标志(材料牌号、炉号、取样方向);

③试样形状和尺寸;

④试验条件(弯曲压头直径、弯曲角度);

⑤试验结果。

3.普通钢筋的技术要求

1)热轧光圆钢筋的技术要求

(1)化学成分要求

《钢筋混凝土用钢　第 1 部分:热轧光圆钢筋》(GB 1499.1—2017)要求热轧光圆钢筋的化学成分应符合表 5.3 的规定。

表 5.3　光圆钢筋的化学成分要求

牌　号	化学成分(质量分数)/%				
	C	Si	Mn	P	S
HPB300	0.25	0.55	1.50	0.045	0.045

(2)力学特征值的要求

钢筋的屈服强度 R_{eL}、抗拉强度 R_m、断后伸长率 A、最大力下总伸长率 A_{gt} 等力学性能特征值应符合表 5.4 的规定。

表 5.4　光圆钢筋的力学性能特征值要求

牌　号	屈服强度 R_{eL} /MPa	抗拉强度 R_m /MPa	断后伸长率 A /%	最大力总伸长率 A_{gt}/%	冷弯试验 180° d—弯心直径 a—钢筋公称直径
HPB300	300	420	25	10.0	d=a

（3）弯曲性能要求

钢筋按表 5.4 规定的弯心直径弯曲 180°后，钢筋受弯曲部位不得产生裂纹。

（4）表面质量要求

①钢筋应无有害的表面缺陷。按盘卷交货的钢筋应将头尾有害缺陷部分切除。

②试样可使用钢丝刷清理，清理后的质量、尺寸、横截面积和拉伸性能应满足要求，锈皮、表面不平整或氧化铁皮不作为拒收的理由。

③当有其他表面缺陷，试样不符合拉伸和弯曲性能的要求时，则认为这些缺陷是有害的。

2）热轧带肋钢筋的技术要求

（1）化学成分要求

《钢筋混凝土用钢　第 2 部分：热轧带肋钢筋》（GB 1499.2—2018）要求热轧带肋钢筋的化学成分应符合表 5.5 的规定。

表 5.5　钢筋混凝土热轧带肋钢筋化学成分要求

牌　号	化学成分/%					
	C	Si	Mn	P	S	C_{eq}
HRB400 HRBF400 HRB400E HRBF400E	0.25	0.80	1.60	0.045	0.045	0.54
HRB500 HRBF500 HRB500E HRBF500E						0.55
HRB600	0.28					0.58

注：碳当量 C_{eq} 值计算方法为：$C_{eq}=C+Mn/6+(Cr+V+Mo)/5+(Cu+Ni)/15$。

（2）力学性能特征值要求

钢筋的屈服强度 R_{eL}、抗拉强度 R_m、断后伸长率 A、最大力下总伸长率 A_{gt} 等力学性能特征值应符合表 5.6 的规定。

表 5.6　钢筋混凝土用热轧带肋钢筋力学性能特征值要求

牌　号	屈服强度 R_{eL}/MPa	抗拉强度 R_m/MPa	断后伸长率 A/%	最大力总延伸率 A_{gt}/%	断后伸长率 A/%	最大力总伸长率 A_{gt}/%
			不小于			不大于
HRB400 HRBF400	400	540	16	7.5	—	—
HRB400E HRBF400E			—	9.0	1.25	1.30
HRB500 HRBF500	500	630	15	7.5	—	—
HRB500E HRBF500E				9.0	1.25	1.30
HRB600	600	730	14	7.5	—	—

注:R_m 为钢筋实测抗拉强度;R_{eL} 为钢筋实测下屈服强度。

（3）工艺性能的要求

按表 T 232.1 规定的弯心直径弯曲 180°后,钢筋受弯曲部位不得产生裂纹。对牌号带 E 的钢筋应进行反向弯曲试验,反向弯曲试验后,钢筋受弯曲部位不得产生裂纹。

（4）疲劳性能要求

根据需方要求,经供需双方协议,可进行疲劳性能试验。疲劳试验的技术要求和试验方法应按照《钢筋混凝土用钢材试验方法》（GB/T 28900—2012）的规定进行。

（5）连接性能要求

钢筋焊接、机械连接工艺及接头质量检验与验收应符合《钢筋焊接及验收规程》（JGJ 18—2012）、《钢筋机械连接技术规程》（JGJ 107—2016）等相关标准的规定;HRBF500、HRBF500E 钢筋的焊接工艺应经试验确定;HRB600 钢筋推荐采用机械连接的方式进行连接。

（6）晶粒度

细晶粒热轧钢筋实际晶度为 9 级或更细,如供方如能保证可不做晶粒度检验。

（7）金相组织

钢筋的金相组织应主要是铁素体加珠光体,基圆上不应出现回火马氏体组织。钢筋宏观金相、截面维氏硬度、微观组织应符合规定,如供方能保证可不做检验。

（8）表面质量的要求

热轧带肋钢筋的表面质量要求同热轧光圆钢筋。

任务 5.3　预应力混凝土用钢丝和钢绞线的性能分析与检验

【任务描述】

本任务是认知预应力混凝土用钢丝、钢绞线的种类,分析其技术性能指标及相关测定方法。

【学习目标】

①了解预应力混凝土用钢丝的种类;熟悉预应力混凝土用钢绞线的种类。

②熟悉预应力混凝土用钢绞线的性能指标;熟悉1×7结构钢绞线的技术要求。

③能叙述预应力混凝土用钢绞线的尺寸检验方法及抗拉强度、整根钢绞线最大力、规定非比例延伸力、最大力总伸长率的测定方法。

1.预应力混凝土用钢丝和钢绞线的种类

1)预应力混凝土用钢丝的种类

预应力混凝土用钢丝是用优质高碳钢盘条经索氏体化处理、酸洗、镀铜或磷化后冷拔而成的钢丝总称。预应力钢丝用高碳钢盘条采用钢号为80的钢,其含碳量为0.7%~0.9%。为了使高碳钢盘条能顺利拉拔,并使成品钢丝具有较高的强度和良好的韧性,盘条的金相组织从珠光体变为索氏体。

《预应力混凝土用钢丝》(GB/T 5223—2014)规定,预应力混凝土用钢丝按加工状态分为冷拉钢丝(代号为WCD)和消除应力钢丝(低松弛级应力钢,代号为WLR)两种。钢丝按外形又可分为光圆钢丝(代号为P)、刻痕钢丝(代号为I)、螺旋肋钢丝(代号为H)。产品的标记应包含预应力钢丝、公称直径、抗拉强度等级、加工状态代号、外形代号、标准编号等内容。例如,直径为4.0 mm、抗拉强度为1 670 MPa的冷拉光圆钢丝,其标记为:预应力钢丝 4.00-1670-WCD-P-GB/T 5223—2014。

钢丝按盘交货,每盘钢丝由一根组成,其盘重不小于1 000 kg,不小于10 盘时,允许有10%的盘数小于1 000 kg,但不小于300 kg。冷拉钢丝的盘内径应不小于钢丝公称直径的100倍;消除应力钢丝的公称直径 $d \leqslant 5mm$ 的盘内径不小于1 500 mm,公称直径 $d > 5mm$ 时,盘内径不小于1 700 mm。

2)预应力混凝土用钢绞线的种类

①预应力混凝土用钢绞线由冷拉光圆钢丝或刻痕钢丝捻制成,《预应力混凝土用钢绞线》(GB/T 5224—2014)规定,钢绞线分为3种:标准型钢绞线(由冷拉光圆钢丝捻制成)、刻痕钢绞线(由刻痕钢丝捻制成)、模拔型钢绞线(捻制后再经冷拔成的钢绞线)。

②钢绞线按结构又分为8类:用两根钢丝捻制成,代号1×2;用3根钢丝捻制成,代号1×3;用3根刻痕钢丝捻制成,代号1×3Ⅰ;用7根钢丝捻制成标准型,代号1×7;用6根刻痕钢丝和一根光圆中心钢丝捻制成,代号1×7Ⅰ;用7根钢丝捻制又经模拔,代号(1×7)C;用19根钢丝捻制的1+9+9西鲁式钢绞线,代号1×19S;用19根钢丝捻制的1+6+6/6瓦林吞式钢绞线,代号1×19W。桥梁预应力混凝土工程中多用1×7结构钢绞线。

钢绞线按盘交货(图5.10),每盘钢绞线由一整根组成,1×2、1×3、1×3Ⅰ成品钢绞线不允许有任何焊接点,其余成品钢绞线只允许保留拉拔前的焊接点,且在每45m内只允许有1个拉拔前的焊接点。产品标记应包含预应力钢绞线、结构代号、公称直径、强度级别、标准编号等内容。例如,公称直径为15.20 mm、抗拉强度为1 860 MPa的7根钢丝捻制的标准型钢绞线标记为:预应力钢绞线 1×7-15.20-1860-GB/T 5224—2014。钢绞线的捻向一般为左捻。

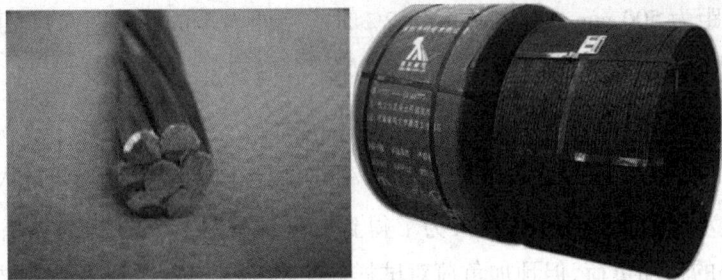

图 5.10 钢绞线

2.钢绞线的技术性能及评价指标

预应力混凝土用钢绞线的技术性能主要包括抗拉性能、塑性、应力松弛性能、疲劳性能及伸直性能等。

1) 抗拉性能

钢绞线是用索氏体化高碳钢盘条经冷拉后捻制成的,所以钢绞线在拉伸时,没有明显的屈服阶段,拉伸曲线如图 5.11 所示。其抗拉性能的评价指标主要包括抗拉强度 R_m、整根钢绞线最大力 F_m、0.2%屈服力 $F_{p0.2}$ 等。

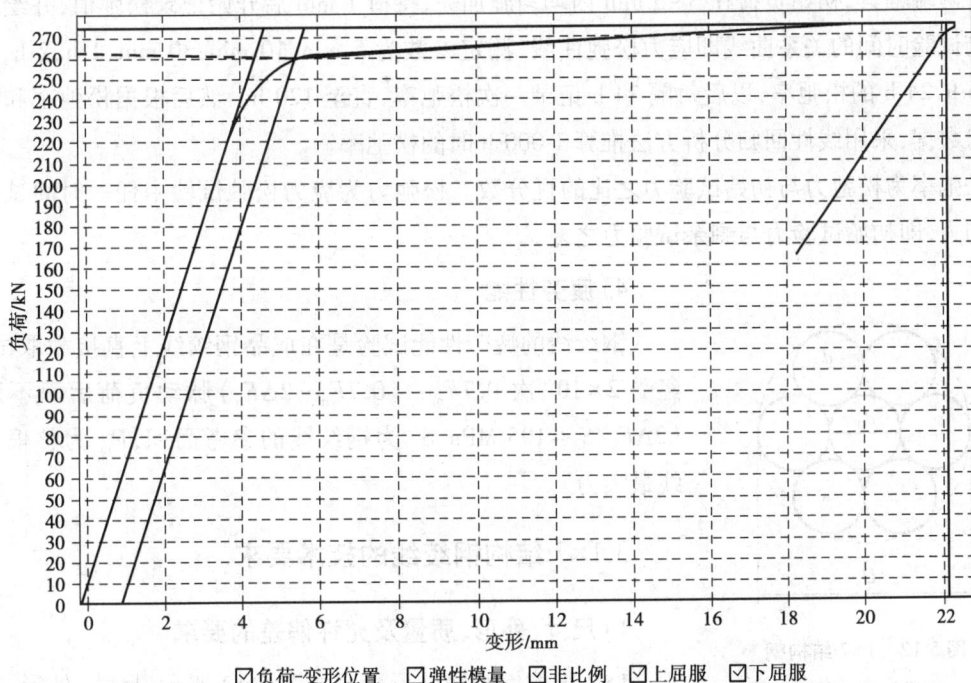

图 5.11 钢绞线拉伸曲线及 0.2% 屈服力 $F_{p0.2}$ 的确定

0.2%屈服力 $F_{p0.2}$ 是指引伸计标距的塑性延伸达到原始标距 0.2%时所受的力。此力除以试样的原始横截面积得到规定非比例延伸强度。规定非比例延伸力 $F_{p0.2}$ 的测定是在钢绞线力-延伸图上,作一条与曲线的弹性直线段部分平行,且在延伸轴上与此直线段的距离等效于规定塑性延伸率 0.2%的直线(图 5.11),此平行线与曲线的交点对应的力即为 0.2%屈服力 $F_{p0.2}$。

当引伸计标距为 500 mm,塑性延伸率 0.2%时的延伸为 1 mm,从图 5.11 可以得出,整根钢绞线最大力为 275 kN,0.2%屈服力 $F_{p0.2}$ 为 263 kN。

2)塑性

钢绞线塑性的评价指标为最大力总伸长率 A_{gt}。测定 1×7 结构钢绞线最大力总伸长率 A_{gt} 的原始标距最小为 500 mm。在测定时,为了得到直的试样和确保试样与夹头对中,可以施加 0.2%屈服力 10%的预加负荷,但预加负荷对试样产生的伸长率应加在总伸长内。从图 5.11 可以得出,最大力下的总延伸为 22.1 mm,当引伸计标距为 500 mm 时,最大力下总伸长率为:

$$A_{gt} = \frac{\Delta L_m}{L_e} \times 100\% = \frac{22.1 \text{ mm}}{500 \text{ mm}} \times 100\% = 4.4\%$$

3)应力松弛性能

钢绞线的应力松弛性能是指钢绞线在规定温度和规定条件下应力随时间而减少的现象。应力的松弛性能的评价指标为 1 000 h 后的应力松弛率。

应力松弛性能试验采用的仪器为钢绞线应力松弛试验机,试验的环境温度应保持在 20 ℃±2 ℃内,试样标距长度不小于公称直径的 60 倍,试样制备后不得进行任何热处理和冷加工,试样长度约为 2.5 m,将试样在 20 ℃±2 ℃放置时间 4 h 以上,装入张拉丝杠和拉伸架的中心孔,安装好两端锚具,初始负荷在 3~5 min 内均匀施加完,持荷 1 min 后开始记录松弛值,并绘制剩余力与试验时间的关系曲线即应力松弛曲线,测定参数为 5 min,10 min,30 min,1 h,2 h,4 h,8 h,16 h,24 h 的松弛率,以后每隔 24 h 记录一次松弛率,直至 120 h。然后根据松弛率和时间的试验数据,采用线性回归分析方法推算 1 000 h 时的松弛率。

松弛率为松弛力与初始试验力之比的百分数。松弛力为应力松弛试验中任一时间试样上减小的力,即初始试验力与剩余试验力之差。

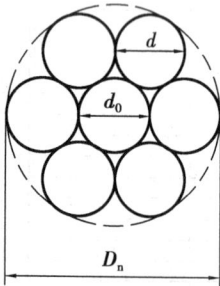

图 5.12 1×7 结构钢绞线外形示意图

4)疲劳性能

钢绞线的疲劳性能试验是在成品钢绞线上直接截取试样,经受 $2×10^6$ 次 $0.7F_m \sim (0.7F_m - 2\Delta F_a)$ 脉动负荷后而不断裂($2\Delta F_a/S_n = 195$ MPa,S_n 为钢绞线的参考面积,F_m 为整根钢绞线最大力)。

3.1×7 结构钢绞线的技术要求

1)尺寸、外形、质量及允许偏差的要求

1×7 结构钢绞线外形示意如图 5.12 所示,尺寸、外形、质量及允许偏差应符合表 5.7 的规定。

表 5.7　1×7 结构钢绞线的尺寸及允许偏差、每米参考质量要求

钢绞线结构	公称直径 D_n/mm	直径允许偏差/mm	钢绞线参考面积 S_n/mm	每米钢绞线参考质量/(g·mm^{-1})	中心钢丝直径 d_0 加大范围/%
1×7	9.50(9.53)	+0.30 −0.15	54.8	430	≤2.5
	11.10(11.11)		74.2	582	
	12.70	+0.40 −0.20	98.7	775	
	15.20(15.24)		140	1 101	
	15.70		150	1 178	
	17.80(17.78)		191(189.7)	1 500	
	18.90		220	1 727	
	21.60		285	2 237	

注:可按括号内规格供货。

2) 力学性能要求

1×7 结构钢绞线力学性能应符合表 5.8 的规定。

表 5.8　1×7 结构钢绞线的力学性能要求

钢绞线结构	钢绞线公称直径 D_n/mm	公称抗拉强度 R_m/MPa	整根钢绞线最大力 F_m/kN	整根钢绞线最大力的最大值 $F_{m,max}$/kN	0.2%屈服力 $F_{p0.2}$/kN	最大力总伸长率 ($L_0 \geq 500$ mm) A_{gt}/%	应力松弛性能	
							初始负荷相当于实际最大力的百分数/%	1 000 h 应力松弛率 r/%
1×7	9.50 (9.53)	1 720	≥94.3	≤105	≥83.0	对所有规格 ≥3.5	对所有规格 70 80	对所有规格 ≤2.5 ≤4.5
		1 860	≥102	≤113	≥89.8			
		1 960	≥107	≤118	≥94.2			
	11.10 (11.11)	1 720	≥128	≤142	≥113			
		1 860	≥138	≤153	≥121			
		1 960	≥145	≤160	≥128			
	12.70	1 720	≥170	≤190	≥150			
		1 860	≥184	≤203	≥162			
		1 960	≥193	≤213	≥170			
	15.20 (15.24)	1 470	≥206	≤234	≥181			
		1 570	≥220	≤248	≥194			
		1 670	≥234	≤262	≥206			
		1 720	≥241	≤269	≥212			
		1 860	≥260	≤288	≥229			
		1 960	≥274	≤302	≥241			
	15.70	1 770	≥266	≤296	≥234			
		1 860	≥279	≤309	≥246			
	17.80 (17.78)	1 720	≥327	≤365	≥288			
		1 860	≥355	≤391	≥311			
	18.90	1 820	≥400	≤444	≥352			
		1 860	≥409	≤453	≥360			
	21.60	1 770	≥504	≤561	≥44			
		1 860	≥530	≤587	≥466			

注:①0.2%屈服力 $F_{p0.2}$ 值应为整根钢绞线实际最大力 F_{ma} 的 88%~95%。
②如无特殊要求,只进行初始力为 70%F_{ma} 的松弛试验,允许使用推算法进行 120 h 松弛试验确定 1 000 h 松弛率。

3）表面质量的要求

除非需方有特殊要求，钢绞线表面不得有油、润滑脂等物质。钢绞线允许有轻微浮锈，但不得有目视可见的锈蚀凹坑。表面允许存在回火颜色。钢绞线表面不得有影响使用性能的有害缺陷。允许存在轴向表面缺陷，但其深度应小于单根钢丝直径的4%。

4）钢绞线的伸直性要求

取弦长1m的钢绞线，放在一平面上，其弦与弧内侧最大自然矢高不大于25mm。

5）疲劳性能、偏斜拉伸性能和应力腐蚀性能的要求

经供需双方协商，并在合同中注明，可对产品进行轴向疲劳试验、偏斜拉伸试验和应力腐蚀试验。

4.钢绞线的技术指标检测

1）检验项目及取样数量规定

产品检查由供方质量检验部门按表5.9的规定进行，需方可按此规定检查验收。

钢绞线应成批检查验收，每批钢绞线由同一牌号、同一规格、同一生产工艺捻制的钢绞线组成。每批质量不大于60t。

表5.9　供方出厂常规检验项目及取样数量

序号	检验项目	取样数量	取样部位	检验方法
1	表面	逐盘卷		目视
2	外形尺寸	逐盘卷		GB/T 5224—2014(8.2)
3	钢绞线的伸直性	3根/每批		用分度值1mm的量具测量
4	整根钢绞线最大力	3根/每批	在每盘卷中任意一端截取	GB/T 5224—2014(8.4.1)
5	规定非比例延伸力	3根/每批		GB/T 5224—2014(8.4.2)
6	最大力总伸长率	3根/每批		GB/T 5224—2014(8.4.3)
7	应力松弛性能	不小于1根/每批		GB/T 5224—2014(8.5)

注：合同批为一个订货合同的总量。在特殊情况下，松弛试验可以由工厂连续检验提供同一原料、同一生产工艺的数据代替。

2）包装、外形尺寸检验

①每盘卷钢绞线应捆扎结实，不少于6道。每一钢绞线盘卷均应挂标牌，其上注明供方名称、商标标记、产品标记、数量、出厂编号、规格、强度级别、执行标准等。每一合同批应附有质量证明书。

②钢绞线的直径应用分度值0.02mm的量具测量，测量位置距离端头不小于300mm。1×7结构钢绞线直径应以横穿直径方向的相对两根外层钢丝为准，在同一截面不同方向上测量3次取平均值。

3) 抗拉强度 R_m、整根钢绞线最大力 F_m、0.2%屈服力 $F_{p0.2}$、最大力总伸长率 A_{gt} 的测定

①试样长度: $L \geqslant L_0 + 400$ mm。

②引伸计标距(用引伸计测量试样延伸时所使用引伸计起始标距长度): $L_0 \geqslant 500$ mm。

③钢绞线两端用粘好金刚砂的 L 形铝片包好,高度尺寸约 180 mm,夹在上、下钳口内,防止滑脱和防止夹头的牙损伤钢绞线表面而影响试验准确性。

④预拉 20 kN 左右的试验力,然后定荷,夹持引伸计。

⑤绘制应力-应变曲线。在试验中测定 0.2%屈服强度 $R_{p0.2}$,使用自动采集系统采用高精度的电子引伸计(精度可达到 0.001 mm)配合光电编码器及力传感器绘制力-变形曲线。试验过程分为两个部分:前一部分由引伸计、力传感器测得引伸计标距的 0.2%下的力,当应变超过引伸计标距的 0.2%后,切换成光电编码器采集应变,此时取下电子引伸计,拉伸至最大力停止。

⑥根据应力-应变曲线确定整根钢绞线最大力 F_m、0.2%屈服力 $F_{p0.2}$、最大力总伸长率 A_{gt}。计算抗拉强度 R_m 时,钢绞线的公称截面积应为表 5.7 规定的钢绞线参考截面积。

⑦如试样在夹头内和距钳口 2 倍钢绞线公称直径内断裂达不到表 5.8 的要求,试验无效。

任务 5.4　认知桥梁建筑用结构钢

【任务描述】

本任务是认知桥梁建筑用的碳素结构钢、桥梁用结构钢、低合金高强度结构钢的牌号表示、技术指标要求及指标测定方法。

【学习目标】

①能叙述碳素结构钢的牌号表示、指标要求及屈服强度、抗拉强度、断后伸长率的测定方法。

②了解桥梁用结构钢、低合金高强度结构钢的牌号表示及技术指标要求。

1.碳素结构钢

碳素结构钢一般以交货状态使用,通常用于焊接、铆接、栓接工程结构用热轧钢板、钢带、型钢和钢棒等。

1) 碳素结构钢的牌号表示方法

碳素结构钢的牌号(如 Q235AF)由 4 部分组成,依次为:代表钢材屈服强度,用汉语拼音字母 Q;表示钢材屈服强度的数值,分别为 195,215,235 和 275;表示质量等级的符号,按钢材中硫、磷含量由大到小划分,按 A,B,C,D 的顺序质量逐级提高;代表钢脱氧方法的符号,沸腾钢 F、镇静钢 Z、特殊镇静钢 TZ。

2) 碳素结构钢的技术性能及评价指标

碳素结构钢的技术性能主要包括抗拉性能、冲击韧性、塑性、工艺性能(弯曲性能)、化学性能等。

（1）抗拉性能

碳素结构钢为低碳钢,其抗拉性能指标有屈服强度 R_{eH} 和抗拉强度 R_m ,拉伸曲线和热轧钢筋相似。《碳素结构钢》(GB/T 700—2006)规定,碳素结构钢的屈服强度用其上屈服强度表示。

（2）冲击韧性

钢材抵抗瞬间冲击荷载的能力称为冲击韧性。钢构件在工作过程中常受到冲击荷载,因此对钢材的抗冲击力有一定要求。碳素结构钢冲击韧性的评价指标为夏比(V 形缺口)冲击吸收功。冲击吸收功标准试验方法为夏比摆锤冲击试验方法,该方法是将规定几何形状缺口的试样置于试验机两支座之间,缺口背向打击面放置,用摆锤一次打击试样,测定试样的冲击吸收能量(冲击吸收功),冲击吸收能量(冲击吸收功)由表盘或其他指示装置示出。试验示意如图5.13所示。

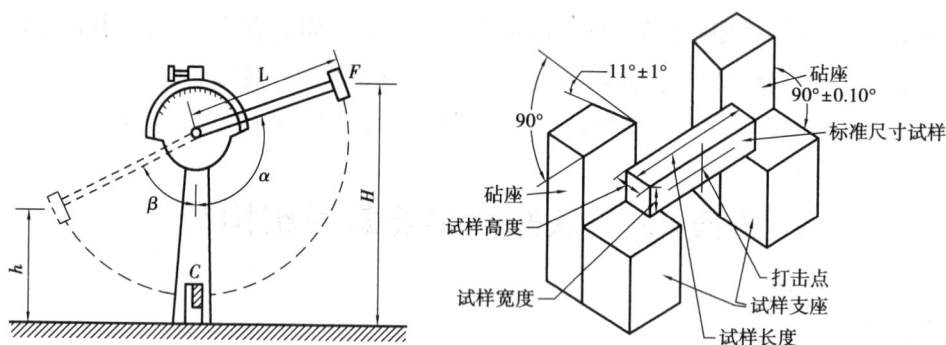

图 5.13　冲击试验示意图

（3）塑性

其塑性指标为断后伸长率 A 。

（4）弯曲性能

由弯曲试验评价。

3)碳素结构钢的技术要求

（1）钢的牌号和化学成分

钢的牌号和化学成分应符合表5.10 的要求。

表 5.10　碳素钢的化学成分要求

牌　号	统一数字代号	等　级	厚度或直径/mm	脱氧方法	化学成分(质量分数)/%				
					C	Si	Mn	P	S
Q195	U11952	—	—	F,Z	≤0.12	≤0.30	≤0.50	≤0.035	≤0.040
Q215	U12152	A	—	F,Z	≤0.15	≤0.35	≤1.20	≤0.045	≤0.050
	U12155	B							≤0.045

续表

牌　号	统一数字代号	等级	厚度或直径/mm	脱氧方法	化学成分(质量分数)/%				
					C	Si	Mn	P	S
Q235	U12352	A	—	F,Z	≤0.22	≤0.35	≤1.40	≤0.045	≤0.050
	U12355	B			≤0.20				≤0.045
	U12358	C		Z	≤0.17			≤0.040	≤0.040
	U12359	D		TZ				≤0.035	≤0.035
Q275	U12752	A	—	Z	≤0.24	≤0.35	≤1.50	≤0.045	≤0.050
	U12755	B	≤40	F,Z	≤0.21			≤0.045	≤0.045
			>40	Z	≤0.22				
	U12758	C		Z	≤0.20			≤0.040	≤0.040
	U12759	D		TZ				≤0.035	≤0.035

注:①表中统一数字代号为镇静钢、特殊镇静钢牌号的统一数字,沸腾钢牌号的统一数字如下:Q195F——U11950;

Q215AF——U12150,Q215BF——U12153;Q235AF——U12350,Q235BF——U12353;Q275AF——U12750。

②经需方同意,Q235B 的碳含量可不大于 0.22%。

(2)力学性能要求

钢材的拉伸和冲击试验结果应符合表 5.11 的要求。

表 5.11　碳素结构钢的力学性能要求

牌号	等级	拉伸试验													冲击试验(V形缺口)	
		屈服强度 R_{eH}/MPa						抗拉强度 R_m/MPa	伸长率 A/%						温度/℃	冲击吸收功(纵向)/J
		钢材厚度(或直径)d/mm							钢材厚度(或直径)d/mm							
		≤16	>16~40	>40~60	>60~100	>100~150	>150~200		≤40	>40~60	>60~100	>100~150	>150~200			
Q195	—	≥195	≥185	—	—	—	—	315~430	≥33	—	—	—	—	—	—
Q215	A	≥215	≥205	≥195	≥185	≥175	≥165	335~450	≥31	≥30	≥29	27	≥26	—	—
	B													+20	27
Q235	A	≥235	≥225	≥215	≥215	≥195	≥185	375~500	≥26	≥25	≥24	≥22	≥21	—	—
	B													+20	27
	C													0	
	D													-20	
Q275	A	≥275	≥265	≥255	≥245	≥235	≥225	410~540	≥22	≥21	≥20	≥18	≥17	—	—
	B													+20	27
	C													0	
	D													-20	

注:①Q195 的屈服强度值仅供参考,不作交货条件。

②厚度大于 100 mm 的钢材抗拉强度下限允许降低 20 MPa。宽带钢(包括剪切钢板)抗拉强度上限不作交货条件。

③厚度小于 25 mm 的 Q235B 级钢材,如供方能保证冲击吸收功合格,经需方同意,可不做检验。

(3)弯曲试验要求

在表 5.12 规定的弯曲角度和弯心直径条件下,弯曲试验合格。

表 5.12　碳素结构钢的冷弯性能

牌　号	试样方向	冷弯试验 180°　B = 2a	
		钢材厚度（或直径）/mm	
		≤60	>60~100
		弯心直径 d	
Q195	纵	0	—
	横	0.5a	
Q215	纵	0.5a	1.5a
	横	a	2a
Q235	纵	a	2a
	横	1.5a	2.5a
Q275	纵	1.5a	2.5a
	横	2a	3a

注：①B 为试样宽度，a 为试样厚度（或直径）。

②钢材厚度（或直径）大于 100 mm 时，弯曲试验由双方协商确定。

4) 碳素结构钢的技术指标检测

（1）检验项目及取样数量规定

钢材应成批验收，每批由同一牌号、同一炉号、同一质量等级、同一品种、同一尺寸、同一交货状态的钢材组成，每批质量应不大于 60 t。

每批钢材的检验项目、取样数量、取样方法和试验方法应符合表 5.13 的规定。

表 5.13　碳素结构钢检验项目、取样数量、方法要求

序　号	检验项目	取样数量/个	取样方法	试验方法
1	化学分析	1（每炉）	GB/T 20066	GB/T 223
2	拉　伸	1	GB/T 2975	GB/T 228
3	冷　弯			GB/T 232
4	冲　击	3		GB/T 229

（2）屈服强度 R_{eH}、抗拉强度 R_m、断后伸长率 A 的测定

①取样。钢板、钢带取横向试样，其纵向轴线应垂直于轧制方向，型钢和钢棒取纵向试样，窄钢带取横向。如果受宽度限制时，可以取纵向试样，取纵向试样的纵向轴线应平行于轧制方向。

②试样要求：

a.直径或厚度小于 4 mm 的线材、棒材和型材，试样通常为产品的一部分，不经机加工。原始标距 $L_0 = 200$ mm±2 mm 或 100 mm±1 mm，试验机两夹头之间试样长度应至少等于 $L_0 + 3b_0$ 或 $L_0 + 3d_0$，最小值为 $L_0 + 20$ mm。

原始横截面积的测定对圆形截面产品,应在两个相互垂直方向测量直径,取其算术平均值计算横截面积。其他截面积可以根据测量试样长度、试样质量和材料密度,按照式(5.6)计算。

$$S_0 = \frac{1\,000\,m}{\rho L_t} \tag{5.6}$$

式中　m——试样质量,g;

　　　L_t——试样总长度,mm;

　　　ρ——试样材料的密度,g/cm³。

b.直径或厚度大于或等于 4 mm 的线材、棒材和型材,以及厚度大于或等于 3 mm 的板材和扁材,通常试样进行机加工。如相关产品有规定,型材、棒材、线材等可以采用不经机加工试样。机加工试样时,平行长度和夹持头部之间应以过渡弧连接,试样头部形状应适合于试验机夹头的夹持,夹持端和平行长度之间的过渡弧的最小半径应为:圆形横截面试样$\geq 0.75d_0$,其他试样≥ 12 mm。标准试样如图 5.14 所示。

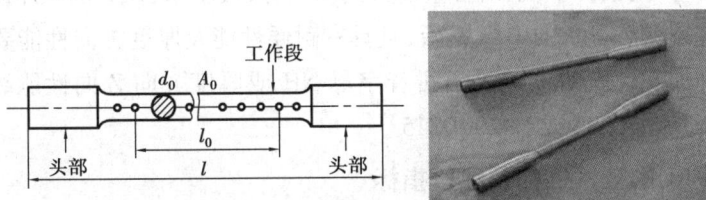

图 5.14　钢材拉伸机加工试样

机加工的平行长度 L_c 应至少等于:

$$L_c = L_0 + \frac{d_0}{2}(圆形横截面面积试样)$$

$$L_c = L_0 + 1.5\sqrt{S_0}(其他形状试样)$$

不经机加工试样,原始标距的标记与最近夹头距离不小于$\sqrt{S_0}$。

③比例试样的原始标距。比例试样是指原始标距 L_0 与原始截面积 S_0 有以下关系:$L_0 = k\sqrt{S_0}$,k 通常取 5.65。圆形截面积比例试样:$L_0 = 5d_0$,矩形截面积比例试样:$L_0 = 5.65\sqrt{S_0}$。

④原始标距的标记。将原始标距细分为 10 mm 的 N 等份,用小标记、细画线或细墨线标记,不得用引起过早断裂的缺口做标记,原始标距的标记应准确到±1%。

⑤选择夹具。夹具应使用楔形夹具、螺纹夹具、平推夹具、套环夹具等,夹具应与钢筋的公称直径相匹配。

⑥选择加载速率。除非另有规定,只要能满足 GB/T 228 的要求,实验室可以自行选择应变速率控制试验速率(方法 A)和应力速率控制试验速率(方法 B)。

⑦绘制力-延伸曲线。

从力-延伸曲线上得出屈服强度 R_{eH}、抗拉强度 R_m,拉断试件对接在一起得到断后伸长率 A。

(3)冷弯性能的检验

取样方法与拉伸试验相同。根据表 5.12 规定的弯心直径选择弯曲压头,弯曲到 180°。

(4)夏比 V 形缺口冲击吸收功的检验

冲击试样的纵向轴线应平行轧制方向,冲击试样可以保留一个轧制面。

夏比 V 形缺口冲击吸收功值按一组 3 个试样单值的算术平均值计算,允许其中一个试样单值低于规定值,但不得低于规定值的 70%。如果不满足此条件,可以从同一产品上再取 3 个试样进行试验,先后 6 个试样的平均值不得低于规定值,允许有两个试样低于规定值,但其中低于规定值 70% 的试样只允许有 1 个。

2.桥梁用结构钢

桥梁用结构钢包括厚度不大于 150 mm 的结构钢板、厚度不大于 25.4 mm 的结构钢带和厚度不大于 40 mm 的结构型钢。

1)桥梁用结构钢的牌号表示方法

桥梁钢的牌号(如 Q420qD)由 4 部分组成,依次为:代表屈服强度的汉语拼音字母 Q;规定最小屈服强度数值,分别为 345,370,420,460,500,550,620,690;桥字的汉语拼音首位字母 q;表示质量等级的符号,按钢材中硫、磷含量由大到小划分,按 C,D,E,F 顺序质量逐级提高。

当以热机械轧制状态交货的 D 级钢板,且具有耐候性能及厚度方向性能要求时,则在上述规定的牌号后分别加上代表耐候的汉语拼音字母 NH 或厚度方向 Z 向性能级别(分别为 15, 25,35)的符号,如 Q420qDNH 或 Q420qDZ15。

2)桥梁用结构钢的技术性能及评价指标

桥梁用结构钢的技术性能主要包括抗拉性能、冲击韧性、塑性、工艺性能(弯曲性能)、化学性能等,技术要求见《桥梁用结构钢》(GB/T 714—2015)规定。

（1）抗拉性能

桥梁用结构钢为低碳钢,其抗拉性能评价指标有屈服强度 R_{eL} 和抗拉强度 R_m,拉伸曲线和热轧钢筋相似。《桥梁用结构钢》(GB/T 714—2015)规定,桥梁用结构钢的屈服强度用其下屈服强度表示,当屈服不明显时,可测量规定塑性延伸强度 $R_{p0.2}$(规定塑性延伸率为 0.2% 时的应力)代替下屈服强度。$R_{p0.2}$ 确定方法为:在应力-延伸率曲线图上,作一条与曲线的弹性直线段部分平行,且在延伸轴上与此直线段的距离等效于规定塑性延伸率 0.2% 的直线,此平行线与曲线的交点对应的力为所求规定塑性延伸强度的力,此力除以试样原始横截面积得到规定塑性延伸强度 $R_{p0.2}$。没有明显屈服阶段的钢材的应力-应变关系图及 $R_{p0.2}$ 的确定方法如图 5.15 所示。

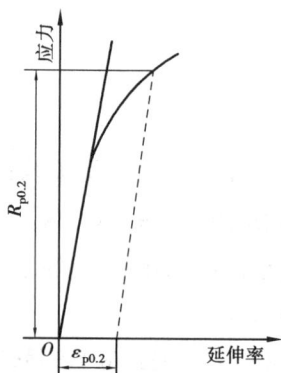

图 5.15 规定的塑性延伸强度 $R_{p0.2}$

（2）冲击韧性

评价指标为夏比 V 形缺口冲击吸收能量。

（3）塑性

塑性指标为断后伸长率 A。Z 向钢还包括厚度方向断面收缩率 Z。

（4）弯曲性能

由弯曲试验评价。

3.低合金高强度结构钢

低合金高强度结构钢包括一般结构和工程用低合金高强度结构钢板、钢带、型钢、钢棒。

1)低合金高强度结构钢的牌号表示方法

低合金高强度结构钢的牌号(如 Q355ND)由 4 部分组成,依次为:代表屈服强度的汉语拼音字母 Q;规定的最小上屈服强度数值,分别为 355,390,420,460,500,550,620,690;交货状态代号,交货状态为热轧时代号可省略,交货状态为正火或正火轧制状态时,交货状态代号均用 N 表示;表示质量等级的符号,按钢材中硫、磷含量由大到小划分,按 B,C,D,E,F 的顺序质量逐级提高。

当要求钢板具有厚度方向性能时,则在上述规定的牌号后分别加上代表厚度方向 Z 向性能级别(分别为 15,25,35)的符号,如 Q355NDZ25。

2)低合金高强度结构钢的技术性能及评价指标

桥梁用结构钢的技术性能主要包括抗拉性能、冲击韧性、塑性、工艺性能(弯曲性能)、化学性能等。技术要求见《低合金高强度结构钢》(GB/T 1591—2018)规定。

(1)抗拉性能

低合金高强度结构钢其抗拉性能评价指标有屈服强度 R_{eL} 和抗拉强度 R_m。《低合金高强度结构钢》(GB/T 1591—2018)规定,低合金高强度结构钢的屈服强度用其上屈服强度表示,当屈服不明显时,可测量规定塑性延伸强度 $R_{p0.2}$(规定塑性延伸率为 0.2%时的应力)代替上屈服强度。

(2)冲击韧性

评价指标为夏比 V 形缺口冲击吸收能量。

(3)塑性

塑性指标为断后伸长率 A。Z 向钢还包括厚度方向断面收缩率 Z。

(4)弯曲性能

由弯曲试验评价。

思考题

1.钢有哪些分类方法?各分几种?

2.钢中含碳量的高低对钢的性能有何影响?

3.硫、磷元素对钢材技术性能有什么影响?

4.钢牌号是如何规定的?说明 Q235AZ 钢材牌号的含义。

5.合金钢编号的主要原则是什么?并举例说明。

6.低碳钢拉伸过程经历了哪几个阶段?各阶段有何特点?低碳钢拉伸过程中各个阶段对应的技术指标有哪些?

7.实验室有 100 kN,300 kN,600 kN 3 种量程的万能试验机,现要进行公称直径分别为

10 mm,16 mm,25 mm HRB400 级钢筋的拉伸试验,各自应该选择哪种量程的试验机? 拉伸试验过程中如何控制加载速率? 简要叙述你是如何确定的。

8.什么是钢材的冷弯性能? 怎样判定钢材冷弯性能合格? 对钢材进行冷弯试验的目的是什么?

9.对钢材进行冷加工和时效处理的目的是什么?

10.简述预应力混凝土用钢绞线的特点和用途,表征其力学性能的指标有哪些?

混合料的性能分析与检验

项目6 沥青混合料性能分析与检验

【项目描述】

沥青路面具有路用性能好、前期投资费用低、行车舒适、噪声低等优点,因此被越来越多地应用于道路工程中。但不断增加的车流量和重载车辆,使得沥青路面损害现象越来越突出,防治路面损害已成为迫切需要解决的问题,同时对沥青路面的质量要求也越来越高。显然,深入了解沥青路面原材料以及混合料的性能,控制其质量显得尤为重要。本项目主要是对沥青混合料的技术性能进行分析并检测其技术指标。

本项目分为4个任务,学生通过对沥青混合料相关理论知识的学习,通过沥青混合料马歇尔试件制作、压实沥青混合料的密度试验、沥青混合料马歇尔稳定度试验的技能训练,应具备评价沥青混合料质量的能力。

任务6.1 认知沥青混合料

【任务描述】

本任务是认知沥青混合料的用途、特点、分类及技术性质。

【学习目标】

①熟悉沥青混合料的定义并能叙述其用途及特点。

②熟悉沥青混合料的分类;熟悉 AC,ATB,SMA 的含义。

③熟悉沥青混合料的技术性质。

1.沥青混合料的定义

沥青混合料是经人工合理选择级配组成的矿质混合料(如碎石、石屑、砂等),与适量沥青结合料拌和而成的混合料的总称。其中矿料起骨架作用,沥青起胶结填充作用。

2.沥青混合料的用途及特点

沥青路面是我国高等级公路的主要路面形式,沥青混合料作为最主要的路面材料,是因为它具有许多其他建筑材料无法比拟的优越性,具体表现如下:

①沥青混合料是一种弹塑性黏性材料,因而它具有一定的高温稳定性和低温抗裂性。它不需设置施工缝和伸缩缝,路面平整且有弹性,行车比较舒适。

②沥青混合料路面有一定的粗糙度,雨天具有良好的抗滑性,能保证路面一定的平整度,而

且沥青混合料路面为黑色,无强烈反光,行车比较安全。

③施工快速方便,养护期短,能及时开放交通。

④沥青混合料路面可分期改造和再生利用。随着道路交通量的增大,可以对原有的路面拓宽和加厚。对旧有的沥青混合料,可以运用现代技术,再生利用,以节约原材料。

当然,沥青混合料也存在一些问题,如因老化现象会使路面表层产生松散,引起路面破坏。另外,温度稳定性差,夏季高温时易软化,路面易产生车辙、波浪等现象;冬季低温时易脆裂,在车辆重复荷载作用下易产生裂缝。

3.沥青混合料的分类

1)按公称最大粒径分类

沥青混合料按矿料公称最大粒径可分为以下几种:

①特粗式沥青混合料:公称最大粒径大于 31.5 mm 的沥青混合料。

②粗粒式沥青混合料:公称最大粒径大于或等于 26.5 mm 的沥青混合料。

③中粒式沥青混合料:公称最大粒径为 16 mm 或 19 mm 的沥青混合料。

④细粒式沥青混合料:公称最大粒径为 9.5 mm 或 13.2 mm 的沥青混合料。

⑤砂粒式沥青混合料:公称最大粒径小于 9.5 mm 的沥青混合料。

2)按矿质材料组成及结构分类

沥青混合料按矿质材料的组成分为连续级配沥青混合料和间断级配沥青混合料。

(1)连续级配沥青混合料

沥青混合料中矿料是按级配原则,从大到小各级粒径都有,按比例互相搭配组成的连续级配混合料,典型代表是密级配沥青混凝土,以 AC 表示。

(2)间断级配沥青混合料

矿料级配组成中缺少 1 个或几个粒径档次(或用量很少)而形成的沥青混合料。典型代表是沥青玛琋脂碎石混合料。沥青玛琋脂碎石混合料由沥青结合料与少量的纤维稳定剂、细集料以及较多量的填料(矿粉)组成的沥青玛琋脂,填充于间断级配的粗集料骨架的间隙,形成一体的沥青混合料,简称 SMA。

3)按矿料级配组成及空隙率大小分类

沥青混合料按矿料级配组成及空隙率大小分为密级配沥青混合料、半开级配沥青混合料、开级配沥青混合料。

(1)密级配沥青混合料

按密实级配原理设计组成的各种粒径颗粒的矿料,与沥青结合料拌和而成,设计空隙率较小(为 3% ~ 6%)的密实式沥青混凝土混合料(以 AC 表示)和密实式沥青稳定碎石混合料(以 ATB 表示)。密实式沥青混凝土按关键性筛孔通过率的不同又可分为粗型(C 型)和细型(F 型)两种,见表 6.1。

表 6.1　粗型和细型密级配沥青混凝土的关键性筛孔通过率

混合料类型	公称最大粒径/mm	用以分类的关键性筛孔/mm	粗型密级配		细型密级配	
			名称	关键性筛孔通过率/%	名称	关键性筛孔通过率/%
AC-25	26.5	4.75	AC-25C	<40	AC-25F	>40
AC-20	19	4.75	AC-20C	<45	AC-20F	>45
AC-16	16	2.36	AC-16C	<38	AC-16F	>38
AC-13	13.2	2.36	AC-13C	<40	AC-13F	>40
AC-10	9.5	2.36	AC-10C	<45	AC-10F	>45

（2）半开级配沥青碎石混合料

由适当比例的粗集料、细集料及少量填料（或不加填料）与沥青拌和而成，经马歇尔标准击实成型试件的剩余空隙率在6%～12%的半开式沥青碎石混合料（以 AM 表示）。

（3）开级配沥青混合料

矿料级配主要由粗集料嵌挤组成，细集料及填料较少，设计空隙率大于18%的混合料。代表性结构有排水式大孔隙沥青混合料磨耗层（OGFC）。

4）按沥青混合料生产工艺分类

按沥青混合料生产工艺，分为热拌沥青混合料、冷拌沥青混合料和再生沥青混合料等。热拌沥青混合料（HMA）是沥青混合料中最典型的品种，通常是指将沥青加热至150～170 ℃，矿料加热至160～180 ℃，在热态下进行摊铺压实的混合料，适用于各种等级公路的沥青路面。热拌沥青混合料按照集料公称最大粒径、矿料级配、空隙率进行分类，见表6.2。

表 6.2　热拌沥青混合料种类

混合料类型	密级配		开级配			半开级配沥青碎石	公称最大粒径/mm	最大粒径/mm
	连续级配		间断级配	间断级配				
	沥青混凝土	沥青稳定碎石	沥青玛琋脂碎石	排水式沥青磨耗层	排水式沥青碎石基层			
特粗式	—	ATB-40	—	—	ATPB-40	—	37.5	53.0
粗粒式	—	ATB-30	—	—	ATPB-30		31.5	37.5
	AC-25	ATB-25	—	—	ATPB-25		26.5	31.5
中粒式	AC-20	—	SMA-20	—	—	AM-20	19.0	26.5
	AC-16	—	SMA-16	OGFC-16	—	AM-16	16.0	19.0
细粒式	AC-13	—	SMA-13	OGFC-13	—	AM-13	13.2	16.0
	AC-10	—	SMA-10	OGFC-10	—	AM-10	9.5	13.2
砂粒式	AC-5	—	—	—	—		4.75	9.5
设计空隙率/%	3～5	3～6	3～4	>18	>18	6～12	—	—

目前,我国在沥青路面中采用最多的类型是以石油沥青作为结合料,采用连续级配的密实式热拌热铺型沥青混合料(AC 和 ATB)。

4.沥青混合料的技术性质及评价指标

沥青混合料的技术性质包括物理性质、高温稳定性、低温抗裂性、耐久性和施工和易性等。

（1）物理性质

反映沥青混合料物理性质的指标主要有密度及体积性质的指标包括空隙率、矿料间隙率、沥青饱和度等。

（2）高温稳定性

沥青混合料的高温稳定性是指混合料在高温(通常为 60 ℃)条件下,经车辆荷载长期重复作用后,不产生车辙和波浪等病害的性能。

我国现行国家标准规定:高温稳定性的评价方法采用马歇尔稳定度试验来评价沥青混合料高温稳定性;对高速公路、一级公路、城市快速路、主干路所用沥青混合料,还应通过动稳定度试验来检验其抗车辙能力。

（3）低温抗裂性

沥青混合料抵抗低温收缩裂缝的能力称为低温抗裂性。评价沥青混合料低温变形能力的常用方法有低温劈裂试验、低温弯曲试验等。

（4）耐久性

沥青混合料的耐久性是指其抵抗长时间自然因素(风、日光、温度、水分等)和行车反复作用,能基本保持原有性能的能力。

（5）施工和易性

沥青混合料施工和易性是指沥青混合料在施工中是否容易拌和、摊铺和压实的性能。《公路沥青路面施工技术规范》(JTG F40—2004)规定,各层沥青混合料应满足所在层位的功能性要求,便于施工,不容易离析。

任务 6.2　分析沥青混合料强度形成原理

【任务描述】

本任务是分析沥青混合料抗剪强度的形成原理及影响因素。

【学习目标】

①能叙述沥青混合料的结构类型。
②熟悉构成沥青混合料抗剪强度的指标。
③熟悉影响沥青混合料抗剪强度的因素。

沥青混合料是一种复合材料,它是由沥青、粗集料、细集料、填料等组成。这些组成材料在混合料中,由于组成材料质量的差异和数量的多寡,可形成不同的组成结构,并表现为不同的力学性能。

1.沥青混合料的组成结构类型

1)结构理论

（1）传统理论——表面理论

该理论认为,沥青混合料是由粗集料、细集料和填料经人工组配成密实的级配矿质骨架,由稠度较稀的沥青结合料分布其表面,从而将它们胶结成一个具有强度的整体。该理论较突出矿质骨料的骨架作用,认为强度的关键是矿质骨料的强度和密实度。

（2）近代理论——胶浆理论

该理论把沥青混合料看作是一种多级空间网状结构的分散系,主要分为3个分散系:

①粗分散系:以粗集料为分散相,分散在沥青砂浆的介质中。

②细分散系:以细集料为分散相,分散在沥青胶浆的介质中。

③微分散系:以矿粉填充料为分散相,分散在高稠度的沥青介质中。

这种三级分散系以沥青胶浆最为重要,它的组成结构决定沥青混合料的高温稳定性和低温变形能力。矿粉的矿物成分、级配以及沥青与矿粉表层的交互作用对沥青混合料性能有较大影响。

2)沥青混合料组成结构类型

按照沥青混合料强度构成特性的不同,压实沥青混合料可分为3种类型。

（1）悬浮-密实结构

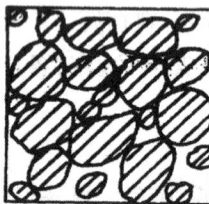

它是由连续级配组成的密实混合料,如图6.1(a)所示。混合料中粗集料数量较少,不能形成骨架。这种沥青混合料黏聚力较大,高温稳定性差,空隙率小,抗疲劳和低温性能强。按照连续密级配原理设计的 AC 型沥青混合料是典型的悬浮-密实结构。

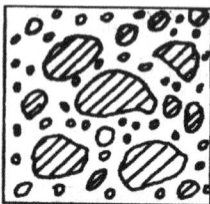

|（a）悬浮-密实结构|（b）骨架-空隙结构|（c）骨架-密实结构|

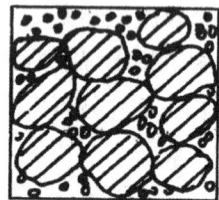

图6.1　沥青混合料的典型组成结构

（2）骨架-空隙结构

它是指矿质集料属于连续型开级配的混合料结构,如图6.1(b)所示。矿质集料中粗集料较多,可形成矿质骨架,细集料较少,不足以填满空隙。其结构强度受沥青的性质和物理状态影响较小。所以,此结构沥青混合料空隙率大,耐久性差,沥青与矿料的黏聚力差,热稳定性较好,这种结构沥青混合料的强度主要取决于内摩阻角。沥青碎石混合料 AM 和开级配磨耗层沥青混合料 OGFC 是典型的骨架-空隙结构。

（3）骨架-密实结构

它是指此结构具有较多数量的粗集料形成空间骨架,同时又有足够的细集料填满骨架的空隙,如图 6.1(c)所示。这种结构密实度大,具有较高的黏聚力和内摩阻角,抗水损害、疲劳和低温性能较好,是沥青结合料中最理想的一种结构类型。沥青玛琋脂碎石混合料 SMA 是典型的骨架-密实结构。

2.沥青混合料的强度理论

沥青混合料在路面结构中产生破坏的情况,主要是发生在高温时由于抗剪强度不足或塑性变形过大而产生推挤等现象,以及低温时抗变形能力较差而产生裂缝现象。目前,沥青混合料强度理论主要是要求沥青混合料在高温时必须具有一定的抗剪强度和抵抗变形的能力。

对沥青混合料强度构成展开研究,许多学者普遍采用摩尔-库伦理论作为分析沥青混合料的强度理论。摩尔-库伦强度理论认为沥青混合料的抗剪强度是由黏聚力 c 和表征内摩阻力的内摩阻角 ϕ 构成。所以,提高沥青混合料强度的途径为:一是提高沥青与集料的黏聚力 c,二是增大集料的内摩阻角 ϕ。

3.影响沥青混合料抗剪强度的因素

沥青混合料抗剪强度的影响因素,主要有材料的组成、材料的技术性质等内因以及车辆荷载、温度、环境条件等外界因素。

1)沥青黏度的影响

沥青混合料作为一个具有多级空间网状结构的分散系,可看作是各种矿质集料分散在沥青中所形成的体系,因此它的黏聚力与分散相的浓度和分散介质黏度有着密切关系。在其他因素固定的条件下,沥青混合料的黏聚力 c 随着沥青黏度的提高而增加,同时内摩阻角亦稍有提高。因为存在沥青的黏度(沥青内部沥青胶团相互位移时其抵抗剪切作用的力),所以沥青混合料受到剪切作用时,特别是受到短暂的瞬时荷载时,具有高黏度的沥青能赋予沥青混合料较大的黏滞阻力,因而具有较高的抗剪强度。

2)沥青与矿料之间的吸附作用

(1)沥青与矿料的物理吸附

沥青材料与矿料之间在分子引力的作用下,形成一种定向多层吸附层,即为物理吸附。该吸附作用的大小,主要取决于沥青中的表面活性物质及矿料与沥青分子亲和性的大小。当沥青表面活性物质含量越多,矿料与沥青分子亲和性越大,则物理吸附作用越强烈,混合料的黏聚力也就越强。但是,水会破坏沥青与矿料的物理吸附作用,其不具备水稳定性。

(2)沥青与矿料的化学吸附

沥青中的活性物质与矿料的金属阳离子产生化学反应,在矿料表面构成单分子层的化学吸附层,即为化学吸附。当沥青与矿料形成化学吸附层时,相互之间的黏结力大大提高。研究表明,沥青与矿粉相互作用后,沥青在矿粉表面产生化学组分的重新排列,在矿粉表面形成一层扩散溶剂化膜(图 6.2)。在此膜厚度以内的沥青称为结构沥青,在此膜厚度以外的沥青称为自由沥青。如果矿粉颗粒之间接触处是由结构沥青联结,会具有较大的黏聚力;若为自由沥青联结,则黏聚力较小。

沥青与矿料相互作用不仅与沥青的化学性质有关,而且与矿料的性质有关。试验表明,碱性石料与沥青的化学吸附作用较强,而酸性矿料与沥青的化学吸附作用较弱。

沥青与矿料的化学吸附比物理吸附要强得多,同时具有水稳定性。

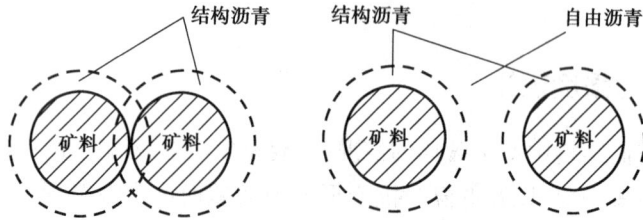

图 6.2   沥青与矿料交互作用示意图

3)矿料比表面积的影响

在相同的沥青用量条件下,与沥青产生相互作用的矿料表面积越大,则形成的沥青膜越薄,在沥青中结构沥青所占的比例越大,沥青混合料的黏聚力亦越高。所以在沥青混合料配料时,必须含有适量的矿粉,但不宜过多,否则施工时混合料易结团。

4)沥青用量的影响

当沥青用量很少时,沥青不足以形成薄膜黏结矿料颗粒。随着沥青用量的增多,结构沥青逐渐形成,沥青较为完满地黏附于矿料表面,使沥青与矿料间的黏结力随着沥青用量的增多而增大。当沥青用量足以形成薄膜并充分黏结在矿料表面时,沥青混合料具有最优的黏聚力。随后,如沥青用量继续增多,则由于沥青过剩,会将矿料颗粒推开,在颗粒间形成未与矿料相互作用的自由沥青,则沥青胶结物的黏结力随着自由沥青的增加而降低,当沥青用量增加至某一用量后,沥青混合料的黏结力主要取决于自由沥青,所以抗剪强度不变。沥青在混合料中不仅起结合料的作用,而且还起着润滑作用,因此,随着沥青数量的增加,沥青混合料的内摩阻力下降。

5)矿料级配、颗粒几何形状与表面特征的影响

矿料的级配影响矿料在沥青混合料的分布情况,影响矿料颗粒在混合料的相互嵌挤程度,由此对沥青混合料的内摩阻力产生影响;颗粒的几何形状与表面特征同时影响混合料中矿料颗粒间嵌挤作用和相互间的摩擦作用,所以也影响沥青混合料的内摩阻力的大小。通常表面具有棱角、近似正立方体以及具有明显细微凸出的粗糙表面的矿质集料,在碾压后能相互嵌挤锁结而具有很大的内摩阻角。另外,颗粒表面粗糙的矿质集料会加强沥青与矿料间的物理黏结作用,有利于沥青混合料的黏聚力。所以,在其他条件相同的情况下,颗粒有棱角、近似立方体、表面粗糙的矿质集料所组成的沥青混合料具有较高的抗剪强度。

6)温度和形变速度的影响

随着温度的升高,沥青混合料的黏聚力 c 显著降低,但内摩阻角 ϕ 受温度变化的影响较小。此外,沥青混合料的黏聚力 c 还随变形速度的增加而显著提高,而 ϕ 随变形速度的变化很小。

任务 6.3   测定沥青混合料的物理性质指标及稳定度、流值

【任务描述】

本任务是在学习沥青混合料物理性质指标的定义、高温稳定性的定义及其评价方法知识的

基础上,测定沥青混合料毛体积密度、空隙率、矿料间隙率、沥青饱和度、稳定度和流值。

【学习目标】

①熟悉沥青混合料物理性质指标的名称、代号及其定义。

②熟悉沥青混合料马歇尔稳定度试验、车辙试验的方法及测定指标。

③能叙述影响沥青混合料高温稳定性的因素。

④会按《公路工程沥青及沥青混合料试验规程》(JTG E20—2011)要求,成型标准马歇尔试件、测定马歇尔试件的密度及稳定度;会进行空隙率、矿料间隙率、沥青饱和度的测定结果的计算;能完整规范地填写试验检测记录表,编制检测报告。

1.相关知识

1) 物理性质指标

反映沥青混合料物理性质的指标主要有密度及体积性质的指标:空隙率、矿料间隙率、沥青饱和度等。

(1) 各物理性质指标的概念

①毛体积密度及毛体积相对密度。沥青混合料的毛体积密度是指压实沥青混合料单位体积(含混合料实体矿物成分及不吸收水分的闭口孔隙、能吸收水分的开口孔隙等颗粒表面轮廓线所包围的全部毛体积)的干质量,以 g/cm^3 计。

沥青混合料的毛体积相对密度是指压实沥青混合料的毛体积密度与同温度水的密度的比值,无量纲。

②理论最大密度与理论最大相对密度。沥青混合料的理论最大密度是指假设压实沥青混合料试件全部为矿料(包括矿料自身内部的孔隙)及沥青所占有、空隙率为零的理想状态下的最大密度,以 g/cm^3 计。

沥青混合料的理论最大相对密度是指同一温度条件下沥青混合料理论最大密度与水密度的比值,无量纲。

③空隙率。沥青混合料试件的空隙率是指压实沥青混合料内矿料及沥青以外的空隙(不包括矿料自身内部已被沥青封闭的孔隙)的体积占总体积的百分率,简称 VV,以百分率表示。

④矿料间隙率。沥青混合料试件的矿料间隙率是指压实沥青混合料试件中矿料部分以外的体积占混合料总体积的百分率,简称 VMA,以百分率表示。

⑤沥青饱和度。沥青混合料试件的沥青饱和度是指压实沥青混合料试件内沥青部分的体积占矿料部分以外的体积(VMA)百分率,简称 VFA,以百分率表示。沥青混合料内有效沥青部分(即扣除被集料吸收的沥青以外的沥青)的体积占矿料部分以外体积(VMA)的百分率,称为有效沥青饱和度。

(2) 各物理指标的测定方法

《公路沥青路面施工技术规范》(JTG F40—2004)规定,沥青混合料理论最大相对密度采用真空法测定;毛体积密度、毛体积相对密度通常采用表干法测定,对于吸水率大于2%的试件,宜改用蜡封法测定;空隙率、矿料间隙率、有效沥青饱和度分别根据T 0705—2011压实沥青混合料密度试验(表干法)中式(T 0705.1)、式(T 0705.13)、式(T 0705.14)、式(T 0705.15)确定。

2)高温稳定性指标

(1)马歇尔稳定度试验

马歇尔稳定度试验是将沥青混合料制成直径为 101.6 mm、高为 63.5 mm 的圆柱体试件(图 6.3),在高温(60 ℃)条件下,保温 30~40 min,然后将试件放置于马歇尔稳定度仪上,以 50 mm/min±5 mm/min 的形变速度加荷,直至试件破坏,同时测定稳定度(MS)、流值(FL)、马歇尔模数(T)3 项指标。稳定度是在规定的加载速率条件下试件破坏前所能承受的最大荷载(kN);流值是达到最大破坏荷载时试件的垂直变形(mm);而马歇尔模数为稳定度除以流值的商,即式(6.1)。

$$T = \frac{MS}{FL} \tag{6.1}$$

式中   T ——马歇尔模数,kN/mm;

  MS——稳定度,kN;

  FL——流值,mm。

沥青混合料马歇尔试验仪分为自动式和手动式。自动马歇尔试验仪应具备控制装置、记录荷载-位移曲线,自动测定荷载与试件的垂直变形,能自动显示和存储或打印试验结果等功能。手动式由人工操作,试验数据通过操作者目测后读取得到。高速公路和一级公路的沥青混合料宜采用自动马歇尔试验仪(图 6.4)。

图 6.3   标准马歇尔试件   图 6.4   自动马歇尔稳定度试验仪

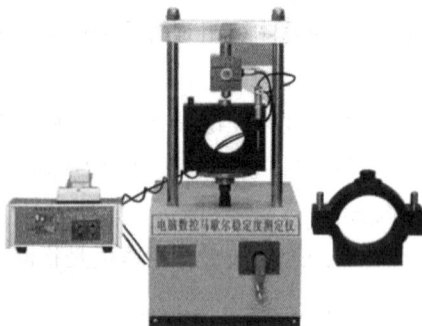

(2)车辙试验

车辙试验的方法是用标准成型方法制成 300 mm×300 mm×50 mm 的沥青混合料试件(图 6.5),在 60 ℃的温度条件下,在车辙试验仪(图 6.6)上以一定荷载的轮子在同一轨迹上做一定时间的反复行走,形成一定的车辙深度,然后计算试件产生 1 mm 变形所需试验车轮行走次数,即为动稳定度。

(3)影响沥青混合料高温稳定性的因素

影响沥青混合料高温稳定性的主要因素有沥青的用量、沥青的黏度,以及矿料的级配、尺寸、形状等。过量沥青,不仅降低沥青混合料的内摩阻力,而且在夏季容易产生泛油现象,因此,适当减少沥青的用量,可使矿料颗粒更多地以结构沥青的形式联结,增加混合料的黏聚力和内摩阻力,提高沥青的黏度,可增加沥青混合料抗剪变能力。采用合理级配的矿料,混合料可形成骨架密实结构,使黏聚力和内摩阻力都较大。在矿料的选择上,应挑选粒径大的、有棱角的矿料颗粒,提高混合料的内摩阻角。另外,还可以加入一些外加剂来改善沥青混合料的性能。这些措施均可提高沥青混合料的抗剪强度和减少塑性变形,从而增强其高温稳定性。

图 6.5　沥青混合料车辙试件

图 6.6　车辙试验仪

2.测定沥青混合料的物理性质指标及稳定度、流值

测定沥青混合料的毛体积密度、空隙率、矿料间隙率、沥青饱和度等物理性质指标及稳定度、流值时,都应首先成型标准马歇尔试件。试验依据为《公路工程沥青及沥青混合料试验规程》(JTG E20—2011)。

T 0702—2011　沥青混合料试件制作方法(击实法)

1　目的与适用范围

1.1　本方法适用于标准击实法或大型击实法制作沥青混合料试件,以供实验室进行沥青混合料物理力学性质试验使用。

1.2　标准击实法适用于马歇尔试验、间接抗拉试验(劈裂法)等所使用的 ϕ101.6 mm×63.5 mm 圆柱体试件的成型。大型击实法适用于 ϕ152.4 mm×95.3 mm 的大型圆柱体试件的成型。

1.3　沥青混合料试件制作时的矿料规格及试件数量应符合以下规定:

1.3.1　当集料公称最大粒径小于或等于 26.5 mm 时,采用标准击实法。一组试件的数量不少于 4 个。

1.3.2　当集料公称最大粒径大于 26.5 mm,宜采用大型击实法。一组试件的数量不少于 6 个。

2　仪具与材料技术要求

2.1　自动击实仪:击实仪应具有自动记数、控制仪表、按钮设置、复位及暂停等功能。按其用途分为以下两种:

2.1.1　标准击实仪:由击实锤、ϕ98.5 mm 平圆形压实头及带手柄的导向棒组成。用机械将击实锤提升,从 457.2 mm±1.5 mm 高度沿导向棒自由落下击实,标准击实锤质量为 4 536 g±9 g。

2.1.2　大型击实仪:由击实锤、ϕ149.5 mm±1.5 mm 平圆形压实头及带手柄的导向棒组成。用机械将击实锤提升,从 457.2 mm±2.5 mm 高度沿导向棒自由落下击实,大型击实锤质量为 10 210 g±10 g。

2.2　实验室用沥青混合料拌和机:能保证拌和温度并充分拌和均匀,可控制拌和时间,容量不小于 10 L,如图 T 0702.1 所示。搅拌叶自转速度为 70~80 r/min,公转速度为 40~50 r/min。

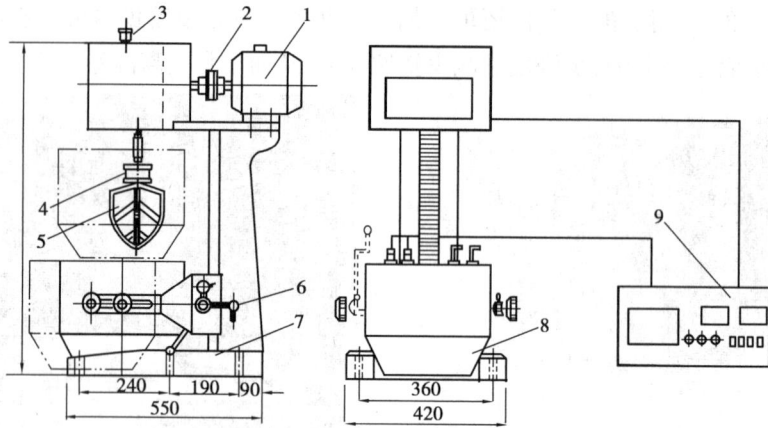

图 T 0702.1　试验室用沥青混合料拌和机

1—电机;2—联轴器;3—变速箱;4—弹簧;5—拌和叶片;6—升降手柄;
7—底座;8—加热拌和锅;9—温度时间控制仪

2.3　试模:由高碳钢或工具钢制成,几何尺寸如下:

2.3.1　标准击实仪试模的内径 101.6 mm±0.2 mm,高 87 mm 的圆柱形金属筒,底座直径约 120.6 mm 和套筒内径 101.6 mm、高 70 mm。

2.3.2　大型击实仪的试模与套筒外径 165.1 mm,内径 155.6 mm±0.3 mm,总高 83 mm。试模内径 152.4 mm±0.2 mm,总高 115 mm,底座板厚 12.7 mm,直径 172 mm。

2.4　脱模器:电动或手动,应能无破损地推出圆柱体试件,备有标准圆柱体试件及大型圆柱体试件尺寸的推出环。

2.5　烘箱:大中型各一台,装有温度调节器。

2.6　天平或电子秤:用于称量沥青的,感量不大于 0.1 g;用于称量矿料的,感量不大于 0.5 g。

2.7　布洛克菲尔德黏度计。

2.8　插刀或大螺丝刀。

2.9　温度计:分度为 1 ℃。宜采用有金属插杆的插入式数显温度计,金属插杆的长度不小于 150 mm,量程 0~300 ℃。

2.10　其他:电炉或煤气炉、沥青熔化锅、拌和铲、标准筛、滤纸(或普通纸)、胶布、卡尺、秒表、粉笔、棉纱等。

3　准备工作

3.1　确定制作沥青混合料试件的拌和与压实温度

3.1.1　按本规程测定沥青的黏度,绘制黏温曲线。按表 T 0702.1 的要求确定适宜于沥青混合料拌和及压实的等黏温度。

3.1.2　当缺乏沥青的黏度测定条件时,试件的拌和与压实温度可按表 T 0702.2 选用,并根据沥青品种和标号做适当调整。针入度小、稠度大的沥青取高限;针入度大、稠度小的沥青取低限,一般取中值。

3.1.3　对改性沥青,应根据实践经验、改性剂的品种和用量,适当提高混合料的拌和、压实温度;对大部分聚合物改性沥青,通常在普通沥青的基础上提高 10~20 ℃,掺加纤维时,尚需再提高 10 ℃左右。

表 T 0702.1　沥青混合料拌和及压实的沥青等黏温度

沥青混合料类型	黏度与测定方法	适宜于拌和的沥青结合料黏度	适宜于压实的沥青结合料黏度
石油沥青	表观黏度,T 0625	0.17 Pa·s±0.02 Pa·s	0.28~0.03 Pa·s

注:液体沥青混合料的压实成形温度按石油沥青要求执行。

表 T 0702.2　沥青混合料拌和及压实温度参考表

沥青结合料种类	拌和温度/℃	压实温度/℃
石油沥青	140~160	120~150
改性沥青	160~175	140~170

3.1.4　常温沥青混合料的拌和及压实在常温下进行。

3.2　沥青混合料试件的制作条件

3.2.1　在拌和厂或施工现场采取沥青混合料制作试样时,按本规程 T 0701 的方法取样,将试样置于烘箱中加热或保温,在混合料中插入温度计测量温度,待混合料温度符合要求后成型。需要拌和时可倒入已加热的室内沥青混合料拌和机中适当拌和,时间不超过 1 min。不得在电炉或明火上加热炒拌。

3.2.2　在实验室人工配制沥青混合料时,材料准备按下列步骤进行:

①将各种规格的矿料置 105 ℃±5 ℃的烘箱中烘干至恒重(一般不少于 4~6 h)。

②将烘干分级的粗细集料,按每个试件设计级配要求称其质量,在一金属盘内混合均匀,矿粉单独加热置烘箱中预热至沥青拌和温度以上约 15 ℃(采用石油沥青时通常为 163 ℃,采用改性沥青时通常为 180 ℃)备用。一般按一组试件(每组 4~6 个)备料,但进行配合比设计时宜对每个试件分别备料。常温沥青混合料的矿料不应加热。

③将按规定 T 0601 方法采集的沥青试样,用烘箱加热至规定的沥青混合料拌和温度,但不得超过 175 ℃。当不得已采用燃气炉或电炉直接加热进行脱水时,必须使用石棉垫隔开。

4　拌制沥青混合料

4.1　黏稠石油沥青混合料

4.1.1　用沾有少许黄油的棉纱擦净试模、套筒及击实座等置于 100 ℃左右烘箱中加热 1 h备用。常温沥青混合料用试模不用加热。

4.1.2　将沥青混合料拌和机预热至拌和温度以上 10 ℃左右。

4.1.3　将加热的粗细集料置于拌和机中,用小铲子适当混合,然后加入需要数量的沥青(如沥青已称量在一专用容器内时,可在倒掉沥青后用一部分热矿粉将沾在容器壁上的沥青擦拭一起倒入拌和锅中),开动拌和机,一边搅拌一边将拌和叶片插入混合料中拌和 1~1.5 min,然后暂停拌和,加入单独加热的矿粉,继续拌和至均匀为止,并使沥青混合料保持在要求的拌和温度范围内。标准的总拌和时间为 3 min。

4.2　液体石油沥青混合料

将每组(或每个)试件的矿料置于已加热至 55~100 ℃的沥青混合料拌和机中,注入要求数量的液体沥青,并将混合料边加热边拌和,使液体沥青中的熔剂挥发至50%以下。拌和时间事先试拌决定。

4.3　乳化沥青混合料

将每个试件的粗细集料置于沥青混合料拌和机(不加热,也可用人工拌和)中;注入计算的用水量(阴离子乳化沥青不加水)后,拌和均匀并使矿料表面完全湿润;再注入设计的沥青乳化液用量,在1 min内使混合料拌匀;然后加入矿粉后迅速拌和,使混合料拌成褐色为止。

5　成型方法

5.1　击实法的成型步骤

5.1.1　将拌好的沥青混合料,用小铲适当拌和均匀,称取一个试件所需的用量(标准马歇尔试件约1 200 g,大型马歇尔试件约4 050 g)。当已知沥青混合料的密度时,可根据试件的标准尺寸计算并乘以1.03得到要求的混合料数量。当一次拌和几个试件时,宜将其倒入经预热的金属盘中,用小铲适当拌和均匀分成几份,分别取用。在试件制作过程中,为防止混合料温度下降,应连盘放在烘箱中保温。

5.1.2　从烘箱中取出预热的试模及套筒,用沾有少许黄油的棉纱擦拭套筒、底座及击实锤底面,将试模装在底座上,垫一张圆形的吸油性小的纸,用小铲将混合料铲入试模中,用插刀或大螺丝刀沿周边插捣15次,中间10次。插捣后将沥青混合料表面整平。对大型击实法的试件,混合料分两次加入,每次插捣次数同上。

5.1.3　插入温度计,至混合料中心附近,检查混合料温度。

5.1.4　待混合料温度符合要求的压实温度后,将试模连同底座一起放在击实台上固定,在装好的混合料上面垫一张吸油性小的圆纸,再将装有击实锤及导向棒的压实头插入试模中,然后开启电动机或人工将击实锤从457 mm的高度自由落下击实规定的次数(75次或50次)。对大型试件,击实次数为75(相当于标准击实的50次)或112次(相当于标准击实75次)。

5.1.5　试件击实一面后,取下套筒,将试模翻面,装上套筒,然后以同样的方法和次数击实另一面。

乳化沥青混合料试件在两面击实后,将一组试件在室温下横向放置24 h;另一组试件置温度为105 ℃±5 ℃的烘箱中养生24 h。将养生试件取出后再立即两面锤击各25次。

5.1.6　试件击实结束后,立即用镊子取掉上下面的纸,用卡尺量取试件离试模上口的高度并由此计算试件高度,如高度不符合要求时,试件应作废,并按式(T 0702.1)调整试件的混合料质量,以保证高度符合63.5 mm±1.3 mm(标准试件)或95.3 mm±2.5 mm(大型试件)的要求。

$$调整后混合料的质量=\frac{调整前混合料的质量×要求的高度}{实际试件的高度} \qquad (T\ 0702.1)$$

5.2　卸去套筒和底座,将装有试件的试模横向放置冷却至室温后(不少于12 h),置脱模机上脱出试件。用于本规程T 0709现场马歇尔指标检验的试件,在施工质量检验过程中如急需试验,允许采用电风扇吹冷1 h或浸水冷却3 min以上的方法脱模,但浸水脱模法不能用于测量密度、空隙率等各项物理指标。

5.3　将试件仔细置于干燥洁净的平面上,供试验用。

T 0705—2011　压实沥青混合料密度试验(表干法)

1　目的与适用范围

1.1　本方法适用于测定吸水率不大于 2% 的各种沥青混合料试件,包括密级配沥青混凝土、沥青玛琋脂碎石混合料(SMA)和沥青稳定碎石等沥青混合料试件的毛体积相对密度或毛体积密度。标准温度为 25 ℃±0.5 ℃。

1.2　本方法测定的毛体积相对密度和毛体积密度适用于计算沥青混合料试件的空隙率、矿料间隙率等各项体积指标。

2　仪具与材料技术要求

2.1　浸水天平或电子天平:当最大称量在 3 kg 以下时,感量不大于 0.1 g;最大称量在 3 kg 以上时,感量不大于 0.5 g。应有测量水中重的挂钩。

2.2　网篮。

2.3　溢流水箱:如图 T 0705.1 所示,使用洁净水,有水位溢流装置,保持试件和网篮浸入水中后的水位一定,能调整水温 25 ℃±0.5 ℃。

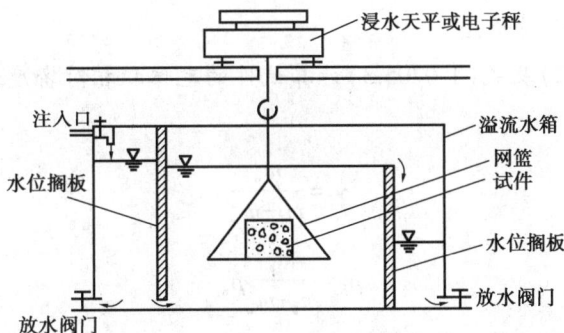

图 T 0705.1　溢流水箱及下挂法水中重称量方法示意图

2.4　试件悬吊装置:天平下方悬吊网篮及试件的装置,吊线应采用不吸水的细尼龙线绳,并有足够的长度。对轮碾成型机成型的板块状试件可用铁丝悬挂。

2.5　秒表。

2.6　毛巾。

2.7　电风扇或烘箱。

3　试验步骤

3.1　准备试件。本试验可以采用室内成型的试件,也可以采用工程现场钻芯、切割等方法获得的试件。当采用现场钻芯取样时,应按照 T 0701 的方法进行。试验前试件宜在阴凉处保存(温度不宜高于 35 ℃),且放置在水平的平面上,注意不要使试件产生变形。

3.2　选择适宜的浸水天平或电子天平,最大称量应满足试件质量的要求。

3.3　除去试件表面的浮粒,称取干燥试件的空气中质量(m_a),根据选择的天平的感量读数,准确至 0.1 g 或 0.5 g。

3.4　将溢流水箱水温保持在 25 ℃±0.5 ℃。挂上网篮,浸入溢流水箱中,调节水位,将天平调平或复零,把试件置于网篮中(注意不要晃动水)浸水 3~5 min,称取水中质量(m_w)。若天平读数持续变化,不能很快达到稳定,说明试件吸水较严重,不适用于此法测定,应改用本规程 T 0707 的蜡封法测定。

3.5   从水中取出试件,用洁净柔软的拧干湿毛巾轻轻擦去试件表面的水(不得吸走空隙内的水),称取试件的表干质量(m_f)。从试件拿出水面到擦拭结束不宜超过 5 g,称量过程中流出的水不得再擦拭。

3.6   对从工程现场钻取的非干燥试件可先称取水中质量(m_w)和表干质量(m_f),然后用电风扇将试件吹干至恒重(一般不少于 12 h,当不需要进行其他试验时,也可用 60 ℃±5 ℃烘箱烘干至恒重),再称取空气中质量(m_a)。

4   计算

4.1   按式(T 0705.1)计算试件的吸水率,取 1 位小数。

$$S_a = \frac{m_f - m_a}{m_f - m_w} \times 100\%$$ (T 0705.1)

式中 S_a——试件的吸水率,%;

m_a——干燥试件的空中质量,g;

m_w——试件的水中质量,g;

m_f——试件的表干质量,g。

4.2   按式(T 0705.2)及式(T 0705.3)计算试件的毛体积相对密度和毛体积密度,取 3 位小数。

$$\gamma_f = \frac{m_a}{m_f - m_w}$$ (T 0705.2)

$$\rho_f = \frac{m_a}{m_f - m_w} \rho_w$$ (T 0705.3)

4.3   按式(T 0705.4)计算试件的空隙率,取 1 位小数。

$$VV = \left(1 - \frac{\gamma_f}{\gamma_t}\right) \times 100\%$$ (T 0705.4)

式中 VV——试件的空隙率,%;

γ_t——沥青混合料理论最大相对密度,按式(T 0705.11)的方法计算或实测得到,无量纲;

γ_f——试件的毛体积相对密度,无量纲,通常采用表干法测定;当试件的吸水率 $S_a > 2\%$ 时,由蜡封法测定;当按规定容许采用水中重法测定时,也可采用表观相对密度代替。

4.4   按式(T 0705.5)计算矿料的合成毛体积相对密度,取 3 位小数。

$$\gamma_{sb} = \frac{100}{\dfrac{P_1}{\gamma_1} + \dfrac{P_2}{\gamma_2} + \cdots + \dfrac{P_n}{\gamma_n}}$$ (T 0705.5)

式中 γ_{sb}——矿料的合成毛体积相对密度,无量纲;

$P_1, P_2, \cdots, P_n$——各种矿料占矿料总质量的百分率,%,其和为 100;

$\gamma_1, \gamma_2, \cdots, \gamma_n$——各种矿料相应的毛体积相对密度,无量纲;采用《公路工程集料试验规程》(JTG E42—2005)的方法进行测定,粗集料按 T0304 方法测定,机制砂及石屑按 T0330 方法测定,也可以用筛出的 2.36~4.75 mm 部分按 T0304 方法测定的毛体积相对密度代替,矿粉(含消石灰、水泥)以表观

　　相对密度代替。

　　4.5　按式(T 0705.6)计算矿料的合成表观相对密度,取 3 位小数。

$$\gamma_{sa} = \frac{100}{\dfrac{P_1}{\gamma_1'} + \dfrac{P_2}{\gamma_2'} + \cdots + \dfrac{P_n}{\gamma_n'}} \qquad \text{(T 0705.6)}$$

式中　γ_{sa}——矿料的合成表观相对密度,无量纲;

　　$\gamma_1', \gamma_2', \cdots, \gamma_n'$——各种矿料相应的表观相对密度,无量纲。

　　4.6　确定矿料的有效相对密度,取 3 位小数。

　　4.6.1　对非改性沥青混合料,采用真空法实测理论最大相对密度,取平均值。按式 (T 0705.7)计算合成矿料的有效相对密度 γ_{se}。

$$\gamma_{se} = \frac{100 - P_b}{\dfrac{100}{\gamma_t} - \dfrac{P_b}{\gamma_b}} \qquad \text{(T 0705.7)}$$

式中　γ_{se}——合成矿有效相对密度,无量纲;

　　P_b——沥青用量,即沥青质量占沥青混合料总质量的百分比,%;

　　γ_t——实测的沥青混合料理论最大相对密度,无量纲;

　　γ_b——25 ℃时沥青的相对密度,无量纲。

　　4.6.2　对改性沥青及 SMA 等难以分散的混合料,有效相对密度宜直接由矿料的合成毛体积相对密度与合成表观相对密度按式(T 0705.8)计算确定,其中沥青吸收系数 C 值根据材料吸水率由式(T 0705.9)求得,合成矿料的吸水率按式(T 0705.10)计算。

$$\gamma_{se} = C\gamma_{sa} + (1-C)\gamma_{sb} \qquad \text{(T 0705.8)}$$
$$C = 0.033 w_x^2 - 0.293\,6\,w_x + 0.933\,9 \qquad \text{(T 0705.9)}$$
$$w_x = \left(\frac{1}{\gamma_{sb}} - \frac{1}{\gamma_{sa}} \right) \times 100 \qquad \text{(T 0705.10)}$$

式中　C——沥青吸收系数,无量纲;

　　w_x——合成矿料的吸水率,%。

　　4.7　确定沥青混合料的理论最大相对密度,取 3 位小数。

　　4.7.1　对非改性的普通沥青混合料,采用真空法实测沥青混合料的理论最大相对密度 γ_t。

　　4.7.2　对改性沥青或 SMA 混合料宜按式(T 0705.11)或式(T 0705.12)计算沥青混合料对应油石比的理论最大相对密度。

$$\gamma_t = \frac{100 + P_a}{\dfrac{100}{\gamma_{se}} + \dfrac{P_a}{\gamma_b}} \qquad \text{(T 0705.11)}$$

$$\gamma_t = \frac{100 + P_a + P_x}{\dfrac{100}{\gamma_{se}} + \dfrac{P_a}{\gamma_b} + \dfrac{P_x}{\gamma_x}} \qquad \text{(T 0705.12)}$$

式中　γ_t——计算沥青混合料对应油石比的理论最大相对密度,无量纲;

　　P_a——油石比,即沥青质量占矿料总质量的百分比,$P_a = [P_b / (100 - P_b)] \times 100$,%;

P_x——纤维用量,即纤维质量占矿料总质量的百分比,%;

γ_x——25 ℃时纤维的相对密度,由厂方提供或实测得到,无量纲;

γ_{se}——合成矿料的有效相对密度,无量纲;

γ_b——25 ℃时沥青的相对密度,无量纲。

4.7.3　对旧路面钻芯取样的试件缺乏材料密度、配合比及油石比的沥青混合料,可以采用真空法测沥青混合料的理论最大密度 γ_t。

4.8　按式(T 0705.13)至式(T 0705.15)计算试件的空隙率、矿料间隙率 VMA 和有效沥青的饱和度 VFA,取1位小数。

$$VV = \left(1 - \frac{\gamma_f}{\gamma_t}\right) \times 100\% \qquad (\text{T } 0705.13)$$

$$VMA = \left(1 - \frac{\gamma_f}{\gamma_{sb}} \times \frac{P_s}{100}\right) \times 100\% \qquad (\text{T } 0705.14)$$

$$VFA = \frac{VMA - VV}{VMA} \times 100\% \qquad (\text{T } 0705.15)$$

式中　VV——沥青混合料试件的空隙率,%;

　　　VMA——沥青混合料试件的矿料间隙率,%;

　　　VFA——沥青混合料试件的有效沥青饱和度,%;

　　　P_s——各种矿料占沥青混合料总质量的百分率之和,$P_s = 100 - P_b$,%;

　　　γ_{sb}——合成矿料的有效相对密度,无量纲。

4.9　按式(T 0705.16)至式(T 0705.18)计算沥青结合料被沥青吸收的比例及有效沥青含量、有效沥青体积百分率,取1位小数。

$$P_b = \frac{\gamma_{se} - \gamma_{sb}}{\gamma_{se}\gamma_{sb}} \gamma_b \times 100\% \qquad (\text{T } 0705.16)$$

$$P_{be} = P_b - \frac{P_{ba}}{100} P_s \qquad (\text{T } 0705.17)$$

$$V_{be} = \frac{\gamma_f P_{be}}{\gamma_b} \qquad (\text{T } 0705.18)$$

式中　P_{ba}——沥青混合料中被矿料吸收的沥青质量占矿料总质量的百分率,%;

　　　P_{be}——沥青混合料中的有效沥青含量,%;

　　　V_{be}——沥青混合料试件的有效沥青体积百分率,%。

4.10　按式(T 0705.19)计算沥青混合料的粉胶比,取1位小数。

$$FB = \frac{P_{0.075}}{P_{be}} \qquad (\text{T } 0705.19)$$

式中　FB——粉胶比,沥青混合料的矿料中 0.075 mm 通过率与有效沥青含量的比值,无量纲;

　　　$P_{0.075}$——矿料级配中 0.075 mm 通过率(水洗法),%。

4.11　按式(T 0705.20)计算集料的比表面积,按式(T 0705.21)计算沥青混合料沥青膜厚度。各种集料粒径的表面积系数按表 T 0705.1 取用。

$$SA = \sum (P_i \times FA_i) \qquad (\text{T } 0705.20)$$

$$DA=\frac{P_{be}}{\rho_{b}\times P_{s}\times SA}\times1\,000 \tag{T 0705.21}$$

式中　SA——集料的比表面积，m^2/kg；

　　　P_i——集料各粒径的质量通过百分率，%；

　　　FA_i——各筛孔对应集料的表面积系数，m^2/kg，按表 T 0705.1 确定；

　　　DA——沥青膜有效厚度，mm；

　　　γ_b——沥青 25 ℃时的密度，g/cm^3。

表 T 0705.1　集料的表面积系数及比表面积计算示例

筛孔尺寸/mm	19	16	13.2	9.5	4.75	2.26	1.18	0.6	0.3	0.15	0.075
表面积系数 FA_i /（$m^2\cdot kg^{-1}$）	0.004 1	—	—		0.004 1	0.008 2	0.016 4	0.028 7	0.061 4	0.122 9	0.022 7
集料各粒径的质量通过百分率 P_i/%	100	92	85	76	60	42	32	23	16	12	6
集料的比表面积 $FA_i\times P_i$/（$m^2\cdot kg^{-1}$）	0.41	—			0.25	0.34	0.52	0.66	0.98	1.47	1.97
集料的比表面积 SA /（$m^2\cdot kg^{-1}$）	$SA=0.41+0.25+0.34+0.52+0.66+0.98+1.47+1.97=6.60$										

注：矿料级配中大于 4.75 mm 集料的表面积系数 FA 均取 0.004 1。计算集料比表面积时，大于 4.75 mm 集料的比表面积只计算一次，即只计算最大粒径对应部分。如表 T 0705.1，该例的 $SA=6.6\ m^2/kg$，若沥青混合料的有效沥青含量为 4.65%，沥青混合料的沥青用量为 4.8%，沥青的密度为 1.03 g/cm^3，$P_s=95.2$，则沥青膜厚度 $DA=4.65/(95.2\times1.03\times6.60)\times1\,000=7.19\ \mu m$。

4.12　粗集料骨架间隙率可按式（T 0705.22）计算，取 1 位小数。

$$VCA_{mix}=100-\frac{\gamma_{f}}{\gamma_{ca}}P_{ca} \tag{T 0705.22}$$

式中　VCA_{mix}——粗集料骨架间隙率，%；

　　　P_{ca}——矿料中所有粗集料质量占沥青混合料总质量的百分率，%，按式（T 0705.23）得到：

$$P_{ca}=P_{s}\times PA_{4.75}/100\% \tag{T 0705.23}$$

　　　$PA_{4.75}$——矿料级配中 4.75 mm 筛余量，即 100 减去 4.75 mm 通过率；

　　　γ_{ca}——矿料中所有粗集料颗粒部分对水的合成毛体积相对密度，按式（T 0705.24）计算，无量纲。

注：$PA_{4.75}$对于一般沥青混合料为矿料级配中 4.75 mm 筛余量，对于公称最大粒径不大于 9.5 mm 的 SMA 混合料为 2.36 mm 筛余量，对特大粒径根据需要可以选择其他筛孔。

$$\gamma_{ca}=\frac{P_{1c}+P_{2c}+\cdots+P_{nc}}{\dfrac{P_{1c}}{\gamma_{1c}}+\dfrac{P_{2c}}{\gamma_{2c}}+\cdots+\dfrac{P_{nc}}{\gamma_{nc}}} \tag{T 0705.24}$$

式中　$P_{1c},\cdots,P_{nc}$——矿料中各种粗集料在矿料配合比中的比例，%；

　　　$\gamma_{1c},\cdots,\gamma_{nc}$——矿料中各种粗集料对水的毛体积相对密度。

5　报告

应在试验报告中注明沥青混合料的类型及测定密度采用的方法。

6　允许误差

试件毛体积密度试验重复性的允许误差为 0.020 g/cm³。试件毛体积相对密度试验重复性的允许误差为 0.020。

T 0709—2011　沥青混合料马歇尔稳定度试验

1　目的与适用范围

1.1　本方法适用于马歇尔稳定度试验和浸水马歇尔稳定度试验,以进行沥青混合料的配合比设计或沥青路面施工质量检验。浸水马歇尔稳定度试验(根据需要,也可进行真空饱水马歇尔试验)供检验沥青混合料受水损害时抵抗剥落的能力时使用,通过测试其水稳定性检验配合比设计的可行性。

1.2　本方法适用于按本规程 T 0702 成型的标准马歇尔试件圆柱体和大型马歇尔试件圆柱体。

2　主要仪器设备

2.1　沥青混合料马歇尔试验仪:分为自动式和手动式。自动马歇尔试验仪应具备控制装置,记录荷载-位移曲线,自动测定荷载与试件垂直变形,能自动显示和存储或打印试验结果等功能。手动式由人工操作,试验数据通过操作者目测后读取数据。

对于高速公路和一级公路的沥青混合料宜采用自动马歇尔试验仪。

2.1.1　当集料公称最大粒径小于或等于 26.5 mm 时,对 ϕ101.6 mm×63.5 mm 的标准马歇尔试件,试验仪最大荷载不得小于 25 kN,测定精度为 0.01 kN,加载速率应能保持 50 mm/min±5 mm/min。钢球直径 16 mm±0.05 mm,上下压头曲率半径为 50.8 mm±0.08 mm。

2.1.2　当集料公称最大粒径大于 26.5 mm 时,采用 ϕ152.4 mm×95.3 mm 大型马歇尔试件时,试验仪最大荷载不得小于 50 kN,读数准确度为 0.01 kN。上下压头的曲率内径为 152.4 mm±0.2 mm,上下压头间距为 19.05 mm±0.1 mm。

2.2　恒温水槽:控温准确至 1 ℃,深度不少于 150 mm。

2.3　真空饱水容器:包括真空泵及真空干燥器。

2.4　烘箱。

2.5　天平:感量不大于 0.1 g。

2.6　温度计:分度值 1 ℃。

2.7　卡尺。

2.8　其他:棉纱、黄油。

3　标准马歇尔试验方法

3.1　准备工作

3.1.1　按 T 0702 标准击实法成型马歇尔试件。标准马歇尔试件尺寸应符合直径 ϕ101.6 mm±0.2 mm、高 63.5 mm±1.3 mm 的要求。对大型马歇尔试件,标准马歇尔试件尺寸应符合直径 ϕ152.4 mm±0.2 mm、高 95.3 mm±2.5 mm 的要求。一组试件的数量不得少于 4 个,并符合 T 0702 的规定。

3.1.2　测量试件的直径及高度:用卡尺测量试件中部的直径,用马歇尔试件高度测定器或用卡尺在十字对称的 4 个方向量测离试件边缘 10 mm 处的高度,准确至 0.1 mm,并以其平均值作为试件的高度。如试件高度不符合 63.5 mm±1.3 mm 或 95.3 mm±2.5 mm 要求或两侧高度差大于 2 mm 时,此试件应作废。

3.1.3　按规定方法测定试件的密度,并计算空隙率、沥青体积百分率、沥青饱和度、矿料间隙率等体积指标。

3.1.4　将恒温水槽调节至要求的试验温度,对黏稠石油沥青或烘箱养生过的乳化沥青混合料为 60 ℃±1 ℃,对煤沥青混合料为 33.8 ℃±1 ℃,对空气养生的乳化沥青或液体沥青混合料为 25 ℃±1 ℃。

3.2　试验步骤

3.2.1　将试件置于已达规定温度的恒温水槽中保温,保温时间对标准马歇尔试件需 30~40 min,对大型马歇尔试件需 45~60 min。试件之间应有间隔,底下应垫起,离容器底部不小于 5 cm。

3.2.2　将马歇尔试验仪的上下压头放入水槽或烘箱中达到同样温度。将上下压头从水槽或烘箱中取出,擦拭干净内面。为使上下压头滑动自如,可在下压头的导棒上涂少量黄油。再将试件取出置于下压头上,盖上上压头,然后装在加载设备上。

3.2.3　在上压头的球座上放妥钢球,并对准荷载测定装置的压头。

3.2.4　当采用自动马歇尔试验仪时,将自动马歇尔试验仪的压力传感器、位移传感器与计算机或 X-Y 记录仪正确连接,调整好适宜的放大比例。压力和位移传感器调零。

3.2.5　当采用压力环和流值计时,将流值计安装在导棒上,使导向套管轻轻地压住上压头,同时将流值计读数调零。调整压力环中百分表,对零。

3.2.6　启动加载设备,使试件承受荷载,加荷速度为 50 mm/min±5 mm/min。计算机或 X-Y 记录仪自动记录传感器压力和试件变形曲线并将数据自动存入计算机。

3.2.7　当试验荷载达到最大值的瞬间,取下流值计,同时读取压力环中百分表读数及流值计的流值读数。

3.2.8　从恒温水槽中取出试件至测出最大荷载值的时间,不得超过 30 s。

4　浸水马歇尔试验方法

浸水马歇尔试验方法与标准马歇尔试验方法的不同之处在于,试件在已达规定温度恒温水槽中的保温时间为 48 h,其余均与标准马歇尔试验相同。

5　真空饱水马歇尔试验方法

试件先放入真空干燥器中,关闭进水胶管,开动真空泵,使干燥器的真空度达到 97.3 kPa(730 mmHg)以上,维持 15 min;然后打开进水胶管,靠负压进入冷水流使试件全部浸入水中,浸水 15 min 后恢复常压,取出试件再放入已达规定稳定温度的恒温水槽中保温 48 h。其余与标准马歇尔试验方法相同。

6　计算

6.1　试件的稳定度和流值

6.1.1　当采用自动马歇尔试验仪时,将计算机采集的数据绘制成压力和试件变形曲线,或由 X-Y 记录仪自动记录的荷载-变形曲线,按图 T 0709.1 所示在切线方向延长曲线与横坐标相交于 O_1,将 O_1 作为修正原点,从 O_1 起量取相应于荷载最大值时的变形作为流值(FL),以 mm 计,准确至 0.1 mm。最大荷载即为稳定度(MS),以 kN 计,准确至 0.01 kN。

6.1.2　采用压力环和流值计测定时,根据压力环标定曲线,将压力环中百分表的读数换算为荷载值,或者由荷载测定装置读取的最大值即为试样的稳定度(MS),以 kN 计,准确至0.01 kN。由流值计及位移传感器测定装置读取的试件垂直变形,即为试件的流值(FL),以 mm 计,准确至 0.1 mm。

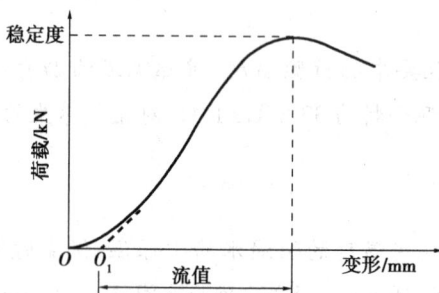

图 T 0709.1 马歇尔试验结果的修正方法

6.2 试件的马歇尔模数按式(T 0709.1)计算。

$$T = \frac{MS}{FL} \tag{T 0709.1}$$

式中 T——试件的马歇尔模数,kN/mm;

　　　MS——试件的稳定度,kN;

　　　FL——试件的流值,mm。

6.3 试件的浸水残留稳定度按式(T 0709.2)计算。

$$MS_0 = \frac{MS_1}{MS} \tag{T 0709.2}$$

式中 MS_0——试件的浸水残留稳定度,%;

　　　MS_1——试件浸水 48 h 后的稳定度,kN。

6.4 试件的真空饱水残留稳定度按式(T 0709.3)计算。

$$MS_0' = \frac{MS_2}{MS} \times 100\% \tag{T 0709.3}$$

式中 MS_0'——试件的真空饱水残留稳定度,%;

　　　MS_2——试件真空饱水后浸水 48 h 后的稳定度,kN。

7 报告

7.1 当一组测定值中某个测定值与平均值之差大于标准差的 k 倍时,该测定值应予舍弃,并以其余测定值的平均值作为试验结果。当试件数目 n 为 3,4,5,6 个时,k 值分别为 1.15,1.46,1.67,1.82。

7.2 报告中需列出马歇尔稳定度、流值、马歇尔模数,以及试件尺寸、密度、空隙率、沥青用量、沥青体积百分率、沥青饱和度、矿料间隙率等各项物理指标。当采用自动马歇尔试验仪时,试验结果应附上荷载-变形曲线原件或自动打印结果。

任务 6.4 分析沥青混合料的其他性质指标及技术要求

【任务描述】

本任务是分析沥青混合料的低温抗裂性、耐久性的评价指标及测定方法;分析沥青混合料的技术要求。

【学习目标】

①能叙述沥青混合料低温抗裂性的评价方法及评价指标。

②能叙述沥青混合料耐久性的影响因素;熟悉水稳性的评价方法。

③熟悉《公路沥青路面施工技术规范》(JTG F40—2004)对密级配沥青混凝土混合料的技术要求,结合任务6.3(或教师给定)检测数据,能规范、完整地编制检测报告。

④能叙述其他沥青混合料的技术要求。

1.低温抗裂性指标

(1)低温抗裂性概念

沥青混合料抵抗低温收缩裂缝的能力称为低温抗裂性。

(2)低温收缩开裂的原因

①气温骤降造成材料低温收缩。冬季低温时,沥青混合料将产生体积收缩,但在周围材料的约束下,沥青混合料不能自由收缩,从而在结构层内部产生温度应力。由于沥青材料具有一定的应力松弛性能,当降温速率较为缓慢时,所产生的温度应力会随时间逐渐松弛减小,不会对沥青路面产生明显消极影响。但当气温骤降时,这时产生的温度应力就来不及松弛,当温度应力超过混合料的允许应力值时,混合料被拉裂,导致沥青路面出现裂缝造成路面破坏。

②低温收缩疲劳裂缝。沥青混合料经受长期多次的温度循环后,应力松弛性能降低,就会使温度应力小于其相应温度原始抗拉强度时产生开裂,即经受长期多次的降温循环后材料的抗拉强度降低,变成温度疲劳强度,在温度应力超过此温度疲劳强度时就会开裂。

因此,在沥青混合料组成设计中,应选用稠度较低、温度敏感性低、抗老化能力强的沥青。

(3)评价方法及评价指标

评价沥青混合料低温变形能力的常用方法有低温劈裂试验、低温弯曲试验等。《公路沥青路面施工技术规范》(JTG F40—2004)规定,沥青混合料配合比设计低温抗裂性能的检验采用低温弯曲试验,测定破坏强度、破坏应变、破坏劲度模量等指标,并根据应力-应变曲线形状,综合评价沥青混合料的低温抗裂性能。

2.耐久性

(1)耐久性含义

沥青混合料的耐久性是指其抵抗长时间自然因素(风、日光、温度、水分等)和行车反复作用,能基本保持原有性能的能力。

(2)耐久性的影响因素

影响耐久性的因素很多,主要包括以下几个方面:

①空隙率。沥青混合料的空隙率小,环境中易造成老化的因素介入的机会就少,所以从耐久性考虑,希望沥青混合料空隙率尽可能小一些。但沥青混合料中还必须留有一定的空隙和适当的饱和度,以备夏季沥青材料的膨胀变形用。空隙率的大小取决于矿料级配、沥青材料的用

量以及压实程度等多方面因素。

②沥青含量。沥青含量的多少也是影响沥青混合料耐久性的一个重要因素。当沥青用量较正常用量少时,沥青膜变薄,则混合料的延伸能力降低,脆性增加,同时因沥青用量偏少,混合料空隙率增大,沥青暴露于不利环境中因素的可能性增大,加速老化,同时还增加了水侵入的机会,水稳性降低。

（3）水稳性

水稳性是指沥青与矿料形成黏附层后,遇水时对沥青的置换作用而引起沥青膜剥落的抵抗程度。其评价方法是在规定条件下进行浸水马歇尔试验测定其残留稳定度和冻融劈裂试验测定其残留强度比。

3.沥青混合料的技术要求

（1）密级配沥青混凝土混合料的技术要求

《公路沥青路面施工技术规范》（JTG F40—2004）对密级配沥青混凝土混合料的技术要求见表6.3。

表6.3　密级配沥青混凝土马歇尔试验技术标准

试验指标		单位	高速公路、一级公路				其他等级公路	行人道路
			夏炎热区(1-1,1-2,1-3,1-4区)		夏热区及夏凉区(2-1,2-2,2-3,2-4,3-2区)			
			中轻交通	重载交通	中轻交通	重载交通		
击实次数(双面)		次	75				50	50
试件尺寸		mm	$\phi101.6\times63.5$					
空隙率 VV	深约90 mm以内	%	3~5	4~6	2~4	3~5	3~6	2~4
	深约90 mm以下	%	3~6		2~4	3~6	3~6	—
稳定度 MS		kN	≥8				≥5	≥3
流值 FL		mm	2~4	1.5~4	2~4.5	2~4	2~4.5	2~5
矿料间隙率 VMA/%	设计空隙率/%		相应于以下公称最大粒径(mm)的最小 VMA 及 VFA 技术要求/%					
			26.5	19	16	13.2	9.5	4.75
	≤2		10	11	11.5	12	13	15
	≤3		11	12	12.5	13	14	16
	≤4		12	13	13.5	14	15	17
	≤5		13	14	14.5	15	16	18
	≤6		14	15	15.5	16	17	19
沥青饱和度 VFA/%			55~70		65~75		70~85	

注:①本表适用于公称最大粒径≤26.5 mm的密级配沥青混凝土混合料。

②对空隙率大于5%的夏炎热区重载交通路段,施工时至少提高压实度1个百分点。

③当设计的空隙率不是整数时,由内插确定要求的 VMA 最小值。

④对改性沥青混合料,马歇尔试验的流值可适当放宽。

（2）沥青稳定碎石混合料马歇尔试验配合比设计标准

《公路沥青路面施工技术规范》（JTG F40—2004）对沥青稳定碎石混合料马歇尔试验配合比设计标准见表 6.4。

表 6.4　沥青稳定碎石混合料马歇尔试验配合比设计标准

试验指标	单位	密级配基层（ATB）		半开级配面层（AM）	排水式开级配磨耗层（OGFC）	排水式开级配基层（ATPB）
公称最大粒径	mm	26.5	≥31.5	≤26.5	≤26.5	所有尺寸
马歇尔试件尺寸	mm	φ101.6×63.5	φ152.4×95.3	φ101.6×63.5	φ101.6×63.5	φ152.4×95.3
击实次数（双面）	次	75	112	50	50	75
空隙率 VV	%	3～6		6～10	≥18	≥18
稳定度 MS	kN	7.5	15	3.5	3.5	—
流值 FL	mm	1.5～4	实测	—	—	—
沥青饱和度 VFA	%	55～70		40～70		
密级配基层（ATB）的矿料间隙率 VMA/%		设计空隙率/%		ATB-40	ATB-30	ATB-25
		4		11	11.5	12
		5		12	12.5	13
		6		13	13.5	14

注：在干旱地区，可将密级配沥青稳定碎石基层的空隙率适当放宽到 8%。

（3）SMA 混合料马歇尔试验配合比设计技术要求

《公路沥青路面施工技术规范》（JTG F40—2004）对 SMA 混合料马歇尔试验配合比设计技术要求见表 6.5。

表 6.5　SMA 混合料马歇尔试验配合比设计技术要求

试验项目	单位	技术要求		试验方法
		不使用改性沥青	使用改性沥青	
马歇尔试件尺寸	mm	φ101.6×63.5		T 0702
马歇尔试验击实次数[1]	—	两面击实 50 次		T 0702
空隙率 VV[2]	%	3～4		T 0705
矿料间隙率 VMA	%	≥17.0		T 0705
粗集料骨架间隙率 VC	—	≤VAC_{DRC}		T 0705
沥青饱和度 VFA	%	75～85		T 0705
稳定度[4]	kN	≥5.5	≥6.0	T 0709
流值	mm	2～5	—	T 0709
谢伦堡沥青析漏试验的结合料损失	%	≤0.2	≤0.1	T 0732

续表

试验项目	单位	技术要求		试验方法
		不使用改性沥青	使用改性沥青	
肯塔堡飞散试验的混合料损失或浸水飞散试验	%	≤20	≤15	T 0733

注:①对集料坚硬不易击碎、通行重载交通的路段,也可将击实次数增加为双面 75 次。

②对高温稳定性要求较高的重交通路段或炎热地区,设计空隙率允许放宽到 4.5%,VMA 允许放宽到 16.5%(SMA-16)或 16%(SMA-19),VFA 允许放宽到 70%。

③试验粗集料骨架间隙率 VCA 的关键性筛孔,对 SMA-19、SMA-16 是指 4.75 mm,对 SMA-13、SMA-10 是指 2.36 mm。

④稳定度难以达到要求时,容许放宽到 5.0 kN(非改性)或 5.5 kN(改性),但动稳定度检验必须合格。

(4)沥青混合料车辙试验动稳定度技术要求

《公路沥青路面施工技术规范》(JTG F40—2004)对沥青混合料车辙试验动稳定度技术要求见表 6.6。

表 6.6 沥青混合料车辙试验动稳定度技术要求

气候条件与技术指标		对应下列气候分区所要求的动稳定度/(次·mm^{-1})								
七月平均最高气温(℃)及气候分区		>30				20~30				<20
		1.夏炎热区				2.夏热区				3.夏凉区
		1-1	1-2	1-3	1-4	2-1	2-2	2-3	2-4	3-2
普通沥青混合料		≥800	≥1 000			≥600	≥800			≥600
SMA 混合料	非改性	≥1 500								
	改性	≥3 000								
OGFC 混合料		1 500(一般交通路段)、3 000(重交通量路段)								

注:①如果其他月份的平均最高气温高于 7 月时,可使用该月平均最高气温。

②在特殊情况下,如钢桥面铺装、重载特别多或纵坡较大的长距离上坡路段、厂矿专用道路,可酌情提高动稳定度要求。

③对因气候寒冷确需使用针入度很大的沥青(如大于 100),动稳定度难以达到要求,或因采用石灰岩等不是很坚硬的石料,改性沥青混合料的动稳定度难以达到要求等特殊情况,可酌情降低要求。

④为满足炎热地区及重载车要求,在配合比设计时采用减少最佳沥青用量的技术措施时,可适当提高试验温度或增加试验荷载进行试验,同时增加试件碾压成型密度和施工压实度要求。

⑤车辙试验不得采用二次加热的混合料,试验必须检验其密度是否符合试验规程的要求。

⑥如需对公称最大粒径大于或等于 26.5 mm 的混合料进行车辙试验,可适当增加试件的厚度,但不宜作为评定合格与否的依据。

(5)沥青混合料水稳定性检验技术要求

《公路沥青路面施工技术规范》(JTG F40—2004)对沥青混合料水稳定性检验技术要求见表 6.7。

表 6.7　沥青混合料水稳定性检验技术要求

气候条件与技术指标	相应下列气候分区的技术要求			
年降雨量(mm)及气候分区	>1 000 1.潮湿区	500~1 000 2.湿润区	250~500 3.半干区	<250 4.干旱区
浸水马歇尔试验残留稳定度/%				
普通沥青混合料	≥80		≥75	
SMA 混合料　普通沥青	75			
SMA 混合料　改性沥青	80			
冻融劈裂试验度残留强度比/%				
普通沥青混合料	≥75		≥70	
SMA 混合料　普通沥青	75			
SMA 混合料　改性沥青	80			

(6)沥青混合料低温弯曲试验破坏应变技术要求

根据《公路沥青路面施工技术规范》(JTG F40—2004),宜对密级配沥青混合料在温度 -10 ℃、加载速率 50 mm/min 的条件下进行弯曲试验,测定破坏强度、破坏应变、破坏劲度模量等指标,并根据应力-应变曲线形状,综合评价沥青混合料的低温抗裂性能。其中,沥青混合料破坏应变宜不小于表 6.8 的要求。

表 6.8　沥青混合料低温弯曲试验破坏应变技术要求

气候条件与技术指标年极端最低气温(℃)及气候分区	相应于下列气候分区所要求的破坏应变/$\mu\varepsilon$								试验方法
	<-37.0		-37.0~-21.5			-21.5~-9.0		>-9.0	
	1.严寒区		2.冬寒区			3.冬冷区		4.冬温区	
	1-1	2-1	1-2	2-2	3-2	1-3	2-3	1-4　2-4	
普通沥青混合料	≥2 600		≥2 300			≥2 000			T 0715
改性沥青混合料	≥3 000		≥2 800			≥2 500			

思 考 题

1. 什么是沥青混合料?

2. 沥青混合料按其结构可分为哪几种类型? 各种结构类型的沥青混合料各有什么优缺点?

3. 影响沥青混凝土抗剪强度的主要因素有哪些?

4. 我国现行沥青混合料高温稳定性的评价、表示方法有哪些?

5. 影响沥青耐久性的主要因素有哪些?

6. 一组马歇尔试件稳定度实测值为 9.5 kN,10.2 kN,11.3 kN,15.8 kN,试验结果如何记录?

项目7 普通水泥混凝土性能分析与检验

【项目描述】

混凝土是道路与桥梁工程中用量最大的建筑材料之一。混凝土质量的好坏对结构的安全性、可靠性、耐久性起着决定性的作用。因此,应了解分析混凝土的性能,对拌制的混凝土的技术指标进行检验,以达到控制其质量的目的。

本项目分5个任务,学生通过对普通水泥混凝土相关理论知识的学习,通过水泥混凝土的稠度试验(坍落度仪法)、混凝土立方体抗压强度试验的技能训练,应具有评价混凝土质量的能力。

任务7.1 认知普通水泥混凝土

【任务描述】

本任务是认知混凝土的定义、分类、用途及技术性质。

【学习目标】

①能叙述普通混凝土的分类、特点以及应用。

②熟悉普通混凝土的技术性质。

1.混凝土的定义及分类

广义上讲,混凝土是由胶凝材料、水和粗细骨料,有时掺入外加剂和掺合料,按适当的比例配合,经均匀拌和、密实成型及养护硬化的人造石材。混凝土可按其组成、特性和功能等从不同角度进行分类。

(1)按表观密度分

①普通混凝土:干表观密度为 2 000~2 800 kg/m^3,是建筑工程中用量最大的混凝土。

②轻混凝土:干表观密度小于 1 950 kg/m^3。现代大跨度钢筋混凝土桥梁为减轻结构自重,往往采用各种轻集料(浮石、陶粒、火山灰等)配制成轻集料结构混凝土,以达到轻质高强、增大桥梁跨度的目的。

③重混凝土:干表观密度大于 2 800 kg/m^3。为了屏蔽各种射线的辐射采用各种高密度集料配制的混凝土,采用特别密实和密度特别大的骨料(如重晶石、铁矿石、钢屑等)制成,又称为防辐射混凝土。

(2)按胶凝材料分

按胶凝材料,可分为水泥混凝土、石膏混凝土、聚合物混凝土、水玻璃混凝土等。

(3)按抗压强度分

①低强度混凝土:抗压强度小于 30 MPa。

②中强度混凝土:抗压强度为 30~60 MPa。

③高强度混凝土:抗压强度大于 60 MPa。

(4)按用途分

按用途,可分为结构混凝土、防水混凝土、耐热混凝土、耐酸混凝土、大体积混凝土等。

(5)按生产工艺和施工方法分

按生产工艺和施工方法,可分为泵送混凝土、喷射混凝土、压力混凝土、离心混凝土、碾压混凝土等。

2.普通水泥混凝土的定义、分类及用途

1)普通水泥混凝土的定义

普通水泥混凝土是以水泥(或掺有一定量的活性矿物掺合料)为胶凝材料,用普通砂石为粗细集料并和水按适当比例配合,在需要时掺加适宜的外加剂,经搅拌、成型、养护而得到的复合材料,硬化后成为具有一定力学性能的一种人工石材。普通水泥混凝土简称混凝土。

2)普通水泥混凝土的用途及特点

普通水泥混凝土具有许多优点,在凝结前具有良好的塑性,因此可以浇制成各种形状和大小的构件或结构物;它与钢筋有牢固的黏结力,能制作钢筋混凝土结构和构件;经硬化后有抗压强度高与耐久性良好的特性;其组成材料中砂、石等地方材料占80%以上,符合就地取材和经济的原则。但普通水泥混凝土也存在着抗拉强度低、受拉时变形能力小、容易开裂、自重大等缺点。

普通水泥混凝土具有上述各种优点,是道路与桥梁工程建设中应用最广泛、用量最大的建筑材料之一。在现代公路桥梁中,钢筋混凝土桥是最主要的一种桥型,广泛应用于高等级公路工程中。随着现代高等级公路的发展,水泥混凝土与沥青混凝土一样,成为高等级路面的主要建筑材料。

3)普通水泥混凝土的分类

(1)按流动性来分

①干硬性混凝土:混凝土拌合物坍落度小于 10 mm 的混凝土。

②塑性混凝土:混凝土拌合物坍落度为 10~90 mm 的混凝土。

③流动性混凝土:混凝土拌合物坍落度为 100~150 mm 的混凝土。

④大流动性混凝土:混凝土拌合物坍落度大于或等于 160 mm 的混凝土。

(2)按特殊功能来分

①抗渗混凝土:抗渗等级大于或等于 P6 级的混凝土。

②抗冻混凝土:抗冻等级大于或等于 F50 级的混凝土。

③高强混凝土;强度等级为 C60 及其以上的混凝土。

④泵送混凝土;混凝土拌合物坍落度不低于 100 mm,并且用泵送施工的混凝土。

⑤大体积混凝土:现场浇筑的最小边尺寸大于或等于 1 m,且必须采取措施以避免因水化热引起的内表温差过大而导致裂缝的混凝土。

⑥高性能混凝土:采用普通混凝土的常规材料、常规工艺,在常温下,以低水胶比、大掺量优质掺合料和严格的质量控制措施制作,具有良好施工工作性能且硬化后具有高耐久性、高稳定性及较高强度的混凝土。

3.普通水泥混凝土的技术性质

普通水泥混凝土的主要技术性质包括新拌混凝土的工作性以及硬化后混凝土的强度、变形和耐久性。

任务 7.2　测定水泥混凝土的稠度(坍落度仪法)

【任务描述】

本任务是在学习水泥混凝土工作性的含义、评价方法及评价指标知识的基础上,用坍落度仪法测定水泥混凝土的稠度。

【学习目标】

①熟悉水泥混凝土工作性的含义及评价方法。

②能分析影响水泥混凝土工作性的因素。

③会按《公路工程水泥及水泥混凝土试验规程》(JTG 3420—2020)规定的方法测定塑性混凝土拌合物的坍落度,并能规范、完整地填写试验检测记录表。

1.相关知识

水泥混凝土在尚未凝结硬化以前,称为新拌混凝土或混凝土拌合物。新拌混凝土应具有良好的工艺性质,称为工作性(或称和易性)。

1)工作性的含义

工作性(和易性)是指混凝土拌合物具有流动性、可塑性、稳定性、易密性等方面性质的一项综合性能。

①流动性指拌合物在自重或机械振捣作用下,能产生流动,并均匀、密实地填满模板的性能。

②可塑性指拌合物在外力作用下产生塑性流动,不发生脆性断裂的性质。

③稳定性指拌合物在外力作用下,集料在水泥浆体中保持均匀分布,不会产生离析或出现泌水现象的性能。

④易密性指拌合物在捣实或振动过程中克服摩阻力达到密实稠度的能力。

2) 工作性的评定方法

目前还没有能够全面表征新拌混凝土工作性的测定方法,通常是通过试验测定流动性,以目测和经验评定其棍度、含砂情况、黏聚性和保水性,综合评价其和易性。水泥混凝土拌合物的流动性用稠度表示,稠度试验方法有坍落度仪法和维勃仪法两种。坍落度大于 10 mm、集料公称最大粒径不大于 31.5 mm 的混凝土拌合物稠度用坍落度仪法测定;集料公称最大粒径不大于 31.5 mm、维勃时间在 5~30 s 的干硬性混凝土拌合物稠度用维勃稠度仪法测定。

(1)坍落度仪法

将新拌混凝土按规定方法装入标准坍落筒内,装满刮平后,立即将筒垂直提起,混合料在重力作用下将产生一定程度的坍落,坍落的高度(mm)即为坍落度,如图 7.1 所示。当混凝土拌合物的坍落度大于 220 mm 时,应采用坍落扩展度值,即测定混凝土坍落扩展后最终的最大直径和最小直径的平均值。

(2)维勃稠度仪法

将坍落度筒放在直径为 240 mm、高度为 200 mm 圆筒内,圆筒安装在专用的振动台上,按坍落度试验的方法将新拌混凝土装满后再拔去坍落度筒,并在新拌混凝土顶上置一透明圆盘。开动振动台并记录时间,从开始振动至透明圆盘底面刚被水泥浆布满为止,秒表所经历的时间,以 s 计(精确至 1 s),即为混凝土拌合物稠度的维勃时间。维勃稠度仪如图 7.2 所示。

图 7.1　混凝土坍落度试验　　　　图 7.2　维勃稠度仪

2.测定新拌混凝土的坍落度

《公路工程水泥及水泥混凝土试验规程》(JTG 3420—2020)规定了水泥混凝土拌合物的拌和(或现场取样)及坍落度的测定方法。

T 0521—2005　水泥混凝土拌合物的拌和与现场取样方法

1　目的和适用范围

本方法规定了在常温环境中室内水泥混凝土拌合物的拌和与现场取样方法。

轻质水泥混凝土、防水水泥混凝土、碾压水泥混凝土等其他特种水泥混凝土的拌和与现场取样方法,可以参照本方法进行,但因其特殊所引起的对试验设备及方法的特殊要求,均应遵照对这些水泥混凝土的有关技术规定进行。

2　仪器设备

①搅拌机:自由式或强制式。

②振动台:标准振动台,符合《混凝土试验用振动台》的要求。

③磅秤:感量满足称量总量1%的磅秤。

④天平:感量满足称量总量0.5%的天平。

⑤其他:铁板、铁铲等。

3 材料

3.1 所有材料均应符合有关要求,拌和前材料应放置在温度20 ℃±5 ℃的室内。

3.2 为防止粗集料的离析,可将集料按不同粒径分开,使用时再按一定比例混合。试样从抽取至试验完毕过程中,不要风吹日晒,必要时应采取保护措施。

4 拌和步骤

4.1 拌和时保持室温20 ℃±5 ℃。

4.2 拌合物的总量至少应比所需量高20%以上。拌制混凝土的材料用量应以质量计,称量的精确度:集料为±1%,水、水泥、掺合料和外加剂为±0.5%。

4.3 粗集料、细集料均以干燥状态为基准,计算用水量时应扣除粗集料、细集料的含水量。

注:干燥状态是指含水率小于0.5%的细集料和含水率小于0.2%的粗集料。

4.4 外加剂的加入

对于不溶于水或难溶于水且不含潮解型盐类,应先和一部分水泥拌和,以保证充分分散。

对于不溶于水或难溶于水但含潮解型盐类,应先和细集料拌和。

对于水溶性或液体,应先和水拌和。

其他特殊外加剂,应遵守有关规定。

4.5 拌制混凝土所用各种用具,如铁板、铁铲、抹刀,应预先用水润湿,使用完后必须清洗干净。

4.6 使用搅拌机前,应先用少量砂浆进行涮膛,再刮出涮膛砂浆,以避免正式拌和混凝土时水泥砂浆黏附筒壁的损失。涮膛砂浆的水灰比及砂灰比,应与正式的混凝土配合比相同。

4.7 用搅拌机拌和时,拌和量宜为搅拌机公称容量的1/4~3/4。

4.8 搅拌机搅拌

按规定称好原材料,向搅拌机内顺序加入粗集料、细集料、水泥。开动搅拌机,将材料拌和均匀,在拌和过程中徐徐加水,全部加料时间不宜超过2 min。水全部加入后,继续拌和约2 min,而后将拌合物倾出在铁板上,再经人工翻拌1~2 min,务必使拌合物均匀。

4.9 人工拌和

采用人工拌和时,先用湿布将铁板、铁铲润湿,再将称好的砂和水泥置于拌板上,加入粗集料,再混合搅拌均匀;而后将该拌合物收集成长堆,中心扒成长槽,将称好的水倒入约一半,将其与拌合物仔细拌匀;再将材料堆成长堆,扒成长槽,倒入剩余的水,继续进行拌和,至少来回翻拌6遍。

4.10 从试样制备完毕到开始做各项性能试验不宜超过5 min(不包括成型试件)。

5 现场取样

5.1 新混凝土现场取样:凡由搅拌机、料斗、运输小车以及浇制的构件中采取新拌混凝土代表性样品时,均需从3处以上的不同部位抽取大致相同分量的代表性样品(不要抽取已经离析的混凝土),集中用铁铲翻拌均匀,而后立即进行拌合物试验。拌合物取样量应多于试验所需数量的 1.5 倍,其体积不少于 20 L。

5.2　为取样具有代表性,宜采用多次取样的方法,最后集中用铁铲翻拌均匀。

5.3　从第一次取样到最后一次取样不宜超过 15 min。取回的混凝土拌合物经过人工再次翻拌均匀,而后进行试验。

T 0522—2005 水泥混凝土拌合物稠度试验方法(坍落度仪法)

1　适用范围

本方法规定了采用坍落度仪测定水泥混凝土拌合物稠度的方法和步骤。

本方法适用于坍落度大于 10 mm、集料公称粒径不大于 31.5 mm 的水泥混凝土的坍落度测定。

2　仪器设备

①坍落筒:如图 T 0522.1 所示,符合《水泥混凝土坍落度仪》中有关技术要求。坍落筒为铁板制成的截头圆锥筒,厚度不小于 1.5 mm,内侧平滑,没有铆钉头之类的突出物,在筒上方约 2/3 高度处有两个把手,近下端两侧焊有两个踏脚板,保证坍落筒可以稳定操作,坍落筒尺寸见表 T 0522.1。

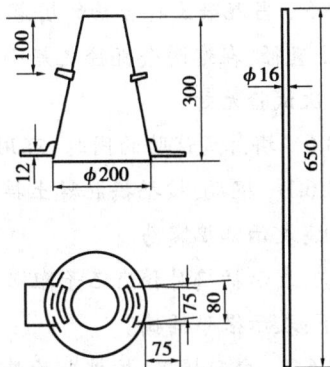

图 T 0522.1　坍落筒及捣棒(单位:mm)

表 T 0522.1　坍落筒尺寸

集料公称最大粒径/mm	筒的名称	筒的内部尺寸/mm		
		底面直径	顶面直径	高度
<31.5	标准坍落筒	200±2	100±2	300±2

②捣棒:符合《水泥混凝土坍落度仪》(JTG 3021—1994)中有关技术要求,为直径 16 mm、长约 650 mm 并具有半球形端头的钢质圆棒。

③其他:小铲、木尺、小钢尺、镘刀和钢平板等。

3　试验步骤

3.1　试验前将坍落筒内外洗净,放在经水润湿过的平板上(平板吸水时应垫以塑料布),踏紧踏脚板。

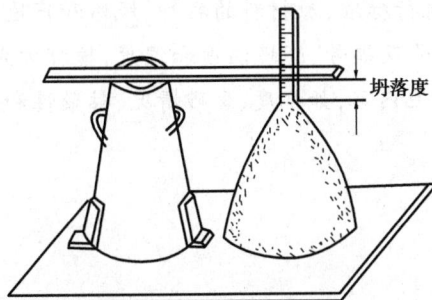

图 T 0522.2　坍落度测定

3.2　将代表样分 3 层装入筒内,每层装入高度稍大于筒高的 1/3,用捣棒在第一层的横截面上均匀插捣 25 次。插捣在全部面积上进行,沿螺旋线由边缘至中心,插捣底面时插至底部,插捣其他两层时,应插透本层并插入下层 20~30 mm,插捣须垂直压下(边缘部分除外),不得冲击。在插捣顶层时,装入的混凝土应高出坍落筒口,随插捣过程随时添加拌合物。当顶层插捣完毕后,将捣棒用锯和滚的动作,清除掉多余的混凝土,用镘刀抹平筒口,刮净筒底周围的拌合物。而后立即垂直地提起坍落筒,提筒在 5~10 s 内完成,并使混凝土不受横向及扭力作用。从开始装料到提出坍落筒整个过程应在 150 s 内完成。

3.3 将坍落筒放在锥体混凝土试样一旁,筒顶平放木尺,用小钢尺量出木尺底面至试样顶面最高点的垂直距离,即为该混凝土拌合物的坍落度,精确至 1 mm,如图 T 0522.2 所示。

3.4 当混凝土试件的一侧发生崩塌或一边剪切破坏,则应重新取样另测。如果第二次仍发生上述情况,则表示该混凝土和易性不好,应记录。

3.5 当混凝土拌合物的坍落度大于 220 mm 时,用钢尺测量混凝土扩展后最终的最大直径和最小直径,在这两个直径之差小于 50 mm 的条件下,用其算术平均值作为坍落扩展度值;否则,此次试验无效。

3.6 坍落度试验的同时,可用目测方法评定混凝土拌合物的下列性质,并予以记录。

3.6.1 棍度:按插捣混凝土拌合物时难易程度评定,分"上""中""下"3 级。

上:表示插捣容易。

中:表示插捣时稍有石子阻滞的感觉。

下:表示很难插捣。

3.6.2 含砂情况:按拌合物外观含砂多少而评定,分"多""中""少"3 级。

多:表示用镘刀抹拌合物表面时,一两次即可使拌合物表面平整无蜂窝。

中:表示抹五六次才可使表面平整无蜂窝。

少:表示抹面困难,不易抹平,有空隙及石子外露等现象。

3.6.3 黏聚性:观测拌合物各组分相互黏聚情况。评定方法是用捣棒在已坍落的混凝土锥体侧面轻打,如锥体在轻打后逐渐下沉,表示黏聚性良好;如锥体突然倒坍、部分崩裂或发生石子离析现象,即表示黏聚性不好。

3.6.4 保水性:指水分从拌合物中析出情况,分"多量""少量""无"3 级评定。

多量:表示提起坍落筒后,有较多水分从底部析出。

少量:表示提起坍落筒后,有少量水分从底部析出。

无:表示提起坍落筒后,没有水分从底部析出。

4 结果整理

混凝土拌合物坍落度和坍落扩展度值以毫米(mm)为单位,测量精确至 1 mm,结果修约至最接近的 5 mm。

5 试验报告

试验报告应包括以下内容:要求检测的项目名称、执行标准,原材料的品种、规格和产地以及混凝土配合比,试验日期及时间,仪器设备的名称、型号及编号,环境温度和湿度,搅拌方式,水泥混凝土拌合物坍落度(坍落扩展度值),要说明的其他内容,如棍度、含砂情况、黏聚性和保水性。

3.影响新拌混凝土工作性的主要因素

1)混凝土组成材料的用量

(1)水泥浆的数量和集浆比

在水胶比一定的条件下,水泥浆越多,流动性越大,但如水泥浆过多,集料则相对减少,即集浆比小,将出现流浆现象,拌合物的稳定性变差,不仅浪费水泥,而且会使拌合物的强度和耐久性降低;若水泥浆用量过少,则无法很好包裹集料表面及填充其空隙,拌合物中水泥浆体的数量应以满足流动性为宜。

（2）水泥浆的稠度

水泥浆的稠度取决于水胶比。在固定用水量的条件下,水胶比小时,会使水泥浆变稠,拌合物流动性小;若加大水胶比,可使水泥浆变稀,流动性增大,但会使拌合物流浆、离析,严重影响混凝土强度。

影响混凝土拌合物和易性的决定性因素是单位用水量,应合理地选用水胶比。

（3）砂率

砂率是指混凝土中砂的质量占砂、石质量的百分率。砂率反映了粗细集料的相对比例,它影响混凝土集料的空隙和总比表面积。砂和水泥浆形成的砂浆在粗集料间起润滑作用,在一定砂率范围内随砂率的增大,润滑作用越明显,流动性可以提高。但是,砂率增大的同时,集料的总表面积随之增大,需要润滑的水分增多,在用水量一定的条件下,拌合物流动性降低,所以当砂率超过一定范围后,流动性反而随砂率的增大而降低。如果砂率过小,砂浆数量不足会使混凝土拌合物的黏聚性和保水性降低,产生离析和流浆现象。因此,应在用水量和胶凝材料用量不变的情况下,选取能保证流动性、黏聚性和保水性的合理砂率。

2）混凝土组成材料性质

（1）水泥的影响

水泥的品种、细度、矿物组成以及混合材料的掺量等,都会影响混凝土拌合物的和易性。由于不同品种的水泥达到标准稠度的需水量不同,所以不同品种水泥配制成的混凝土拌合物的流动性也不同。通常普通水泥的混凝土拌合物比矿渣水泥、火山灰水泥的工作性好,矿渣水泥拌合物的流动性虽大,但黏聚性差,易产生泌水离析;火山灰水泥则流动性小,但黏聚性最好。此外,胶凝材料的细度对拌合物的和易性也有很大影响,提高胶凝材料的细度可改善混凝土拌合物的黏聚性和保水性,减少拌合物泌水、离析现象,但其流动性变差。

（2）集料的影响

集料对混凝土拌合物和易性影响的主要因素有集料级配、颗粒形状、表面特性及粒径大小等。一般情况下,级配好的集料,其流动性较大,黏聚性与保水性较好;表面光滑的集料,其流动性较大;总表面积减小,流动性增大。

（3）外加剂的影响

外加剂对混凝土拌合物的影响较大,在混凝土拌合物中加入少量的外加剂,可在不增加用水量和胶凝材料用量的情况下,有效地改善混凝土拌合物的工作性。

3）环境条件与搅拌时间

对混凝土拌合物和易性有影响的环境因素主要有湿度、温度、风速、放置时间等。在组成材料性质和配合比例一定的条件下,混凝土拌合物和易性主要受水泥的水化速度和水分的蒸发率影响。

若搅拌时间不足,拌合物的工作性就差,质量也不均匀。

4.混凝土拌合物和易性的选择

混凝土坍落度和工作性能宜根据结构物情况和施工工艺要求确定,在满足工艺要求的前提下,宜采用低坍落度的混凝土。

任务 7.3　测定水泥混凝土的立方体抗压强度及抗弯拉强度

【任务描述】

本任务是在学习水泥混凝土各种强度的定义、评价方法的基础上,测定水泥混凝土的立方体抗压强度和抗弯拉强度。

【学习目标】

①理解混凝土立方体抗压强度、抗压强度标准值及强度等级的定义;熟悉立方体抗压强度的测定方法。

②能叙述混凝土轴心抗压强度及劈裂抗压强度的测定方法。

③熟悉混凝土抗弯拉强度的测定方法。

④能分析影响混凝土强度的因素。

⑤会按《公路工程水泥及水泥混凝土试验规程》(JTG 3420—2020)规定的方法制作混凝土立方体抗压强度、抗弯拉强度试件并测定其强度;会进行试验结果的计算;能规范、完整地填写试验检测记录表;结合任务 7.2(或教师给定)数据,规范、完整地编制检测报告。

1.相关知识

硬化后水泥混凝土的强度有立方体抗压强度、轴心抗压强度、劈裂抗拉强度、抗弯拉强度等。

(1)混凝土的立方体抗压强度、抗压强度标准值和强度等级

钢筋混凝土和预应力钢筋混凝土桥梁结构设计时,混凝土强度用强度等级作为设计依据。在结构设计时,混凝土各种力学强度的标准值,均可由强度等级换算出,所以,强度等级是混凝土各种力学强度值的基础。

①立方体抗压强度(f_{cu})。按照标准的制作方法制成边长为 150 mm 的正立方体试件,在标准养护室中(温度 20 ℃ ±2 ℃,相对湿度为 95% 以上),或在温度为 20 ℃ ±2 ℃ 的不流动的 $Ca(OH)_2$ 饱和溶液中养护。标准养护室内的试件应放在支架中,彼此间隔 10~20 mm,试件表面应保持潮湿,并不得被水直接冲淋的条件下,养护 28 d,按标准方法测定其抗压强度值,称为混凝土立方体抗压强度 f_{cu},以 MPa 计,可按式(7.1)计算。

$$f_{cu} = \frac{F}{A} \tag{7.1}$$

式中　f_{cu}——立方体抗压强度,MPa;

　　　F——试件破坏荷载,N;

　　　A——试件承压面积,mm^2。

以 3 个试件测定值的算术平均值作为该组试件的强度值(精确至 0.1 MPa)。

②立方体抗压强度标准值($f_{cu,k}$)。按照标准方法制作和养护的边长为 150 mm 的立方体试件,在 28 d 龄期,用标准试验方法测得的立方体抗压强度总体分布值中的一个值,强度低于该值的百分率不超过 5%,即具有 95%的保证率的抗压强度,以 MPa 计,以 $f_{cu,k}$ 表示。

从以上定义可知,立方体抗压强度(f_{cu})只是一组混凝土试件的抗压强度的算术平均值,并未涉及数理统计、保证率的概念;而立方体抗压强度标准值($f_{cu,k}$)是按数理统计的方法确定,具有不低于 95%保证率的立方体抗压强度。

③强度等级。为了设计选用和施工控制混凝土,根据混凝土立方体抗压强度标准值,将混凝土强度分成若干等级,即强度等级。混凝土强度等级的表示方法,用符号"C"和"立方体抗压强度标准值"两项内容来表示,如 C25 即表示混凝土立方体抗压强度 ≥ 25 MPa 的保证率为 95%,即立方体抗压强度标准值为 25 MPa。

普通混凝土通常按立方体抗压强度标准值划分为 C15,C20,C25,C30,C35,C40,C45,C50,C55,C60,C65,C70,C75,C80 共 14 个等级。

混凝土强度等级是混凝土结构设计时强度计算取值的依据,建筑物的不同部位或承受不同荷载的结构应选用不同等级的混凝土。

(2)混凝土的轴心抗压强度(f_{cp})

确定混凝土强度等级是采用立方体试件,但在实际工程中,钢筋混凝土结构形式极少是立方体的,大部分为棱柱体或圆柱体。为了使测得的混凝土强度接近于结构实际使用情况,在钢筋混凝土结构计算中,计算轴心受压构件时,都是以混凝土的轴心抗压强度为设计取值。

通常采用 150 mm×150 mm×300 mm 的棱柱体作为标准试件,按规定方法制作养护后测定其轴心抗压强度 f_{cp}。

水泥混凝土棱柱体抗压强度值用于抗压弹性模量试验,不能用于混凝土强度等级评定,一般轴心抗压强度值小于立方体抗压强度值。

(3)混凝土的劈裂抗拉强度

混凝土在直接受拉时,遇到很小的变形就会开裂,且断裂时没有残余变形,是一种脆性破坏。混凝土的抗拉强度值远小于混凝土的抗压强度,但抗拉强度对防止开裂具有重要意义。在结构设计中,抗拉强度是确定混凝土抗裂度指标的重要依据。

由于直接拉伸试验的对中比较困难,所以采用间接拉伸法(劈裂拉伸)测定混凝土的抗拉强度。劈裂拉伸法是采用 150 mm×150 mm×150 mm 的立方体试件或者采用 ϕ150 mm×300 mm 的圆柱体试件(现场芯样尺寸为 ϕ150 mm×l_m,长径比大于或等于 1),在立方体试件(或圆柱体)中心平面内用劈裂钢垫条施加两个方向相反、均匀分布的压应力(图 7.3),当压力增大至一定程度时试件就沿此平面劈裂破坏,这样测得的强度称为劈裂抗拉强度。

①混凝土的立方体劈裂抗拉强度(f_{ts})可按式(7.2)计算。

$$f_{ts} = \frac{2F}{\pi A} = 0.637 \frac{F}{A} \tag{7.2}$$

式中　f_{ts}——混凝土的立方体劈裂抗拉强度,MPa;

　　　F——极限荷载,N;

A——试件劈裂面面积,为试件横截面面积,mm^2。

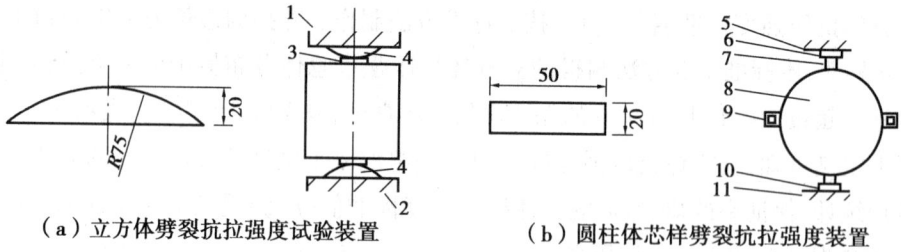

(a)立方体劈裂抗拉强度试验装置　(b)圆柱体芯样劈裂抗拉强度装置

图7.3　混凝土劈裂抗拉强度试验示意图

1—压力机上压板;2—压力机下压板;3,7—垫层;4—垫条;

5,11—压力机压板;6,10—夹具刚垫条;8—试件;9—测杆

②圆柱体的劈裂抗拉强度(f_{ct})可按式(7.3)计算。

$$f_{ct} = \frac{2F}{\pi d_m l_m} \tag{7.3}$$

式中　f_{ct}——混凝土的圆柱体劈裂抗拉强度,MPa;

F——极限荷载,N;

d_m——圆柱体截面的平均直径,mm;

l_m——圆柱体平均长度,mm。

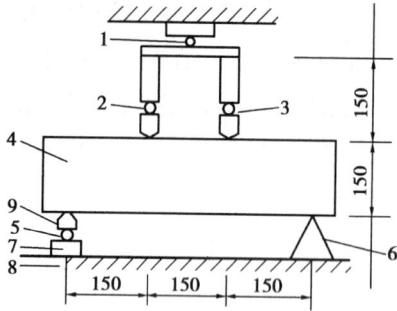

图7.4　混凝土弯拉试验装置

1,2—一个钢球;3,5—两个钢球;4—试件;

6—固定支座;7—活动支座;8—机台;9—活动船型垫块

混凝土抗弯拉强度可按式(7.4)计算。

(4)混凝土的抗弯拉强度(f_{tf})

道路路面或机场跑道所用水泥混凝土,以抗弯拉强度为主要强度指标,抗压强度作为参考指标。《公路水泥及水泥混凝土试验规程》(JTG 3420—2020)规定,水泥混凝土的抗弯拉强度是以标准方法制备成150 mm×150 mm×550 mm(或150 mm×150 mm×600 mm)的梁形试件,在标准条件下,经养护28 d后,按三分点加荷方式测定其抗弯拉强度f_{tf},如图7.4所示。

$$f_{tf} = \frac{FL}{bh^2} \tag{7.4}$$

式中　f_{tf}——混凝土的抗弯拉(抗折)强度,MPa;

F——试件破坏荷载,N;

L——支座间距,mm;

b——试件宽度,mm;

h——试件高度,mm。

2.测定水泥混凝土的立方体抗压强度及抗弯拉强度

《公路工程水泥及水泥混凝土试验规程》(JTG 3420—2020)规定了水泥混凝土试件制作方

法及抗压强度、抗弯拉强度试验方法。

T 0551—2020 水泥混凝土试件制作与硬化水泥混凝土现场取样方法

1　目的和适用范围

本方法规定了在常温环境中室内试验时水泥混凝土试件制作与硬化水泥混凝土现场取样方法。

本方法适用于普通水泥混凝土及喷射水泥混凝土硬化后试件的现场取样方法，但因其特殊性所引起的对试验设备及方法的特殊要求，均应按对这些水泥混凝土试件制作和取样的有关技术规定进行。

2　仪具与材料

2.1　强制搅拌机：应符合现行《混凝土试验用搅拌机》(JG 244)的规定。

2.2　振动台：应符合现行《混凝土试验用振动台》(JG/T 245)的规定。

2.3　试模：

(1)非圆柱试模：应符合现行《混凝土试模》(JG 237)的规定。

(2)圆柱试模：直径误差小于 $1/200d$，高度误差应小于 $1/100h$(d 为直径，h 为高度)。试模的底板平面度公差不超过 0.02 mm。组装试模时，圆筒纵轴与底板应成直角，允许公差为 0.5。

(3)喷射混凝土试模：尺寸为 450 mm×450 mm×120 mm(长×宽×高)，模具一侧边为敞开状。

2.4　试件尺寸：常用的几种试件尺寸(试件内部尺寸)和最大粒径规定如表 T0551.1 所示。所有试件承压面的平面度公差不超过 0.000 5d(d 为边长)。

表 T0551.1　试件尺寸

试件名称	标准尺寸(集料最大粒径)/mm	非标准尺寸(集料最大粒径)/mm
立方体抗压强度试件	150×150×150(31.5)	100×100×100(26.5) 200×200×200(53)
圆柱轴心抗压强度试件 (高径比 2∶1)	φ150×300(31.5)	φ100×200(26.5) φ200×400(53)
钻芯样抗压强度试件 (高径比 1∶1)	φ150×150 (31.5)	φ100×100(26.5) φ75×75(19)
棱柱体轴心抗压强度试件	150×150×300(31.5)	100×100×300(26.5) 200×200×400(53)
立方体劈裂抗拉强度试件	150×150×150(31.5)	100×100×100(26.5)
圆柱劈裂抗拉强度试件	φ150×300(31.5)	φ100×200(26.5) φ200×400(53)
芯样劈裂强度试件	φ150×l_m(31.5)	φ100×L_m(26.5) φ75×L_m(19)
抗压弹性模量试件	150×150×150(31.5)	200×200×400(53) 100×100×300(26.5)
圆柱轴心抗压弹性模量试件 (高径比 2∶1)	φ150×300(31.5)	φ100×200(26.5) φ200×400(53)

续表

试件名称	标准尺寸(集料最大粒径)/mm	非标准尺寸(集料最大粒径)/mm
抗弯拉强度试件	150×150×550(31.5)	100×100×400(26.5)
抗弯拉弹性模量试件	150×150×550(31.5)	100×100×400(26.5)
喷射混凝土试件	100×100×100 或 φ100×100	—
混凝土动弹性模量试件	100×100×400(31.5)	L/α=3、4、5 的其他尺寸, 其中 α 宽度不小于 100 mm,L 为长度
混凝土收缩试件(接触法)	φ100×400(31.5)	—
混凝土收缩试件(非接触法)	100×100×515(31.5)	150×150×515(31.5) 200×200×515(50)
混凝土限制膨胀率试件	100×100×400(31.5)	—
混凝土抗冻试件(快冻法)	100×100×400(31.5)	—
混凝土耐磨试件	150×150×150(31.5)	φ150×L_m 芯样试件
抗渗试件	上口直径 175 mm、下口直径 185 mm、高 150 mm 的锥台	上下直径与高度均为 150 mm 的圆柱体
抗氯离子渗透试件	φ100×50(26.5)	—

注:括号中的数字为试件中集料公称最大粒径,单位 mm。标准试件的最小尺寸不宜小于粗集料最大粒径的 3 倍。

2.5 捣棒:直径为 16 mm,长约 600 mm,并具有半球形端头的钢质圆棒。

2.6 压板:用于圆柱试件的顶端处理,一般为厚 6 mm 以上的毛玻璃,压板直径应比试模直径大 25 mm 以上。

2.7 橡皮锤:带有质量约 250 g 的橡皮锤头。

2.8 钻孔取样机:钻机一般用金刚石钻头,从结构表面垂直钻取,钻机应具有足够的刚度,保证钻取的芯样周面垂直且表面损伤最少。钻芯时,钻头应作无显著偏差的同心运动。

2.9 游标卡尺:最大量程不小于 300 mm,分度值为 0.02 mm。

2.10 锯:用于切割适于抗弯拉试验的试件。

3 非圆柱体试件成型

3.1 水泥混凝土的拌和应按 T0521 的规定进行。成型前试模内壁涂一薄层矿物油。

3.2 取拌合物的总量至少应比所需量高 20%以上,并取出少量混凝土拌合物代表样,在 5 min 内进行坍落度或维勃试验,认为品质合格后,应在 15 min 内开始制件或做其他试验。

3.3 当坍落度小于 25 mm 时,可采用 φ25 mm 的插入式振捣棒成型。将混凝土拌合物一次装入试模,装料时应用抹刀沿各试模壁插捣,并使混凝土拌合物高出试模口;振捣时捣棒距底板 10~20 mm,且不要接触底板。振动直到表面出浆为止,且应避免过振,以防止混凝土离析,一般振捣时间为 20 s。振捣棒拔出时要缓慢,拔出后不得留有孔洞。用刮刀刮去多余的混凝土,在临近初凝时,用抹刀抹平。试件抹面与试模边缘高低差不得超过 0.5 mm。

3.4 当坍落度大于 25 mm 且小于 90 mm 时,用标准振动台成型。将试模放在振动台上夹牢,防止试模自由跳动,将拌合物一次装满试模并稍有富余,开动振动台至混凝土表面出现乳状水泥浆时为止,振动过程中随时添加混凝土使试模常满,记录振动时间(约为维勃秒数的 2~3 倍,一般不超过 90 s)。振动结束后,用金属直尺沿试模边缘刮去多余混凝土,用抹刀将表面初次抹平,待试件收浆后,再次用抹刀将试件仔细抹平,试件表面与试模边缘的高低差不得超过0.5 mm。

3.5　当坍落度大于 90 mm 时,用人工成型。拌合物分厚度大致相等的两层装入试模。捣固时按螺旋方向从边缘到中心均匀地进行。插捣底层混凝土时,捣棒应到达模底;插捣上层时,捣棒应贯穿上层后插入下层 20~30 mm 处。插捣时应用力将捣棒压下,保持捣棒垂直,不得冲击,捣完一层后,用橡皮锤轻轻击打试模外端面 10~15 下,以填平插捣过程中留下的孔洞。每层插捣次数100 cm² 面积内不少于 12 次。试件抹面与试模边缘高低差不得超过 0.5 mm。

3.6　当试样为自密实混凝土时,在新拌混凝土不离析的状态下,将自密实混凝土搅拌均匀后直接倒入试模内,不得使用振动台和插捣方式成型,但可以采用橡皮锤辅助振动。试样一次填满试模后,可用橡皮锤沿着试模中线位置轻轻敲击 6 次/侧面。用抹刀将试件仔细抹平,使表面略低于试模边缘 1~2 mm。

4　圆柱体试件制作

4.1　水泥混凝土的拌和应按 T0521 的规定进行。成型前试模内壁涂一薄层矿物油。

4.2　取拌合物的总量至少应比所需量高 20% 以上,并取出少量混凝土拌合物代表样,在 5 min内进行坍落度或维勃试验,认为品质合格后,应在 15 min 内开始制件或做其他试验。

4.3　当坍落度小于 25 mm 时,可采用 φ25 mm 的插入式振捣棒成型。拌合物分厚度大致相等的两层装入试模。以试模的纵轴为对称轴,呈对称方式填料。插入密度以每层分三次插入。插捣底层时,振捣棒距底板 10~20 mm 且不要接触底板;振捣上层时,振捣棒插入该层底面下 15 mm 深。振动直到表面出浆为止,且应避免过振,以防止混凝土离析。一般振捣时间为 20 s。捣完一层后,如有棒坑留下,可用橡皮锤敲击试模侧面 10~15 下。振捣棒拔除时要缓慢。用刮刀刮去多余的混凝土,在临近初凝时,用抹刀抹平,使表面略低于试模边缘 1~2 mm。

4.4　当坍落度大于 25 mm 且小于 90 mm 时,用标准振动台成型。将试模放在振动台上夹牢,防止试模自由跳动,将拌合物一次装满试模并稍有富余,开动振动台至混凝土表面出现乳状水泥浆时为止振动过程中随时添加混凝土使试模常满,记录振动时间(约为维勃秒数的 2~3 倍,一般不超过 90 s)。振动结束后,用金属直尺沿试模边缘刮去多余混凝土,用抹刀将表面初次抹平,待试件收浆,再次用抹刀将试件仔细抹平,使表面略低于试模边缘 1~2 mm。

4.5　当坍落度大于 90 mm 时,用人工成型。

对于试件直径 φ200 mm 的试模,拌合物分厚度大致相等的三层装入试模。以试模的纵轴为对称轴,呈对称方式填料。每层插捣25 下,捣固时按螺旋方向从边缘到中心均匀地进行。插捣底层时,捣棒到达模底;插捣上层时,捣棒插入该层底面下 20~30 mm 处。插捣时应用力将捣棒压下,不得冲击,捣完一层后,如有棒坑留下,可用橡皮锤敲击试模侧面 10~15 下。用抹刀将试件仔细抹平,使表面略低于试模边缘 1~2 mm。

而对于试件直径 φ100 mm 或 φ150 mm 的试模,分两层装料,隔层厚度大致相等。试件直径 φ150 mm 时,每层插捣 15 下;试件直径 φ100 mm 时,每层插捣 8 下。捣固时按螺旋方向从边缘到中心均匀地进行。插捣底层时,捣棒应到达模底;插捣上层时,捣棒插入该层底面下 15 mm 深。用抹刀将试件仔细抹平,使表面略低于试模边缘 1~2 mm。

4.6　当试样为自密实混凝土时,在新拌混凝土不离析的状态下,将自密实混凝土搅拌均匀后直接倒入试模内,不得使用振动台和插捣方式成型,但可以采用橡皮锤辅助振动。试样一次填满试模后,可用橡皮锤沿着试模中线位置均匀轻轻敲击25次。用抹刀将试件仔细抹平,使表面略低于试模边缘1~2 mm。

4.7 对端面应进行整平处理,但加盖层的厚度应尽量薄。

(1)拆模前当混凝土具有一定强度后,用水洗去上表面的浮浆,并用干抹布吸去表面水之后,抹上干硬性水泥净浆,用压板均匀地盖在试模顶部。加盖层应与试件的纵轴垂直。为防止压板和水泥浆之间的黏结,应在压板下垫一层薄纸。

(2)对于硬化的试件端面的处理,可采用硬石膏或硬石膏和水泥的混合物,加水后平铺在端面,并用压板进行整平,也可采用下面任一方法:

①使用硫磺与矿质粉末的混合物(如耐火黏土粉、石粉等)在180~210 ℃间加热(温度更高时将使混合物烘成橡胶状,使强度变弱),摊铺在试件顶面,用试模钢板均匀按压,放置2 h以上即可进行强度试验;

②用环氧树脂拌水泥,根据需要硬化时间加入乙二胺,将此浆膏在试件顶面大致摊平,在钢板面上垫一层薄塑料膜,再均匀地将浆膏压平;

③在有充分时间时,也可用水泥浆膏抹顶,使用矾土水泥的养护时间在18 h以上,使用硅酸盐水泥的养护时间在3 d以上。

(3)对不采用端部整平处理的试件,可采用切割的方法达到端面和纵轴垂直。整平后的端面应与试件的纵轴相垂直,端面的平整度公差在±0.1 mm以内。

5 养护

5.1 试件成型后,用湿布覆盖表面(或其他保持湿度办法),在室温20 ℃±5 ℃、相对湿度大于50%的情况下,静放一个到两个昼夜,然后拆模并作第一次外观检查、编号。对有缺陷的试件应除去,或加工补平。

5.2 将完好试件放入标准养护室进行养护,标准养护室温度为20 ℃±2 ℃,相对湿度在95%以上,试件宜放在铁架或木架上,间距至少10~20 mm。试件表面应保持一层水膜,并避免用水直接冲淋。当无标准养护室时,将试件放入温度20 ℃±2 ℃的饱和氢氧化钙溶液中养护。

5.3 标准养护龄期为28 d(以搅拌加水开始),非标准的龄期为1 d、3 d、7 d、60 d、90 d、180 d。

6 硬化普通水泥混凝土现场试样的钻取或切割取样

6.1 芯样的钻取:

(1)钻取位置:在钻取前应考虑由于钻芯可能导致对结构产生不利影响,应尽可能避免在靠近混凝土构件的接缝或边缘处钻取,且不应带有钢筋。

(2)芯样尺寸:芯样直径宜为混凝土所用集料最大粒径的3倍以上,不宜小于最大粒径的2倍,一般为φ150 mm±10 mm或φ100 mm±10 mm,特殊部位可采用φ75 mm直径芯样。

(3)标记:钻出后的每个芯样应立即清楚地编号,并记录芯样在混凝土结构中的位置。

6.2 切割取样:对于现场取样的不规则混凝土试块,可按表T0551.1所列棱柱体尺寸进行切割,以满足不同试验的需求。

6.3 检查与测量:

(1)外观检查:

每个芯样应详细描述有关裂缝、接缝、分层、麻面或离析等不均匀性,必要时应记录下列事项:

集料情况:估计集料的最大粒径、形状及种类,粗细集料的比例与级配。

密实性:检查并记录存在的气孔、气孔的位置、尺寸与分布情况,必要时应拍下照片。

(2)测量:

平均直径:在芯样高度的中间及两个 1/4 处,每处垂直测量 2 次。6 个测值的算术平均值为 d_m,精确至 1.0 mm。

平均长度:芯样直径两端侧面测定钻取后芯样的长度及加工后的长度,其尺寸差应在 0.25 mm 之内,取平均值作为试件平均长度 L_m,精确至 1.0 mm。

平均长、高、宽:对于切割棱柱体,分别量取所有边长,精确至 1.0 mm。

7 硬化喷射水泥混凝土试件的现场取样方法

7.1 喷射水泥混凝土抗压强度标准试块应采用从现场施工的喷射水泥混凝凝土板件上切割或钻芯法制取。

7.2 标准试块制作符合下列步骤:

(1)在喷射作业面附近,将模具敞开一侧朝下,以 80°(与水平面的夹角)左右置于墙脚。

(2)先在模具外的边墙上喷射,待操作正常后将喷头移至模具位置,由下而上逐层向模具内喷满水泥混凝土。

(3)将喷满水泥混凝土的模具移至安全地方,用三角抹刀刮平混凝土表面。

(4)在潮湿环境中养护 1 d 后脱模。将混凝土板件移至标养室,在标准养护条件下养护 7 d,用切割机去掉周边和上表面(底面不可切割)后加工成边长 100 mm 的立方体试块或钻芯成 $\phi100$ mm×100 mm 的圆柱体试件,立方体试块的边长允许偏差应为 ±10 mm,直角允许偏差应为 ±2°。喷射水泥混凝土板件周边 120 mm 范围内的混凝土不得用作试件。

7.3 加工后的试块应继续在标准条件下养护至 28 d 龄期,进行抗压强度试验。

8 水下不分散混凝土试件的水下成型方法

8.1 将水下成型用的试模置于水箱中,将水加至该试模上限以上 150 mm 处,水应保持其水温在 20 ℃±3 ℃。

8.2 用手铲将水下不分散混凝土拌合物从水面处向水中落下,浇入试模中。每次投料量为试模容积的 1/10 左右,投料应连续操作,料量应超出试模表面,每个试模的投料时间为 0.5~1 min。水下浇注方式如图 T0551.1 所示。

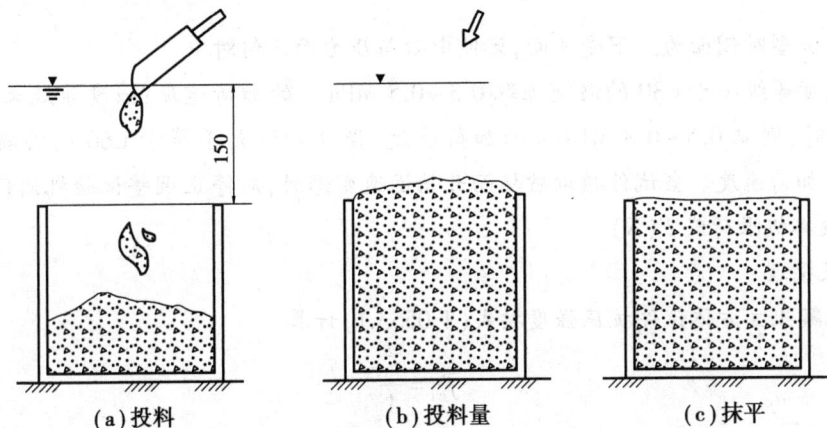

(a)投料　　　　　(b)投料量　　　　　(c)抹平

图 T0551.1 水下不分散混凝土浇注方式(单位:mm)

8.3 将试模从水中取出,静置5~10 min,使混凝土自流平、自密实而达平稳状态。

8.4 用木锤轻敲试模的两个侧面以促进排水,超量浇注的混凝土在初凝之前用抹刀抹平,然后将其放回水中。

8.5 放置2 d拆模,在水中进行标准养护,试件之间应保持一定距离,每一龄期以3个试件为一组。

8.6 当达到预定龄期时,从水中将试件取出,进行测试。

T 0553—2005　水泥混凝土立方体抗压强度试验方法

1 目的和适用范围

本方法规定了测定水泥混凝土抗压极限强度的方法和步骤。本方法用于确定水泥混凝土的强度等级,作为评定水泥混凝土品质的主要指标。

本方法适于各类水泥混凝土立方体试件的极限抗压强度试验。

2 主要仪器设备

2.1 压力机或万能试验机:应符合T 0551中2.3的规定。

2.2 球座:应符合T 0551中2.4的规定。

2.3 混凝土强度等级大于等于C60时,试验机上、下压板之间应各垫一钢垫板,平面尺寸应不小于试件的承压面,其厚度至少为25 mm。钢垫板应机械加工,其平面度允许偏差±0.04 mm;表面硬度大于等于55HRC;硬化层厚度约5 mm。试件周围应设置防崩裂网罩。

3 试件制备和养护

3.1 试件制备和养护应符合T 0551中的相关规定。

3.2 混凝土抗压强度试件尺寸应符合T 0551中表T 0551.1的规定。

3.3 集料公称最大粒径应符合T 0551中表T 0551.1的规定。

3.4 混凝土抗压强度试件应同龄期者为一组,每组为3个同条件制作和养护的混凝土试块。

4 试验步骤

4.1 至试验龄期时,自养护室取出试件,应尽快试验,避免其湿度变化。

4.2 取出试件,检查其尺寸及形状,相对两面平行。量出棱边长度,精确至1 mm。试件受力截面积按其与压力机上下接触平均值计算。在破型前,保持试件原有湿度,在试验时擦干试件。

4.3 以成型时侧面为上下受压面,试件中心与压力面几何对中。

4.4 强度等级小于C30的混凝土取0.3~0.5 MPa/s的加荷速度;强度等级大于等于C30且小于C60时,则取0.5~0.8 MPa/s的加荷速度;强度等级大于等于C60的混凝土取0.8~1.0 MPa/s的加荷速度。当试件接近破坏而开始迅速变形时,应停止调整试验机油门,直至试件破坏,记下破坏极限荷载$F(N)$。

5 结果整理

5.1 混凝土立方体试件抗压强度按式(T 0553.1)计算。

$$f_{cu} = \frac{F}{A} \qquad\qquad (\text{T } 0553.1)$$

式中　f_{cu}——混凝土立方体抗压强度,MPa;

F——极限荷载,N;

A——受压面积,mm^2。

5.2 以 3 个试件测值的算术平均值为测定值,计算精确至 0.1 MPa。3 个测值中的最大值或最小值中如有 1 个与中间值之差超过中间值的 15%,则取中间值为测定值;如最大值和最小值与中间值之差均超过中间值的 15%,则该组试验结果无效。

5.3 混凝土强度等级小于 C60 时,非标准试件的抗压强度应乘以尺寸换算系数(见表 T 0553.1),并应在报告中注明;当混凝土强度等级大于或等于 C60 时,宜用标准试件,使用非标准试件时,换算系数由试验确定。

表 T 0553.1 立方体抗压强度尺寸换算系数

试件尺寸/mm	尺寸换算系数	试件尺寸/mm	尺寸换算系数
100×100×100	0.95	200×200×200	1.05

6 试验报告

试验报告应包括以下内容:要求检查的项目名称和执行标准;原材料的品种、规格和产地;仪器设备的名称、型号及编号;环境温度和湿度;水泥混凝土立方体抗压强度值;要说明的其他内容。

T 0558—2005 水泥混凝土抗弯拉强度试验方法

1 目的和适用范围

本方法规定了测定水泥混凝土抗弯拉极限强度的方法,以提供设计参数,检查水泥混凝土施工品质和确定抗弯拉弹性模量试验加荷标准。

本方法适用于各类水泥混凝土棱柱体试件。

2 仪器设备

2.1 压力机或万能试验机:应符合 T 0551 中 2.3 的规定。

2.2 抗弯拉试验装置(即三分点处双点加荷和三点自由支承式混凝土抗弯拉强度与抗弯拉弹性模量试验装置),如图 T 0558.1 所示。

3 试验准备和养护

3.1 试件尺寸应符合 T 0551 的表 T 0551.1 的规定,同时在试件长向中部 1/3 区段内表面不得有直径超过 5 mm、深度超过 2 mm 的孔洞。

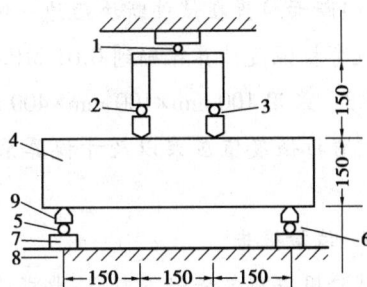

图 T 0558.1 抗弯拉试验装置(单位:mm)
1,2,6——一个钢球;3,5——两个钢球;4——试件;
7——活动支座;8——机台;9——活动船形垫块

3.2 混凝土抗弯拉强度试件应取同龄期者为一组,每组 3 根同条件制作和养护的试件。

4 试验步骤

4.1 试件取出后,用湿毛巾覆盖并及时进行试验,保持试件干湿状态不变。在试件中部量出其宽度和高度,精确至 1 mm。

4.2 调整两个可移动支座,将试件安放在支座上,试件成型时的侧面朝上,几何对中后,务必使支座及承压面与活动船形垫块的接触面平稳、均匀,否则应垫平。

4.3　加荷时，应保持均匀、连续。当混凝土强度等级小于 C30 时，加荷速度为 0.02 ~ 0.05 MPa/s；当混凝土强度等级大于等于 C30 且小于 C60 时，加荷速度为 0.05 ~ 0.08 MPa/s；当混凝土强度等级大于等于 C60 时，加荷速度为 0.08 ~ 0.10 MPa/s。当试件接近破坏而开始迅速变形时，不得调整试验机油门，直至试件破坏，记下破坏极限荷载 $F(N)$。

4.4　记录下最大荷载和试件下边缘断裂的位置。

5　结果整理

5.1　当断面发生在两个加荷点之间时，抗弯拉强度 f_f 按式(T 0558.1)计算。

$$f_f = \frac{FL}{bh^2} \tag{T 0558.1}$$

式中　f_f——抗弯拉强度，MPa；

　　　F——极限荷载，N；

　　　L——支座间距离，mm；

　　　b——试件宽度，mm；

　　　h——试件高度，mm。

5.2　以 3 个试件测值的算术平均值为测定值。3 个试件中最大值或最小值中如有 1 个与中间值之差超过中间值的 15%，则把最大值和最小值舍去，以中间值作为试件的抗弯拉强度；如最大值和最小值与中间值之差值均超过中间值 15%，则该组试验结果无效。

3 个试件中如有 1 个断裂面位于加荷点外侧，则混凝土抗弯拉强度按另外两个试件的试验结果计算。如果这两个测值的差值不大于这两个测值中较小值的 15%，则以两个测值的平均值为测试结果，否则结果无效。

如果有两根试件均出现断裂面位于加荷点外侧，则该组结果无效。

注：断面位置在试件断块短边一侧的底面中轴线上量得。

抗弯拉强度计算精确到 0.01 MPa。

5.3　采用 100 mm×100 mm×400 mm 非标准试件时，在三分点加荷的试验方法同前，但所取得的抗弯拉强度值应乘以尺寸换算系数 0.85。当混凝土强度大于或等于 C60 时，应采用标准试件。

6　试验报告

试验报告应包括以下内容：要求检查的项目名称和执行标准；原材料的品种、规格和产地；试验时间及日期；仪器设备的名称、型号及编号；环境温度和湿度；水泥混凝土抗弯拉强度值；要说明的其他内容。

3.影响水泥混凝土强度的因素

1)材料组成

混凝土的材料组成即水泥、水、砂、石及外掺材料，是决定混凝土强度形成的内因，其质量及配合比对强度起着主要作用。

（1）水泥强度与水胶比

水泥混凝土的强度主要取决于其内部起胶结作用的水泥石的质量，水泥石的质量则取决于水泥的特性和水胶比。

在混凝土配合比相同的条件下,水泥强度等级越高,则配制的混凝土强度越高。当用同一种(品种及强度等级相同)时,混凝土强度主要取决于水胶比。因为水泥水化时所需的结合水,一般只占水泥质量的23%左右,但混凝土拌合物为了获得必要的流动性,常需用较多的水(占水泥质量的40%~70%),即采用较大的水胶比,当混凝土硬化后,多余的水分就残留在混凝土中形成水泡或蒸发后形成气孔,大大减少了混凝土抵抗荷载的有效断面。因此,在水泥强度等级相同的情况下,水胶比越小,水泥石的强度越高,与集料黏结力越大,混凝土的强度越高。但是,如果水胶比太小,拌合物过于干稠,在一定的捣实成型条件下,混凝土拌合物将出现较多的孔洞,导致混凝土的强度下降。混凝土抗压强度与水胶比、胶水比之间的关系如图7.5所示。

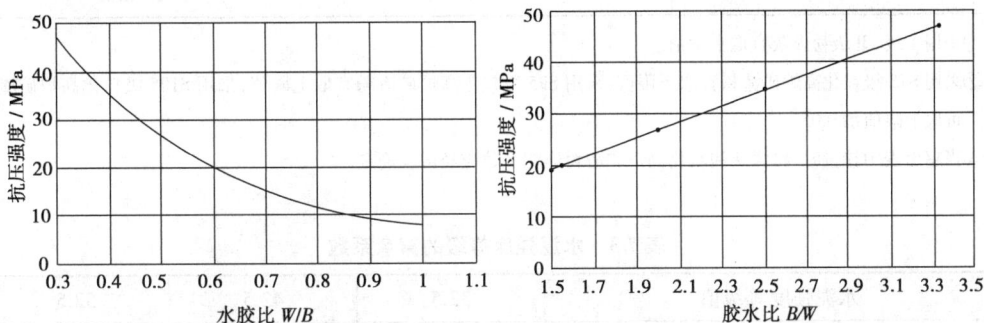

图7.5　混凝土抗压强度与水胶比、胶水比之间的关系

当混凝土强度等级小于C60时,根据国外大量工程实践及我国大量的实践资料统计结果,提出了水胶比、胶凝材料强度与混凝土28 d立方体抗压强度的经验关系公式,即式(7.5)。

$$f_{cu,0} = \alpha_a f_b \left(\frac{B}{W} - \alpha_b \right) \tag{7.5}$$

式中　$f_{cu,0}$——混凝土配制强度,MPa。

α_a, α_b——混凝土强度回归系数,根据使用的水泥和粗、细集料经过试验得出的胶水比与混凝土强度关系式确定,若无上述试验统计资料时,按《普通混凝土配合比设计规程》(JGJ 55—2011)规定,混凝土强度回归系数见表7.1。

B/W——混凝土所要求的胶水比。

f_b——胶凝材料28 d胶砂抗压强度,MPa,可实测,也可按式$f_b = \gamma_f \gamma_s f_{ce}$确定。$\gamma_f$为粉煤灰影响系数,$\gamma_s$为粒化高炉矿渣粉影响系数,可按表7.2选用;$f_{ce}$为水泥28 d胶砂抗压强度,可实测,也可按式$f_{ce} = \gamma_c f_{ce,g}$计算,$\gamma_c$为水泥强度等级富余系数,可按实际统计资料确定,当缺乏实际统计资料时,可按表7.3选用;$f_{ce,g}$为水泥强度等级值(MPa)。

表7.1　回归系数 α_a, α_b 选用表

集料类型	回归系数	
	α_a	α_b
碎石	0.53	0.20
卵石	0.49	0.13

表 7.2　粉煤灰影响系数(γ_f)和粒化高炉矿渣粉影响系数(γ_s)

种　类 掺量/%	粉煤灰影响系数 γ_f	粒化高炉矿渣粉影响系数 γ_s
0	1.00	1.00
10	0.85~0.95	1.00
20	0.75~0.85	0.95~1.00
30	0.65~0.75	0.90~1.00
40	0.55~0.65	0.80~0.90
50	—	0.70~0.85

注：①采用Ⅰ级、Ⅱ级粉煤灰宜取上限值。

②采用 S75 级粒化高炉矿渣粉宜取下限值，采用 S95 级粒化高炉矿渣粉宜取上限值，采用 S105 级粒化高炉矿渣粉可取上限值加 0.05。

③当超出表中掺量时，粉煤灰和粒化高炉矿渣粉影响系数应经试验确定。

表 7.3　水泥强度等级的富余系数

水泥强度等级值	32.5	42.5	52.5
富余系数	1.12	1.16	1.10

式(7.5)称为混凝土强度公式，利用此公式可根据所用的胶凝材料的强度和水胶比估计混凝土 28 d 的强度，也可根据胶凝材料的强度和要求的混凝土强度等级来计算应采用的水胶比。

（2）集料特性与水泥浆用量

集料强度大于水泥石强度，则混凝土强度由界面强度及水泥石强度所支配，在此情况下，集料强度对混凝土强度几乎没有影响；如集料强度小于水泥石强度，则会使混凝土强度下降。集料颗粒形状以接近球状或立方体为宜，若使用扁平或细长颗粒，就会对施工带来不利影响，增加混凝土的孔隙率，扩大混凝土的表面积，增加混凝土的薄弱环节，导致混凝土强度的降低。

水泥浆用量由强度、耐久性、和易性、成本等方面因素确定，选择时需兼顾。

2)养护温度与湿度

混凝土强度的发展过程，即胶凝材料的水化和凝结硬化过程中，为保证胶凝材料水化的正常进行，混凝土浇筑成型后必须在适宜的温度与湿度环境中进行养护。适当的温度与湿度是混凝土强度发展的重要保证。

混凝土成型初期，当养护温度降至 0 ℃以下时，混凝土中的水分大部分结冰，水泥几乎不再发生水化反应，混凝土强度不仅停止增长，严重时由于孔隙内水分结冰而引起膨胀，产生相当大的膨胀压力，若混凝土强度较低时遭遇严寒会引起混凝土的崩溃；如果湿度不够，混凝土会失水干燥，这不仅影响水泥水化的正常进行，严重时停止水化，导致混凝土强度降低，甚至使混凝土结构疏松，渗水性增大，或形成干缩裂缝，从而影响混凝土的耐久性。

养护温度与湿度对混凝土强度的影响如图 7.6 与图 7.7 所示。

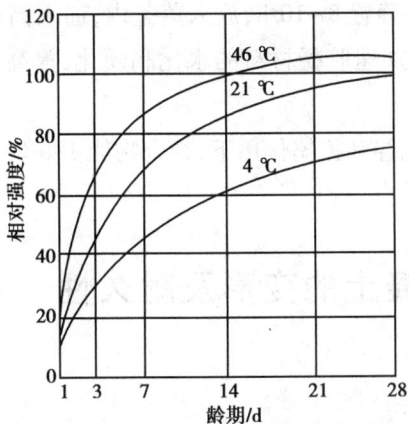

图 7.6　养护温度条件对混凝土强度的影响

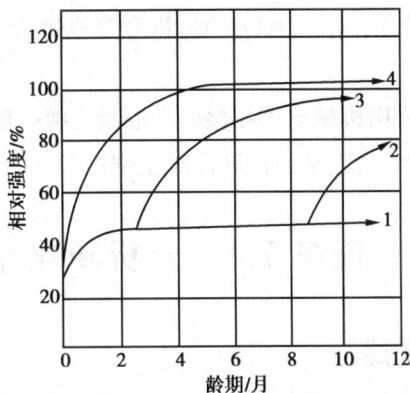

图 7.7　养护湿度条件对混凝土强度的影响

3) 龄期

混凝土在正常条件下,其强度随着龄期的增长而提高,在最初 3~7 d 内发展较快,28 d 以后强度增长逐渐缓慢,在适宜的条件下,其增长过程甚至可持续几十年。

试验证明,用中等等级的普通硅酸盐水泥(非 R 型)配制的混凝土,在标准养护条件下其强度发展大致与龄期的对数成正比关系。工程中常利用这一关系,根据混凝土早期强度估算其后期强度,但由于影响混凝土强度的因素很多,所以只能作参考。其表达式为:

$$f_{cu,n} = f_{cu,a} \frac{\lg n}{\lg a} \tag{7.6}$$

式中　$f_{cu,n}$ ——n 天龄期的混凝土抗压强度,MPa;

　　　$f_{cu,a}$ ——a 天龄期的混凝土抗压强度,MPa。

4) 试件尺寸、加荷速度和试件表面平整度

试件尺寸、加荷速度和试件表面平整度对混凝土试件强度也有一定影响。

4.提高混凝土强度的技术措施

①采用高强度水泥和特种水泥。

②采用低水胶比。

③掺加外加剂。在混凝土中掺加外加剂,可改善混凝土的技术性质。掺早强剂,可提高混凝土的早期强度;掺加减水剂,在不改变流动性的条件下,可减小水胶比,从而提高混凝土的强度。

④采用湿热养护方法:

a.蒸汽养护。蒸汽养护是使浇筑好的混凝土构件经 1~3 h 预养后,在 90% 以上的相对湿度、60 ℃ 以上温度的饱和水蒸气中进行养护,以加速混凝土强度的发展。普通水泥混凝土经过蒸汽养护后,其早期强度提高很快,一般经过 24 h 的蒸汽养护,混凝土强度能达到设计强度的70%。但蒸汽养护对后期强度增长有影响,所以普通水泥混凝土蒸汽养护温度不宜太高,时间不宜太长,一般养护温度为 60~80 ℃,恒温养护时间以 5~8 h 为宜。对用火山灰水泥和矿渣水泥配制的混凝土,蒸汽养护的效果比普通水泥混凝土好。

b.蒸压养护。蒸压养护是将浇筑成型混凝土构件静置 8~10 h,放入蒸釜内,通入高压(≥8个大气压)、高温(≥175 ℃)饱和蒸汽进行养护,从而加速胶凝材料的水化和硬化,提高混凝土的强度。

⑤采用机械搅拌和振捣。混凝土拌合物在强力搅拌和振捣作用下,拌合物能更好地充满模型并均匀密实,从而提高混凝土强度。

任务 7.4　分析硬化水泥混凝土的变形及耐久性

【任务描述】

本任务是分析硬化水泥混凝土的变形种类、影响因素及耐久性指标。

【学习目标】

①了解硬化水泥混凝土的变形种类及影响因素。

②能叙述混凝土抗冻性、耐磨性、抗渗性、抗化学侵蚀的耐蚀性以及碱集料反应等耐久性指标的测定方法。

1.硬化水泥混凝土的变形

混凝土在硬化和使用过程中,受外界因素的影响会产生变形。变形是混凝土产生裂缝的重要原因之一。混凝土的变形,包括非荷载作用下的变形和荷载作用下的变形。非荷载作用下的变形包括混凝土的化学收缩、干湿变形及温度变形;荷载作用下的变形分为短期荷载作用下的变形和长期荷载作用下的变形。

1)非荷载作用下的变形

(1)化学收缩

混凝土拌合物由于水化产物的体积比反应前物质的总体积要小,因而产生收缩,这种收缩称为化学收缩。化学收缩随龄期增长而增加,40 d 以后渐趋稳定,化学收缩是不能恢复的,一般对结构没什么影响。

(2)干湿变形

干湿变形主要表现为干缩湿胀。混凝土在干燥空气中硬化时,随着水分的逐渐蒸发,体积也将逐渐发生收缩;如在水中或潮湿条件下养护时,则混凝土的干缩将随之减少或略产生膨胀。混凝土收缩值较膨胀值为大。当混凝土产生干缩后,即使长期再放在水中,仍有残余变形,残余收缩为收缩量的 30%~60%。

混凝土干缩主要是水泥石所产生,因此尽量降低水泥用量是减少混凝土干缩的关键。另外,用水量、水泥品种及细度、集料种类和养护条件都对混凝土的干缩有一定影响。

(3)温度变形

混凝土具有热胀冷缩的性质,它的温度膨胀系数约为 1.0×10^{-5},即温度升高 1 ℃,每米膨胀0.01 mm。温度变化引起的热胀冷缩对大体积及大面积混凝土极为不利,因为混凝土是不良导体,水泥水化初期放出大量热量难于散发,浇筑后大体积混凝土内部温度远远高于外部,有时高出 50~70 ℃,这将使内部混凝土产生显著的体积膨胀,而外部混凝土却随气温降低而冷却收缩。内部膨胀和外部收缩相互制约,将产生很多应力,当混凝土所受拉应力一旦超过混凝土当时的极限抗拉强度,就将产生裂缝。因此,对大体积混凝土工程,应设法降低混凝土的发热量,应每隔一段长度设置伸缩缝,或采用低热水泥。

2)荷载作用下的变形

(1)短期荷载作用下的变形

①弹塑性变形。混凝土是一种非匀质的复合材料,属于弹塑性体。在静力试验的加荷过程中,当应力较小时($\leqslant 0.3f_{cp}$),混凝土处于弹性变形阶段,此时卸荷,变形可以恢复;若持续加荷($\geqslant 0.3f_{cp}$),然后逐渐卸去,其变形不能完全恢复,即产生可以恢复的弹性变形,又产生不可恢复的塑性变形,其应力应变的比值不是一个常数。

②弹性模量。在混凝土结构和钢筋混凝土结构设计中,常用到混凝土的静力弹性模量。《公路工程水泥及水泥混凝土试验规程》(JTG 3420—2020)规定了水泥混凝土在静力作用下的受压弹性模量和抗弯拉弹性模量的测定方法,水泥混凝土的受压弹性模量取轴心抗压强度 1/3 时对应的弹性模量;抗弯拉弹性模量以 1/2 抗弯拉强度时的加荷模量为准。

在材料质量不变的条件下,混凝土的骨料含量较多,水胶比较小时,混凝土的弹性模量较大。混凝土的弹性模量一般随强度的提高而增大。

(2)长期荷载作用下的变形——徐变

①长期荷载作用下的变形。混凝土在长期不变的荷载作用下,随时间增长的变形(即在应力不变的情况下,混凝土应变随时间继续增加)称为徐变,也称为蠕变。

混凝土的徐变变形在加荷早期增长很快,然后逐渐减慢,一般要 2~3 年才可能基本趋于稳定。当混凝土卸载后,一部分变形瞬间恢复,还有一部分要若干天内才能逐渐稳定,称为徐变恢复,剩下不可恢复部分称为残余变形。

②影响徐变的因素主要有:

a.应力条件。徐变与应力大小有直接关系,应力越大,徐变也越大。实际工程中,如果混凝土构件长期处于不变的高应力状态是比较危险的,对结构安全是不利的。

b.水泥用量与水胶比。水泥用量越多,水胶比越大,混凝土徐变越大。

c.骨料的影响。骨料的弹性模量越大,混凝土的徐变越小;骨料的级配越好,杂质含量越少,则混凝土的徐变越小。

d.养护龄期。初始加荷时,混凝土的龄期越早,徐变越大。若加强养护,混凝土尽早硬化或采用蒸汽养护,可减小徐变。

e.养护条件。养护温度越高、湿度越大,徐变越小。

2.硬化水泥混凝土的耐久性及评价指标

道路与桥梁用混凝土除了要满足工作性和强度外,还要求具有优良的耐久性。混凝土的耐久性是指混凝土在使用条件下抵抗周围环境各种因素长期作用的能力。

混凝土的耐久性是一项综合性能,混凝土所处的环境不同,其耐久性的含义也不同,有时指单一性质,有时指多个性质。混凝土耐久性通常包括抗冻性、耐磨性、抗化学侵蚀的耐蚀性以及碱集料反应等。图7.8所示为混凝土的劣化现象。

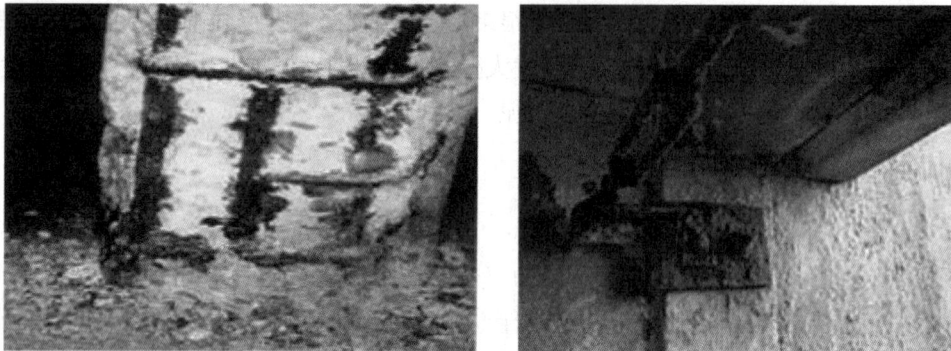

图7.8 工程中混凝土的劣化现象

1)抗冻性指标

（1）抗冻性的含义

混凝土的抗冻性是指混凝土在饱和水状态下遭受冰冻时,抵抗冻融循环作用而不破坏,同时也不严重降低强度的性能。冻融破坏的原因是混凝土中的水结冰后发生体积膨胀,当冰胀应力超过混凝土的抗拉强度时,便使混凝土产生微细裂缝,反复冻融使裂缝不断扩大,导致混凝土强度降低直至破坏。

（2）抗冻性评价指标

混凝土的抗冻性用抗冻等级表示。

《公路工程水泥及水泥混凝土试验规程》(JTG 3420—2020)规定,采用"快冻法"进行试验。快冻法试验是以100 mm×100 mm×400 mm棱柱体混凝土试件,经过28 d的养护,在−18 ℃±2 ℃和5 ℃±2 ℃条件下快速冻结和融化循环,每25次冻融循环后,对试件称重,计算质量损失率,并用共振仪对试件进行一次横向基频的测试,计算相对动弹性模量。当冻融至300次或相对动弹性模量下降至60%以下,或质量损失达到5%,即可停止试验。此时的冻融循环次数为混凝土的抗冻等级。抗冻等级分为D25,D50,D100,D150,D200,D250和D300等。

2)耐磨性指标

（1）耐磨性的含义

耐磨性是道路路面用混凝土的最重要性能之一,作为高级路面的水泥混凝土,必须具有抵抗车辆轮胎磨耗和磨光的性能。作为大型桥梁的墩台用混凝土,也需要具有抵抗湍流空蚀的能力。

（2）混凝土的耐磨性评价指标

混凝土的耐磨性评价是以规定的试件,按规定的磨损方式磨削,以试件磨损面上单位面积的磨损量作为评定混凝土耐磨性的相对指标。

《公路工程水泥及水泥混凝土试验规程》(JTG 3420—2020)规定,水泥混凝土耐磨性试验方法是以150 mm×150 mm×150 mm立方体试件,养生至27 d,从养护地点取出,擦干水分,室内自然干燥12 h,再放入60 ℃±5 ℃烘箱中烘12 h至恒重,然后在带有花轮刀片磨头的混凝土磨耗试验机上,在200 N负荷下磨30转,称量相应质量m_1,作为试件的初始质量;再在200 N负荷下磨 60 转,称量剩余质量 m_2。按式(7.7)计算试件的磨耗量。

$$G = \frac{m_1 - m_2}{0.012\ 5} \times 100\%　(7.7)$$

式中　G——单位面积磨损量,kg/m^2;

m_1——试件的原始质量,kg;

m_2——试件磨损后的质量,kg;

0.012 5——试件的磨损面积,m^2。

可以通过提高混凝土的断裂韧性、降低脆性、减少原生缺陷、提高硬度等措施来提高混凝土的抗磨损能力。

3)抗渗性指标

(1)抗渗性的含义

抗渗性是混凝土抵抗水、油等压力液体渗透作用的性能,对混凝土的耐久性有重要作用,因为抗渗性控制着水渗入的速率,直接影响混凝土的抗冻和抗侵蚀性。

(2)抗渗性的评价指标

混凝土的抗渗性以抗渗等级(S)表示。

《公路工程水泥及水泥混凝土试验规程》(JTG 3420—2020)规定,水泥混凝土抗渗性试验方法以直径和高均为 150 mm 的圆柱体试件(6 个 1 组),标准养护 28 d,按规定方法检验混凝土所能承受的最大水压力(MPa)(6 个试件中有 3 个表面渗水,停止试验)。混凝土的抗渗等级以每组 6 个试件中 4 个未发现有渗水现象时的最大水压力表示。抗渗等级按式(7.8)计算,图7.9所示为抗渗试验仪器设备。

$$S = 10H - 1　(7.8)$$

式中　S——混凝土抗渗等级;

H——第 3 个试件顶面开始有渗水时的水压力,MPa。

图 7.9　混凝土抗渗试验仪器设备

混凝土抗渗等级分为 S2,S4,S6,S8,S10,S12,若压力加至 1.2 MPa,经过 8 h,第 3 个试件仍未渗水,则停止试验,试件的抗渗等级以 S12 表示。

提高密实度、改善孔隙构造等(减小 W/B、掺加引气剂、膨胀剂等措施)可以提高混凝土的抗渗性。

4)混凝土的碳化

混凝土的碳化作用是指大气中的二氧化碳在存在水的条件下与水泥水化产物氢氧化钙发

生反应,生成碳酸钙和水,因氢氧化钙是碱性,而碳酸钙是中性,所以碳化又称为中性化。

碳化主要是对混凝土的碱度、强度等产生影响。混凝土碳化使内部碱度降低,对钢筋的保护作用降低,使钢筋易锈蚀。混凝土的碳化深度随着龄期的延长而增加。碳化的速度受许多因素影响,主要有水泥品种和掺量、水胶比、环境条件、外加剂、集料种类等。

提高混凝土抗碳化性的主要措施有降低水胶比、使用减水剂、在混凝土表面刷涂料或水泥砂浆抹面等。

5) 混凝土的抗侵蚀性

混凝土的抗侵蚀性是指混凝土处在有化学物质的环境和介质中时,抵抗化学侵蚀而不破坏的能力。一般的化学侵蚀有水泥浆体组分的浸出、淡水侵蚀、硫酸盐侵蚀、氯化物侵蚀等。

氯化物可存在于新拌混凝土中,也可通过渗透进入水泥浆体,由于氯化物对钢筋有腐蚀作用,所以要对混凝土中氯离子含量应加以限制。《公路桥涵施工技术规范》(JTG/T 3650—2020)规定,在钢筋混凝土和预应力钢筋混凝土中均不得掺用氯化钙、氯化钠等氯盐外加剂;当从各组成材料中引入的氯离子含量(折合氯盐含量)大于有关混凝土中氯离子含量的规定限值时,宜在混凝土中采取掺加阻锈剂、增加保护层厚度、提高密实度等防腐蚀措施。

混凝土的抗侵蚀性主要在于选用合适的水泥品种和提高混凝土密实度。密实性好且具有封闭孔隙的混凝土,环境水不易侵入混凝土内部,故其抗侵蚀性好。

6) 碱集料反应

水泥混凝土中的碱与某些碱活性集料发生化学反应,可引起混凝土产生膨胀、开裂,甚至破坏,这种化学反应称为碱集料反应(简称 ARR)。含有这种碱活性矿物的集料,称为碱活性集料(简称碱集料)。碱集料反应会使混凝土发生不均匀膨胀,导致水泥混凝土出现裂隙、强度和弹性模量下降等,从而威胁到工程的安全使用。

碱集料反应影响因素很多,但是发生碱集料反应必须具备 3 个条件:集料具有碱活性、混凝土中有 3.0 kg/m^3 的总碱含量、有足够的湿度环境。

为防止碱集料反应所产生的危害,《公路桥涵施工技术规范》(JTG/T 3650—2020)规定,除了要对各种组成材料带入混凝土中的碱含量进行控制外,尚应控制混凝土的总碱含量。每立方米混凝土的总碱含量,对一般桥涵不宜大于 3.0 kg/m^3,对特大桥、大桥和重要桥梁不宜大于 1.8 kg/m^3;当混凝土结构处于受严重侵蚀的环境时,不得使用有碱活性反应的集料。

任务 7.5　分析控制混凝土质量的措施及评定混凝土质量

【任务描述】

本任务是分析控制混凝土质量的措施及混凝土质量的评定方法。

【学习目标】

①了解控制水泥混凝土质量的措施。

②能叙述水泥混凝土立方体抗压强度和抗弯拉强度的质量评定方法。

为了使混凝土达到设计要求的和易性、强度、耐久性,除选择适宜的原材料及确定恰当的配合比外,还应在施工过程中对各个环节进行质量检验和生产控制。

1.混凝土的质量控制

（1）对原材料的控制

各组成材料的质量均需满足相应的技术标准,且各组成材料的质量必须满足工程设计与施工的要求。

（2）严格计量

严格控制各组成材料的用量,做到称量准确。各组成材料的计量误差必须满足《公路桥涵施工技术规范》(JTG/T 3650—2020)的规定,见表7.4。

表 7.4　配料数量允许质量偏差

材料类别	允许偏差/%	
	现场拌制	预制场或集中搅拌站拌制
水泥、干燥状态的掺合料	±2	±1
粗、细集料	±3	±2
水、外加剂	±2	±1

（3）施工过程控制

拌合物在运输时要防止分层、泌水、流浆等现象,尽量缩短运输时间;浇筑时按规定方法进行,振捣均匀;保证足够的温度、湿度,加强对混凝土的养护。

2.混凝土的质量评定

1）混凝土质量评定的数理统计特征量

（1）混凝土强度概率的正态分布

对于同一强度等级的混凝土,在浇筑地点随机抽样,制作 n 组试件($n \geqslant 25$),测量其 28 d 的抗压强度。以抗压强度为横坐标,混凝土强度出现的概率为纵坐标,绘制抗压强度-频率分布曲线,如图 7.10 所示,曲线接近于正态分布曲线,即混凝土的强度服从正态分布。

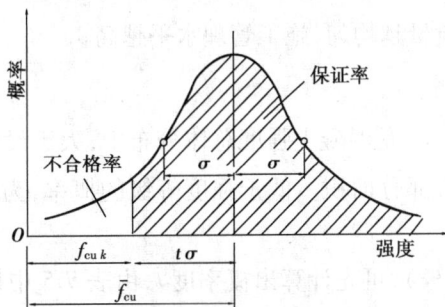

图 7.10　正态分布曲线

混凝土强度的正态分布是以平均强度为对称轴,左右两边曲线对称,距离强度平均值越近的值,出现的概率越大,反之越小。曲线与横坐标之间的面积为概率的总和等于 100%,对称轴两边出现的概率各为50%,对称轴两边各有一拐点。

（2）强度平均值、标准差、变异系数

①平均值。平均值按式(7.9)计算：

$$\bar{f}_{cu} = \frac{1}{n}\sum_{i=1}^{n}f_{cu,i} \tag{7.9}$$

式中　$\bar{f}_{cu}$——n组抗压强度的算术平均值,MPa；

　　　n——混凝土试件的组数；

　　　$f_{cu,i}$——第i组试件的抗压强度,MPa。

平均值只能反映混凝土总体强度水平,而不能说明强度波动的大小,不能说明施工水平的高低。

②标准差。标准差δ又称均方差,是曲线上拐点到对称轴之间的距离,是一种评定质量均匀性的指标,可用式(7.10)计算。

$$\sigma = \sqrt{\frac{\sum\limits_{i=1}^{n}f_{cu,i}^{2} - n\bar{f}_{cu}^{2}}{n-1}} = \sqrt{\frac{\sum\limits_{i=1}^{n}(f_{cu,i} - \bar{f}_{cu})^{2}}{n-1}} \tag{7.10}$$

式中　$f_{cu,i}$——第i组试件抗压强度值,MPa；

　　　n——混凝土试件的组数；

　　　$\bar{f}_{cu}$——n组试件抗压强度的算术平均值,MPa。

标准差σ小,正态分布曲线窄而高,说明强度值分布集中,则混凝土质量均匀性好,混凝土施工质量控制较好；标准差σ大,正态分布曲线宽而矮时,说明混凝土强度波动性较大,即混凝土施工质量控制较差。

③变异系数。变异系数也是用来评定混凝土质量均匀性的指标。在相同的管理水平下,混凝土的标准差会随着强度平均值的提高或降低而增大或减小,它反映了绝对波动量的大小。而对平均强度水平不同的混凝土之间的质量稳定性的比较,可考虑用相对波动的大小,即变异系数,变异系数C_v可按式(7.11)计算。

$$C_v = \frac{\sigma}{f_{cu}} \tag{7.11}$$

C_v值越小,说明混凝土质量越均匀,施工管理水平越高。

（3）混凝土的强度保证率

混凝土的强度保证率$P(\%)$是混凝土强度总体分布中,大于设计强度等级$f_{cu,k}$的强度值出现的概率,如图7.10所示阴影部分面积。低于强度等级的概率,为不合格率,为阴影部分以外的面积。

混凝土的强度保证率$P(\%)$,可先计算出概率度t,由表7.5中概率度(t)查出,概率度t按式(7.12)计算。

$$t = \frac{\bar{f}_{cu} - f_{cu,k}}{\sigma} = \frac{\bar{f}_{cu} - f_{cu,k}}{C_v f_{cu}} \tag{7.12}$$

表 7.5　不同 t 值的 $P(t)$ 值

t	0.00	0.50	0.80	0.84	1.00	1.04	1.20	1.28	1.40	1.50	1.60
$P/\%$	50.0	69.2	78.8	80.0	84.1	85.1	88.5	90.0	91.1	93.3	94.5
t	1.645	1.70	1.75	1.81	1.88	1.96	2.00	2.05	2.33	2.50	3.00
$P/\%$	95.0	95.5	96.0	96.5	97.0	97.5	97.7	98.0	99.0	99.4	99.87

2)混凝土立方体抗压强度的质量评定

《公路工程质量检验评定标准》(JTG F80/1—2017)规定混凝土抗压强度的质量评定方法如下:

①评定水泥混凝土抗压强度,应以标准养生 28 d 龄期的试件、在标准试验条件下测得的极限强度为准,每组试件 3 个。制取组数应符合规定要求。不同强度等级及不同配合比的混凝土应在浇筑地点或拌和地点随机取样,分别制取试件。

②同批试件组数大于或等于 10 组时,应以数理统计的方法评定,并满足式(7.13)和式(7.14)的要求。

$$m_{f_{cu}} \geqslant f_{cu,k} + \lambda_1 S_{f_{cu}} \tag{7.13}$$

$$f_{cu,min} \geqslant \lambda_2 f_{cu,k} \tag{7.14}$$

式中　$m_{f_{cu}}$——同一检验批 n 组混凝土立方体抗压强度的平均值,MPa;

　　　$f_{cu,k}$——混凝土立方体抗压强度标准值,MPa;

　　　$S_{f_{cu}}$——同一验收批混凝土立方体抗压强度的标准差,MPa,精确到 0.01;当 $S_{f_{cu}}$ 的计算值小于 2.5 MPa 时,取 2.5 MPa。

混凝土立方体抗压强度的标准差可按式(7.15)计算。

$$S_{f_{cu}} = \sqrt{\frac{\sum\limits_{i=1}^{n} f_{cu,i}^2 - n m_{f_{cu}}^2}{n-1}} \tag{7.15}$$

式中　$f_{cu,i}$——第 i 组混凝土样本试件的立方体抗压强度值,MPa;

　　　$f_{cu,min}$——同一检验批 n 组混凝土立方体抗压强度最小值,MPa;

　　　n——本检验期内样本数量;

　　　λ_1,λ_2——合格判定系数,按表 7.6 取用。

表 7.6　混凝土强度的合格判定系数

试件组数	10~14	15~19	≥20
λ_1	1.15	1.05	0.95
λ_2	0.90	0.85	

③同批试件组数少于 10 组时,可采用非数理统计方法评定,并满足式(7.16)和式(7.17)的要求。

$$m_{f_{cu}} \geqslant \lambda_3 f_{cu,k} \tag{7.16}$$

$$f_{cu,min} \geqslant \lambda_4 f_{cu,k} \qquad (7.17)$$

式中 λ_3, λ_4——合格判定系数,按表7.7取用。

表7.7 混凝土强度的非统计方法合格判定系数

混凝土强度等级	<C60	≥C60
λ_3	1.15	1.10
λ_4	0.95	

④当对混凝土强度按试件强度进行评定达到不合格条件时,可采用无损检测法或钻取试样确定结构混凝土的实际强度和浇筑质量。如仍有不合格,应采取措施进行处理。

3)混凝土弯拉强度的评定方法

《公路工程质量检验评定标准》(JTG F80/1—2017)规定混凝土弯拉强度的质量评定方法如下:

①混凝土弯拉强度试验方法应使用标准小梁法或钻芯劈裂法。试件使用标准方法制作,标准养生时间为28 d,取3个试件的平均值作为一个统计值。

②混凝土弯拉强度的合格标准。

a.试件组数大于10组时,平均弯拉强度合格判定式为式(7.18)。

$$f_{cs} = f_r + k\sigma \qquad (7.18)$$

式中 f_{cs}——合格判定平均弯拉强度,MPa;

f_r——设计弯拉强度标准值,MPa;

k——合格判定系数,按试件组数查表7.8得出;

σ——弯拉强度统计均方差,按式(7.19)计算。

$$\sigma = C_v \bar{f_c} \qquad (7.19)$$

式中 C_v——实测弯拉强度统计变异系数;

$\bar{f_c}$——实测弯拉强度统计平均值,MPa。

表7.8 混凝土弯拉强度评定合格判定系数

试件组数	10~14	15~19	≥20
k	0.75	0.70	0.65

当试件组数为11~19组时,允许有1组最小弯拉强度小于$0.85f_r$,但不得小于$0.75f_r$;当试件组数大于20组时,高速公路和一级公路最小弯拉强度f_{min}不得小于$0.85f_r$,其他公路允许有一组最小弯拉强度f_{min}小于$0.85f_r$,但不得小于0.75。

b.当试件组数小于10组时,试件平均强度不得小于$1.10f_r$,任一组强度均不得低于$0.85f_r$。

c.当标准小梁合格判定平均弯拉强度和最小弯拉强度中有一个数据不符合上述要求时,应在不合格路段内每车道每公里钻取3个以上$\phi150$ mm的芯样,实测劈裂强度,通过各自工程统计公式换算弯拉强度,其合格判定平均弯拉强度和最小弯拉强度必须合格,否则,应进行返工重铺。

思考题

1.什么是普通水泥混凝土？为什么能够在高级路面和桥隧工程中得到广泛的应用？

2.水泥混凝土按其组成、特性和功能的不同角度是如何分类的？

3.什么是水泥混凝土的碱集料反应？怎样预防？

4.新拌混凝土工作性的含义有哪些？测定方法有哪些？如达不到施工要求时有哪些改善措施？

5.试述影响水泥混凝土强度的主要因素及提高强度的主要措施。

6.粗砂、中砂和细砂如何划分？配制混凝土时选用哪种砂最优？为什么？

7.实验室进行某水泥混凝土试件 28 d 的立方体抗压强度试验时,压力机应按多少 kN/s 的加载速率进行控制？已知该混凝土设计强度等级为 C30。

8.实验室检验一组 28 d 龄期的混凝土立方体抗压强度试件,强度检验结果为:735.75 kN,902.24 kN,868.50 kN,该组混凝土的试验结果为多少？

9.实验室进行某路面水泥混凝土试件 28 d 的弯拉强度试验时,试验机应按多少 kN/s 的加载速率进行控制？已知该路面混凝土设计弯拉强度为 5.0 MPa。

项目8 砌筑砂浆的性能分析与检验

【项目描述】

公路工程施工中,对于砌体工程质量的好坏,砌筑时采用砂浆的质量起着重要作用。为满足施工及工程质量的要求,应对砌筑砂浆的技术指标进行检验。

本项目分两个任务,学生通过对砌筑砂浆相关理论知识的学习,通过砂浆稠度试验、砂浆抗压强度试验的技能训练,应具有对砌筑砂浆质量进行评价的能力。

任务8.1 认知砌筑砂浆

【任务描述】

本任务是认知砌筑砂浆的种类、组成材料的技术要求和技术性质。

【学习目标】

①能叙述砌筑砂浆的种类。

②熟悉砌筑砂浆对所用水泥及细集料的技术要求,了解其他原材料和外加剂的要求。

③熟悉砌筑砂浆的技术性质。

1.建筑砂浆的分类

建筑砂浆是由胶结料、细集料、掺合料和水按适当比例配合、拌制并经硬化而成的建筑材料。建筑砂浆的种类很多,常有以下几种分类方式:

1)根据胶结料的种类分类

根据胶结料的种类,可分为水泥砂浆、石灰砂浆和混合砂浆。

2)根据其用途的不同分类

建筑砂浆根据其用途分为砌筑砂浆和抹面砂浆。

（1）砌筑砂浆

砌筑砂浆是将砖、石、砌块等块材经砌筑成为砌体,起黏结、衬垫和传力作用的砂浆。道路和桥隧工程中,砌筑砂浆主要用来砌筑圬工桥涵、沿线挡土墙和隧道衬砌等砌体。砌筑砂浆又分为现场配制砂浆和预拌砂浆(商品砂浆)。

①现场配制砂浆:由水泥、细集料和水,以及根据需要加入的石灰、活性掺合料或外加剂在现场配制成的砂浆,分为水泥砂浆和水泥混合砂浆。

②预拌砂浆：专业生产厂生产的湿拌砂浆或干混砂浆。

（2）抹面砂浆

抹面砂浆是以薄层涂抹在建筑物表面的砂浆。抹面砂浆常用于桥涵圬工砌体和地下物的表面，一般对抹面砂浆的强度要求不高，但要求保水性好、与基底的黏附性好。

抹面砂浆常分层施工，第一层称为底层，第二层称为垫层，第三层称为面层。各层砂浆的稠度不同，底层较稀，垫层和面层较稠。由于施工要求不同，砂浆的材料及流动性要求也不同。

抹面砂浆可保护结构物不受风雨、潮气等侵蚀，提高结构物防潮、防风化、防腐蚀能力，提高耐久性，同时使结构物表面、地面等建筑部位平整、光滑、清洁、美观。

2.砌筑砂浆所用原材料的性能要求

砌筑砂浆所用材料不应对人体、生物与环境造成有害影响。

1）胶结材料要求

胶结材料应根据砂浆的使用环境及用途合理选用，在干燥环境中使用的砂浆既可选用气硬性胶结材料，也可选用水硬性胶结材料；处于潮湿环境或水中的砂浆，则必须选用水硬性胶结材料。所用的各类胶结材料均应满足相应的技术要求。

（1）水泥

水泥宜采用通用硅酸盐水泥或砌筑水泥，且符合《通用硅酸盐水泥》（GB 175—2007）和《砌筑水泥》（GB/T 3183—2017）的规定。由于砂浆的强度相对较低，所以水泥的强度不宜过高，否则水泥的用量太低，会导致砂浆的保水性不良。水泥强度等级应根据砂浆品种及强度等级要求进行选择，M15及以下强度等级的砌筑砂浆宜选用32.5级的通用硅酸盐水泥，M15以上强度等级的砌筑砂浆宜选用42.5级的通用硅酸盐水泥。

（2）其他胶结料及掺合料

为改善砂浆的和易性，节约水泥，还可以掺加其他胶结料或掺合料，如石灰膏、电石膏、粉煤灰、粒化高炉矿渣、硅灰等制成混合砂浆。

①生石灰熟化成石灰膏时，应用孔径不大于3 mm×3 mm的网过滤，熟化时间不得少于7 d；磨细生石灰粉的熟化时间不得少于2 d。沉淀池中储存的石灰膏应采取防止干燥、冻结和污染的措施。严禁使用脱水硬化石灰膏。

②制作电石膏的电石渣应用孔径不大于3 mm×3 mm的网过滤，检验时应加热至70 ℃后至少保持20 min，并应待乙炔挥发完再使用。在配制砂浆时，膏类材料的含水率不计入砂浆用水量中。为了使膏类材料含水率有一个统一标准，根据国内外常规做法，规定石灰膏、电石膏试配时的稠度为120 mm±5 mm。如稠度不在规定范围，可按表8.1进行换算（质量换算）。

表8.1 石灰膏不同稠度的换算系数

稠度/mm	120	110	100	90	80	70	60	50	40	30
换算系数	1.00	0.99	0.97	0.95	0.93	0.92	0.90	0.88	0.87	0.86

③消石灰粉是未充分熟化的石灰，颗粒太粗，起不到改善和易性的作用，还会大幅度降低砂

浆强度,所以不得直接用于砌筑砂浆中。

④粉煤灰、粒化高炉矿渣、硅灰应分别符合国家规定。

2)细集料要求

细集料为砂浆的骨料,砌筑砂浆用砂可选用中砂或粗砂,采用中砂拌制砂浆既能满足和易性要求,又节约水泥,因此建议优先选用,其质量应符合《公路桥涵施工技术规范》(JTG/T 3650—2020)对混凝土工程中所用Ⅲ类砂的要求。当缺乏天然中砂或粗砂时,可采用满足质量要求的机制砂代替。在保证砂浆强度的基础上,也可采用细砂,但应适当增加水泥用量。砂的最大粒径,当用于砌筑片石时,不宜超过5 mm;当用于砌筑块石、粗料石时,不宜超过2.5 mm。

天然砂中的含泥量或人工砂中的石粉含量过大,不但会增加砂浆的水泥用量,还会使砂浆收缩值增大,耐久性降低,影响砌筑质量,所以要特别注意。

3)外加剂要求

为改善砂浆的性能,节约结合料的用量,可在砂浆中掺加减水剂、膨胀剂、微沫剂等外加剂。外加剂掺量根据不同厂家说明书确定,按水泥质量的百分率计。

4)拌和用水的要求

砂浆对水的技术要求与混凝土拌和用水相同。

3.砌筑砂浆的技术性质

砂浆与混凝土在组成上的差别仅在于砂浆中不含粗集料,故砂浆也称为无粗集料混凝土。有关混凝土和易性、强度的基本规律,原则上也适用于砂浆,但由于砂浆的组成及用途与混凝土有所不同,所以它还具有其自身的特点。

砌筑砂浆的技术性质包括砂浆拌合物的和易性、硬化后的强度及耐久性。

任务8.2　测定砂浆拌合物的稠度及硬化后的抗压强度

【任务描述】

本任务是在学习砂浆拌合物和易性、强度等技术性质指标的含义、测定方法知识的基础上,测定砂浆拌合物的稠度及硬化后的抗压强度。

【学习目标】

①熟悉砂浆拌合物和易性的含义、评价方法及评价指标。

②熟悉硬化后砂浆抗压强度的评价方法及影响因素。

③能按《建筑砂浆基本性能试验方法标准》(JGJ/T 70—2009)规定的方法拌制砂浆试样,并测定拌合物的稠度和凝结硬化后的抗压强度;能规范、完整地填写试验检测记录表;结合测定(或教师给定)数据,能规范、完整地编制检测报告。

1.相关知识

1)砂浆拌合物的和易性

砂浆在硬化前应具有良好的和易性,以方便施工操作,能在砖石表面铺展成均匀的薄层,并使砌体之间紧密黏结。砂浆的和易性包括流动性和保水性两个方面。

（1）流动性

砂浆的流动性又称稠度，是指新拌砂浆在其自重或外力作用下产生流动的性能。

砂浆的流动性与用水量、胶结材料的品种和用量、细集料的级配和表面特征、掺合料及外加剂的特性和用量、拌和时间等因素有关。砂浆的稠度采用的仪器为砂浆稠度仪，试验中测定试锥下沉深度（精确至 1 mm），即为砂浆的稠度值（亦称沉入量）。沉入量越大，砂浆的流动性越大。

用于石砌体砌筑砂浆的施工稠度宜为 50~70 mm，气温较高时可适当增加。

（2）保水性

砂浆的保水性是指砂浆保持水分及整体均匀一致的性能。砂浆在运输、静置或砌筑过程中，水分不应从砂浆中离析，使砂浆保持必要的稠度，以便于施工操作，同时使水泥正常水化，以保证砌体的强度。保水性不好的砂浆，会因失水过多而影响砂浆的铺设及砂浆与材料间的结合，并影响砂浆的正常硬化，从而使砂浆的强度，特别是砂浆与多孔材料的黏结力大大降低。

砂浆的保水性与胶结材料的种类和用量、细集料的级配、用水量以及有无掺合料和外加剂等有关。实践表明，为保证砂浆的保水性能，水泥砂浆的最小水泥用量不宜小于 200 kg/m³，如果水泥用量太少，不能填充砂子孔隙，和易性也无法保证。混合砂浆中胶结材料总用量应在 300~350 kg/m³ 以上。

砂浆的保水性采用"保水率"表示，保水率通过砂浆的保水率试验测定。《砌筑砂浆配合比试验规程》（JGJ/T 98—2010）要求，砌筑砂浆的保水率应符合表 8.2 的要求。

表 8.2　砌筑砂浆的保水率

砂浆种类	保水率/%
水泥砂浆	≥80
水泥混合砂浆	≥84
预拌砌筑砂浆	≥88

2）砂浆拌合物的表观密度

砂浆的表观密度太低，会对砌体的力学性能产生不利影响，所以砂浆拌合物的表观密度宜符合表 8.3 的要求。

表 8.3　砌筑砂浆拌合物的表观密度

砂浆种类	表观密度/(kg·m⁻³)
水泥砂浆	≥1 900
水泥混合砂浆	≥1 800
预拌砌筑砂浆	≥1 800

3）硬化后砂浆的性质

砌筑砂浆在砌体中要传递荷载，并要经受周围环境介质的作用，因此砂浆应具有一定的黏结强度、抗压强度和耐久性。试验证明,砂浆的黏结强度、耐久性均随抗压强度的增大而提高,即它们之间有一定的相关性。工程中常以抗压强度作为砂浆的主要技术指标。

(1)抗压强度

①砌筑砂浆的抗压强度等级的确定。砂浆的抗压强度等级以 70.7 mm×70.7 mm×70.7 mm 立方体试件,在标准温度(20 ℃±2 ℃)和规定湿度(90%以上)条件下,用标准试验方法测得的 28 d 龄期的抗压强度来确定。水泥砂浆及预拌砂浆的强度等级划分为 M30,M25,M20,M15,M10,M7.5,M5.0 共 7 个强度等级;水泥混合砂浆的强度等级可分为 M15,M10,M7.5,M5.0 共 4 个强度等级。《公路圬工桥涵设计规范》(JTG D61—2005)规定,桥涵工程中砂浆的强度根据结构物的类型和用途而决定,见表 8.4。

表 8.4 桥涵圬工砌体用砂浆最低强度等级

结构物种类型	砌筑砂浆最低强度等级
拱圈	M10(大、中桥),M7.5(小桥涵)
大中桥墩台及基础、轻型桥台	M7.5
小桥涵墩台、基础	M5.0

②影响抗压强度的因素。影响砂浆强度的因素较多。大量试验证明,当原材料质量一定时,砂浆的强度主要取决于水泥的强度及水泥用量,用水量对砂浆强度及其他性能影响不大。砂浆的强度与水泥强度及用量之间的关系见式(8.1)。

$$f_{m,0} = \frac{\alpha f_{ce} Q_c}{1\ 000} + \beta \tag{8.1}$$

式中 $f_{m,0}$——砂浆的抗压强度,MPa;

Q_c——每立方米砂浆的水泥用量,kg;

f_{ce}——水泥的实测强度,MPa;

α,β——砂浆的特征系数,其中 α 取 3.03,β 取−15.09。

注:各地区也可用本地区试验资料确定 α,β 值,统计用的试验组数不得少于 30 组。

(2)黏结强度

为保证砌体的整体性,砂浆要有一定的黏结力。黏结强度主要和砂浆的抗压强度以及砌体材料的表面粗糙程度、清洁程度、湿润程度以及施工养护等因素有关。一般砂浆的抗压强度越高,其黏结性越好。

(3)耐久性

圬工砂浆经常遭受环境水的作用,故除强度外,还应考虑抗渗性、抗冻性和抗蚀性等性能。提高砂浆的耐久性,主要途径是提高其密实性。有抗冻性要求的砌体工程,砌筑砂浆应进行冻融试验。《砌筑砂浆配合比试验规程》(JGJ/T 98—2010)要求其抗冻性应符合表 8.5 的规定。当设计对抗冻性有明确要求时,尚应符合设计规定。

表 8.5　砌筑砂浆的抗冻性要求

使用条件	抗冻指标	质量损失率/%	强度损失率/%
夏热冬暖地区	F15		
夏热冬冷地区	F25	≤5	≤25
寒冷地区	F35		
严寒地区	F50		

4)《公路桥涵施工技术规范》(JTG/T 3650—2020)对砌筑砂浆的要求

《公路桥涵施工技术规范》(JTG/T 3650—2020)要求砌筑采用的砂浆应符合下列规定：

①砂浆的配合比应通过试验确定，当变更砂浆的组成材料时，其配合比应重新试验确定。

②砂浆应具有良好的和易性，用于石砌体砌筑砂浆的施工稠度宜为 50~70 mm，气温较高时可适当增加。

③砂浆的配制宜采用质量比，并随拌随用，保持适宜的稠度，且在 3~4 h 内使用完毕，气温超过 30 ℃时，宜在 2~3 h 内使用完毕。在运输过程中或在储存器中发生离析、泌水的砂浆，砌筑前应重新拌和，已凝结的砂浆不得使用。

④各类砂浆均宜采用机械拌和，拌和时间宜为 3~5 min。

2.测定砌筑砂浆的稠度及抗压强度

试验依据为《公路工程水泥及水泥混凝土试验规程》(JTG 3420—2020)。

T 0587—2020 水泥砂浆拌和及稠度试验方法

1　目的和适用范围

本方法规定了水泥砂浆拌和及稠度的试验方法。本方法适用于水泥砂浆及指定采用本方法的其他材料，稠度试验适用于稠度小于 120 mm 的砂浆。

2　仪具与材料

2.1　砂浆搅拌机：应符合现行《试验用砂浆搅拌机》(JG/T 3033)的规定。

2.2　砂浆稠度仪：由试锥、圆锥筒和支座三部分组成，如图 T0587.1 所示。试锥高度为 145 mm、锥底直径为 75 mm，试锥连同滑杆的质量应为 300 g±2 g；圆锥筒为钢板制成的密闭圆锥，筒高为 180 mm，锥筒上口内径为 150 mm，体积约为 1 060 ml；支座分底座、支架及刻度盘三个部分，由铸铁、钢及其他金属制成。

2.3　钢制捣棒：直径为 10 mm、长为 350 mm，端部为半球形。

2.4　秒表等辅助工具。

3　试验准备

3.1　试验室内温度应控制在 20 ℃±5 ℃，相对湿度不小于 50%。砂浆拌和用原材料应放置试验室内至少 24 h。

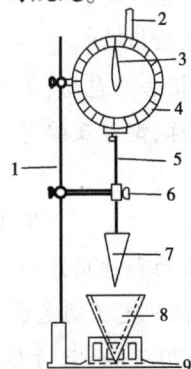

图 T0587.1　砂浆稠度仪示意图

1—支架；2—齿条测杆；3—指针；
4—刻度盘；5—滑杆；6—固定螺钉；
7—圆锥体；8—圆锥筒；9—底座

3.2 砂应过 9.5 mm 的方孔筛,4.75 mm 筛上分计筛余不超过 10%,且砂料应翻拌均匀;水泥及掺合料不允许有结块,使用前应用 0.9 mm 过筛。

3.3 砂料应为干燥状态,含水率不超过 0.2%,含水率按现行《公路工程集料试验规程》(JTG E42) 的规定进行测定。

3.4 材料用量以质量计。称量精度:水泥及掺合料、水和外加剂为 ±0.5%;砂为 ±1%。

4 砂浆拌和

4.1 将砂浆搅拌锅清洗干净,并保持锅内润湿;按照配合比,先拌制不少于 30% 容量同配比砂浆,使搅拌机内壁挂浆,将剩余料卸出。

4.2 将称好的砂料、水、水泥及外掺料等依次倒入机内,立即开动搅拌机,搅拌时间不应少于 120 s。掺有掺合料和外加剂的砂浆,其搅拌时间不应少于 180 s。一次拌和量不宜少于搅拌机容量的 30%,不宜大于搅拌机容量的 70%。

5 试验步骤

5.1 应按本方法 4 制备砂浆。

5.2 将圆锥筒和试锥表面用湿布擦干净,并用少量润滑油轻擦滑杆,然后将滑杆上多余的油用吸油纸擦净,使滑杆能自由滑动。

5.3 将砂浆拌合物一次装入圆锥筒,使砂浆表面低于圆锥筒口约 10 mm,用捣棒自圆锥筒中心向边缘插捣 25 次,然后用木锤在圆锥筒周围距离大致相等的四个不同部位轻轻敲击 5~6次,使砂浆表面平整,随后将圆锥筒置于砂浆稠度仪的底座上。

5.4 调节试锥滑杆的固定螺栓,缓慢向下移动滑杆,当试锥尖端与砂浆表面刚接触时,拧紧固定螺丝,使齿条测杆下端刚接触滑杆上端,读出刻度盘上的读数 H_0(精确至 1 mm)。

5.5 拧开固定螺栓,同时计时,10 s 后立即拧紧固定螺丝,将齿条测杆下端接触滑杆上端,从刻度盘上读数 H_1,H_0 和 H_1 的差值,即为砂浆的稠度值,精确至 1 mm。

5.6 圆锥筒内的砂浆只允许测定一次稠度,重复测定时,应重新取样。

6 结果处理

以两次平行试验测值的算术平均值作为试验结果,精确至 1 mm;如两次测值之差大于10 mm,则重新试验。

7 试验报告

试验报告应包括:要求检测的项目名称,原材料的品种、规格和产地,试验日期及时间,仪器设备的名称、型号及编号,环境温度和湿度,执行标准,砂浆配合比、砂浆稠度,要说明的其他内容。

T 0570—2005 水泥砂浆立方体抗压强度试验方法

1 目的和适用范围

本方法规定了测定水泥砂浆抗压强度的试验方法。本方法适用于各类水泥砂浆的70.7 mm×70.7 mm×70.7 mm 立方体试件。

2 仪具与材料

2.1 试模:70.7 mm×70.7 mm×70.7 mm 立方体(有底试模),具有足够的刚度并拆装方便;试模的内表面应机械加工,其不平度为每 100 mm 不超过 0.05 mm,组装后各相邻面的不垂直度不超过 ±0.5°。

2.2　钢制捣棒:直径为 10 mm、长为 350 mm,端部为半球形。

2.3　压力试验机:应符合现行《液压式万能试验机》(GB/T 3159)的规定。

2.4　垫板:试验机上、下压板及试件之间可垫以钢垫板,垫板的尺寸应大于试件的承压面,其不平度为每 100 mm 不超过 0.02 mm。

2.5　钢尺:量程为 500 mm,分度值为 1 mm。

3　试件制备及养护

3.1　制作砌筑砂浆试件时,试模内壁事先涂刷薄层机油或脱模剂。

3.2　向试模内一次注满砂浆,用捣棒均匀由外向里按螺旋方向插捣 25 次,为了防止低稠度砂浆插捣后可能留下孔洞,允许用油灰刀沿模壁插数次,使砂浆高出试模顶面 6~8 mm。

3.3　当砂浆表面开始出现麻斑状态时(15~30 min),将高出部分的砂浆沿试模顶面削去抹平。

3.4　试件制作后应在温度为 20 ℃±5 ℃、湿度大于 50%的环境下,停置一昼夜(24 h±2 h);当气温较低时,可适当延长时间,但不应超过两昼夜。应对试件进行编号并拆模。试件拆模后,应在标准养护条件下继续养护至 28 d,然后进行试压。

3.5　标准养护的条件:

(1)水泥混合砂浆:标准养护的条件为温度 20 ℃±2 ℃、相对湿度 60%~80%。

(2)水泥砂浆和微沫砂浆:标准养护的条件为温度 20 ℃±2 ℃、相对湿度 90%以上。

(3)养护期间,试件彼此间隔 10 mm 以上。

4　试验步骤

4.1　试件从养护地点取出后,应尽快进行试验,以免试件内部的温度、湿度发生显著变化。先将试件擦拭干净,检查其外观,并测量尺寸,精确至 1 mm。如果实测尺寸与公称尺寸之差不超过 1 mm,按公称尺寸进行计算。

4.2　将试件安放在试验机的下压板正中间,试件的承压面应与成型时的顶面垂直,试件中心应与试验机下压板(或下垫板)中心对准。

4.3　开动试验机,当上压板与试件(或下垫板)接近时,如有明显偏斜,应调整球座,使接触面均衡受压。

4.4　承压试验应连续而均匀加荷,加荷速度为 0.3~0.5 MPa/s(砂浆强度不大于 5 MPa 时,取下限为宜),当试件接近破坏而开始迅速变形时,停止调整试验机油门,直至试件破坏,然后记录破坏荷载。

5　结果计算

5.1　砂浆立方体抗压强度,按式(T0570.1)计算,计算结果精确至 0.1 MPa。

$$f_{m,cu} = \frac{F_u}{A} \qquad\qquad (T0570.1)$$

式中　$f_{m,cu}$——砂浆立方体试件抗压强度,MPa;

　　　F_u——试件破坏荷载,N;

　　　A——试件承压面积,mm^2。

5.2　以 3 个试件的算术平均值作为该组试件的抗压强度,结果精确至 0.1 MPa。当 3 个试件的最大或最小值与中间值的差超过中间值的 15%时,以中间值为该组试件的抗压强度。当两个测试值与中间值的差值均超过中间值的 15% 时,该组试验结果无效。

6　试验报告

试验报告应包括:要求检测的项目名称、执行标准,原材料的品种、规格和产地,仪器设备的名称、型号及编号,环境温度和湿度,立方体抗压强度,要说明的其他内容。

思考题

1.砂浆强度试件与混凝土强度试件有何不同?

2.新拌砂浆的和易性包括哪两方面的含义? 如何测定?

项目 9　无机结合料稳定材料性能分析与检验

【项目描述】

实践证明,无论是沥青路面还是混凝土路面,影响其使用寿命和使用性能的关键因素之一是基层的材料和质量。无机结合料稳定材料常用作路面的基层(底基层),以此修筑的基层或底基层亦称半刚性基层(底基层)。本项目是对无机结合料稳定材料的指标进行检验。

本项目分 3 个任务,学生通过对无机结合料稳定材料相关理论知识的学习,通过无侧限抗压强度试件制作、无侧限抗压强度检验的技能训练,应具有评价无机结合料稳定材料质量的能力。

任务 9.1　认知无机结合料稳定材料

【任务描述】

本任务是认知无机结合料稳定材料的分类、用途及技术性质。

【学习目标】

①熟悉无机结合料稳定材料的定义及分类。
②熟悉无机结合料稳定材料的用途及技术性质。

1.无机结合料稳定材料的概念

无机结合料稳定材料是在粉碎或原来松散的材料(包括粗、细集料,各种粗、中、细粒土,工业废渣等)中掺入一定量的无机结合材料和适量的水,经拌和、压实与养生后,得到具有较高后期强度、整体性和水稳定性均较好的材料。无机结合材料主要是指水泥、石灰、粉煤灰及其他工业废渣。

2.无机结合料稳定材料的分类

无机结合料稳定材料按照结合材料的类型分为 4 类。

(1)水泥稳定材料

以水泥为结合料,通过加水与被稳定材料共同拌和形成的混合料,包括水泥稳定级配碎石、水泥稳定级配砾石、水泥稳定石屑、水泥稳定土、水泥稳定砂等。

(2)石灰稳定材料

以石灰为结合料,通过加水与被稳定材料共同拌和形成的混合料,包括石灰碎石土、石灰土等。

（3）综合稳定材料

以两种或两种以上材料为结合料,通过加水与被稳定材料共同拌和形成的混合料,包括水泥石灰稳定材料、水泥粉煤灰稳定材料、石灰粉煤灰稳定材料等。

（4）工业废渣稳定材料

以石灰或水泥为结合料,以煤渣、钢渣、矿渣等工业废渣为主要被稳定材料,通过加水拌和而成的混合料。

3.无机结合料稳定材料的用途及技术性质

无机结合料稳定材料耐磨性差,但具有较大的抗变形能力,刚度介于柔性路面材料和刚性路面材料之间,故称为半刚性材料。这类材料不宜作为路面的面层,常用作路面的基层和底基层,以此修筑的基层或底基层也称半刚性基层、底基层。

在柔性路面结构中,由于路面面层厚度较薄,传给基层的荷载应力大,所以要求基层必须能够承受车辆荷载的反复作用,即在预定标准轴次反复作用下,基层不产生过多的残余变形,更不会产生剪切破坏。基层要满足这些要求,除必需的厚度外,主要取决于基层材料的强度。若面层是水泥混凝土路面,由于刚性板块传递给基层的应力已经很小,基层并非是主要承重作用,但却是保证其整体强度,防止水泥混凝土板产生开裂、唧泥和错台的重要支承层次,同时对延长路面使用寿命也有明显作用。因此,要求基层材料具有适当的强度,而最重要的是要求材料强度均匀、整体性好,表面密实平整,透水性小。

所以,为满足行车、气候和水文地质的要求,稳定材料必须具备一定的强度、抗变形能力和水稳定性。

任务9.2　测定无机结合料稳定材料的强度

【任务描述】

本任务主要是在学习无机结合料稳定材料的强度评价方法及影响因素知识的基础上,测定无机结合料稳定材料的强度。

【学习目标】

①理解无机结合料稳定材料的强度形成原理。

②熟悉无机结合料稳定材料的强度评价方法及影响因素。

③熟悉无机结合料稳定材料密度、含水率、压实度的定义。

④会按《公路工程无机结合料稳定材料试验规程》(JTG E51—2009)规定的方法成型试件并测定其无侧限抗压强度,会进行测定结果的计算,能规范、完整地填写试验检测记录表;结合检测(或教师给定)数据,能规范、完整地编制检测报告。

1.相关知识

1)无机结合料稳定材料的强度形成原理

在土中掺入适量的石灰或水泥,在最佳含水率下拌和均匀并压实,使无机结合料与土发生一系列的物理、化学作用而逐渐形成强度。石灰与土之间的物理与化学作用大致可分为4个方面:离子交换作用、结晶作用、碳酸化作用和火山灰作用。水泥与土之间产生的物理与化学作用也可分为4个方面:硬凝反应、离子交换作用、化学激发作用、碳酸化作用。

(1)石灰稳定材料强度形成原理

①离子交换作用。土的微小颗粒具有一定的胶体性质,一般都带有负电荷,表面吸附着一定数量的钠、氢、钾等低价阳离子(Na^+,H^+,K^+)。石灰是一种强电解质,在土中加入石灰和水后,石灰在溶液中电离出来的钙离子(Ca^{2+})就与土中的钠、氢、钾离子产生离子交换作用,原来的钠(钾)土变成钙土,如式(9.1)所示。土颗粒表面所吸附的离子由一价变成二价,减少了土颗粒表面吸附水膜的厚度,使土粒相互之间更为接近,分子引力随之增加,单个土粒聚成小团粒,组成一个稳定结构。通过离子交换作用,使土粒凝聚而增强了黏聚力,提高了土的水稳性。它在初期发展迅速,使土的塑性降低,最佳含水量增加和最大密度减小。

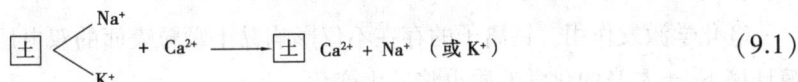

$$\boxed{土} \begin{matrix} Na^+ \\ \\ K^+ \end{matrix} + Ca^{2+} \longrightarrow \boxed{土}\ Ca^{2+} + Na^+ \ (或\ K^+) \qquad (9.1)$$

②结晶作用。熟石灰掺入土中,由于水分较少,只有少部分离解与土进行离子交换作用,绝大部分饱和的 $Ca(OH)_2$ 在灰土中自行结晶,熟石灰与水作用生成熟石灰结晶网格。由于结晶作用,把土粒胶结成整体,使石灰土的整体强度得到提高。

③火山灰作用。熟石灰的游离 Ca^{2+} 与土中的活性氧化硅 SiO_2 和氧化铝 Al_2O_3 作用生成含水的硅酸钙和含水的铝酸钙,它们在水分作用下能够逐渐硬结。上述所形成的熟石灰结晶网格和硅酸钙、含水的铝酸结晶都是胶凝物质,它具有水硬性并能在固体和水两种环境下发生硬化反应。这些胶凝物质在土微粒团外围形成一层稳定保护膜,填充颗粒空隙,使颗粒间产生结合料,减少了颗粒间的空隙与透水性,同时提高密实度,这是石灰土获得强度和水稳定性的基本原因,但这种作用比较缓慢。

④碳酸化作用。灰土中的 $Ca(OH)_2$ 与空气中的 CO_2 作用,生成 $CaCO_3$ 结晶。$CaCO_3$ 是坚硬的结晶体,它和其生成的复杂盐类把土粒胶结起来,从而大大提高了土的强度和整体性。

结晶作用和碳酸化作用使石灰土的后期整体性、强度和稳定性得到提高。

石灰与土发生了一系列的相互作用,从而使土的性质发生根本改变。在初期,主要表现为土的结团、塑性降低、最佳含水量增大和最大密实度减少等,后期表现为结晶结构的形成,从而提高其整体性、强度和稳定性。

(2)水泥稳定材料强度形成原理

①硬凝反应。硬凝反应也是水泥的水化反应。在水泥稳定土中,首先发生的是水泥自身的水化反应,从而产生具有胶结能力的水化产物,这是水泥稳定土强度的主要来源。

水泥水化生成的水化产物,在土的孔隙中相互交织搭接,将土颗粒包覆连接起来,使土逐渐丧失了原有的塑性等性质,并且随着水化产物的增加,混合料也逐渐坚固起来。但在水泥稳定土中,水泥的水化硬化条件较混凝土中差得多。特别是由于黏土矿物对水化产物中的$Ca(OH)_2$具有极强的吸附和吸收作用,使溶液中的碱度降低,从而影响了水泥水化产物的稳定性;水化硅酸钙中的硅酸钙会逐渐降低析出$Ca(OH)_2$,从而使水化产物的结构和性能发生变化,进而影响混合料的性能。因此,在选用水泥时,在其他条件相同情况下,应优先选用通用硅酸盐水泥,必要时还应对水泥稳定土进行"补钙",以提高混合料中的碱度。

②离子交换作用。土中的黏土颗粒由于颗粒细小、比表面积大,因而具有较高的活性。当黏土颗粒与水接触时,黏土颗粒表面通常带有一定量的负电荷,在黏土颗粒周围形成一个电场,这层带负电荷的离子称为电位离子。带负电荷的黏土颗粒表面,吸引周围溶液中的正离子,如K^+、Na^+等,而在颗粒表面形成一个双电层结构,这些与电位离子电荷相反的离子就称为反离子。

在硅酸盐水泥中,硅酸三钙和硅酸二钙占主要部分,其水化后所生成的氢氧化钙所占的比例也较高,可达水化产物的25%。大量的氢氧化钙溶于水以后,在土中形成了一个富含Ca^{2+}的碱性环境。当溶液中富含Ca^{2+}时,因为Ca^{2+}的电价高于Na^+、K^+等离子,因此与电位离子的吸引力较强,从而取代了Na^+、K^+,成为反离子,使双电层的厚度降低、黏土颗粒之间的距离减小,相互靠拢,导致土的凝聚,从而改变土的塑性,使土具有一定的强度和稳定度,这种作用称为离子交换作用。

③化学激发作用。钙离子的存在不仅影响黏土颗粒表面的双电层结构,而且在这种碱性溶液环境下,土本身的化学性质也将发生变化。

土的矿物组成基本上都属于硅铝酸盐,其中含有大量的硅氧四面体和铝氧八面体。在通常情况下,这些矿物具有比较高的稳定性,但当黏土颗粒周围介质的pH值增加到一定程度时,黏土矿物中的部分SiO_2和Al_2O_3的活性将被激发出来,与溶液中的Ca^{2+}进行反应,生成新的矿物,这些矿物主要是硅酸钙和铝酸钙系列。这些矿物的组成和结构与水泥的水化产物都有很多类似之处,并且同样具有胶凝能力。生成的这些胶结物质包裹着黏土颗粒表面,与水泥的水化产物一起,将黏土颗粒凝结成一个整体。因此,氢氧化钙对黏土矿物的激发作用,将进一步提高水泥稳定土的强度和水稳定性。

④碳酸化作用。水泥水化生成的$Ca(OH)_2$,除了可与黏土矿物发生化学反应外,还可进一步与空气中的CO_2发生碳化反应并生成碳酸钙晶体。

碳酸钙生成过程中产生体积膨胀,也可以对土的基体起到填充和加固作用,只是这种作用相对来讲比较弱,并且反应过程缓慢。

2) 无机结合料稳定材料的强度评价

无机结合料稳定材料的强度指标主要是采用其抗压强度,是指饱水状态下7 d的无侧限抗压强度。无机结合料稳定材料的抗压强度试件采用的都是高径比为1:1的圆柱体,不同粒径大小的材料应采用不同的试件尺寸,试件尺寸及数量见表9.1。

表 9.1　无机结合料稳定材料无侧限抗压强度试件尺寸及数量

材料类型	材料公称最大粒径 /mm	试件尺寸(直径×高) /mm	试件数量/个		
			变异系数要求		
			<10%	10%~15%	15%~20%
细粒材料	小于 16 mm	100×100	6	9	—
中粒土	不小于 16 mm,且小于 26.5 mm	100×100	6	9	13
粗粒土	不小于 26.5 mm	150×150	—	9	13

3) 无机结合料稳定材料的密度、含水率及压实度

(1) 密度

密度是材料单位体积的质量,是衡量材料内部紧密程度的指标。密度越大,材料越致密,其空隙越小,耐久性和强度就越高。

(2) 含水率

含水率是材料中所含水分的质量与干燥材料质量的比值。

适量的水在颗粒之间起润滑作用,使材料的内摩擦阻力减小,有利于材料的压实;过多的水分,虽然能继续减小材料的内摩擦阻力,但单位材料中空气的体积逐渐减少到最小程度,而水的体积却不断增加。由于水是不可压缩的,因此在相同的压实功作用下,难以改变材料颗粒的相对位置,故压实效果较差。另外,在使用过程中,由于自由水的蒸发,在材料中留下大量的孔隙,从而降低了材料的密度和耐久性。当水分含量过少时,由于材料颗粒间缺乏必要的水分润滑,使材料的内摩擦阻力加大,增加了压实的难度,同时因为材料含水量过低,材料的可塑性变差,其塑性变形的能力降低。

用等量的机械功去压实无机结合料稳定材料,可以得到最大密度,此时的含水量率值称为最佳含水率。

无机结合料稳定材料的最佳含水量和最大干密度都是通过标准击实试验得到的。

(3) 压实度

压实度是指土或其他筑路材料在施加外力作用下,能获得的密实程度。它等于材料干密度与最大干密度的比值。

压实的实质是通过外力做功,克服材料之间的内摩擦力和黏结力,使材料颗粒产生位移并互相靠近,从而提高其密度。水的含量变化较大程度上影响结合料的性质,对所能达到的密实度起着非常重要的作用。

不同的公路等级和路面结构层次,无机结合料稳定材料的压实度标准不一样,水泥稳定材料、石灰粉煤灰稳定材料、水泥粉煤灰稳定材料、石灰稳定材料的压实度标准见表 9.2 至表 9.5。

4) 影响无机结合料稳定材料强度的因素

(1) 被稳定材料的性质

石灰稳定类材料和石灰粉煤灰稳定类材料,可用亚砂土、亚黏土、粉类土和黏土类土。石灰

土或二灰土的强度随土中黏粒含量增加和塑性指数增大而增大,但塑性指数过大的重黏土不易粉碎,且易产生收缩裂缝。故规范规定,用于石灰稳定材料的土,其塑性指数为 15~20 的黏性土较适宜,而不适宜使用塑性指数 10 以下的土。

水泥稳定类材料可用各种碎石、砂砾和粉粒。相同剂量的水泥稳定不同的土,混合料的强度随黏粒的含量和塑性指数的增大而降低。但如果级配粒料中的细土没有塑性,则粒料中有少部分 0.075 mm 以下的粉料,反而可以增加水泥稳定土的强度。

有机质和硫酸盐含量高的土,均不宜用于石灰稳定土和水泥稳定土。

(2)稳定剂的品种和剂量

当采用石灰作稳定剂时,其技术指标必须符合表 4.5 的要求。石灰的有效氧化钙、氧化镁的含量是随着堆放时间(特别是野外堆放时)而减少的。在实际工作中,对接近最佳含水量的土,适宜于用消石灰稳定,如果被稳定的土的含水量明显大于压实所需的最佳含水量,就应当添加生石灰粉,但要注意闷料,以免过早压实后产生胀松的危险。

用水泥作稳定剂时,通常用通用硅酸盐水泥,不宜采用快硬和早强水泥。水泥的终凝时间越长,从拌和到压实的延迟时间对水泥稳定土的强度影响越小。

水泥稳定类材料的强度随水泥剂量的增加而增加。一般来说,水泥剂量越大,稳定土的强度越高,但过多的水泥用量,虽获得了较高的强度,但在经济上不一定合理,效果上也不明显,而且容易开裂。水泥稳定混合料的水泥剂量一般为 3%~5.5%。当用水泥稳定集料作基层时,水泥剂量宜为 4.0%~5.5%,底基层的水泥剂量宜为 3.0%~4.0%,水泥的最大剂量不应超过 6%。当达不到强度要求时应调整级配。

用石灰稳定土时,存在一个最佳剂量,当石灰剂量达到某一数值后,继续增加剂量,混合料的强度不再增加。

石灰剂量对石灰稳定类材料的强度影响显著,石灰剂量较低(小于 3%~4%)时,石灰主要起稳定作用,土的塑性、膨胀性、吸水量减小,使土的密实度、强度得到改善。随着剂量的增加,强度和稳定性均提高,但剂量超过一定范围时,强度反而降低。石灰的最佳剂量,对黏性土和粉性土为干土重的 8%~16%,对砂性土为干土重的 10%~18%。剂量的确定应根据结构层技术要求进行混合料组成设计。

(3)干密度和含水量

稳定材料的抗压强度随着干密度的增大而增大。干密度和含水量的关系与天然土相同,对于一定的击实功下,存在一个能达到最大干密度的最佳含水量。大部分水泥稳定类材料的最佳含水量和最大干密度与未加水泥的原土的最大干密度和最佳含水量大致相同。

(4)施工时间长短

施工时间长短的影响主要针对水泥稳定类材料而言,水泥稳定类材料从开始加水到完全压实的时间尽可能短,一般不要超过 6 h。若碾压或湿拌的时间拖长,水泥会产生部分结硬,影响水泥稳定类材料的压实度,导致水泥稳定类材料的强度损失。对于石灰稳定类材料,从加水拌和到完成压实的延迟时间的长短,对稳定类材料的密实度和强度的影响很小。

(5)养生条件

稳定材料的强度发展需要适当的温度、湿度,必须在潮湿的条件下养护,否则其强度将显著下降。同时,养生温度越高,强度增长越快。

2.测定无机结合料稳定材料的强度

测定无机结合料稳定材料强度首先应成型标准试件。《公路工程无机结合料稳定材料试验规程》(JTG E51—2009)规定了无机结合料稳定材料的试件制作方法及强度试验方法。

T 0843—2009　无机结合料稳定材料试件制作方法(圆柱形)

1　适用范围

本方法适用于无机结合料稳定材料的无侧限抗压强度、间接抗拉强度、室内抗拉强度、室内抗压回弹模量、动态模量、劈裂模量等试验的圆柱形试件。

2　仪器设备

2.1　方孔筛:孔径 53 mm,37.5 mm,26.5 mm,19 mm,4.75 mm,2.36 mm 的筛各 1 个。

2.2　试模:细粒土,试模的直径×高=φ50 mm×50 mm;中粒土,试模的直径×高=φ100 mm×100 mm;粗粒土,试模的直径×高=φ150 mm×150 mm。适用于下列不同土的试模尺寸如图 T 0843.1所示。

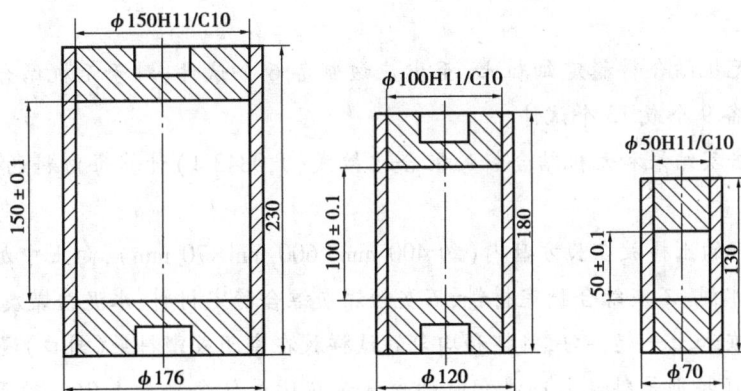

图 T 0843.1　圆柱形试件和垫块设计尺寸

(H11/C10 表示垫块和试模的配合精度,单位:mm)

2.3　电动脱模器。

2.4　反力框架:反力为 400 kN 以上。

2.5　液压千斤顶:200~1 000 kN。

2.6　钢板尺:量程 200 mm 或 300 mm,最小刻度 1 mm。

2.7　游标卡尺:量程 200 mm 或 300 mm。

2.8　电子天平:量程 4 000 g,感量 0.01 g;量程 15 kg,感量 0.1 g。

2.9　压力试验机:可替代千斤顶和反力架,量程不小于 2 000 kN,行程、速度可调。

3　试验准备

3.1　试件的径高比一般为 1∶1,根据需要也可以成型 1∶1.5 或 1∶2 的试件。试件的成型根据需要的压实度水平,按照体积标准,采用静力压实法制备。

3.2　将具有代表性的风干试料(必要时,也可以在 50 ℃烘箱内烘干)用木锤捣碎或用木碾碾碎,但应避免破坏粒料的原粒径。按照公称最大粒径的大一级筛,将土过筛并进行分类。

3.3　在预定做击实试验的前一天,取有代表性的试料测定其风干含水量。对于细粒土,试样应不少于 100 g;对于中粒土,试样应不少于 1 000 g;对于粗粒土的各种集料,试样应不少于 2 000 g。

3.4 按照本规程 T 0804—1994 确定无机结合料稳定材料的最佳含水量和最大干密度。

3.5 根据击实结果,称取一定质量的风干土,其质量随试件大小而变。对 φ50 mm×50 mm 的试件,1 个试件需干土 180~210 g;对 φ100 mm×100 mm 的试件,1 个试件需干土 1 700~1 900 g;对 φ150 mm×150 mm 的试件,1 个试件需干土 5 700~6 000 g。

对于细粒土,一次可称取 6 个试件的土;对于中粒土,一次宜称取 1 个试件的土;对于粗粒土,一次只称取 1 个试件的土。

3.6 将准备好的试料分别装入塑料袋中备用。

4 试验步骤

4.1 调整成型所需要的各种设备,检查是否运行正常;将成型用的模具擦拭干净,并涂抹机油。成型中、粗粒土时,试模的数量应与每组试件的个数相配套。上下垫块应与试模筒相配套,上下垫块能够刚好放入试筒内自由移动(一般来说,上下垫块直径比试模筒内径小约 0.2 mm)且上下垫块完全放入试筒后,试筒内未被上下垫块占用的空间体积能满足径高比为 1∶1 的设计要求。

4.2 对于无机结合料稳定细粒土,至少应该制备 6 个试件;对于无机结合料稳定中粗粒土,至少应该制备 9 个或 13 个试件。

4.3 根据击实结果和无机结合料的配合比按式(T 0843.1)计算每份料的加水量、无机结合料的质量。

4.4 将称好的土样放在长方盘内(约 400 mm×600 mm×70 mm),向土中加水拌和、闷料。石灰稳定材料、水泥、石灰综合稳定材料、石灰粉煤灰综合稳定材料、水泥粉煤灰综合稳定材料,可将石灰、粉煤灰和土一起拌和,将拌和均匀的试样放在密闭或塑料袋(封口)浸润备用。

对于细粒土(特别是黏性土),浸润时的含水量应比最佳含水量小 3%;对于中粒土和粗粒土,可按最佳含水量加水;对于水泥稳定类材料,加水量应比最佳含水量小 1%~2%。

注:应加水量可按式(T 0843.1)计算。

$$m_w=\left(\frac{m_n}{1+0.01w_n}+\frac{m_c}{1+0.01w_c}\right)\times0.01w-\frac{m_n}{1+0.01w_n}\times0.01w_n-\frac{m_c}{1+0.01w_c}\times0.01w_c \quad (\text{T } 0843.1)$$

式中　m_w——混合料中应加的水量,g;

　　　m_n——混合料中素土(或集料)的质量,g,其原始含水量为 w_n,即风干含水量;

　　　m_c——混合料中水泥或石灰的质量,g,其原始含水量为 w_c(水泥的 w_c 通常很小,也可以忽略不计);

　　　w——要求到达的混合料的含水率,%。

浸润时间要求:黏土 12~24 h,粉质土 6~8 h,砂类土、砂砾土、红土砂砾、级配砂砾等可以缩短到 4 h 左右,含土很少的未筛分碎石,砂砾和砂可缩短到 2 h。浸润时间一般不超过 24 h。

4.5 在试件成型前 1 h 内,加入预定数量的水泥并拌和均匀。在拌和过程中,应将预留的水(对于细粒土为 3%,对于水泥稳定类为 1%~2%)加入土中,使混合料达到最佳含水量。拌和均匀的加有水泥的混合料应在 1 h 内按下述方法制成试件,超过 1 h 的混合料应该作废。其他结合料稳定材料,混合料虽不受此限,但也应尽快制成试件。

4.6　用反力框架和液压千斤顶，或采用压力试验机制件。

将试模配套的下垫块放入试模的下部，但应外露 2 cm 左右。将称量的规定数量 m_2 的稳定材料混合料分 2~3 次灌入试模中，每次灌入后用夯棒轻轻均匀插实。如制取 ϕ50 mm×50 mm 的小试件，则可以将混合料一次倒入试模中，然后将与试模配套的上垫块放入试模内，也应该使其外露 2 cm 左右（即上、下垫块露出试模外的部分应该相等）。

4.7　将整个试模（连同上、下垫块）放在反力架内的千斤顶上（千斤顶下应放一扁球座）或压力机上，以 1 mm/min 的加载速率加压，直到上下压入试模为止。维持压力 2 min。

4.8　解除压力后，取下试模，并放到脱模器上将试件顶出。用水泥稳定有黏结性的材料（如黏质土）时，制件后可以立即脱模；用水泥稳定的无黏结性细粒土时，最好过 2~4 h 再脱模；对于中、粗粒土的无机结合料稳定材料，也最好过 2~6 h 脱模。

4.9　在脱模器上取下试件时，应用双手抱住试件侧面的中下部，然后沿水平方向轻轻旋转，待感觉到试件移动后，再将试件轻轻捧起，放置到试验台上。切勿直接将试件向上捧起。

4.10　称试件的质量 m_2，小试件精确至 0.01 g，中试件精确至 0.01 g，大试件精确至 0.1 g。然后用游标卡尺测量试件高度 h，精确至 0.1 mm。检查试件的高度和质量，不满足成型标准的试件应作为废件。

4.11　试件称量后应立即放在塑料袋中封闭，并用潮湿的毛巾覆盖，移放至养生室。

5　计算

单个试件的标准质量：

$$m_0 = V\rho_{max}(1+w_{opt})\gamma \tag{T 0843.2}$$

考虑到试件成型过程中的质量损耗，实际操作过程中每个试件的质量可增加 0~2%，即

$$m_0' = m_0 \times (1+\delta) \tag{T 0843.3}$$

每个试件的干料（包括干土和无机结合料）总质量：

$$m_1 = \frac{m_0'}{1+w_{opt}} \tag{T 0843.4}$$

每个试件中的无机结合料质量：

外掺法

$$m_2 = m_1 \frac{\alpha}{1+\alpha} \tag{T 0843.5}$$

内掺法

$$m_2 = m_1 \alpha \tag{T 0843.6}$$

每个试件中的干土质量：

$$m_3 = m_1 - m_2 \tag{T 0843.7}$$

每个试件的加水量：

$$m_w = (m_2 + m_3)w_{opt} \tag{T 0843.8}$$

验算：

$$m_0' = m_2 + m_3 + m_w \tag{T 0843.9}$$

式中　V——试件体积，cm³；

　　　w_{opt}——混合料最佳含水率，%；

　　　ρ_{max}——混合料最大干密度，g/cm³；

　　　γ——混合料压实度标准，%；

m_0, m_0'——混合料质量,g;

m_1——干混合料质量,g;

m_2——无机结合料质量,g;

m_3——干土质量,g;

δ——计算混合料质量的冗余量,%;

α——无机结合料的掺量,%;

m_w——加水质量,g。

6 结果整理

6.1 小试件的高度误差范围应为-0.1~0.1 cm,中试件的高度误差范围应为-0.1~0.15 cm,大试件的高度误差范围应为-0.1~0.2 cm。

6.2 质量损失:小试件应不超过标准质量5 g,中试件应不超过标准质量25 g,大试件应不超过标准质量50 g。

T 0805—1994   无机结合料稳定材料无侧限抗压强度试验方法

1 适用范围

本方法适用于测定无机结合料稳定材料(包括稳定细粒土、中粒土和粗粒土)试件的无侧限抗压强度。

2 仪器设备

2.1 标准养护室。

2.2 水槽:深度应大于试件高度50 mm。

2.3 压力机或万能试验机(也可用路面强度试验仪和测力计):压力机应符合现行《液压式压力试验机》(GB/T 3722)及《试验机通用技术要求》(GB/T 2611)中的要求,其测量精度为±1%,同时应具有加载速率指示装置或加载速率控制装置。上下压板平整并有足够刚度,可以均匀地连续加载卸载,可以保持固定荷载。开机停机均灵活自如,能够满足试件吨位要求,且压力机加载速率可以有效控制在1 mm/min。

2.4 电子天平:量程15 kg,感量0.1 g;量程4 000 g,感量0.01 g。

2.5 量筒、拌和工具、大小铝盒、烘箱等。

2.6 球形支座。

2.7 机油:若干。

3 试件制备和养护

3.1 细粒土,试模的直径×高为 ϕ50 mm×50 mm;中粒土,试模的直径×高为 ϕ100 mm×100 mm;粗粒土,试模的直径×高为 ϕ150 mm×150 mm。

3.2 按照《公路工程无机结合料稳定材料试验规程》(T 0843—2009)方法成型径高比为1:1的圆柱形试件。

3.3 按照《公路工程无机结合料稳定材料试验规程》(T 0845—2009)标准养生方法进行7 d的标准养生。

3.4 将试件两顶面用刮刀刮平,必要时可用快凝水泥砂浆抹平试件顶面。

3.5 为保证试验结果的可靠性和准确性,每组试件的数目要求为:小试件不少于6个;中试件不少于9个;大试件不少于13个。

4　试验步骤

4.1　根据试验材料的类型和一般的工程经验,选择合适量程的测力计和压力机,试件破坏荷载应大于测力量程的 20% 且小于测力量程的 80%。球形支座和上下顶板涂上机油,使球形支座能够灵活转动。

4.2　将已浸水一昼夜的试件从水中取出,用软布吸去试件表面的水分,并称试件的质量 m_4。

4.3　用游标卡尺测量试件的高度 h,精确至 0.1 mm。

4.4　将试件放在路面材料强度试验仪或压力机上,并在升降台上先放一扁球座,进行抗压试验。试验过程中,应保持加载速率为 1 mm/min。记录试件破坏时的最大压力 $P(\mathrm{N})$。

4.5　从试件内部取有代表性的样品(经过打破),按照规程 T 0801—2009 测定其含水量 w。

5　计算

试件的无侧限抗压强度按式(T 0805.1)计算。

$$R_\mathrm{C} = \frac{P}{A} \tag{T 0805.1}$$

式中　R_C——试件的无侧限抗压强度,MPa;

　　　P——试件破坏时的最大压力,N;

　　　A——试件的截面积,mm^2,$A = \frac{1}{4}pD^2$;

　　　D——试件的直径,mm。

6　结果整理

6.1　抗压强度保留 1 位小数。

6.2　同一组试件试验中,采用 3 倍均方差方法剔除异常值,小试件可以允许有 1 个异常值,中试件有 1~2 个异常值,大试件有 2~3 个异常值。异常值数量超过上述规定的试验重做。

6.3　同一组试验的变异系数 C_v(%)符合下列规定方为有效试验:小试件 $C_v \leqslant 6\%$,中试件 $C_v \leqslant 10\%$,大试件 $C_v \leqslant 15\%$。如不能保证试验结果的变异系数小于规定的值,则应按允许误差 10% 和 90% 概率重新计算所需的试件数量,增加试件数量并另做新试验。新试验结果与老试验结果一并重新进行统计评定,直到变异系数满足上述规定。

7　试验报告

试验报告应包括以下内容:材料的颗粒组成;水泥的种类和强度等级或石灰的等级;重型击实的最佳含水量(%)和最大干密度($\mathrm{g/cm}^3$);无机结合料类型及剂量;试件干密度(保留 3 位小数,$\mathrm{g/cm}^3$)或压实度;吸水量以及测抗压强度时的含水量(%);抗压强度,保留 1 位小数;若干个试验结果的最小值和最大值、平均值 $\overline{R}_\mathrm{C}$、标准差 S、变异系数 C_v 和 95% 保证率的值 $R_{\mathrm{C0.095}}$($R_{\mathrm{C0.095}} = \overline{R}_\mathrm{C} - 1.645S$)。

任务 9.3　分析无机结合料稳定材料其他技术性质指标及技术要求

【任务描述】

本任务主要是分析无机结合料稳定材料的疲劳、干缩、收缩、水稳定性等技术性质的测定方法;分析无机结合料稳定材料的技术要求。

【学习目标】

①了解无机结合料稳定材料的疲劳、干缩、收缩、水稳定性等技术性质的测定方法。

②熟悉无机结合料稳定材料的技术要求。

1.无机结合料稳定材料的其他技术性质指标

1)无机结合料稳定材料的疲劳特性

在重复荷载作用下,材料的强度与其静力极限强度相比有所下降。荷载重复作用的次数越多,这种强度下降越大,即疲劳强度越小。材料从开始至出现疲劳破坏的荷载作用次数称为材料的疲劳寿命。

材料的抗压强度是材料组成设计的主要依据。由于无机结合料稳定材料的抗拉强度远小于其抗压强度,材料的抗拉强度是路面结构设计的控制指标。

抗拉强度试验方法有直接抗拉试验、间接抗拉试验和弯拉试验。常用的疲劳试验有弯拉疲劳试验和劈裂疲劳试验。

无机结合料稳定材料的疲劳寿命主要取决于受拉应力与极限弯拉应力之比 σ_f/σ_s,即通常所说的应力水平。原则上,当 σ_f/σ_s 小于50%,无机结合料稳定材料可经受无限次重复加荷而无疲劳破裂,但是,由于材料的变异性,实际试验时其疲劳寿命要小得多。在一定应力条件下,材料的疲劳寿命取决于材料的强度和刚度。强度越大刚度越小,其疲劳寿命就越长。

由于材料的不均匀性,无机结合料稳定材料的疲劳特性还与材料试验的变异性有关。

2)无机结合料稳定材料的干缩特性

无机结合料稳定材料经拌和压实后,由于水分挥发和混合料内部的水化作用,混合料的水分会不断减少。由此发生的毛细管作用、吸附作用、分子间引力的作用、材料矿物晶体或凝胶体间层间水的作用和碳化收缩作用等,都会引起无机结合料稳定材料体积的收缩。

无机结合料稳定材料干缩特性可以根据干缩试验测定。干缩试验是将室内成型的梁式试件放置于收缩仪上,在收缩仪两端安置千分表,当试件失水后,试件的整体收缩会引起千分表触头移动,并使千分表产生读数变化,通过千分表数值的变化测定试件的收缩变形值,从而可以计算描述材料干缩特性的指标,如干缩应变、干缩系数、干缩量、失水率和总干缩系数。

无机结合料稳定材料的干缩特性(最大干缩应变和总干缩系数)的大小与结合料的类型、剂量、被稳定材料的类别、粒料含量、小于0.5 mm细颗粒的含量、试件含水量和龄期等有关。

对稳定粒料类,三类半刚性材料的干缩特性的大小排列为:石灰稳定类>水泥稳定类>石灰粉煤灰稳定类。

对于稳定细粒土,三类半刚性材料的收缩性材料的收缩性大小排列为:石灰土>水泥土和水泥石灰土>石灰粉煤灰土。

石灰稳定土比水泥稳定土容易产生干缩裂缝。对于含细粒土较多的无机结合料稳定土,常以干缩为主,故应加强初期养护,保证稳定土表面潮湿,减轻其干缩裂缝。

3)无机结合料稳定材料的温度收缩特性

无机结合料稳定材料是由固相(组成其空间骨架原材料的颗粒和其间的胶结物)、液相(存在于固相表面与空隙中的水和水溶液）和气相（存在于空隙中的气体）组成，所以，无机结合料稳定材料的外观胀缩性是三相在不同温度下收缩性的综合效应的结果。一般气相大部分与大气贯通，在综合效应中影响较小，可以忽略。原材料中砂粒以上颗粒的温度收缩系数较小，粉粒以下的颗粒温度收缩性较大。

无机结合料稳定材料温度收缩的大小与结合料类型和剂量、被稳定材料的类别、粒料含量、龄期等有关。试验结果表明，石灰土砂砾>悬浮式石灰粉煤灰粒料>密实式石灰粉煤灰粒料和水泥砂砾（5%~7%水泥剂量）。

半刚性基层一般在高温季节修建，成型初期基层内部含水率较大，且尚未被沥青面层封闭，基层内部的水分必然要蒸发，从而发生由表及里的干燥收缩。同时，环境温度也存在昼夜温度差，因此，修建初期的半刚性基层同时受到干燥收缩和温度收缩的综合作用，必须注意养生保护。早期养生良好的无机结合料稳定材料易于成形，早期强度高，可以减少裂缝的产生。

经过一定龄期的养生，半刚性基层上铺筑沥青面层后，基层内相对湿度略有增大，使材料的含水率趋于平衡，这时半刚性基层的变形以温度收缩为主。

4) 水稳定性和抗冻稳定性

稳定类基层材料除具有适当的强度，能承受设计荷载以外，还应具备一定的水稳定性和冰冻稳定性，否则，稳定类基层由于面层开裂、渗水或者两侧路肩渗水将使稳定土含水量增加，强度降低，从而使路面过早破坏。在冰冻地区，冰冻将加剧这种破坏。评价材料的水稳定性和抗冻性可用浸水强度和冻融循环试验。

中冰冻、重冰冻区的高速公路、一级公路采用石灰粉煤灰稳定材料作基层时，应进行抗冻性能检验；石灰粉煤灰稳定材料作底基层、水泥稳定类材料作基层时，一般不做抗冻性检验。有特殊要求除外。

抗冻性能采用 28 d 龄期的试件经 18 ℃至−18 ℃的 5 次冻融循环后的残留抗压强度与 28 d 龄期的抗压强度（MPa）比，即残留强度比（%）评价。为提高石灰粉煤灰结构层早期强度或越冬时的抗冻性能，宜在混合料中掺入水泥或其他早强剂，掺入剂量通过试验确定。

2.无机结合料稳定材料的技术要求

1) 抗压强度标准

不同的公路等级、稳定剂类型和路面结构层次其无机结合料稳定土的抗压强度标准也不一样。

（1）水泥稳定材料

水泥稳定材料 7 d 龄期的无侧限抗压强度标准应符合表 9.2 的规定。强度试验试件按现场压实度标准采用静压法成型。

表 9.2   水泥稳定材料的压实度及 7 d 无侧限抗压强度标准

结构层	公路等级		压实度标准/%	抗压强度/MPa		
				极重、特重交通	重交通	中、轻交通
基层	高速公路和一级公路		≥98	5.0~7.0	4.0~6.0	3.0~5.0
	二级及二级以下公路	稳定中、粗粒材料	≥97	4.0~6.0	3.0~5.0	2.0~4.0
		稳定细粒材料	≥95			
底基层	高速公路和一级公路	稳定中、粗粒材料	≥97	3.0~5.0	2.5~4.5	2.0~4.0
		稳定细粒材料	≥95			
	二级及二级以下公路	稳定中、粗粒材料	≥95	2.5~4.5	2.0~4.0	1.0~3.0
		稳定细粒材料	≥93			

注:①公路等级高或交通荷载等级高或结构安全性要求高时,推荐取上限强度标准。

②表中强度标准指的是 7 d 龄期无侧限抗压强度的代表值。

(2)石灰粉煤灰稳定材料

石灰粉煤灰稳定材料的 7 d 龄期的无侧限抗压强度标准应符合表 9.3 的规定,其他工业废渣稳定材料宜参照此标准。

表 9.3   石灰粉煤灰稳定材料的压实度及 7 d 无侧限抗压强度标准

结构层	公路等级		压实度标准/%	抗压强度/MPa		
				极重、特重交通	重交通	中、轻交通
基层	高速公路和一级公路		≥98	≥1.1	≥1.0	≥0.9
	二级及二级以下公路	稳定中、粗粒材料	≥97	≥0.9	≥0.8	≥0.7
		稳定细粒材料	≥95			
底基层	高速公路和一级公路	稳定中、粗粒材料	≥97	≥0.8	≥0.7	≥0.6
		稳定细粒材料	≥95			
	二级及二级以下公路	稳定中、粗粒材料	≥95	≥0.7	≥0.6	≥0.5
		稳定细粒材料	≥93			

注:石灰粉煤灰稳定材料强度不满足此表要求时,可外加混合料质量1%~2%的水泥。

(3)水泥粉煤灰稳定材料

水泥粉煤灰稳定材料的 7 d 龄期的无侧限抗压强度标准应符合表 9.4 的要求。

表 9.4 水泥粉煤灰稳定材料的压实度及 7 d 无侧限抗压强度标准

结构层	公路等级		压实度标准 /%	抗压强度/MPa		
				极重、特重交通	重交通	中、轻交通
基层	高速公路和一级公路		≥98	4.0~5.0	3.5~4.5	3.0~4.0
	二级及二级以下公路	稳定中、粗粒材料	≥97	3.5~4.5	3.0~4.0	2.5~3.5
		稳定细粒材料	≥95			
底基层	高速公路和一级公路	稳定中、粗粒材料	≥97	2.5~3.5	2.0~3.0	1.5~2.5
		稳定细粒材料	≥95			
	二级及二级以下公路	稳定中、粗粒材料	≥95	2.0~3.0	1.5~2.5	1.0~2.0
		稳定细粒材料	≥93			

(4)石灰稳定材料

石灰稳定材料 7 d 龄期无侧限抗压强度代表值应满足表 9.5 的要求。

表 9.5 石灰稳定材料的压实度及 7 d 无侧限抗压强度标准

结构层	公路等级		压实度标准 /%	抗压强度/MPa		
				极重、特重交通	重交通	中、轻交通
基层	高速公路和一级公路		—	—	—	—
	二级及二级以下公路	稳定中、粗粒材料	≥97	—	—	≥0.8[a]
		稳定细粒材料	≥95			
底基层	高速公路和一级公路	稳定中、粗粒材料	≥97	—	—	≥0.8
		稳定细粒材料	≥95			
	二级及二级以下公路	稳定中、粗粒材料	≥95	—	—	0.5~0.7[b]
		稳定细粒材料	≥93			

注:石灰土强度达不到表中规定的抗压强度标准时,可添加部分水泥,或改用另一种土。塑性指数过小的土不宜用石灰稳定,宜改用水泥稳定。

a.在低塑性材料(塑性指数小于 7)地区,石灰稳定砾石土和碎石土的 7 d 龄期无侧限抗压强度应大于 0.5 MPa(100 g 平衡锥测液限)。

b.低限用于塑性指数小于 7 的黏性土,且低限值宜仅用于二级以下公路。高限用于塑性指数大于 7 的黏性土。

2)石灰粉煤灰稳定材料抗冻性能技术要求

冻土地区的高速公路和一级公路采用石灰粉煤灰稳定材料作基层时,应进行抗冻性能检验,其残留抗压强度比应符合表 9.6 的要求。

表 9.6 石灰粉煤灰稳定材料抗冻性能技术要求

气候区	重冻区	中冻区
28 d 5 次冻融循环残留抗压强度比/%	≥70	≥65

思考题

1.什么是无机结合料稳定材料？它是如何分类的？

2.无机结合料稳定材料有哪些特点？

3.如何检验无机结合料稳定材料的强度？

4.如何提高无机结合料稳定材料的水稳定性和抗冻性？

混合料的配合比设计

项目 10　沥青混合料目标配合比设计

【项目描述】

　　沥青混合料的质量,一方面取决于原材料的质量,另一方面取决于原材料的配合比例。在沥青路面施工准备阶段,必须完成所用沥青混合料的配合比设计。沥青混合料配合比设计包括目标配合比设计、生产配合比设计和生产配合比验证 3 个阶段。各阶段的工作内容虽有所不同,但每个阶段最终需要解决的问题是相同的,一是确定矿料的配合比例,二是确定沥青用量。本项目着重完成目标配合比设计。目标配合比设计是在实验室内完成的,是混合料配合组成的初级阶段,包括原材料的试验、混合料组成设计试验和验证试验,在此基础上提出的配合比例称为目标配合比。

　　完成沥青混合料的目标配合比设计首先应对原材料进行检验,目的是为混合料选择质量符合要求的原材料并且为配合比计算提供必要的数据;在检测沥青混合料性能指标的基础上,根据混合料性能指标的技术要求和原材料检验提供的数据,采用试算法或图解法确定矿质混合料的配合比例,并且利用马歇尔试验法得出最佳沥青用量。

　　本项目包括热拌沥青混合料的配合比设计和 SMA 沥青碎石混合料配合比设计两个子项目。学生通过相关理论知识的学习及工作任务的训练,明确沥青混合料配合比设计的方法步骤。

子项目 1　热拌沥青混合料目标配合比设计

【子项目描述】

　　本子项目是进行热拌沥青混合料的目标配合比设计。学生通过对矿质混合料级配组成设计、最佳沥青用量设计相关理论知识的学习,通过给定数据完成“矿质混合料组成设计”和“最佳沥青用量的设计”两个工作任务的训练,明确热拌沥青混合料配合比设计的方法和步骤。

任务 10.1　认知热拌沥青混合料目标配合比设计流程

【任务描述】

　　本任务是认知热拌沥青混合料的配合比设计方法及密级配沥青混合料的配合比设计流程。

【学习目标】

　　①熟悉沥青混合料配合比设计方法名称。

②能简要叙述密级配沥青混合料配合比设计流程。

1.沥青混合料配合比设计方法

沥青混合料配合比设计方法根据《公路沥青路面施工技术规范》(JTG F40—2004)采用马歇尔试验法。当采用其他方法设计沥青混合料配合比时,应进行马歇尔试验及各项配合比设计检验,并报告不同设计方法的试验结果。

2.密级配沥青混合料配合比设计流程

密级配沥青混凝土及沥青稳定碎石混合料目标配合比设计按图10.1所示流程进行。

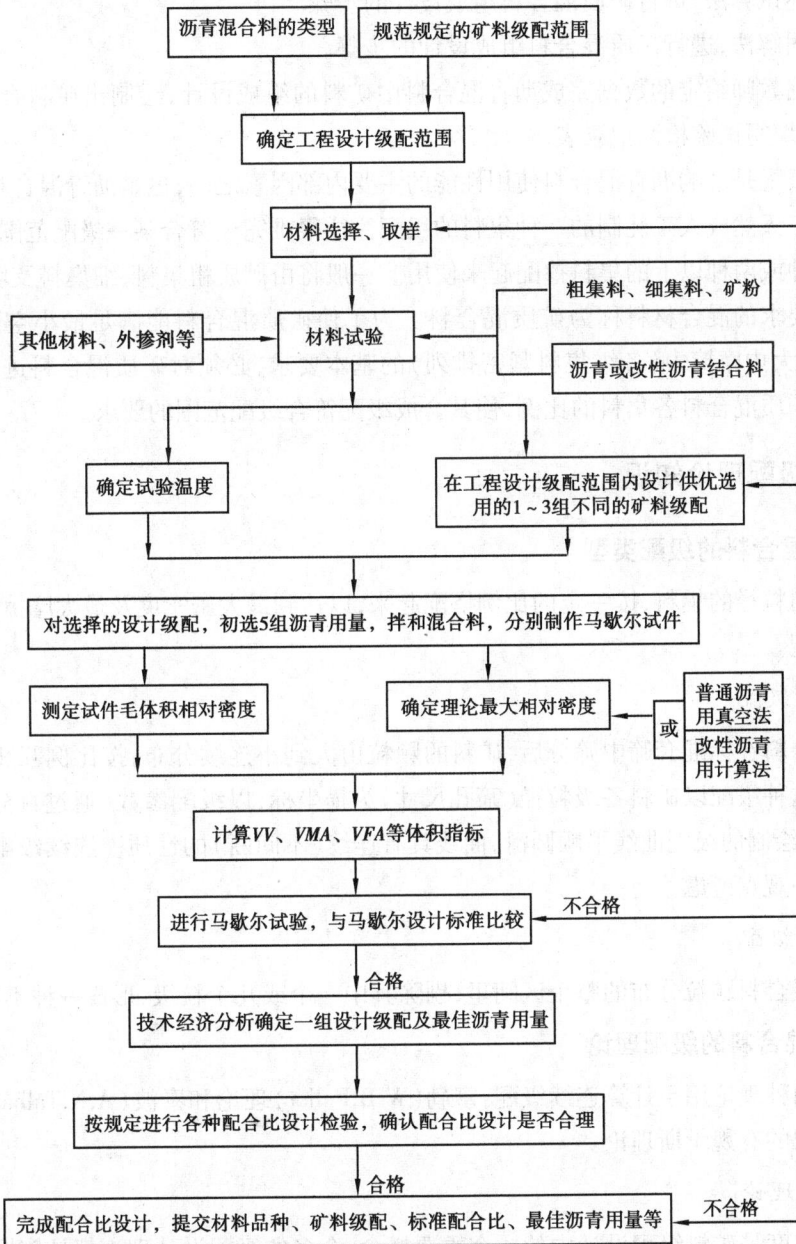

图 10.1 密级配沥青混合料目标配合比设计流程图

任务 10.2　矿质混合料的组成设计

【任务描述】

本任务是在学习相关级配理论、矿质混合料组成设计方法的基础上,进行沥青混合料用矿质混合料的配合比设计。

【学习目标】

①了解矿质混合料级配理论的内容。

②能叙述试算法,进行矿质混合料组成设计的步骤。

③熟悉图解法,进行矿质混合料组成设计的步骤。

④能根据教师给定的数据完成沥青混合料中矿料的组成设计,绘制出矿料合成级配图,能规范、完整地填写试验检测记录表。

矿料的级配是影响沥青混合料使用性能的主要内部因素之一,也是沥青混合料配合比设计的核心内容。天然或人工轧制的一种集料的级配往往很难完全符合某一级配范围的要求,因此必须采用两种或两种以上的集料掺配起来使用。一般将由矿质粗集料、细集料及填料组成的符合一定级配要求的混合材料称为矿质混合料。为了使矿质混合料能满足最小空隙率(即最大密实度)和最大内摩擦力(各级集料紧密排列)的基本要求,必须对矿质混合料进行组成设计,即确定组成矿质混合料各集料的比例,使其合成级配符合级配范围的要求。

1.相关级配理论知识

1)矿质混合料的级配类型

各种不同粒径的集料,按一定的比例搭配起来,以达到最大密实度及最大摩擦力,可以采用两种类型级配。

（1）连续级配

矿质混合料在标准套筛中筛分后,矿料的颗粒由大到小连续分布,按比例互相搭配组成矿质混合料。这种级配以矿料各级粒径(筛孔尺寸)为横坐标,以级配参数(通过百分率或累计筛余)为纵坐标绘制的级配曲线平顺圆滑,曲线具有连续(不间断)的性质。连续级配主要是从最大密实度这一观点考虑。

（2）间断级配

在矿质混合料颗粒分布的整个区间里,剔除其中一个或几个粒级,形成一种不连续的级配。

2)矿质混合料的级配理论

目前有两种理论用于计算连续级配:富勒(W.B.Fuller)理论和泰波(A.N.Talbal)理论,用于计算间断级配的有魏矛斯理论。

（1）富勒理论

最大密实度是矿料级配设计中的一个重要概念,众多的级配设计理论都是依据最大密实度状态对级配进行设计,其中典型的是富勒理论。富勒根据试验提出一种理想级配,认为"级配曲线越接近抛物线,则密实度越大"。因此,确定级配曲线为抛物线时为最大密度曲线。最大密度理想曲线可用颗粒粒径(d)与通过量(P)表示为式(10.1)。

$$P^2 = kd \tag{10.1}$$

式中　P——各级颗粒粒径集料的通过量,%;

　　　　d——矿质混合料各级颗粒粒径,mm;

　　　　k——常数。

当颗粒粒径 d 等于最大粒径 D 时,则通过量等于100%,即 $d=D$ 时,$P=100$。即

$$k = 100^2 \times \frac{1}{D} \tag{10.2}$$

当希望求任一级颗粒粒径 d 的通过量 P 时,用式(10.2)代入式(10.1)得式(10.3)。

$$P = 100 \left(\frac{d}{D} \right)^{0.5} \tag{10.3}$$

式(10.3)就是最大密度理想曲线的级配组成计算公式。根据这个公式,可以计算出矿质混合料最大密度时各种颗粒粒径(d)的通过量(P)。

(2)泰波理论

泰波认为富勒曲线是一种理想曲线,在实际应用中,由于矿料在轧制过程中的不均匀性,以及矿质混合料配制时的误差等因素影响,使所配制的混合料往往不可能与理论级配完全相符合。因此,必须允许配料时的合成级配在适当的范围内波动,这就是"级配范围",故将富勒最大密度曲线改为 n 次幂的通式,如式(10.4)。通常使用的矿质混合料的级配范围(包括密级配和开级配)n 幂为 0.3~0.7。

$$P = 100 \left(\frac{d}{D} \right)^n \tag{10.4}$$

式中　n——试验指数,其他符号意义同前式。

(3)魏矛斯粒子干涉理论

魏矛斯提出的粒子干涉理论,认为颗粒之间的空隙应由次小一级颗粒所填充;其所余空隙又由再次小一级颗粒所填充,但填隙的颗粒不得大于其间隙的距离,否则大小颗粒粒子之间势必发生干涉现象。

3)级配曲线范围的绘制

级配曲线绘制时,其横坐标为筛孔尺寸的 0.45 次方,纵坐标为普通坐标。

2.矿质混合料的组成设计方法

确定矿质混合料配合比的方法一般采用试算法与图解法。

1)试算法

(1)基本原理

试算法适用于 2~3 种矿料组成的混合料,是最简单的一种方法。试算法的基本原理是,设有几种矿质集料,欲配制某一种一定级配要求的矿质混合料,在决定各组成集料在矿质混合料中的比例时,先假定矿质混合料中某级粒径的颗粒是由某一种对该级粒径占优势的集料来提

供,而其他各种集料不含这种粒径的颗粒。如此根据各个主要粒径的颗粒去试算各种集料在矿质混合料中的大致比例。如果比例不合适,则稍加调整,逐步渐进,最终达到符合矿质混合料级配要求的各种集料的配合比例。

现有 A,B,C 3 种集料,欲配制成某一级配要求的矿质混合料 M。确定这 3 种集料在矿质混合料 M 中的配合比例(即配合比)时作下列两点假设:

①设 A,B,C 3 种集料在矿质混合料 M 中的用量比例分别为 X,Y,Z,则:

$$X+Y+Z=100 \tag{10.5}$$

②设矿质混合料 M 中某一级粒径 i(筛孔尺寸)时要求的颗粒含量(分计筛余)为 $a_{M(i)}$,A,B,C 3 种集料在对应粒径的颗粒含量(分计筛余)分别为 $a_{A(i)}$,$a_{B(i)}$,$a_{C(i)}$。则:

$$a_{A(i)}X+a_{B(i)}Y+a_{C(i)}Z=a_{M(i)} \tag{10.6}$$

(2)计算步骤

在两点假设的前提下,按下列步骤求 A,B,C 3 种集料在矿质混合料中的配合比。

①计算 A 料在矿质混合料中的用量。在计算 A 料在矿质混合料中的用量时,按 A 料占优势含量(分计筛余较大)的某一粒径计算,而忽略其他集料在此粒径的含量。设 A 料中筛孔尺寸为 i(mm)的颗粒含量占优势,则认为 B 料和 C 料在 i(mm)筛上的颗粒含量 $a_{B(i)}$ 和 $a_{C(i)}$ 均等于零。由式(10.7)可得 A 料在矿质混合料中的用量比例为:

$$X=\frac{a_{M(i)}}{a_{A(i)}}\times100\% \tag{10.7}$$

②计算 C 料在矿质混合料中的用量。同前理,在计算 C 料在矿质混合料中的用量,按 C 料占优势含量的某一粒径计算,而忽略其他集料在此粒级的含量。设 C 料中筛孔尺寸为 j(mm)的颗粒含量占优势,则认为 A 料和 B 料在 j(mm)筛上的颗粒含量 $a_{A(j)}$ 和 $a_{B(j)}$ 均等于零。由式(10.8)可得 C 料在矿质混合料中的用量比例为:

$$Z=\frac{a_{M(j)}}{a_{C(j)}}\times100\% \tag{10.8}$$

③计算 B 料在矿质混合料中的用量。由式(10.7)和式(10.8)求得 A 料和 C 料在矿质混合料中的含量 X 和 Z 后,由式(10.9)可得 B 料在矿质混合料中的含量 Y 为:

$$Y=100-(X+Z) \tag{10.9}$$

(3)校核与调整

由初步计算的 A,B,C 3 种集料组成矿质混合料的配合比 X,Y,Z,列表计算每种集料在某一号筛上提供的颗粒含量,累加起来即为矿质混合料在该号筛上对应的颗粒含量。逐号筛检查其颗粒含量是否在要求的级配范围内,如全部在要求的级配范围内,则初步计算的配合比即为设计配合比;如不在要求的级配范围内,应调整配合比重新计算和复核,经过几次调整,逐步渐进,直至达到要求为止。

2)图解法

目前,通常采用的图解法为"修正平衡面积法"。在"修正平衡面积法"中,将设计要求的级配中值曲线绘制成一条直线,纵坐标和横坐标分别代表通过百分率和筛孔尺寸。这样,当纵坐标仍为算术坐标时,横坐标的位置将由设计级配中值所确定。

"修正平衡面积法"的计算步骤如下：

（1）绘制级配曲线坐标图

按照一定的尺寸绘制矩形图框，通常纵坐标通过百分率量取 10 cm，横坐标筛孔尺寸（或粒径）取 15 cm。连接对角线 OO' 作为设计级配中值曲线，如图 10.2 所示。按常数（算术）标尺在纵坐标上标出通过百分率（0~100%）位置，然后将设计要求的级配范围中值（各筛孔通过百分率），举例见表 10.1 中数据标于纵坐标上，并从纵坐标引水平线与对角线相交，再从交点作垂线与横坐标相交，该交点即为各相应筛孔尺寸的位置。

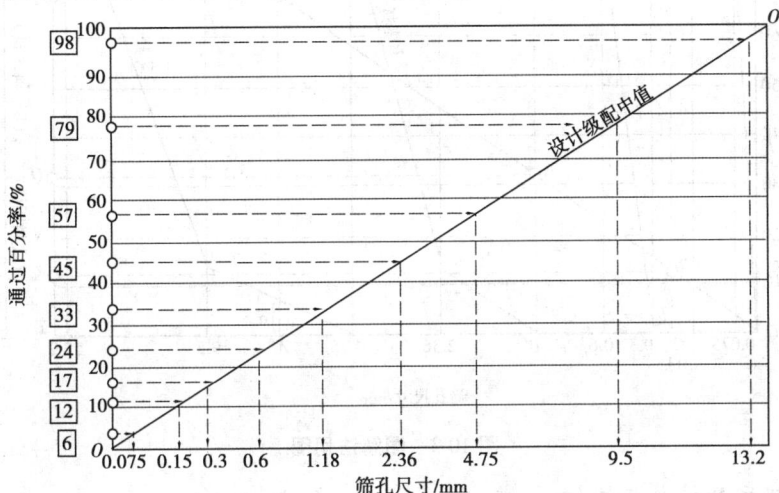

图 10.2　设计级配范围中值曲线

表 10.1　某混合料用矿料级配范围

筛孔尺寸/mm	16.0	13.2	9.5	4.75	2.36	1.18	0.6	0.3	0.15	0.075
级配范围/mm	100	95~100	70~88	48~68	36~53	24~41	18~30	12~22	8~16	4~8
级配中值/mm	100	98	79	58	45	33	24	17	12	6

（2）确定各种集料用量

以图 10.2 为基础，将各种集料的通过百分率级配曲线绘制于图上，结果如图 10.3 所示，然后根据相邻两条级配曲线之间的关系确定各种集料的用量。

由图 10.3 可知，任意两条相邻的集料级配曲线之间的关系只可能是以下 3 种情况之一：

①两相邻级配曲线重叠。在图 10.3 中，集料 A 的级配曲线下部与集料 B 的级配曲线上部搭接。此时，在两级配曲线之间引一根垂线 AA'，使其与集料 A，B 的级配曲线截距相等，即 $a = a'$。垂线 AA' 与对角线 OO' 交于点 M，通过点 M 作一水平线与纵坐标交于 P 点，OP 即为集料 A 的用量。

②两相邻级配曲线相接。在图 10.3 中，集料 B 的级配曲线末端与集料 C 的级配曲线首端正好在同一垂直线上。对于这种情况，仅需将集料 B 的级配曲线末端与集料 C 的级配曲线首端直接相连，得垂线 BB'。BB' 与对角线 OO' 交于点 N，过点 N 作一水平线与纵坐标交于 Q 点，PQ 即为集料 B 的用量。

③两相邻级配曲线相离。在图 10.3 中，集料 C 的级配曲线末端与集料 D 的级配曲线首端

在水平方向彼此分离。此时,作一条垂线 CC' 平分这段水平距离,使 $b=b'$,垂线 CC' 与对角线 OO' 交于点 R,通过点 R 作一水平线与纵坐标交于 S 点,QS 即为集料 C 的用量。剩余 ST 即为集料 D 的用量。

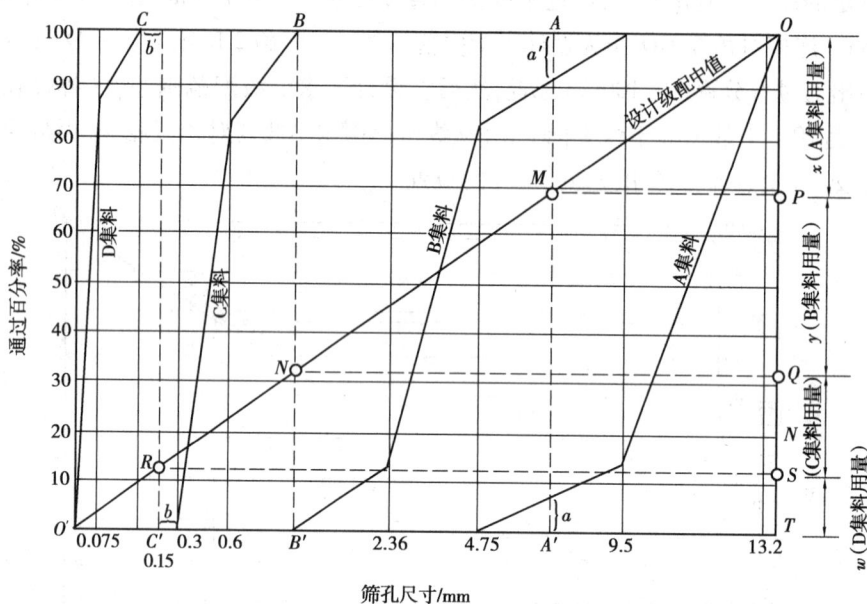

图 10.3　图解法用图

(3)合成级配的计算与校核

与试算法相同,在图解法求解过程中,各种集料用量比例也是根据部分筛孔确定的,所以需要对矿料的合成级配进行校核,当超出级配范围时,应调整各集料的用量。

【案例 10.1】现有 A,B,C 3 种集料,经筛分试验各集料的累计筛余百分率列于表 10.2 中,现用这 3 种集料设计出符合某路面水泥混凝土合成级配要求的矿质混合料,试求 A,B 和 C 这 3 种集料的掺配比例。

表 10.2　集料筛分试验结果

筛孔尺寸 /mm	A 集料 累计筛余 /%	A 集料 分计筛余 /%	B 集料 累计筛余 /%	B 集料 分计筛余 /%	C 集料 累计筛余 /%	C 集料 分计筛余 /%	矿质混合料要求合成 级配分计筛余百分率 范围(中值)/%
26.5	2	2	—	—	—	—	0~5(2.5)
19	40	38	3	3	—	—	25~35(30)
16	68	28	55	52	—	—	25~30(27.5)
9.5	96	28	90	35	3	3	20~20(20)
4.75	100	4	100	10	96	93	10~20(15)
2.36	—	—	—	—	100	4	0~5(2.5)

【解】①从表 10.2 可以看出,A 集料中 19 mm 粒径颗粒含量占优势,设矿质混合料中 19 mm 粒径全部由 A 集料提供,其他集料均等于零,则:

$$X = \frac{a_{M(i)}}{a_{A(i)}} \times 100\% = \frac{30}{38} \times 100\% = 78.9\%$$

②从表 10.2 可以看出,C 集料中 4.75 mm 粒径颗粒含量占优势,设矿质混合料中 4.75 mm 粒径全部由 C 集料提供,则:

$$Z = \frac{a_{M(j)}}{a_{C(j)}} \times 100\% = \frac{15}{93} \times 100\% = 16.1\%$$

③由式(10.9)可得 B 集料在矿质混合料中的用量比例为:

$$Y = 100\% - (78.9\% + 16.1\%) = 5\%$$

④校核。以试算所得配合比 $X = 78.9\%$,$Y = 5\%$,$Z = 16.1\%$,按表 10.3 进行校核符合要求。

表 10.3 矿质混合料配合组成计算校核

筛孔尺寸/mm	A 集料分计筛余/%	用量比例 X/%	占混合料百分率/%	B 集料分计筛余/%	用量比例 Y/%	占混合料百分率/%	C 集料分计筛余/%	用量比例 Z/%	占混合料百分率/%	矿质混合料分计筛余/%	矿质混合料累计筛余/%	要求合成级配累计筛余百分率范围/%
26.5	2		1.6	—		—	—		—	1.6	1.6	0~5
19	38		30	3		0.1	—		—	30.1	31.7	25~40
16	28	78.9	22.1	52	5	2.5	—	16.1	—	24.6	56.3	50~70
9.5	28		22.1	35		1.7	3		0.5	24.3	80.6	70~90
4.75	4		3.2	10		0.5	93		15	18.7	99.3	90~100
2.36	—		—	—		—	4		0.6	0.6	100	95~100

【案例 10.2】现有碎石、石屑、砂和矿粉 4 种矿料,试用图解法设计某公路用沥青混凝土矿质混合料的配合比。矿料筛析试验各筛孔通过百分率列于表 10.4 中,《公路沥青路面施工技术规范》(JTG F40—2004)中细粒式沥青混凝土混合料(AC-13)要求的矿质混合料的级配组成见表 10.5。

表 10.4 矿质集料筛析试验结果

材料名称	筛孔尺寸(mm)与通过百分率/%									
	16.0	13.2	9.5	4.75	2.36	1.18	0.6	0.3	0.15	0.075
碎石	100	93	17	0	0	0	0	0	0	0
石屑	100	100	100	84	14	8	4	0	0	0
砂	100	100	100	100	92	82	42	21	11	4
矿粉	100	100	100	100	100	100	100	100	96	87

表 10.5　矿质混合料要求的级配范围和中值

级配组成		筛孔尺寸(mm)与通过百分率/%									
		16.0	13.2	9.5	4.75	2.36	1.18	0.6	0.3	0.15	0.075
细粒式 (AC-13)	级配范围	100	90~100	68~85	38~68	24~50	15~38	10~28	7~20	5~15	4~8
	级配中值	100	95	77	53	37	27	19	14	10	6

【解】①绘制级配曲线图,如图 10.4 所示。从图中可以看出,两相邻级配曲线均为重叠关系。

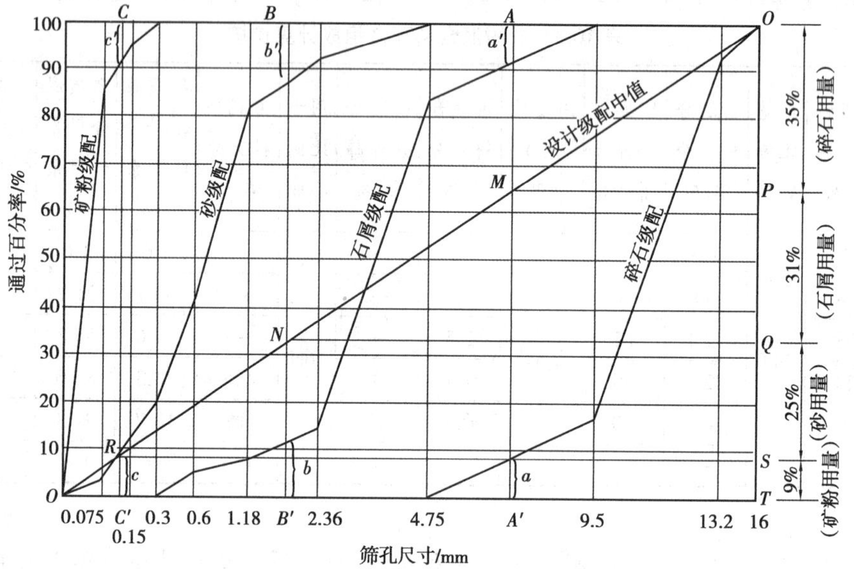

图 10.4　各组成材料和要求混合料级配图

②在碎石和石屑级配曲线相重叠部分作一垂线 AA',使垂线截取两级配曲线的纵坐标值相等(即 $a=a'$)。自垂线 AA' 与对角线交点 M 引一水平线,与纵坐标交于 P 点,OP 的长度 $X=35\%$,即为碎石的用量。

同理,求出石屑的用量 $Y=31\%$,砂的用量 $Z=25\%$,则矿粉用量 $W=9\%$。

③根据图解法求得的各集料用量百分率,列表进行校核计算,见表 10.6。

表 10.6　矿质混合料组合计算表

材料名称		筛孔尺寸(mm)与通过百分率/%									
		16.0	13.2	9.5	4.75	2.36	1.18	0.6	0.3	0.15	0.075
原材料级配	碎石 100%	100	93	17	0	0	0	0	0	0	0
	石屑 100%	100	100	100	84	14	8	4	0	0	0
	砂 100%	100	100	100	100	92	82	42	21	11	4
	矿粉 100%	100	100	100	100	100	100	100	100	96	87

材料名称		筛孔尺寸(mm)与通过百分率/%									
		16.0	13.2	9.5	4.75	2.36	1.18	0.6	0.3	0.15	0.075
各种矿料在混合料中的级配	碎石 35% (31%)	35.0 (31.0)	32.6 (28.8)	6.0 (5.3)	0 (0)	0 (0)	0 (0)	0 (0)	0 (0)	0 (0)	0 (0)
	石屑 31% (44%)	31.0 (44.0)	31.0 (44.0)	31.0 (44.0)	26.0 (37.0)	4.3 (6.2)	2.5 (3.5)	1.2 (1.8)	0 (0)	0 (0)	0 (0)
	砂 25% (18%)	25.0 (18.0)	25.0 (18.0)	25.0 (18.0)	25.0 (18.0)	23.0 (16.6)	20.5 (14.8)	10.5 (7.6)	5.3 (3.8)	2.8 (2.0)	1.0 (0.7)
	矿粉 9% (7%)	9.0 (7.0)	9.0 (7.0)	9.0 (7.0)	9.0 (7.0)	9.0 (7.0)	9.0 (7.0)	9.0 (7.0)	9.0 (7.0)	8.6 (6.7)	7.8 (6.1)
合成级配		100 (100)	97.6 (97.8)	71.0 (74.3)	60.0 (62)	36.3 (29.8)	32.0 (25.3)	20.7 (16.4)	14.3 (10.8)	11.4 (8.7)	8.8 (6.8)
技术标准(JTG F40—2004) 要求 AC-13 的级配范围		100	90~100	68~85	38~68	24~50	15~38	10~28	7~20	5~15	4~8

　　从图 10.4 得出天然砂用量超过 20%,从表 10.6 可以看出,按碎石:石屑:砂:矿粉=35%:31%:25%:9% 计算结果,合成级配中筛孔 0.075 mm 的通过量偏高,为此,必须进行调整。

　　④通过试算,现采用增加碎石和石屑的用量,以及减小砂和矿粉用量的方法来调整配合比。经调整后的配合比为:碎石用量 X=31%,石屑用量 Y=44%,砂的用量 Z=18%,则矿粉用量 W=7%。按此配比计算如表 10.6 中括号内数值。

　　⑤将表 10.6 计算得到的合成级配通过百分率绘于规范要求级配曲线中,如图 10.5 所示。从图中可以看出,合成级配曲线完全在规范要求的级配范围之内,确定矿质混合料配合比为碎石:石屑:砂:矿粉=31:44:18:7。

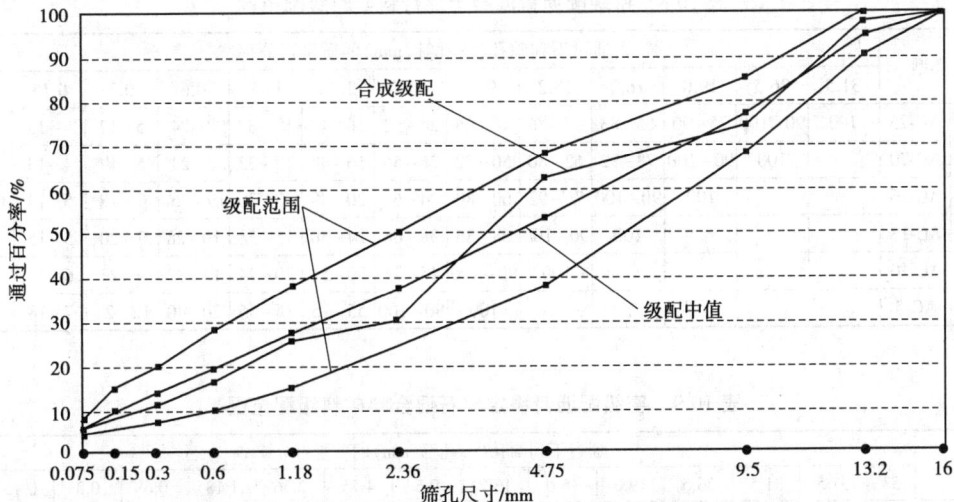

图 10.5　要求级配曲线和合成级配曲线图

3.热拌沥青混合料矿质混合料的组成设计

（1）确定沥青混合料的矿料级配范围

沥青路面工程矿质混合料的级配范围由工程设计文件或招标文件规定。

工程设计级配范围确定时，对密级配沥青混凝土宜根据沥青混凝土类型、公路等级、气候条件按表10.7选择粗型（C型）或细型（F型）的混合料，对夏季温度高、高温持续时间长、重载交通多的路段，宜选用粗型（AC-C）；对冬季温度低、低温持续时间长的地区，或者重载交通少的路段，宜选用细型（AC-F），并且在表10.8范围内确定工程设计级配范围。通常情况下，工程设计级配范围不宜超出表10.8的要求。密级配沥青稳定碎石直接以表10.9作为工程设计级配范围。

（2）组成材料的原始数据测定

根据现场取样，对粗集料、细集料和矿粉进行筛分试验，按筛析结果分别绘出各组成材料的筛分曲线，同时测出各组成材料的表观相对密度、毛体积相对密度，以供计算物理常数用。

（3）计算组成材料的配合比

根据各组成材料的筛分试验资料，采用图解法或试算法，确定符合级配范围的各组成材料用量比例。

表 10.7　粗型或细型密级配沥青混凝土的关键性筛孔通过率

混合料类型	公称最大粒径/mm	用以分类的关键性筛孔/mm	粗型密级配		细型密级配	
			名称	关键性筛孔通过率/%	名称	关键性筛孔通过率/%
AC-25	26.5	4.75	AC-25C	<40	AC-25F	>40
AC-20	19	4.75	AC-20C	<45	AC-20F	>45
AC-16	16	2.36	AC-16C	<38	AC-16F	>38
AC-13	13.2	2.36	AC-13C	<40	AC-13F	>40
AC-10	9.5	2.36	AC-10C	<45	AC-10F	>45

表 10.8　密级配沥青混凝土混合料矿料级配范围

级配类型		通过下列筛孔（方孔筛，mm）的质量百分率/%												
		31.5	26.5	19.0	16.0	13.2	9.5	4.75	2.36	1.18	0.6	0.3	0.15	0.075
粗粒式	AC-25	100	90~100	75~90	65~83	57~76	46~65	24~52	16~42	12~33	8~24	5~17	4~13	3~7
中粒式	AC-20		100	90~100	78~92	62~80	50~72	26~56	16~44	12~33	8~24	5~17	4~13	3~7
	AC-16			100	90~100	76~92	60~80	34~62	20~48	13~36	9~26	7~18	5~14	4~8
细粒式	AC-13				100	90~100	68~85	38~68	24~50	15~38	10~28	7~20	5~15	4~8
	AC-10					100	90~100	45~75	30~58	20~44	13~32	9~23	6~16	4~8
砂粒式	AC-5						100	90~100	55~75	35~55	20~40	12~28	7~18	5~10

表 10.9　密级配沥青稳定碎石混合料矿料级配范围

级配类型		通过下列筛孔（方孔筛，mm）的质量百分率/%													
		53	37.5	31.5	26.5	19.0	16.0	13.2	9.5	4.75	2.36	1.18	0.6	0.3	0.15	0.075
特粗式	ATB-40	100	90~100	75~92	66~86	49~71	43~63	37~57	30~50	20~40	15~32	10~25	8~18	5~14	3~10	2~6
	ATB-30		100	90~100	70~90	53~72	44~66	39~60	31~51	20~40	15~32	10~25	8~18	5~14	3~10	2~6
粗粒式	ATB-25			100	90~100	60~80	48~68	42~62	32~52	20~40	15~32	10~25	8~18	5~14	3~10	2~6

（4）调整配合比

计算得到的合成级配应根据下列要求做必要的配合比调整：

①对高速公路、一级公路，宜在级配范围内计算 1～3 组粗细不同的配合比，绘制设计级配曲线，分别位于级配范围的上方、中值及下方。设计合成级配不得有太多的锯齿形交错，且在 0.3～0.6 范围内不出现"驼峰"。当反复调整不能满意时，宜更换材料设计。

②根据当地实践经验选择适宜的沥青用量，分别制作几组级配的马歇尔试件，测定 *VMA*，初选一组满足或接近设计要求的级配作为设计级配。

任务 10.3　确定热拌沥青混合料的最佳沥青用量

【任务描述】

本任务是在学习马歇尔试验法确定沥青混合料最佳沥青用量步骤的基础上，确定热拌沥青混合料的最佳沥青用量（油石比）。

【学习目标】

①熟悉马歇尔试验法确定沥青用量（油石比）的步骤。

②能根据教师给定数据绘制各项物理力学指标随沥青用量变化的关系图，并根据关系图确定沥青最佳用量；能规范、完整地填写试验检测记录表。

《公路沥青路面施工技术规范》（JTG F40—2004）规定的方法是采用马歇尔试验法确定最佳沥青用量。

1.马歇尔试件制备

（1）试件制作温度的选择

沥青混合料试件的制作温度应与施工实际温度一致，普通沥青混合料可参照表 10.10 执行，改性沥青混合料的成型温度在此基础上提高 10～20 ℃。

表 10.10　热拌沥青混合料试件的制作温度

单位：℃

施工工序	石油沥青标号				
	50 号	70 号	90 号	110 号	130 号
沥青加热温度	160～170	155～165	150～160	145～155	140～150
矿料加热温度	集料加热温度比沥青温度高 10～30				
沥青混合料拌和温度	150～170	145～165	140～160	135～155	130～150
试件击实成型温度	140～160	135～155	130～150	125～140	120～140

（2）预估沥青混合料适宜的油石比或沥青用量

按式（10.10）或按式（10.11）预估沥青混合料适宜的油石比或沥青用量。

$$P_a = \frac{P_{a1}\gamma_{sb1}}{\gamma_{sb}}$$

$$(10.10)$$

$$P_b = \frac{P_a}{100+\gamma_{sb}} \times 100\% \tag{10.11}$$

式中 P_a——预估的最佳油石比(与矿料总量的百分比),%;

P_b——预估的最佳沥青用量(占混合料总量的百分数),%;

P_{a1}——已建类似工程沥青混合料的标准油石比,%;

γ_{sb}——集料的合成毛体积相对密度;

γ_{sb1}——已建类似工程集料的合成毛体积相对密度。

注:作为预估最佳油石比的集料密度,原工程和新工程均可采用有效相对密度。

(3)成型马歇尔试件

以预估的油石比为中值,按一定间隔(对密级配沥青混合料通常为0.5%,对沥青碎石混合料可适当缩小间隔为0.3%~0.4%),取5个或5个以上不同的油石比分别成型马歇尔试件。每组试件的试样数按现行试验规程的要求确定,对粒径较大的沥青混合料宜增加试件数量。

2.测定(计算)物理、力学指标

(1)测定并计算物理指标

①测定压实沥青混合料试件的毛体积相对密度 γ_f 和吸水率,取平均值。通常采用表干法测定毛体积相对密度;对于吸水率大于2%的试件,宜改用蜡封法。

②确定沥青混合料的理论最大相对密度。对非改性沥青混合料用真空法实测各组沥青混合料的理论最大相对密度,对于改性沥青混合料用计算法计算理论最大相对密度。

③计算空隙率(VV)、矿料间隙率(VMA)及沥青饱和度(VFA)等参数。

(2)测定力学指标

测定物理指标后的试件,在60 ℃下测定其马歇尔稳定度和流值,并计算马歇尔模数。

3.确定最佳沥青用量

(1)绘制沥青用量与物理-力学指标关系图

以油石比或沥青用量为横坐标,以马歇尔试验的各项指标为纵坐标,将试验结果绘制成油石比或沥青用量与各项指标的关系曲线,如图10.6所示。确定均符合规范规定的沥青混合料技术标准(表10.3)的沥青用量范围 $OAC_{min} \sim OAC_{max}$(选择的沥青用量范围必须涵盖设计空隙率的全部范围,并尽可能涵盖沥青饱和度的要求范围,并使密度及稳定度曲线出现峰值)。如果没有涵盖设计空隙率的全部范围,试验必须扩大沥青用量范围重新进行。

(2)根据曲线走势,确定沥青混合料的最佳沥青用量 OAC_1

①在曲线图10.6上求取相应于密度最大值、稳定度最大值、目标空隙率(或中值)、沥青饱和度范围的中值的沥青用量 a_1, a_2, a_3, a_4,按式(10.12)取平均值作为 OAC_1。

$$OAC_1 = (a_1+a_2+a_3+a_4)/4 \tag{10.12}$$

②如果在所选择的沥青用量范围未能涵盖沥青饱和度的要求范围,按式(10.13)求取三者的平均值作为 OAC_1。

$$OAC_1 = (a_1 + a_2 + a_3)/3 \tag{10.13}$$

③对所选择试验的沥青用量范围,密度或稳定度没有出现峰值(最大值经常在曲线的两端)时,可直接以目标空隙率所对应的 a_3 沥青用量作为 OAC_1,但 OAC_1 必须介于 $OAC_{min} \sim OAC_{max}$ 的范围内,否则应重新进行配合比设计。

(3)确定沥青混合料的最佳沥青用量 OAC_2

以各项指标均符合技术标准(不含 VMA)的沥青用量范围 $OAC_{min} \sim OAC_{max}$ 的中值作为 OAC_2,按式(10.14)计算。

$$OAC_2 = (OAC_{min} + OAC_{max})/2 \tag{10.14}$$

(4)确定沥青混合料的最佳沥青用量 OAC

通常情况下取 OAC_1 及 OAC_2 的中值作为计算的最佳沥青用量 OAC,按式(10.15)计算。

$$OAC = (OAC_1 + OAC_2)/2 \tag{10.15}$$

(5)检验 VMA 值

按式(10.15)计算的最佳油石比 OAC,从图10.6中得出所对应的空隙率和 VMA 值,检验是否能满足规范(表10.3)关于最小 VMA 值的要求(OAC 宜位于 VMA 凹形曲线最小值的贫油一侧)。当空隙率不是整数时,最小 VMA 按内插法确定,并将其画入图10.6中。

(6)检查马歇尔试验各项指标

检查图10.6中相应于此 OAC 的各项指标是否均符合马歇尔试验技术标准。

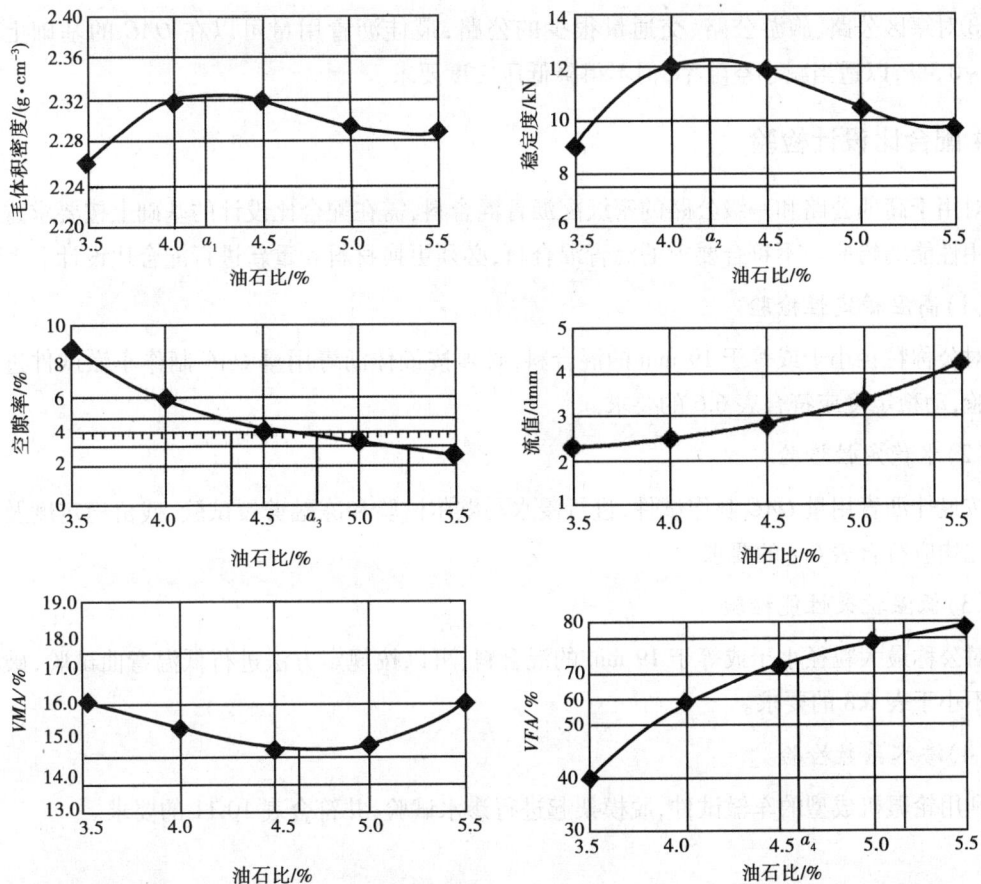

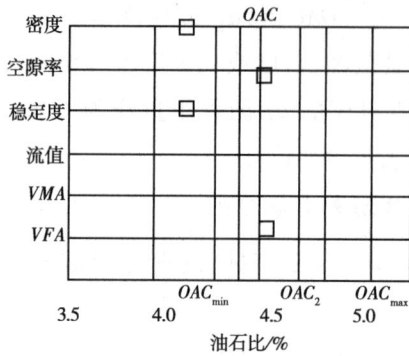

图 10.6 沥青用量与马歇尔试验结果关系图

注:①图中 $a_1 = 4.2\%$, $a_2 = 4.25\%$, $a_3 = 4.8\%$, $a_4 = 4.7\%$, $OAC_1 = 4.49\%$(由 4 个平均值确定),

$OAC_{min} = 4.3\%$, $OAC_{max} = 5.3\%$, $OAC_2 = 4.8\%$, $OAC = 4.64\%$。

②绘制曲线时含 VMA 指标,且应为下凹形曲线,但确定 $OAC_{min} \sim OAC_{max}$ 时不包括 VMA。

(7)调整确定最佳沥青用量 OAC

根据实践经验和公路等级、气候条件、交通情况,调整确定最佳沥青用量 OAC。

①调查当地各项条件相近的工程的沥青用量及使用效果,论证适宜的最佳沥青用量。

②对炎热地区公路以及高速公路、一级公路的重载交通路段,山区公路的长大坡度路段,预计有可能产生较大车辙时,宜在空隙率符合要求的范围内将计算的最佳沥青用量减小 $0.1\% \sim 0.5\%$ 作为设计沥青用量。

③对寒区公路、旅游公路、交通量很少的公路,最佳沥青用量可以在 OAC 的基础上增加 $0.1\% \sim 0.3\%$,以适当减小空隙率,但不得降低压实度要求。

4.配合比设计检验

对用于高速公路和一级公路的密级配沥青混合料,需在配合比设计的基础上按要求进行各种使用性能的检验。不符合要求的沥青混合料,必须更换材料和重新进行配合比设计。

(1)高温稳定性检验

对公称粒径小于或等于 19 mm 的混合料,必须按最佳沥青用量 OAC 制作车辙试件进行车辙试验,动稳定度应符合表 6.6 的要求。

(2)水稳定性检验

按最佳沥青用量 OAC 制作试件,进行浸水马歇尔试验和冻融劈裂试验,残留稳定度及残留强度比均应符合表 6.7 的要求。

(3)低温抗裂性能检验

对公称最大粒径小于或等于 19 mm 的混合料,可以按规定方法进行低温弯曲试验,破坏应变宜不小于表 6.8 的要求。

(4)渗水系数检验

利用轮碾机成型的车辙试件,脱模架起进行渗水试验,并符合表 10.11 的要求。

表 10.11　**沥青混合料试件渗水系数技术要求**

级配类型	渗水系数要求/(mL·min^{-1})	试验方法
密级配沥青混凝土	≤120	
SMA 混合料	≤80	T 0730
OGFC 混合料	实测(不大于)	

5.配合比设计报告

①配合比设计报告应包括工程设计级配范围选择说明、材料品种选择与原材料质量试验结果、矿料级配、最佳沥青用量及各项体积指标、配合比设计检验结果等。试验报告的矿料级配曲线应按规定的方法绘制。

②应根据实践经验和公路等级、气候条件、交通情况,调整沥青用量作为最佳沥青用量,宜报告不同沥青用量条件下的各项试验结果,并提出对施工压实工艺的技术要求。

【案例 10.3】试设计某二级公路沥青混凝土两层式路面下面层用 AC-20 型沥青混凝土的目标配合比组成。

【设计资料】①气候条件:最热月平均最高气温为 27 ℃,年极端最低气温为-22 ℃,年降水量为 470 mm。

②使用材料:70#-A 级道路石油沥青、10~20 mm 碎石、5~10 mm 碎石、石屑、水洗天然砂、矿粉。

③工程设计文件要求矿料级配范围见表 10.12。

表 10.12　**矿质混合料要求级配范围**

级配类型	通过下列筛孔(方孔筛,mm)的质量百分率/%											
	26.5	19.0	16.0	13.2	9.5	4.75	2.36	1.18	0.6	0.3	0.15	0.075
AC-20	100	90~100	78~92	62~80	50~72	26~56	16~44	12~33	8~24	5~17	4~13	3~7

【解】(1)原材料的检验结果

①10~20 mm 碎石检验结果见表 10.13。

表 10.13　10~20 mm **碎石检验结果**

检验项目	标准规定值	检验结果
表观相对密度	≥2.45	2.734
毛体积相对密度	—	2.702
吸水率/%	≤3.0	0.47
压碎值/%	≤30	19.9
针片状颗粒含量/%	≤20	3.2
与 70#-A 级道路石油沥青的黏附性(级)	≥3	4

②5~10 mm 碎石检验结果见表 10.14。

表 10.14　5~10 mm 碎石检验结果

检验项目	标准规定值	检验结果
表观相对密度	≥2.45	2.732
毛体积相对密度	—	2.696
吸水率/%	≤3.0	0.51
针片状颗粒含量/%	≤20	4.4
与 70#-A 级道路石油沥青的黏附性(级)	≥3	4

③0~5 mm 石屑检验结果见表 10.15。

表 10.15　0~5 mm 石屑检验结果

检验项目	标准规定值	检验结果
表观相对密度	≥2.45	2.742
毛体积相对密度	—	2.682
砂当量/%	≥50	77

④水洗天然砂检验结果见表 10.16。

表 10.16　水洗天然砂检验结果

检验项目	标准规定值	检验结果
表观相对密度	≥2.45	2.660
毛体积相对密度	—	2.660
含泥量/%	≤5	1.1

⑤矿粉检验结果见表 10.17。

表 10.17　矿粉检验结果

检验项目	标准规定值	检验结果
表观相对密度	≥2.45	2.738
毛体积相对密度	—	2.738
亲水系数	<1	0.879

⑥70#-A 级道路石油沥青检验结果见表 10.18。

表 10.18　70#-A 级道路石油沥青检验结果

检验项目	标准规定值	检验结果
相对密度(25 ℃)	—	1.019
针入度(25 ℃,100 g,5 s)/(0.1 mm)	60~80	64
延度(15 ℃,5 cm/min)/cm	>100	>100
软化点(环球法)/℃	>45	52.0

⑦组成矿料的筛分试验结果见表 10.19。

表 10.19　组成矿料的筛分试验结果

材料名称	筛孔尺寸/mm											
	26.5	19	16.0	13.2	9.5	4.75	2.36	1.18	0.6	0.3	0.15	0.075
	通过百分率/%											
10~20 mm 碎石	100	81.5	57.1	30.6	7.6	1.3	0.9	0	0	0	0	0
5~10 mm 碎石	100	100	100	100	81.6	3.8	0.7	0	0	0	0	0
0~5 mm 石屑	100	100	100	100	100	99.2	76.7	56.2	37.1	18.0	8.6	3.6
砂	100	100	100	100	100	80.4	68.3	49.2	12.6	3.0	1.6
矿粉	100	100	100	100	100	100	100	100	100	91.8	87.6	79.5

（2）矿质混合料组成设计

①矿质混合料配合比计算。用图解法计算组成材料配合比,如图 10.7 所示。由图解法确定各种材料用量为:10~20 mm 碎石:5~10 mm 碎石:0~5 mm 石屑:砂:矿粉＝35:23:21:12:9。各种材料组成配合比计算见表 10.20,将表中合成级配曲线及级配范围绘于图 10.8 中。从图 10.8 中可以看出,计算结果的合成级配曲线 0.15~4.75 mm 筛孔的通过量偏向于上限,0.075 mm 通过量超出级配上限,说明砂、矿粉用量偏多。

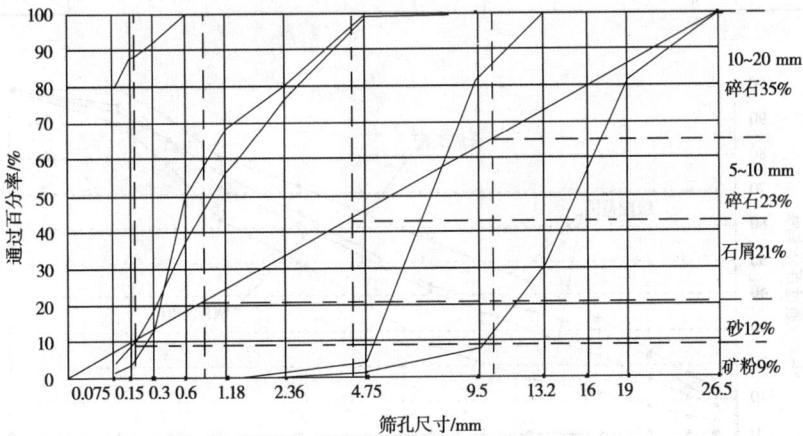

图 10.7　矿质混合料配合比计算图

表 10.20　矿质混合料组成配合计算表

材料名称			筛孔尺寸/mm											
			26.5	19	16.0	13.2	9.5	4.75	2.36	1.18	0.6	0.3	0.15	0.075
			通过百分率/%											
原材料级配	10~20 mm 碎石	100%	100	81.5	57.1	30.6	7.6	1.3	0.9	0	0	0	0	0
	5~10 mm 碎石	100%	100	100	100	100	81.6	3.8	0.7	0	0	0	0	0
	0~5 mm 石屑	100%	100	100	100	100	100	99.2	76.7	56.2	37.1	18	8.6	3.6
	天然砂	100%	100	100	100	100	100	80.4	68.3	49.2	12.6	3	1.6
	矿　粉	100%	100	100	100	100	100	100	100	100	100	91.8	87.6	79.5

续表

材料名称			筛孔尺寸/mm											
			26.5	19	16.0	13.2	9.5	4.75	2.36	1.18	0.6	0.3	0.15	0.075
			通过百分率/%											
各种矿料在混合料中级配	10~20 mm 碎石	35% (37%)	35 37	28.5 (30.2)	20.1 (21.1)	10.7 (11.3)	2.7 (2.8)	0.5 (0.5)	0.3 (0.3)	0 (0)	0 (0)	0 (0)	0 (0)	0 (0)
	5~10 mm 碎石	23% (27%)	23 (27)	23 (27)	23 (27)	23 (27)	18.8 (22.0)	0.9 (1.0)	0.2 (0.2)	0 (0)	0 (0)	0 (0)	0 (0)	0 (0)
	0~5 mm 石屑	21% (18%)	21 (18)	21 (18)	21 (18)	21 (18)	21 (18)	20.9 (17.9)	16.1 (13.8)	11.8 (10.1)	7.8 (6.7)	3.8 (3.2)	1.8 (1.5)	0.8 (0.5)
	天然砂	12% (13%)	12 (13)	12 (13)	12 (13)	12 (13)	12 (13)	12 (13)	9.5 (10.5)	8.2 (8.9)	5.9 (6.4)	1.5 (1.6)	0.4 (0.4)	0.2 (0.2)
	矿粉	9% (5%)	9 (5)	9 (5)	9 (5)	9 (5)	9 (5)	9 (5)	9 (5)	9 (5)	9 (5)	8.3 (4.6)	7.9 (4.4)	7.2 (4.0)
合成级配		100%	100 (100)	93.5 (93.2)	85.1 (84.1)	75.7 (74.3)	63.5 (60.8)	43.3 (37.4)	35.2 (29.8)	29.0 (24.0)	22.7 (18.1)	13.6 (9.4)	10.1 (6.3)	8.2 (4.8)
中值			100	95	85	71	61	41	30	22.5	16	11	8.5	5
要求级配范围		AC-20	100	90~100	78~92	62~80	50~72	26~56	16~44	12~33	8~24	5~17	4~13	3~7

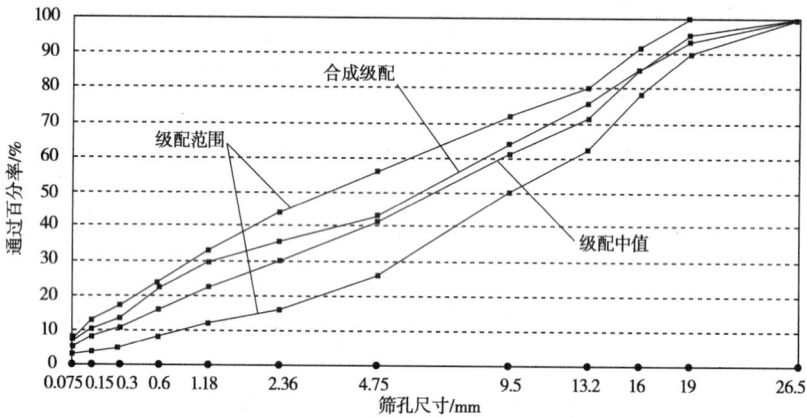

图 10.8 矿质混合料级配范围和初次计算合成级配曲线图

②调整配合比。经过调整(表 10.18 中单元格下方数字),各种材料用量为:10~20 mm 碎石:5~10 mm 碎石:0~5 mm 石屑:砂:矿粉=37:27:18:13:5。将调整后合成级配绘于图 10.9 中,可以看出,调整后的合成级配为一光滑平顺、接近级配中值,且 0.6 mm 以下筛孔偏于级配下限的曲线。

(3)最佳沥青用量确定

①试件成型。当地气候条件属于 2-2-3 夏热冬寒半干区。

以预估油石比 4.5% 为中值,采用 0.5% 变化,拟定 5 个油石比 3.5%,4.0%,4.5%,5.0%,5.5%,制备 5 组试件。采用标准马歇尔试件,正反各击 50 次,矿料加热温度为 170~180 ℃,沥青加热温度为 155~163 ℃,拌和温度选择 160~165 ℃,击实温度选择 140~145 ℃。

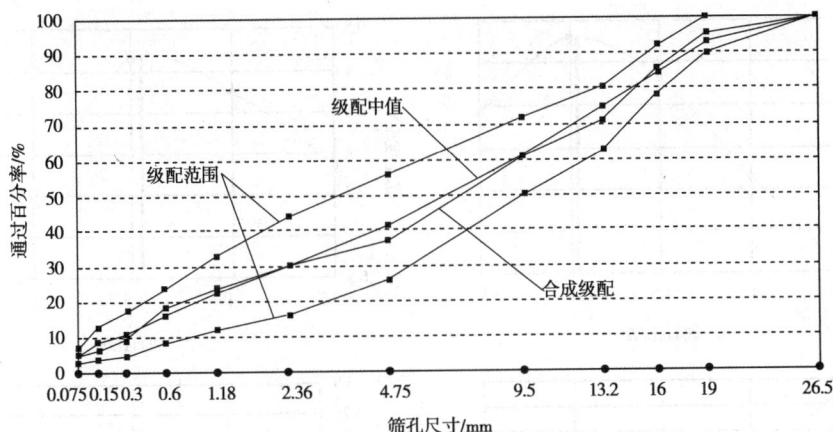

图 10.9　矿质混合料级配范围和调整后合成级配曲线图

②马歇尔试验：

a.物理指标测定。分别测定每组试件的毛体积密度、毛体积相对密度及理论最大相对密度，并计算其空隙率、矿料间隙率、沥青饱和度等物理指标。

b.力学指标测定。在 60 ℃条件下测定各组试件的马歇尔稳定度和流值。将马歇尔试验结果列于表 10.21 中。

表 10.21　马歇尔物理-力学指标测定结果汇总表

试件组号	沥青用量/%	技术指标						
		毛体积密度/(g·cm⁻³)	理论最大密度/(g·cm⁻³)	空隙率/%	矿料间隙率/%	沥青饱和度/%	稳定度/kN	流值/mm
01	3.5	2.391	2.563	6.7	13.9	51.6	7.84	1.8
02	4.0	2.413	2.546	5.2	13.5	61.3	8.74	2.2
03	4.5	2.436	2.526	3.6	13.1	72.8	9.15	2.5
04	5.0	2.446	2.508	2.5	13.1	81.2	7.51	2.9
05	5.5	2.428	2.491	2.1	13.8	84.5	6.73	3.2
技术标准(JTG F40—2004)	—	—	—	3~6	与设计空隙率相对应	65~75	不小于5	2~4.5

③马歇尔试验结果分析：

a.绘制油石比与物理-力学指标关系图。根据表 10.21 马歇尔试验结果汇总表，绘制油石比与毛体积密度、空隙率、饱和度、矿料间隙率、稳定度、流值的关系图，如图 10.10 所示。

b.确定沥青用量初始值 OAC_1。从图 10.10 可知，相应于密度最大值的油石比 $a_1=4.93\%$，相应于稳定度最大值的油石比 $a_2=4.38\%$，相应于空隙率范围中值的油石比 $a_3=4.21\%$，相应于沥青饱和度范围中值的油石比 $a_4=4.37\%$。

$$OAC_1=(a_1+a_2+a_3+a_4)/4=(4.93\%+4.38\%+4.21\%+4.37\%)/4=4.47\%$$

c.确定沥青用量初始值 OAC_2。由图 10.10 可知，各指标符合沥青混合料技术指标的沥青用量共同范围：$OAC_{min}=4.16\%$，$OAC_{max}=4.61\%$，则：

$$OAC_2=(OAC_{min}+OAC_{max})/2=(4.16\%+4.61\%)=4.38\%$$

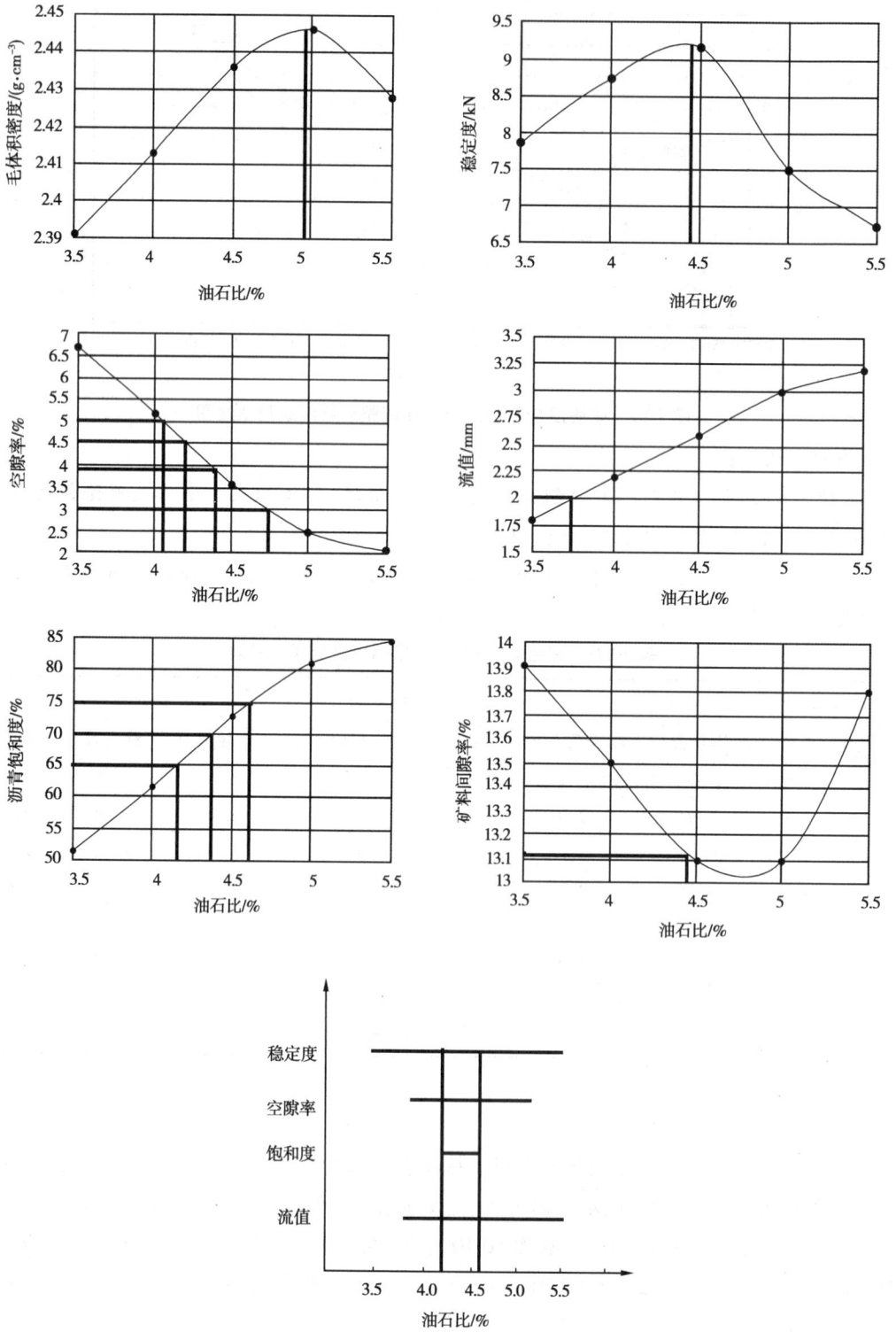

图 10.10　沥青用量与马歇尔物理-力学指标关系图

d.通常情况下取 OAC_1 及 OAC_2 的中值作为计算的最佳沥青用量 OAC,则:
$$OAC = (OAC_1 + OAC_2)/2 = (4.47\% + 4.38\%) = 4.4\%$$

e.从图 10.10 中找出最佳油石比 4.4% 所对应的空隙率为 3.9%,对应的矿料间隙率为 13.1%,满足表 6.3 关于最小矿料间隙率 12.9% 的要求。

f.AC-20 型沥青混合料在最佳油石比 4.4% 时,马歇尔试件各项技术指标结果见表 10.22。

表 10.22 最佳沥青用量时马歇尔试件结果

沥青用量/%	技术性质						
	毛体积密度 /(g·cm⁻³)	理论最大密度 /(g·cm⁻³)	空隙率 /%	矿料间隙率 /%	沥青饱和度 /%	稳定度 /kN	流值 /mm
4.4	2.431	2.530	3.9	13.1	70.4	9.07	2.5
技术标准(JTG F40—2004)	—	—	3~6	不小于12.9	65~75	不小于5	2.0~4.5

(4)结论

根据配合比设计,确定目标配合比矿料比例为 10~20 mm 碎石∶5~10 mm 碎石∶0~5 mm 石屑∶砂∶矿粉=37∶27∶18∶13∶5,最佳油石比为 4.4%。

【案例 10.4】试设计某高速公路三层式路面下面层用 ATB-25 型沥青稳定碎石的目标配合比组成。

【设计资料】①气候条件:使用地区沥青混合料气候分区为 2-2-2 夏热冬寒湿润区。

②使用材料:70#-A 级道路石油沥青、20~30 mm 碎石、10~20 mm 碎石、5~10 mm 碎石、3~5 mm 碎石、0~3 mm 机制砂、矿粉。

③工程设计文件要求矿料级配范围见表 10.23。

表 10.23 矿质混合料要求级配范围

级配类型	通过下列筛孔(方孔筛,mm)的质量百分率/%											
	31.5	26.5	19.0	16.0	13.2	9.5	4.75	2.36	1.18	0.6	0.3	0.15	0.075
ATB-25	100	92~100	67~80	58~68	52~61	40~50	25~33	15~23	10~16	7~13	5~9	4~8	4~7

【解】(1)原材料的检验结果

①20~30 mm 碎石检验结果见表 10.24。

表 10.24 20~30 mm 碎石检验结果

检验项目	标准规定值	检验结果
表观相对密度	≥2.50	2.758
毛体积相对密度	—	2.714
吸水率/%	≤3.0	0.61
压碎值/%	≤28	20.2
针片状颗粒含量/%	≤18	5.2
其中粒径大于 9.5 mm/%	≤15	5.3
粒径小于 9.5 mm/%	≤20	3.2
与 70#-A 级道路石油沥青的黏附性(级)	≥3	4

②10~20 mm 碎石检验结果见表 10.25。

表 10.25 10~20 mm 碎石检验结果

检验项目	标准规定值	检验结果
表观相对密度	≥2.50	2.757
毛体积相对密度	—	2.708
吸水率/%	≤3.0	0.63
压碎值/%	≤28	20.2
针片状颗粒含量/%	≤18	3.0
其中粒径大于 9.5 mm/%	≤15	2.9
粒径小于 9.5 mm/%	≤20	5.2
与 70#-A 级道路石油沥青的黏附性(级)	≥3	4

③5~10 mm 碎石检验结果见表 10.26。

表 10.26 5~10 mm 碎石检验结果

检验项目	标准规定值	检验结果
表观相对密度	≥2.50	2.741
毛体积相对密度	—	2.674
吸水率/%	≤3.0	0.72
针片状颗粒含量/%	≤18	5.5
其中粒径大于 9.5 mm/%	≤15	0
粒径小于 9.5 mm/%	≤20	5.7
与 70#-A 级道路石油沥青的黏附性(级)	≥3	4

④3~5 mm 碎石检验结果见表 10.27。

表 10.27 3~5 mm 碎石检验结果

检验项目	标准规定值	检验结果
表观相对密度	≥2.50	2.733
毛体积相对密度	—	2.658
吸水率/%	≤3.0	0.81

⑤0~3 mm 机制砂检验结果见表 10.28。

表 10.28 0~3 mm 机制砂检验结果

检验项目	标准规定值	检验结果
表观相对密度	≥2.50	2.703
毛体积相对密度	—	2.703
砂当量/%	≥60	71

⑥矿粉检验结果见表 10.29。

表 10.29 矿粉检验结果

检验项目	标准规定值	检验结果
表观相对密度	≥2.50	2.716
毛体积相对密度	—	2.716
亲水系数	<1	0.871

⑦70#-A 级道路石油沥青检验结果见表 10.30。

表 10.30 70#-A 级道路石油沥青检验结果

检验项目	标准规定值	检验结果
相对密度(25 ℃)	—	1.033
针入度(25 ℃,100 g,5 s)/(0.1 mm)	60~80	63
延度(15 ℃,5 cm/min)/cm	>100	>100
软化点(环球法)/℃	>45	51.5

⑧组成矿料的筛分试验结果见表 10.31。

表 10.31 组成矿料的筛分试验结果

材料名称	筛孔尺寸/mm												
	31.5	26.5	19	16.0	13.2	9.5	4.75	2.36	1.18	0.6	0.3	0.15	0.075
	通过百分率/%												
20~30 mm 碎石	100	100	31.2	2.0	0.4	0	0	0	0	0	0	0	0
10~20 mm 碎石	100	100	88.6	56.4	12.6	0	0	0	0	0	0	0	0
5~10 mm 碎石	100	100	100	100	100	88.6	6.8	0.2	0.2	0.2	0.2	0.2	0.2
3~5 mm 碎石	100	100	100	100	100	97.9	14.2	2.9	1.5	1.2	1.2	1.2	1.2
机制砂	100	100	100	100	100	100	86.7	64.2	42.3	15.8	5.5	2.8
矿粉	100	100	100	100	100	100	100	100	100	100	100	99.7	90.1

(2)矿质混合料的组成设计

①矿质混合料组成设计借助 Excel 表格用试配法进行。确定矿质混合料比例为 20~30 mm 碎石:10~20 mm 碎石:5~10 mm 碎石:3~5 mm 碎石:机制砂:矿粉=31:18:23:9:14:5。

②矿质混合料级配计算见表 10.32,合成级配如图 10.11 所示。

表 10.32　矿质混合料级配计算表

材料名称		筛孔尺寸/mm												
		31.5	26.5	19	16.0	13.2	9.5	4.75	2.36	1.18	0.6	0.3	0.15	0.075
		通过百分率/%												
原材料级配	20~30 mm 碎石	100%	100	100	31.2	2.0	0.4	0	0	0	0	0	0	0	0
	10~20 mm 碎石	100%	100	100	88.6	56.4	12.6	0	0	0	0	0	0	0	0
	5~10 mm 碎石	100%	100	100	100	100	100	88.6	6.8	0.2	0.2	0.2	0.2	0.2	0.2
	3~5 mm 碎石	100%	100	100	100	100	100	100	97.9	14.2	2.9	1.5	1.2	1.2	1.2
	机制砂	100%	100	100	100	100	100	100	100	86.7	64.2	42.3	15.8	5.5	2.8
	矿粉	100%	100	100	100	100	100	100	100	100	100	100	100	99.7	90.1
各种矿料在混合料中级配	20~30 mm 碎石	31.0%	31.0	31.0	9.7	0.6	0.1	0	0	0	0	0	0	0	0
	10~20 mm 碎石	18.0%	18.0	18.0	16.0	10.2	2.3	0	0	0	0	0	0	0	0
	碎石	23.0%	23.0	23.0	23.0	23.0	23.0	20.4	1.6	0.1	0	0	0	0	0
	3~5 mm 碎石	9.0%	9.0	9.0	9.0	9.0	9.0	9.0	8.8	1.3	0.3	0.1	0.1	0.1	0.1
	机制砂	14.0%	14.0	14.0	14.0	14.0	14.0	14.0	14.0	12.1	9.0	5.9	2.2	0.8	0.4
	矿粉	5.0%	5.0	5.0	5.0	5.0	5.0	5.0	5.0	5.0	5.0	5.0	5.0	5.0	4.5
合成级配		100%	100	100	76.6	61.8	53.4	48.4	29.4	18.5	14.3	11.1	7.4	5.9	5.0
中值			100	96.0	73.5	63.0	56.5	45.0	29.0	19.0	13.0	10.0	7.0	6.0	5.5
要求级配范围	ATB-25	100	92~100	67~80	58~68	52~61	40~50	25~33	15~23	10~16	7~13	5~9	4~8	4~7

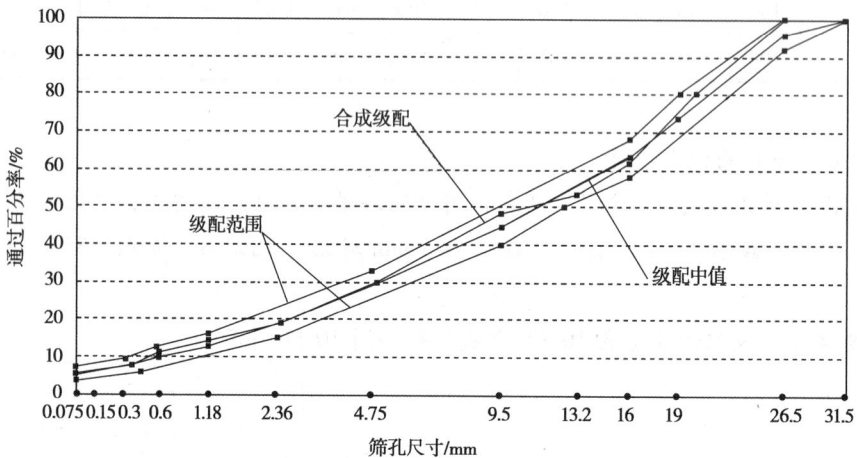

图 10.11　矿质混合料合成级配图

（3）最佳沥青用量确定

①试件成型。以预估油石比 3.5% 为中值，采用 0.5% 变化，拟定 5 个油石比 2.5%，3.0%，3.5%，4.0%，4.5%，制备 5 组试件，采用标准马歇尔试件，正反各击 75 次。矿料加热温度为 175~180 ℃，沥青加热温度为 155~163 ℃，拌和温度选择 160~165 ℃，击实温度选择 150~155 ℃。

②马歇尔试验：

a.物理指标测定。分别测定每组试件的毛体积密度、毛体积相对密度及理论最大相对密度，并计算其空隙率、矿料间隙率、沥青饱和度等物理指标。

b.力学指标测定。在 60 ℃ 条件下测定各组试件的马歇尔稳定度和流值。

将马歇尔试验结果列于表 10.33 中。

表 10.33　马歇尔物理-力学指标测定结果汇总表

试件组号	沥青用量/%	技术性质						
		毛体积密度/$(g \cdot cm^{-3})$	理论最大相对密度/$(g \cdot cm^{-3})$	空隙率/%	矿料间隙率/%	沥青饱和度/%	稳定度/kN	流值/mm
01	2.5	2.389	2.595	7.7	13.4	42.6	8.9	2.5
02	3.0	2.414	2.574	6.0	12.9	53.9	10.0	2.7
03	3.5	2.429	2.553	4.6	12.8	64.2	10.7	2.9
04	4.0	2.435	2.535	3.7	13.0	71.7	10.4	3.3
05	4.5	2.442	2.516	2.7	13.1	79.7	9.7	3.6
技术标准(JTG F40—2004)	—	—	3~6	与设计空隙率相对应	55~70	不小于7.5	1.5~4.0

③马歇尔试验结果分析：

a.绘制油石比与物理-力学指标关系图。根据表 10.33 马歇尔试验结果汇总表，绘制油石比与毛体积密度、空隙率、饱和度、矿料间隙率、稳定度、流值的关系图，如图 10.12 所示。

b.确定沥青用量初始值 OAC_1。从图 10.12 中可以看出，由于密度没有峰值，目标空隙率 $VV = 4.5\%$ 的油石比 $a_3 = 3.55\%$，最佳沥青用量初始值 $OAC_1 = a_3 = 3.55\%$。

c.确定沥青用量初始值 OAC_2。由图 10.12 得，各指标符合沥青混合料技术要求的沥青用量共同范围：$OAC_{min} = 3.0\%$，$OAC_{max} = 3.8\%$，则：

$$OAC_2 = (OAC_{min} + OAC_{max})/2 = (3.0\% + 3.8\%) = 3.40\%$$

d.通常情况下取 OAC_1 及 OAC_2 的中值作为计算的最佳沥青用量 OAC，则：

$$OAC = (OAC_1 + OAC_2)/2 = (3.55\% + 3.40\%) = 3.48\% \approx 3.5\%$$

e.从图 10.12 中找出最佳油石比 3.5% 所对应的空隙率为 4.6%，对应的矿料间隙率为 12.8%，满足表 6.4 关于最小矿料间隙率 12.6% 的要求。

f.ATB-25 型沥青稳定碎石混合料在最佳油石比 3.5% 时，马歇尔试件各项技术指标结果见表 10.34。

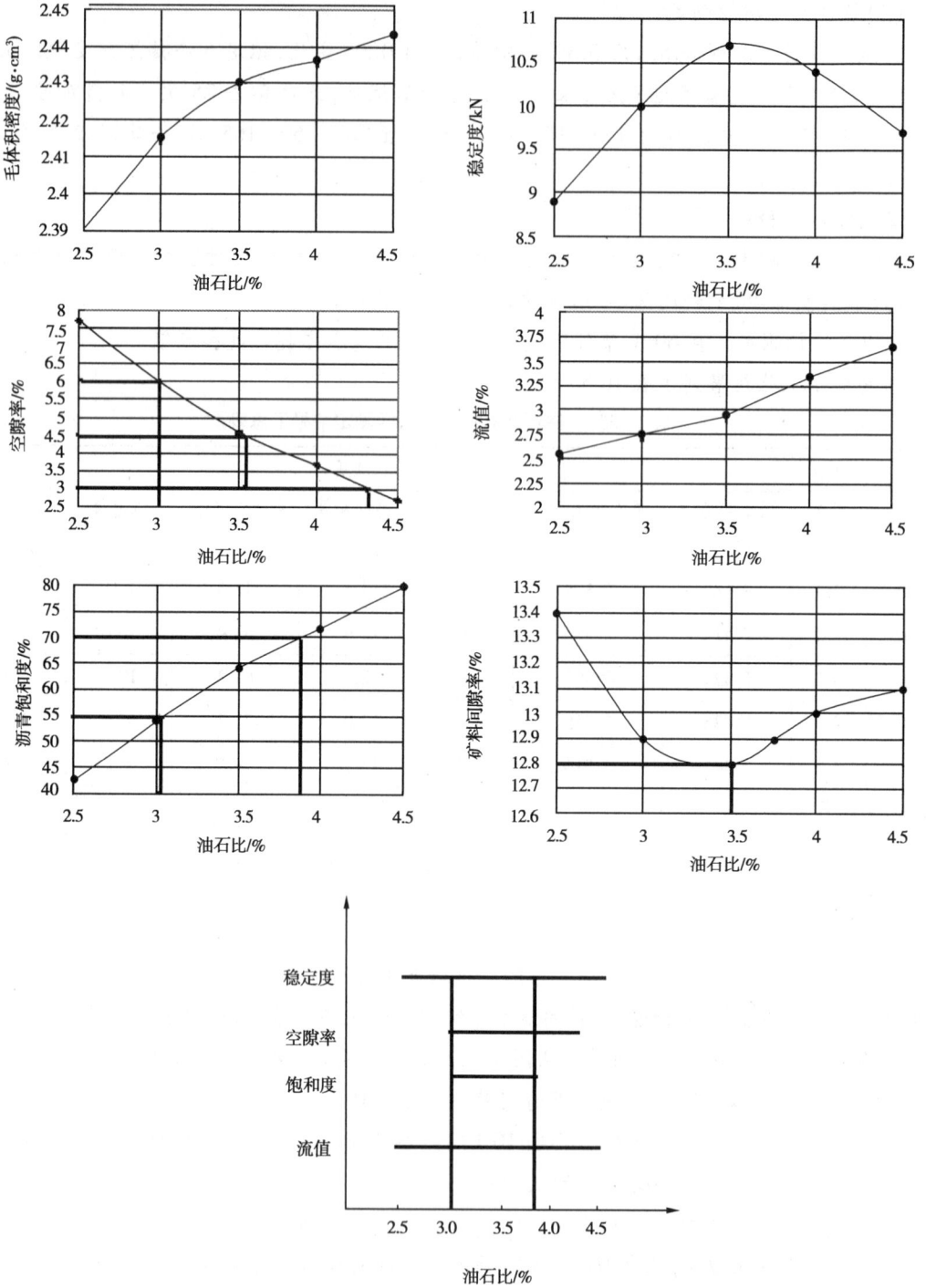

图 10.12 沥青用量与马歇尔物理-力学指标关系图

表 10.34　最佳沥青用量时马歇尔试件结果

沥青用量/%	技术性质						
	毛体积密度/(g·cm⁻³)	理论最大相对密度/(g·cm⁻³)	空隙率/%	矿料间隙率/%	沥青饱和度/%	稳定度/kN	流值/mm
3.5	2.429	2.553	4.6	12.8	64.2	10.7	2.9
技术标准(JTG F40—2004)	—	—	3~6	不小于12.6	55~70	不小于7.5	1.5~4.0

（4）配合比路用性能检验

ATB-25 型沥青稳定碎石混合料用于高速公路路面,在配合比基础上对其路用性能进行检验。配合比路用性能检验结果见表 10.35。

表 10.35　ATB-25 沥青混合料配合比路用性能检验结果

试验项目	单　位	规范值	试验结果
浸水马歇尔残留稳定度	%	≥80	88.6
车辙动稳定度	次/mm	≥800	2 615
冻融劈裂残留强度比	%	≥75	84.3

（5）结论及建议

根据配合比设计及路用性能试验结果,确定目标配合比矿料比例为 20~30 mm 碎石：10~20 mm 碎石：5~10 mm 碎石：3~5 mm 碎石：机制砂：矿粉＝31：18：23：9：14：5,最佳油石比为 3.5%。

子项目 2　沥青玛琋脂碎石混合料配合比设计

【子项目描述】

本子项目是认知沥青玛琋脂碎石混合料的配合比设计。学生通过对沥青玛琋脂碎石混合料的组成材料、配合比设计方法步骤等相关理论知识的学习,从而了解沥青玛琋脂碎石混合料配合比的设计要求及步骤。

任务 10.4　认知沥青玛琋脂碎石混合料

【任务描述】

本任务是认知沥青玛琋脂碎石混合料的定义及组成材料要求。

【学习目标】

了解沥青玛琋脂碎石混合料的定义及组成材料要求。

1.沥青玛琋脂碎石混合料的定义

沥青玛琋脂碎石混合料是由沥青与少量的纤维稳定剂、细集料以及较多量的填料(矿粉)组成的沥青玛琋脂填充于间断级配的粗集料骨架的间隙,组成一体的沥青混合料,简称 SMA。

2.沥青玛琋脂碎石混合料对组成材料的要求

各种材料的技术要求应符合《公路沥青路面施工技术规范》(JTG F40—2004)的规定。

(1)沥青

除已有成功经验证明使用非改性的普通沥青能符合使用要求者外,SMA 宜采用改性石油沥青,且采用比当地常用沥青更高标号的沥青。

(2)集料

粗集料应选用坚韧的、粗糙的、有棱角的优质岩石,必须严格限制集料的针片状颗粒含量,所以 SMA 混合料中不宜使用天然砂。

(3)填料

必须采用磨细石灰石矿粉。

(4)纤维稳定剂

纤维稳定剂宜选用木质纤维素、矿物纤维等。木质纤维素的质量要求应符合表 10.36 的技术要求。

表 10.36　木质纤维素质量技术要求

项　目	单　位	指　标	试验方法
纤维长度	mm	≤6	水溶液用显微镜观测
灰分含量	%	18±5	高温 590~600 ℃燃烧后测定残留物
pH 值	—	7.0±1.0	水溶液用 pH 试纸或 pH 计测定
吸油率	—	≥纤维质量的 5 倍	用煤油浸泡后放在筛上经振敲后称重
含水率(以质量计)	%	≤5	105 ℃烘箱烘 2 h 后冷却称量

纤维应在 250 ℃的干拌温度下不变质、不发脆,使用纤维必须符合环保要求,不危害身体健康。纤维必须在混合料拌和过程中能充分分散均匀。

矿物纤维宜采用玄武岩等矿石制造,易影响环境及造成人体伤害的石棉纤维不宜直接使用。

任务 10.5　认知沥青玛琋脂碎石混合料配合比设计步骤

【任务描述】

本任务是认知沥青玛琋脂碎石混合料配合比设计步骤。

【学习目标】

了解沥青玛琋脂碎石混合料配合比设计步骤。

1.SMA 混合料配合比设计要求

（1）矿料级配

矿料级配应符合规定的级配范围，见表 10.37。

表 10.37　沥青玛琋脂碎石混合料矿料级配范围

级配类型		通过下列筛孔（方孔筛，mm）的质量百分率/%											
		26.5	19.0	16.0	13.2	9.5	4.75	2.36	1.18	0.6	0.3	0.15	0.075
中粒式	SMA-20	100	90~100	72~92	62~82	40~55	18~30	13~22	12~20	10~16	9~14	8~13	8~12
	SMA-16		100	90~100	65~85	45~65	20~32	15~24	14~22	12~18	10~15	9~14	8~12
细粒式	SMA-13			100	90~100	50~75	20~34	15~26	14~24	12~20	10~16	9~15	8~12
	SMA-10				100	90~100	28~60	20~32	14~26	12~22	10~18	9~16	8~13

（2）设计方法

SMA 混合料配合比设计采用马歇尔试件的体积设计方法进行，改性沥青混合料试件的成型温度较普通沥青混合料的温度提高 10~20 ℃，马歇尔试验的稳定度和流值并不作为配合比设计接受或者否决的唯一指标，其技术要求见表 6.5。

2.SMA 混合料配合比设计步骤

1）设计矿料级配的确定

①设计初试级配。

a.SMA 路面的工程设计级配范围宜直接采用表 10.22 规定的矿料级配范围。公称最大粒径小于或等于 9.5 mm 的 SMA 混合料，以 2.36 mm 作为粗集料骨架的分界筛孔；公称最大粒径大于或等于 13.2 mm 的 SMA 混合料，以 4.75 mm 作为粗集料骨架的分界筛孔。

b.在工程设计级配范围内，调整各种矿料比例设计 3 组不同粗细的初试级配，3 组级配的粗集料骨架分界筛孔的通过率处于级配范围的中值、中值±3%附近，矿粉数量均为 10%左右。

②计算初试级配的矿料的合成毛体积相对密度 γ_{sb}、合成表观相对密度 γ_{sa}、有效相对密度 γ_{se}。计算方法与密级配沥青混凝土相同。

③把每个合成级配中小于粗集料骨架分界筛孔的集料筛除，按《公路工程集料试验规程》T 0309 的规定，用捣实法测定粗集料骨架的松方毛体积相对密度 γ_s，按式（10.16）计算粗集料骨架混合料的平均毛体积相对密度 γ_{CA}。

$$\gamma_{CA} = \frac{P_1 + P_2 + \cdots + P_n}{\dfrac{P_1}{\gamma_1} + \dfrac{P_2}{\gamma_2} + \cdots + \dfrac{P_n}{\gamma_n}} \tag{10.16}$$

式中　γ_{CA}——粗集料骨架的毛体积相对密度；

$P_1, P_2, \cdots, P_n$——粗集料骨架部分各种集料在全部矿料级配混合料中的配比，%；

$\gamma_1, \gamma_2, \cdots, \gamma_n$——各种粗集料相应的毛体积相对密度。

④按式(10.17)计算各组初试级配捣实状态下的粗集料松装间隙率 VCA_{DRC}。

$$VCA_{DRC} = \left(1 - \frac{\gamma_s}{\gamma_{CA}}\right) \times 100\% \tag{10.17}$$

式中 VCA_{DRC}——粗集料骨架的松装间隙率,%;

  γ_s——粗集料骨架的松方毛体积相对密度,g/cm^3。

⑤预估新建工程 SMA 混合料的适宜油石比 P_a 或沥青用量 P_b,作为马歇尔试件的初试油石比,预估方法同密级配沥青混凝土。

⑥按照选择的初试油石比和矿料级配制作 SMA 试件,马歇尔标准击实的次数为双面 50 次,根据需要也可采用双面 75 次,1 组马歇尔试件的数目不得少于 4~6 个。SMA 马歇尔试件的毛体积相对密度用表干法测定。

⑦按式(10.18)的方法计算不同沥青用量条件下 SMA 混合料的最大理论相对密度,其中纤维部分的比例不得忽略。

$$\gamma_t = \frac{100 + P_a + P_x}{\dfrac{100}{\gamma_{se}} + \dfrac{P_a}{\gamma_a} + \dfrac{P_x}{\gamma_x}} \tag{10.18}$$

式中 γ_{se}——矿料的有效相对密度;

  P_a——沥青混合料的油石比,%;

  γ_a——沥青结合料的表观相对密度;

  P_x——纤维用量,以沥青混合料总量的百分数代替,%;

  γ_x——纤维稳定剂的密度,由供货商提供或由比重瓶实测得到。

⑧按式(10.19)计算 SMA 马歇尔混合料试件中的粗集料骨架间隙率 VCA_{mix},并且计算试件的集料各项体积指标空隙率 VV、集料间隙率 VMA、沥青饱和度 VFA,计算方法同密级配沥青混凝土。

$$VAC_{mix} = \left(1 - \frac{\gamma_f}{\gamma_{CA}} \times P_{CA}\right) \times 100\% \tag{10.19}$$

式中 P_{CA}——沥青混合料中粗集料的比例,即大于 4.75 mm 的颗粒含量,%;

  γ_{CA}——粗集料骨架部分的平均毛体积相对密度;

  γ_f——沥青混合料试件的毛体积相对密度,由表干法测定。

⑨从 3 组初试级配的试验结果中选择设计级配时,必须符合 $VCA_{mix} < VCA_{DRC}$ 及 $VMA > 16.5\%$ 的要求。当有 1 组以上的级配同时符合要求时,以粗集料骨架分界集料通过率大且 VMA 较大的级配为设计级配。

2)确定设计沥青用量

①根据所选择的设计级配和初试油石比试验的空隙率结果,以 0.2%~0.4% 为间隔,调整 3 个不同的油石比,制作马歇尔试件,计算空隙率等各项体积指标。1 组试件数不宜少于 4~6 个。

②进行马歇尔稳定度试验,检验稳定度和流值是否符合表 6.5 规定的技术要求。

③根据希望的设计空隙率,确定油石比,作为最佳油石比 OAC。所设计的 SMA 混合料应符合表 6.5 规定的各项技术标准。

④如初试油石比的混合料体积指标恰好符合设计要求时,可以免去这一步,但宜进行一次复核。

3) 配合比设计检验

除进行高温稳定性检验、水稳定性检验、低温抗裂性能检验、渗水系数检验外,SMA 混合料的配合比设计还必须进行谢伦堡析漏试验及肯特堡飞散试验。配合比设计检验应符合表6.5、表6.6、表6.7 的技术要求。不符合要求的必须重新进行配合比设计。

4) 配合比设计报告

配合比设计报告应包括工程设计级配范围选择说明、材料品种选择与原材料质量试验结果、矿料级配、最佳沥青用量及各项体积指标、配合比设计检验结果等。试验报告的矿料级配曲线应按规定的方法绘制。

思考题

1.矿质混合料配合比设计的目的是什么?

2.《公路沥青路面施工技术规范》(JTG F40—2004)规定,沥青混合料的配合比设计采用什么方法进行?

3.确定沥青用量时应绘制哪些关系曲线。叙述或绘图说明每条曲线随沥青用量的变化规律。

4.某AC-20沥青混凝土马歇尔试验,油石比为4.5%,表干法测得试件的密度为2.432 g/cm³,真空法测得理论密度为2.524 g/cm³,试计算该试件的矿料间隙率、空隙率、沥青饱和度。

5.某高速公路沥青路面上面层用沥青混合料,原材料级配检验及马歇尔试验结果汇总于表10.38 至表10.40 中,试用图解法计算沥青混合料中各种矿料的配合比,并根据马歇尔试验结果确定最佳沥青用量。

表 10.38　各矿料的筛析结果

矿料名称	筛孔尺寸/mm									
	16.0	13.2	9.5	4.75	2.36	1.18	0.6	0.3	0.15	0.075
	通过百分率/%									
碎石	100	93.1	17.2	0						
石屑	100	100	100	84.6	14.5	8.1	4.0	0		
砂	100	100	100	100	92.3	81.9	42.6	21.3	11.5	4.6
矿粉	100	100	100	100	100	100	100	100	96.6	87.2
级配范围	100	90~100	68~85	38~68	24~50	15~38	10~28	7~20	5~15	4~8

表 10.39 不同沥青用量测定的各项指标

试件编号	沥青用量 /%	技术指标					
		稳定度 /kN	密度 /(g·cm⁻³)	空隙率 /%	饱和度 /%	流值 /(0.1 mm)	矿料间隙率 /%
1	4.0	9	2.261	9.1	43.5	2.3	16.1
2	4.5	12	2.323	6.3	58.8	2.5	15.3
3	5.0	11.8	2.311	4.0	72.2	2.8	14.4
4	5.5	10.5	2.307	3.5	76.4	3.4	14.8
5	6.0	9.5	2.298	3.1	81.2	4.2	16.5

表 10.40 技术指标

技术项目	技术标准
稳定度/kN	≥8
流值/mm	1.5~4
空隙率/%	3~6
饱和度/%	65~75
矿料间隙率/%(不小于)	查表

项目 11　普通水泥混凝土配合比设计

【项目描述】

水泥混凝土的技术性质很大程度上是由原材料的性质及其相对含量决定的,所以在制备混凝土时,首先应根据工程对和易性、强度、耐久性等要求,合理地选择原材料并确定其比例,以达到经济适用的目的。本项目是对水泥混凝土的配合比进行设计。混凝土配合比设计就是首先通过计算,然后在检验混凝土技术性质的基础上试配与调整,确定混凝土各组成材料的用量比例。对混凝土要求不同,原材料性能不同,材料用量比例也不相同。

本项目包括桥涵用水泥混凝土配合比设计及路面面层用水泥混凝土配合比设计两个任务。学生通过相关理论知识的学习,通过完成"根据给定数据进行初步配合比的计算、分析给定技术指标数据得出基准配合比和实验室配合比"工作任务的训练,掌握水泥混凝土配合比设计的方法和步骤。

任务 11.1　桥涵用水泥混凝土配合比设计

【任务描述】

本任务是在学习桥涵用普通水泥混凝土配合比设计方法和步骤的基础上,以 28 d 立方体抗压强度作为设计指标,进行普通水泥混凝土的配合比设计。

【学习目标】

①熟悉桥涵用水泥混凝土的配合比的设计指标。

②熟悉水泥混凝土配合比设计的基本要求及依据。

③熟悉水泥混凝土配合比设计的方法步骤。

④能根据教师给定数据计算普通混凝土的初步配合比;根据教师给定方案得出基准配合比及实验室配比,并能规范、完整地填写试验检测记录表。

1.相关知识

桥涵用水泥混凝土的配合比是以 28 d 立方体抗压强度作为设计指标。

1) 水泥混凝土配合比设计的基本要求

道路与桥梁工程用水泥混凝土的配合比设计应满足下列 4 项基本要求:

①施工工作性的要求。按照结构物断面尺寸和形状、钢筋的配置情况、施工方法及设备等,合理确定混凝土拌和稠度(坍落度或维勃稠度),满足混凝土的工作性要求。

②结构物强度要求。满足结构设计或施工要求的强度。

③环境耐久性要求。根据结构物所处的环境条件,确定技术要求、选定水泥品种、最大水胶比和最小水泥用量,满足耐久性要求。

④经济性要求。在满足混凝土设计强度、工作性和耐久性的前提下,尽量节约水泥,合理利用地方材料和工业废料,降低造价。

2)水泥混凝土配合比设计的基本依据

基本依据包括:混凝土设计强度等级;工程特征(工程所处环境、结构断面、钢筋最小净距等);耐久性要求(如抗冻性、抗渗性、抗侵蚀、耐磨、碱集料等);水泥品种和强度等级;砂、石的种类,石子最大粒径、密度等;施工方法等。

3)水泥混凝土配合比的表示方法

混凝土配合比表示方法有下列两种:

①单位用量表示法。以每 1 m³ 混凝土中各种材料的用量表示(如水泥:水:细集料:粗集料=330 kg:150 kg:726 kg:1 364 kg)。

②相对用量表示法。以水泥的质量为1,并按"水泥:细集料:粗集料;水胶比"的顺序排列表示,如 1:2.14:3.81;$W/B=0.45$。

4)水泥混凝土配合比设计的 3 个参数

水泥混凝土配合比设计的 3 个重要参数是水胶比、砂率和单位用水量。

①水胶比。混凝土中用水量和胶凝材料用量的质量比,称为水胶比。水胶比影响混凝土强度、工作性与耐久性。

②砂率。砂率为砂的用量占砂、石总质量的百分率值,它影响混凝土的黏聚性和保水性。

③单位用水量。单位用水量是指 1 m³ 混凝土拌合物中水的用量(kg/m³)。水胶比固定的条件下,单位用水量反映了水泥浆与集料之间的比例关系。

5)水泥混凝土配合比设计的基本原理

①假定表观密度法(质量法)。如果原材料比较稳定,可先假设混凝土的表观密度为一定值,混凝土拌合物各组成材料的单位用量之和即为其表观密度。通常普通混凝土的表观密度为 2 350~2 450 kg/m³。

②绝对体积法。该法是假定混凝土拌合物的体积等于各组成材料绝对体积与混凝土拌合物所含空气体积之和。

在实际工程中,混凝土配合比设计通常采用质量法。与质量法比较,体积法需测定水泥和矿物掺合料的密度以及骨料的表观密度等,对技术要求略高。

2.桥涵用水泥混凝土配合比设计步骤

1)初步配合比的计算

(1)确定混凝土配制强度 $f_{cu,0}$

①当混凝土的设计强度等级小于 C60 时,混凝土配制强度 $f_{cu,0}$,首先应根据设计要求的混凝土强度等级和施工单位质量管理水平(强度标准差的历史平均水平),再按《普通水泥混凝土

配合比设计规程》(JGJ 55—2011)的规定,按式(11.1)确定。

$$f_{cu,0} \geq f_{cu,k} + 1.645\sigma \tag{11.1}$$

式中　$f_{cu,0}$——混凝土配制强度,MPa;

　　　$f_{cu,k}$——混凝土立方体抗压强度标准值,MPa;

　　　σ——混凝土强度标准差,MPa。

混凝土强度标准差可根据近 1~3 个月的同一品种、同一强度等级混凝土的强度统计资料计算求得,其试件组数不应少于 30 组。对于强度等级不大于 C30 的混凝土,若强度标准差计算值不小于 3.0 MPa,按计算结果取值;若计算值小于 3.0 MPa,则计算配制强度时的标准差取 3.0 MPa。对强度等级大于 C30 且小于 C60 的混凝土,若强度标准差计算值不小于 4.0 MPa 时,按计算结果取值;若计算值小于 4.0 MPa,则计算配制强度时的标准差取 4.0 MPa。当无近期统计资料计算混凝土强度标准差时,强度标准差值可根据强度等级按表 11.1 规定取用。

表 11.1　强度标准差 σ 值表

强度等级/MPa	$\leq$C20	C25~C45	C50~C55
标准差 σ/MPa	4.0	5.0	6.0

②当设计强度等级不小于 C60 时,配制强度应按式(11.2)确定。

$$f_{cu,0} \geq 1.15 f_{cu,k} \tag{11.2}$$

(2)确定水胶比

①初步确定水胶比。当混凝土强度等级小于 C60 时,混凝土水胶比按式(11.3)计算。

$$W/B = \frac{\alpha_a f_b}{f_{cu,0} + \alpha_a \alpha_b f_b} \tag{11.3}$$

式中　α_a,α_b——回归系数,取值见表 7.1;

　　　f_b——胶凝材料 28 d 胶砂抗压强度,MPa,可实测,也可按式 $f_b = \gamma_f \gamma_s f_{ce}$ 确定。γ_f 为粉煤灰影响系数,γ_s 为粒化高炉矿渣粉影响系数,可按表 7.2 选用;f_{ce} 为水泥 28 d 胶砂抗压强度,可实测,也可按式 $f_{ce} = \gamma_c f_{ce,g}$ 计算,γ_c 为水泥强度等级富余系数,可按实际统计资料确定,当缺乏实际统计资料时,可按表 7.3 选用,$f_{ce,g}$ 为水泥强度等级值(MPa)。

②按耐久性校核水胶比。按式(11.3)计算所得的水胶比,是按强度要求计算得到的结果。在确定采用的水胶比时,还应根据《公路桥涵施工技术规范》(JTG/T 3650—2020)规定的不同强度等级混凝土的最大水胶比(表 11.2)进行校核,从中选择小者。

表 11.2　混凝土的最大水胶比和胶凝材料用量

混凝土强度等级	最大水胶比	最小水泥用量/(kg·m^{-3})	最大胶凝材料用量/(kg·m^{-3})
C25	0.55	275	400
C30	0.55	280	
C35	0.5	300	
C40	0.45	320	450
C45	0.4	340	

续表

混凝土强度等级	最大水胶比	最小水泥用量/(kg·m⁻³)	最大胶凝材料用量/(kg·m⁻³)
C50	0.36	360	480
C55	0.32	380	500
C60	0.3	400	530

注:①表中数据适用于最大粒径为 20 mm 的情况,粒径较大时,可适当降低胶凝材料用量。

②大掺量矿物掺合料混凝土的水胶比应不大于 0.42。

③引气混凝土的胶凝材料用量与非引气混凝土要求相同。

④封层、垫层及其他临时工程的混凝土,可不受本表的限制。

(3)确定用水量

①每立方米干硬性或塑性混凝土用水量的确定。当水胶比为 0.40~0.80 时,根据粗集料的品种、粒径及施工要求的混凝土拌合物稠度,其用水量可按表 11.3、表 11.4 选取。水胶比小于 0.40 的混凝土用水量通过试验确定。

表 11.3　干硬性混凝土的用水量

单位:kg/m³

拌合物稠度		卵石最大公称粒径/mm			碎石最大公称粒径/mm		
项目	指标	10.0	20.0	40.0	16.0	20.0	40.0
维勃稠度 /s	16~20	175	160	145	180	170	155
	11~15	180	165	150	185	175	160
	5~10	185	170	155	190	180	165

表 11.4　塑性混凝土的用水量

单位:kg/m³

拌合物稠度		卵石最大粒径/mm				碎石最大粒径/mm			
项目	指标	10.0	20.0	31.5	40.0	16.0	20.0	31.5	40.0
坍落度 /mm	10~30	190	170	160	150	200	185	175	165
	35~50	200	180	170	160	210	195	185	175
	55~70	210	190	180	170	220	205	195	185
	75~90	215	195	185	175	230	215	205	195

注:①用水量是采用中砂时的平均值。采用细砂时,每立方米混凝土用水量可增加 5~10 kg;采用粗砂时,则可减少 5~10 kg。

②掺用各种外加剂或掺合料时,用水量应相应调整。

②掺外加剂时,每立方米流动性或大流动性混凝土的用水量按式(11.4)计算。这里的外加剂,特指具有减水功能的外加剂。

$$m_{w0} = m'_{w0}(1-\beta) \tag{11.4}$$

式中　m_{w0}——计算配合比每立方米的混凝土用水量,kg/m³。

　　　　m'_{w0}——未掺外加剂时推定的满足实际坍落度要求的每立方米混凝土用水量,kg/m³;以表 11.4 中 90 mm 坍落度的用水量为基础,按坍落度每增大 20 mm 相应增加 5 kg/m³用水量来计算,当坍落度增大到 180 mm 以上时,随坍落度相应增加的用水量可减少。

　　　　β——外加剂的减水率,%,应经混凝土试验确定。

(4)确定胶凝材料、外加剂、矿物掺合料、水泥用量

①计算每立方米混凝土胶凝材料、水泥、外加剂、矿物掺合料用量。

a.每立方米混凝土的胶凝材料用量按式(11.5)计算。

$$m_{b0} = \frac{m_{w0}}{W/B} \tag{11.5}$$

式中　m_{b0}——计算配合比每立方米混凝土中胶凝材料用量,kg/m³;

　　　　m_{w0}——计算配合比每立方米混凝土的用水量,kg/m³;

　　　　W/B——混凝土水胶比。

b.每立方米混凝土的外加剂用量按式(11.6)计算。

$$m_{a0} = m_{b0}\beta_a \tag{11.6}$$

式中　m_{a0}——计算配合比每立方米混凝土中外加剂用量,kg/m³;

　　　　β_a——外加剂掺量,%,应经混凝土试验确定。

c.每立方米混凝土中矿物掺合料用量。

为了保证混凝土的耐久性能,《普通水泥混凝土配合比设计规程》(JGJ 55—2011)规定矿物掺合料在混凝土中的掺量应通过试验确定。采用硅酸盐水泥或普通硅酸盐水泥时,钢筋混凝土中矿物掺合料最大掺量宜符合表 11.5 的规定,预应力混凝土中矿物掺合料最大掺量宜符合表 11.6 的规定。对基础大体积混凝土,粉煤灰、粒化高炉矿渣粉和复合掺合料的最大掺量可增加 5%,采用掺量大于 30% 的 C 类粉煤灰的混凝土应以实际使用的水泥和粉煤灰掺量进行安定性检验。当采用超出表 11.5、表 11.6 给出的矿物掺合料最大掺量时,应对混凝土性能进行全面试验论证,证明结构混凝土安全性和耐久性满足设计要求后才能使用。

表 11.5　钢筋混凝土中矿物掺合料最大掺量

矿物掺合料种类	水胶比	最大掺量/%	
		采用硅酸盐水泥时	采用普通硅酸盐水泥时
粉煤灰	≤0.40	45	35
	>0.40	40	30
粒化高炉矿渣粉	≤0.40	65	55
	>0.40	55	45
钢渣粉	—	30	20
磷渣粉	—	30	20

续表

矿物掺合料种类	水胶比	最大掺量/%	
		采用硅酸盐水泥时	采用普通硅酸盐水泥时
硅 灰	—	10	10
复合掺合料	≤0.40	65	55
	>0.40	55	45

注:①采用其他通用硅酸盐水泥时,宜将水泥混合料掺量20%以上的混合料量计入矿物掺合料。

②复合掺合料各组分的掺量不宜超过单掺时的最大掺量。

③在混合使用两种或两种以上矿物掺合料时,矿物掺合料总掺量应符合表中复合掺合料的规定。

表 11.6 预应力混凝土中矿物掺合料最大掺量

矿物掺合料种类	水胶比	最大掺量/%	
		采用硅酸盐水泥时	采用普通硅酸盐水泥时
粉煤灰	≤0.40	35	30
	>0.40	25	20
粒化高炉矿渣粉	≤0.40	55	45
	>0.40	45	35
钢渣粉	—	20	10
磷渣粉	—	20	10
硅灰	—	10	10
复合掺合料	≤0.40	55	45
	>0.40	45	35

注:①采用其他通用硅酸盐水泥时,宜将水泥混合料掺量20%以上的混合料量计入矿物掺合料。

②复合掺合料各组分的掺量不宜超过单掺时的最大掺量。

③在混合使用两种或两种以上矿物掺合料时,矿物掺合料总掺量应符合表中复合掺合料的规定。

每立方米混凝土中矿物掺合料用量按式(11.7)计算。

$$m_{f0} = m_{b0}\beta_f \tag{11.7}$$

式中 m_{f0}——计算配合比每立方米混凝土中矿物掺合料用量,kg/m^3;

β_f——矿物掺合料掺量,%。

d.每立方米混凝土水泥用量按式(11.8)计算。

$$m_{c0} = m_{b0} - m_{f0} \tag{11.8}$$

式中 m_{c0}——计算配合比每立方米混凝土中水泥用量,kg/m^3。

②按耐久性要求校核水泥用量。根据混凝土耐久性要求,每立方米普通水泥混凝土的最小水泥用量,根据结构的所处环境条件应不得小于表11.2中的规定。

(5)砂率的选定

砂率对混凝土拌合物性能影响较大,可调范围略宽,也关系到材料成本。在实际工作中,砂率应根据骨料的技术指标、混凝土拌合物性能和施工要求,参考经验和既有历史资料确定。当无历史资料可参考时,坍落度为 10~60 mm 的混凝土砂率,可根据粗集料品种、粒径及水灰比按表 11.7 选取;坍落度大于 60 mm 的混凝土砂率,可经试验确定,也可在表 11.7 的基础上按坍落度每增大 20 mm,砂率增大 1% 的幅度予以调整;坍落度小于 10 mm 的混凝土,其砂率应经试验确定。

表 11.7　混凝土的砂率

单位:%

水胶比(W/B)	卵石最大粒径/mm			碎石最大粒径/mm		
	10.0	20.0	40.0	16.0	20.0	40.0
0.40	26~32	25~31	24~30	30~35	29~34	27~32
0.50	30~35	29~34	28~33	33~38	32~37	30~35
0.60	33~38	32~37	31~36	36~41	35~40	33~38
0.70	36~41	35~40	34~39	39~44	38~43	36~41

注:①本表数值是中砂的选用砂率,对细砂或粗砂,可相应地减少或增大砂率。

②采用人工砂配制混凝土时,砂率可适当增大。

③只用一个单粒级粗骨料配制混凝土时,砂率应适当增大。

(6)计算粗、细集料用量

①质量法,又称假定密度法。此法是假定混凝土拌合物的表观密度为一固定值,混凝土拌合物各组成材料的单位用量之和即为其表观密度。在砂率为已知的条件下,粗、细集料的单位用量可用式(11.9)和式(11.10)计算。

$$m_{f0}+m_{c0}+m_{g0}+m_{s0}+m_{w0}=m_{cp} \tag{11.9}$$

$$\beta_s=\frac{m_{s0}}{m_{g0}+m_{s0}}\times100\% \tag{11.10}$$

式中　m_{g0}——计算每立方米混凝土的粗集料用量,kg/m³;

m_{s0}——计算每立方米混凝土的细集料用量,kg/m³;

β_s——砂率,%;

m_{cp}——每立方米混凝土拌合物的假定质量,kg,可取 2 350~2 450 kg/m³。

②体积法,又称绝对体积法。该法是假定混凝土拌合物的体积等于各组成材料绝对体积和混凝土拌合物中所含空气之和。在砂率为已知的条件下,粗、细集料的单位用量可由式(11.11)和式(11.12)求得。

$$\frac{m_{f0}}{\rho_f}+\frac{m_{c0}}{\rho_c}+\frac{m_{g0}}{\rho_g}+\frac{m_{s0}}{\rho_s}+\frac{m_{w0}}{\rho_w}+0.01\alpha=1 \tag{11.11}$$

$$\beta_s=\frac{m_{s0}}{m_{g0}+m_{s0}}\times100\% \tag{11.12}$$

式中　ρ_c——水泥密度,kg/m³,可按《水泥密度测定方法》(GB/T 208—2014)测定,也可取 2 900~3 100 kg/m³;

ρ_f——矿物掺合料密度,kg/m^3,可按《水泥密度测定方法》(GB/T 208—2014)测定;

ρ_g,ρ_s——粗、细集料的表观密度,kg/m^3;

ρ_w——水的密度,kg/m^3,可取 1 000 kg/m^3;

α——混凝土的含气量百分数,在不使用引气剂或引气型外加剂时,取值为1。

通过以上 6 个步骤计算,可将水泥、水、粗集料、细集料的用量全部求出,得到初步配合比,而以上各项计算多数利用经验公式或经验资料获得,因此配合比所制得的混凝土不一定符合实际要求,所以应对配合比进行试配、调整和确定。

2)试拌调整,提出基准配合比

(1)试配要求

①材料的要求。试配混凝土所用各种原材料,要与实际工程使用的材料相同,配合比设计所采用的细集料含水率应小于 0.5%,粗集料含水率应小于 0.2%。

②搅拌方法和拌合物数量。混凝土试配应采用强制式搅拌机进行搅拌,搅拌方法(搅拌方式、投料方式、搅拌时间)宜与施工采用的方法相同。试拌时,每盘混凝土的最小搅拌数量应符合表 11.8 中的规定,并不应小于搅拌机公称容量的 1/4 且不大于搅拌机公称容量。如果搅拌量太小,由于混凝土拌合物浆体粘锅因素影响和体量不足等,拌合物的代表性不足。

表 11.8　混凝土试配的最小搅拌量

集料最大公称粒径/mm	拌合物数量/L
≤31.5	20
40.0	25

(2)检验工作性,调整配合比

①按初步配合比计算出试配所需的材料用量,配制混凝土拌合物。

②通过试验测定混凝土的坍落度,同时观察拌合物的黏聚性和保水性。

③当不符合要求时,应进行调整。调整的基本原则如下:若黏聚性和保水性较好,坍落度不符合要求,可在保持水胶比不变、砂率不变的条件下,适当增减水和胶凝材料用量;若坍落度符合要求,黏聚性和保水性不良时,实质上是混凝土拌合物中砂浆不足或砂浆过多,此时可保持原有水和胶凝材料用量,适当增大或降低砂率;若坍落度不符合要求,且保水性、黏聚性也不好时,则应在水胶比和材料总量不变的条件下,改变用水量和砂率,直至调整和易性满足要求。此时的配合比,即为可供混凝土强度试验用的基准配合比。当试拌调整工作完成后,应测出混凝土拌合物的实际表观密度。

3)检验强度,确定实验室配合比

(1)制作试件,检验强度

经过和易性调整试验得出的混凝土基准配合比,其水胶比不一定选用恰当,混凝土的强度不一定符合要求,所以应对混凝土强度进行复核。混凝土强度试验时至少采用 3 个不同的配合比,其中一个是基准配合比,另两个的水胶比则分别增加及减少 0.05。用水量应与基准配合比相同,砂率可分别增加和减少 1%。外加剂掺量也可作减少和增加的微调。

每种配合比应至少制作一组(3 块)试件。制作混凝土强度试件时,应检验混凝土拌合物的坍落度(或维勃稠度)、黏聚性、保水性及拌合物的表观密度,并以此结果作为代表相应配合比的混凝土拌合物的性能。按标准条件养护 28 d(或设计规定的龄期)试压。

混凝土强度试验的目的是通过 3 个不同水胶比配合比的比较,取得能够满足配制强度要求的、胶凝材料用量经济合理的配合比。所以,应根据试验得出的混凝土强度结果,绘制强度和胶水比的线性关系图,根据关系图或用插值法确定略大于配制强度对应的胶水比。

(2)确定实验室配合比

①根据强度检验结果修正配合比。

a.用水量。应在基准配合比用水量的基础上,根据制作强度试件时测得的坍落度或维勃稠度值加以适当调整。

b.胶凝材料用量。取用水量乘以由"强度与胶水比"关系定出的胶水比计算得出。

c.外加剂用量。应根据确定的胶凝材料用量作调整。

d.粗集料和细集料用量。应在基准配合比的粗集料和细集料用量的基础上,按选定的水胶比,用假定表观密度法或体积法进行调整后确定。

②根据实测拌合物湿表观密度修正配合比。由强度复核之后的配合比,还应根据实测的混凝土拌合物的表观密度作校正,以确定 1 m³ 混凝土中各种材料的用量。其步骤如下:

a.按强度检验结果修正的配合比试拌,测定其表观密度。

b.计算出混凝土拌合物的计算表观密度,可按式(11.13)计算。

$$\rho_{c,c} = m_c + m_f + m_w + m_g + m_s \qquad (11.13)$$

c.计算出混凝土密度校正系数,可按式(11.14)计算。

$$\delta = \rho_{c,t}/\rho_{c,c} \qquad (11.14)$$

式中　δ——校正系数;

　　$\rho_{c,c}$——混凝土表观密度计算值,kg/m³;

　　$\rho_{c,t}$——混凝土表观密度实测值,kg/m³。

当混凝土拌合物表观密度计算值与实测值之差的绝对值不超过计算值的 2% 时,按以上原则确定的配合比即为设计配合比;当两者之差超过 2% 时,应将配合比中每项材料用量乘以校正系数 δ,即为确定的设计配合比。

(3)检验水溶性氯离子含量

配合比调整后,应测定拌合物水溶性氯离子含量,试验结果应符合表 11.2 的规定。

(4)对耐久性有设计要求的混凝土应进行相关耐久性试验

4)施工配合比

实验室最后确定的配合比是按干燥状态集料计算的,而施工现场的砂、石材料为露天堆放,都含有一定的水分。因此,施工现场应根据现场砂、石实际含水率变化,将试验定的配合比换算为施工配合比。

设施工现场实测砂、石含水率分别为 $a\%$,$b\%$,施工配合比 1 m³ 混凝土各种材料用量为:

$$m_c = m'_{cb}$$

$$m_f = m'_{fb}$$

$$m_s = m'_{sb}(1+a\%)$$ (11.15)

$$m_g = m'_{gb}(1+b\%)$$

$$m_w = m'_{wb} - (m'_{sb} \times a\% + m'_{gb} \times b\%)$$

【案例 11.1】试设计某桥梁工程承台、盖梁等部位所用混凝土配合比。

【设计资料】①某桥梁工程承台、盖梁等部位所用混凝土,已知设计文件要求混凝土设计强度等级为 C30,施工单位无强度历史统计资料,实际施工需将混凝土坍落度控制在 80~120 mm,桥梁所在地属寒冷地区。

②所用材料:P·O 42.5 水泥(密度为 3 100 kg/m³,富余系数为 1.02)、天然砂、16~31.5 mm 碎石和 5~16 mm 碎石掺配组成 5~31.5 mm 碎石使用。

【设计要求】①计算出初步配合比。

②按初步配合比在实验室进行试拌调整得出实验室配合比。

③按施工时工地砂石材料实测含水率,换算施工配合比。

【设计步骤】

1.原材料的检验

1)原材料指标检验结果

①P·O 42.5 水泥检验结果见表 11.9。

表 11.9　P·O 42.5 水泥检验结果

检验项目		标准规定值	检验结果
细度(比表面积)/(m²·kg⁻¹)		≥300	342
安定性(雷氏夹法)		合格	合格
初凝时间/min		≥45	195
终凝时间/min		≤600	301
抗压强度/MPa	3 d	≥17.0	23.6
	28 d	≥42.5	—
抗折强度/MPa	3 d	≥3.5	5.1
	28 d	≥6.5	—

②天然砂检验结果见表 11.10。

表 11.10　天然砂检验结果

检验项目	标准规定值	检验结果
细度模数	2.3~3.0	2.6
堆积密度/(kg·m⁻³)	>1 350	1 470
表观密度/(kg·m⁻³)	>2 500	2 660
空隙率/%	<47	44.7

续表

检验项目		标准规定值				检验结果	
含泥量/%		≤3.0				1.0	
泥块含量/%		≤1.0				0.2	
颗粒级配	筛孔尺寸/mm	4.75	2.36	1.18	0.6	0.3	0.15
	累计筛余/%						
	规定值	10~0	25~0	50~10	70~41	92~70	100~90
	检验值	3.8	12.8	30.4	45.9	81.6	98.1

③碎石。

a.16~31.5 mm 碎石检验结果见表 11.11。

表 11.11　16~31.5 mm 碎石检验结果

检验项目	标准规定值	检验结果
堆积密度/(kg·m⁻³)	>1 350	1 480
表观密度/(kg·m⁻³)	>2 500	2 712
吸水率/%	<2.0	0.44
空隙率/%	<47	45.4
含泥量/%	<1.0	0.6
泥块含量/%	<0.5	0.1
压碎值/%	<20	12.3
针片状颗粒含量/%	<15	5.0
最大粒径/mm	≤31.5	31.5

b.5~16 mm 碎石检验结果见表 11.12。

表 11.12　5~16 mm 碎石检验结果

检验项目	标准规定值	检验结果
堆积密度/(kg·m⁻³)	>1 350	1 580
表观密度/(kg·m⁻³)	>2 500	2 685
吸水率/%	<2.0	0.69
空隙率/%	<47	41.2
含泥量/%	<1.0	0.4
泥块含量/%	<0.5	0.2
针片状颗粒含量/%	<15	4.5
最大粒径/mm	≤19	19

c.两种碎石级配检验结果见表11.13。

表 11.13 碎石的筛分试验结果

材料名称	筛孔尺寸/mm					
	37.5	31.5	19	9.5	4.75	2.36
	累计筛余/%					
16~31.5 m 碎石	0	1.6	44.3	89.9	97.8	99.4
5~16 mm 碎石	0	0	0	62.7	84.9	99.2

2）计算所用 16~31.5 mm 碎石和 5~16 mm 碎石的配合比组成

用图解法计算组成材料配合比,合成级配计算见表11.14,合成级配图如图 11.1 所示。确定 16~31.5 mm 碎石和 5~16 mm 碎石的配合比为 16~31.5 mm 碎石：5~16 mm 碎石＝75%：25%。

表 11.14 合成级配计算表

材料名称		筛孔尺寸/mm					
		37.5	31.5	19	9.5	4.75	2.36
		累计筛余/mm					
原材料级配	16~31.5 mm 碎石 100%	0	1.6	44.3	89.9	97.8	99.4
	5~16 mm 碎石 100%	0	0	0	62.7	84.9	99.2
各种碎石在混合料中级配	16~31.5 mm 碎石 75%	0	0	33.2	67.4	73.4	74.6
	5~16 mm 碎石 25%	0	0	0	15.7	21.2	24.8
合成级配	100%	0	1.2	33.2	83.1	94.6	99.4
级配中值		0	2.5	30	80	95	97.5
要求连续级配范围	5~31.5 mm	0	0~5	15~45	70~90	90~100	95~100

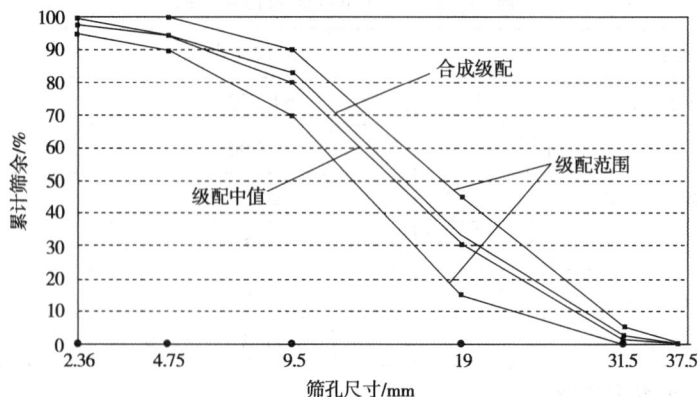

图 11.1 碎石合成级配图

3)掺配碎石的指标检验结果(表 11.15)

表 11.15　掺配碎石的指标检验结果

检验项目		标准规定值			检验结果	
堆积密度/(kg·m⁻³)		>1350			1 560	
表观密度/(kg·m⁻³)		>2 500			2 694	
吸水率/%		<2.0			0.49	
空隙率/%		<47			42.1	
含泥量/%		<1.0			0.5	
泥块含量/%		<0.5			0.3	
压碎值/%		<20			11.2	
针片状颗粒含量/%		<15			4.7	
最大粒径/mm		≤31.5			31.5	
颗粒级配	筛孔尺寸/mm	37.5	31.5	19	9.5	4.75	2.36
	累计筛余/%						
	规定值	0	0~5	15~45	70~90	90~100	95~100
	检验值	0	1.1	37.4	84.4	94.0	99.8

2.配合比设计

1)计算初步配合比

(1)确定混凝土配制强度 $f_{cu,0}$

按题意已知:设计要求混凝土强度为 30 MPa,无强度历史资料,查表 12.1 得标准差为 5.0 MPa。

混凝土配制强度为: $f_{cu,0}=f_{cu,k}+1.645\sigma=30$ MPa+1.645×5 MPa=38.2 MPa。

(2)计算水胶比 W/B

①按强度要求计算水胶比。

a.计算水泥实际强度。由题意已知采用 42.5 级普通硅酸盐水泥,富余系数为 1.02,则水泥实际强度:

$$f_{ce}=\gamma_c f_{ce,g}=1.02×42.5 \text{ MPa}=43.3 \text{ MPa}$$

b.计算胶凝材料 28 d 胶砂抗压强度。由给定资料已知所用胶凝材料为 P·O 42.5 水泥,没有其他矿物掺合料,查表 7.2 得 γ_f,γ_s 均为 1.00,则胶凝材料强度为:

$$f_b=\gamma_f\gamma_s f_{ce}=1.00×1.00×43.3 \text{ MPa}=43.3 \text{ MPa}$$

c.计算水胶比。已知混凝土配制强度为 38.2 MPa,胶凝材料 28 d 胶砂抗压强度为 43.3 MPa,本单位无强度回归系数试验统计资料,查表得 $\alpha_a=0.53,\alpha_b=0.20$。则计算水胶比为:

$$W/B=\frac{\alpha_a f_b}{f_{cu,b}+\alpha_a\alpha_b f_b}=\frac{0.53×43.3 \text{ MPa}}{38.2 \text{ MPa}+0.53×0.20×43.3 \text{ MPa}}=0.53$$

②按耐久性校核水胶比。根据混凝土所处环境属于寒冷地区,查表 11.2,允许最大水胶比为 0.55,按强度计算的水胶比满足耐久性要求,采用 0.53。

(3)选用单位用水量 m_{w0}

由题意已知,要求混凝土拌合物坍落度为 80~120 mm,碎石最大粒径为 31.5 mm,查表 11.4 选用混凝土用水量为 196 kg/m³。

(4)计算单位水泥用量 m_{c0}

①按强度计算单位水泥用量。已知混凝土单位用水量为 196 kg/m³,水胶比为 0.53,混凝土单位水泥用量为:

$$m_{c0} = \frac{m_{w0}}{W/B} = \frac{196 \text{ kg/m}^3}{0.53} = 370 \text{ kg/m}^3$$

②按耐久性校核单位水泥用量。混凝土所处环境属于寒冷地区,查表 11.2,最小水泥用量不得小于 275 kg/m³。按强度计算单位水泥用量符合耐久性要求,单位水泥用量为 370 kg/m³。

(5)选定砂率 β_s

按已知集料采用碎石,最大粒径 31.5 mm,水胶比为 0.53,查表 11.7,选取砂率为 36%。

(6)计算砂石用量

①采用质量法。已知:单位水泥用量 $m_{c0}=370$ kg/m³,单位用水量 $m_{w0}=196$ kg/m³,假定混凝土拌合物湿表观密度为 2 400 kg/m³,砂率为 36%,得:

$$\begin{cases} 370+196+m_{s0}+m_{g0}=240 \\ \dfrac{m_{s0}}{m_{s0}+m_{g0}} \times 100\% = 36\% \end{cases}$$

解得:$m_{s0}=660$ kg/m³,$m_{g0}=1\ 174$ kg/m³。

按质量法计算得初步配合比:$m_{c0} : m_{w0} : m_{s0} : m_{g0} = 370 : 196 : 660 : 1\ 174$。

②采用体积法。已知水泥密度为 3 100 kg/m³,砂的表观密度为 2 660 kg/m³,碎石表观密度为 2 694 kg/m³,水的密度为 1 000 kg/m³,非引气混凝土 $\alpha=1$,得:

$$\begin{cases} \dfrac{372}{3\ 100} + \dfrac{197}{1\ 000} + \dfrac{m_{s0}}{2\ 660} + \dfrac{m_{g0}}{2\ 694} + 0.01 = 1 \\ \dfrac{m_{s0}}{m_{s0}+m_{g0}} \times 100\% = 36\% \end{cases}$$

解得:$m_{s0}=653$ kg/m³;$m_{g0}=1\ 160$ kg/m³。

按体积法计算得初步配合比:$m_{c0} : m_{w0} : m_{s0} : m_{g0} = 372 : 196 : 649 : 1\ 156$。

2)检验调整工作性,提出基准配合比

(1)计算试拌材料用量

按计算初步配合比取样 20 L,则各种材料的用量为:

水泥:370 kg×0.02＝7.4 kg;砂:660 kg×0.02＝13.2 kg;碎石:1 174 kg×0.02＝23.48 kg;水:196 kg×0.02＝3.92 kg。

(2)检验、调整工作性

按计算材料用量拌制混凝土拌合物,测定其坍落度为 78 mm,黏聚性、保水性良好,为满足施工坍落度要求,保持水胶比不变,增加 2%水泥浆,调整后各材料拌和用量为:

水泥:7.4 kg×(1+2%)＝7.55 kg;砂:13.2 kg;碎石:23.48 kg;水:3.92 kg×(1+2%)＝4.0 kg。

再经拌和坍落度为 95 mm,黏聚性和保水性亦良好,满足施工和易性要求。

（3）提出基准配合比

可得出基准配合比为：$m_c : m_w : m_s : m_g = 7.55\ kg : 4.0\ kg : 13.2\ kg : 23.46\ kg$，即 $1 : 1.75 : 3.11$；$W/B = 0.53$。基准配合比单位用量表示法为 $m_{c0} : m_{w0} : m_{s0} : m_{g0} = 377 : 200 : 660 : 1\ 172$。

3）检验确定，测定实验室配合比

（1）制作试件，检验强度

①以 0.53 为基准，选用 0.58，0.53 和 0.48 三个水胶比，分别拌制 3 个试样成型试件，调整水胶比 0.48 的砂率为 35%，水胶比 0.58 的砂率不变。

a.计算水胶比 0.58，0.48 的基准配合比

● 水胶比为 0.58 的配合比：

$$m_{w0} = 196\ kg/m^3 \times (1 + 2\%) = 200\ kg/m^3$$

$$m_{c0} = \frac{m_{w0}}{W/B} = \frac{200}{0.58}\ kg/m^3 = 345\ kg/m^3$$

单位水泥用量 $m_{c0} = 375\ kg/m^3$，单位用水量 $m_{w0} = 200\ kg/m^3$，假定混凝土拌合物湿表观密度为 $2\ 400\ kg/m^3$，砂率为 36%，得：

$$\begin{cases} 345 + 200 + m_{s0} + m_{g0} = 2\ 400 \\ \dfrac{m_{s0}}{m_{s0} + m_{g0}} \times 100\% = 36\% \end{cases}$$

解得：$m_{s0} = 668\ kg/m^3$，$m_{g0} = 1\ 187\ kg/m^3$。

水胶比为 0.58 的配合比为 $m_{c0} : m_{w0} : m_{s0} : m_{g0} = 345 : 200 : 668 : 1\ 187$。

● 水胶比为 0.48 的配合比：

$$m_{w0} = 196\ kg/m^3 \times (1 + 2\%) = 200\ kg/m^3$$

$$m_{c0} = \frac{m_{w0}}{W/B} = \frac{200}{0.48}\ kg/m^3 = 417\ kg/m^3$$

单位水泥用量 $m_{c0} = 417\ kg/m^3$，单位用水量 $m_{w0} = 200\ kg/m^3$，假定混凝土拌合物湿表观密度为 $2\ 400\ kg/m^3$，砂率为 35%，得：

$$\begin{cases} 417 + 200 + m_{s0} + m_{g0} = 2\ 400 \\ \dfrac{m_{s0}}{m_{s0} + m_{g0}} \times 100\% = 35\% \end{cases}$$

解得：$m_{s0} = 624\ kg/m^3$，$m_{g0} = 1\ 159\ kg/m^3$。

水胶比为 0.48 的基准配合比为 $m_{c0} : m_{w0} : m_{s0} : m_{g0} = 417 : 200 : 624 : 1\ 159$。

b.按得出的 3 个配合比各试拌 20 L，成型试件。其中对水胶比 0.48 和 0.58 的和易性进行检验，和易性满足要求。分别测得水胶比 0.48，0.53，0.58 对应表观密度为 $2\ 440\ kg/m^3$，$2\ 435\ kg/m^3$ 和 $2\ 430\ kg/m^3$。成型立方体抗压强度试件。

c.测定 28 d 抗压强度。实测 28 d 抗压强度结果见表 11.16。

表 11.16　抗压强度结果汇总

试样编号	W/B	B/W	抗压强度/MPa
Ⅰ	0.48	2.08	40.1
Ⅱ	0.53	1.89	34.2
Ⅲ	0.58	1.72	30.1

②绘制胶水比与抗压强度关系曲线图,如图 11.2 所示。

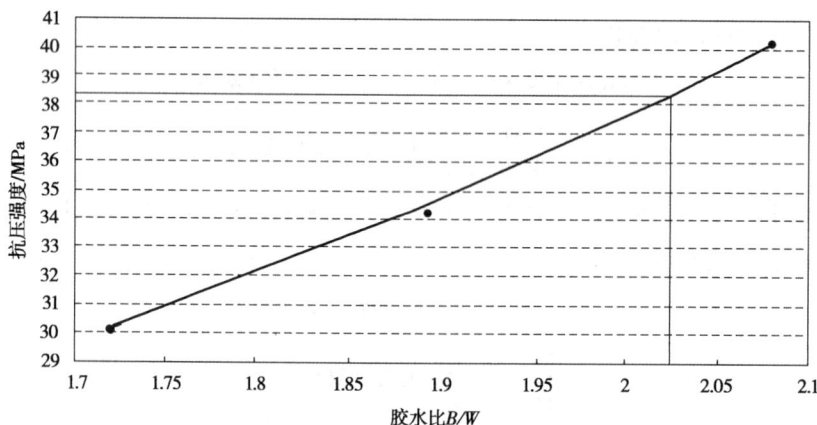

图 11.2　胶水比与抗压强度关系图

③图上查得相应混凝土配制强度 38.2 MPa 的胶水比为 2.03,即水胶比为 0.49。

(2)确定混凝土实验室配合比

根据强度检验结果修正配合比。按强度试验结果,选定水胶比为 0.49 修正配合比。

单位用水量 $m_{w0} = 200$ kg/m³;单位水泥用量 $m_{c0} = 200/0.49 = 408$ kg/m³;选定砂率为 35%。

砂、石用量按质量法计算:

$$\begin{cases} 408 + 200 + m_{s0} + m_{g0} = 2\ 400 \\ \dfrac{m_{s0}}{m_{s0} + m_{g0}} \times 100\% = 35\% \end{cases}$$

解得:$m_{s0} = 627$ kg/m³,$m_{g0} = 1\ 165$ kg/m³。

修正配合比:$m_{c0} : m_{w0} : m_{s0} : m_{g0} = 408 : 200 : 627 : 1\ 165$。

计算湿表观密度为 2 400 kg/m³,实测湿表观密度为 2 435 kg/m³。

由于 2 435 - 2 400 < 2 400 × 2%,所以无须校正。

因此,实验室配合比为:$m_{c0} : m_{w0} : m_{s0} : m_{g0} = 408 : 200 : 627 : 1\ 165$ 或 $1 : 1.54 : 2.86$;$W/B = 0.49$。

4)换算施工配合比

施工时根据工地实测,砂的含水率为 5%,碎石的含水量为 1%,各种材料的用量为:

水泥用量:408 kg/m³;

砂用量:627 kg/m³ × (1 + 5%) = 658 kg/m³;

碎石用量:1 165 kg/m³ × (1 + 1%) = 1 177 kg/m³;

水用量:$200\ kg/m^3-(627×5\%+1\ 165×1\%)kg/m^3=157\ kg/m^3$;

施工配合比为:$m_c:m_w:m_s:m_g=408\ kg:157\ kg:658\ kg:1\ 177\ kg=1:0.38:1.61:2.88$。

【案例 11.2】按案例 11.1 水泥混凝土设计例题资料,掺加普通减水剂,掺加量 0.8%,减水率 $\beta=13\%$,试求该混凝土初步配合比。

【解】①确定试配强度和水胶比。由前述计算得:试配强度 $f_{cu,0}=38.2\ MPa$;$W/B=0.53$。

②计算掺外加剂混凝土的单位用水量 m_{w0}。选定单位用水量 $196\ kg/m^3$。

$$m_{w0}=m'_{w0}(1-\beta)=196\ kg/m^3×(1-13\%)=170\ kg/m^3$$

③计算掺外加剂混凝土的单位胶凝材料用量。

$$m_{c0}=\frac{m_{w0}}{W/B}=\frac{170\ kg/m^3}{0.53}=321\ kg/m^3$$

④计算外加剂用量 m_{a0}。

$$m_{a0}=m_{b0}\beta_a=m_{c0}\beta_a=321\ kg/m^3×0.8\%=2.56\ kg/m^3$$

⑤计算单位粗、细集料用量。单位水泥用量 $m_{c0}=321\ kg/m^3$,单位用水量 $m_{w0}=170\ kg/m^3$,外加剂用量 $m_{a0}=2.56\ kg/m^3$,假定混凝土拌合物湿表观密度为 $2\ 400\ kg/m^3$,砂率为 35%,得:

$$\begin{cases} 321+170+m_{s0}+m_{g0}+2.56=2\ 400 \\ \dfrac{m_{s0}}{m_{s0}+m_{g0}}×100\%=35\% \end{cases}$$

解得:$m_{s0}=667\ kg/m^3$,$m_{g0}=1\ 239\ kg/m^3$。

⑥掺外加剂混凝土初步配合比。

$m_{c0}:m_{w0}:m_{s0}:m_{g0}=321:170:667:1\ 239$;减水剂为 2.56 kg。

任务 11.2　面层水泥混凝土配合比设计

【任务描述】

本任务是在学习面层普通水泥混凝土配合比设计方法步骤的基础上,以 28 d 弯拉强度为设计指标进行普通水泥混凝土的目标配合比设计。

【学习目标】

①熟悉面层水泥混凝土配合比的设计指标。

②能叙述面层水泥混凝土目标配合比设计的方法和步骤。

1.相关知识

1)设计一般规定

公路面层水泥混凝土配合比设计应满足其弯拉强度、工作性、耐久性要求,兼顾经济性。

2)面层水泥混凝土配合比设计技术要求

(1)弯拉强度要求

①各交通等级路面板的28 d设计弯拉强度标准值f_r应符合《公路水泥混凝土路面设计规范》(JTG D40—2011)的规定。根据规范,不同交通分级的水泥混凝土弯拉强度标准值见表11.17。

表 11.17　水泥混凝土弯拉强度标准值

交通荷载等级	极重、特重、重	中等	轻
混凝土设计弯拉强度标准值f_r/MPa	≥5.0	4.5	4.0

②应按式(11.16)计算配制28 d弯拉强度均值。

$$f_c = \frac{f_r}{1-1.04C_v} + tS \tag{11.16}$$

式中　f_c——面层水泥混凝土配制28 d抗弯拉强度均值,MPa;

　　　f_r——设计抗弯拉强度标准值,MPa;

　　　t——保证率系数,按表11.18取值;

　　　S——抗弯拉强度试验样本的标准差,MPa;有试验数据时应使用试验样本的标准差,无试验数据时可按公路等级及设计弯拉强度,参考表11.19规定范围确定;

　　　C_v——抗弯拉强度变异系数,应按统计数据取值,小于0.05时取0.05;无统计数据时,可在表11.20的规定范围内取值,其中高速公路、一级公路变异水平应为低,二级公路变异水平应不低于中。

表 11.18　保证率系数 t

公路等级	判别概率 P	样本数 n/组			
		6~8	9~14	15~19	≥20
高速公路	0.05	0.79	0.61	0.45	0.39
一级公路	0.10	0.59	0.46	0.35	0.30
二级公路	0.15	0.46	0.37	0.28	0.24
三、四级公路	0.20	0.37	0.29	0.22	0.19

表 11.19　各级公路水泥混凝土面层弯拉强度试验样本的标准差 S

公路等级	高速	一级	二级	三级	四级
目标可靠度/%	95	90	85	80	70
目标可靠指标	1.64	1.28	1.04	0.84	0.52
样本的标准差 S/MPa	0.25≤S≤0.50		0.45≤S≤0.67	0.40≤S≤0.80	

表 11.20　抗弯拉强度变异系数 C_v 的范围

弯拉强度变异水平等级	低	中	高
抗弯拉强度变异系数 C_v 的范围	$0.05 \leqslant C_v \leqslant 0.10$	$0.10 \leqslant C_v \leqslant 0.15$	$0.15 \leqslant C_v \leqslant 0.20$

（2）工作性要求

①碎石混凝土滑模摊铺时的坍落度宜为 $10 \sim 30$ mm，卵石混凝土滑模摊铺时的坍落度宜为 $5 \sim 20$ mm，振动黏度系数宜为 $200 \sim 500$ N·s/m²。

②三辊轴机组摊铺时，拌合物的现场坍落度宜为 $20 \sim 40$ mm。

③小型机具摊铺时，拌合物的现场坍落度宜为 $5 \sim 20$ mm。

④拌和楼（机）出口拌合物的坍落度值，应根据不同工艺摊铺时的坍落度值加上运输过程中坍落度损失值确定。

（3）耐久性要求

①水灰（胶）比要求。各级公路面层水泥混凝土的最大水灰（胶）比和最小单位水泥用量应符合表 11.21 的规定。最大单位水泥用量不宜大于 420 kg/m³；使用掺合料时，最大单位胶凝材料总量不宜大于 450 kg/m³。

表 11.21　各级公路面层水泥混凝土最大水灰（胶）比和最小单位水泥用量

公路等级		高速公路、一级公路	二级公路	三、四级公路
最大水灰（胶）比		0.44	0.46	0.48
有抗冰冻要求时最大水灰（胶）比		0.42	0.44	0.46
有抗盐冻要求时最大水灰（胶）比[a]		0.40	0.42	0.44
最小单位水泥用量 /(kg·m⁻³)	52.5 级	300	300	290
	42.5 级	310	310	300
	32.5 级	—	—	315
有抗冰冻、抗盐冻要求时最小单位水泥用量 /(kg·m⁻³)	52.5 级	310	310	300
	42.5 级	320	320	315
	32.5 级	—	—	325
掺粉煤灰时最小单位水泥用量/(kg·m⁻³)	52.5 级	250	250	245
	42.5 级	260	260	255
	32.5 级	—	—	265
有抗冰冻、抗盐冻要求时掺粉煤灰混凝土最小单位水泥用量 /(kg·m⁻³)[b]	52.5 级	265	260	255
	42.5 级	280	270	265

注：a.处在除冰盐、海风、酸雨或硫酸盐等腐蚀性环境中或在大纵坡等加减速车道上，最大水灰（胶）比可比表中数值降低 $0.01 \sim 0.02$。

　　b.掺粉煤灰并有抗冰冻、抗盐冻要求时，面层不应使用 32.5 级水泥。

②抗冻性要求。严寒与寒冷地区面层水泥混凝土的抗冻等级不应低于表 11.22 的要求。严寒是指当地最冷月平均气温低于 -8 ℃的地区;寒冷是指当地最冷月平均气温在 -8 ~ -3 ℃的地区。

表 11.22　严寒与寒冷地区面层水泥混凝土的抗冻等级要求

公路等级		高速公路、一级公路		二、三、四级公路	
试件		基准配合比	现场取芯	基准配合比	现场取芯
抗冻等级(F)	严寒地区	300	250	250	200
	寒冷地区	250	200	200	150

面层水泥混凝土应掺加引气剂,确保其抗冻性,提高工作性;拌和机出口拌合物含气量均值及允许偏差范围宜符合表 11.23 的规定,钻芯实测水泥混凝土面层最大气泡间距系数宜符合表 11.24 的要求。

表 11.23　拌和机出口拌合物含气量均值及允许偏差范围

最大公称粒径/mm	无冻害要求/%	有冻害要求/%	有抗盐要求/%
9.5	4.5±1.0	5.0±0.5	6.0±0.5
16.0	4.0±1.0	4.5±0.5	5.5±0.5
19.0	4.0±1.0	4.0±0.5	5.0±0.5
26.5	3.5±1.0	3.5±0.5	4.5±0.5
31.5	3.5±1.0	3.5±0.5	4.0±0.5

表 11.24　水泥混凝土面层最大气泡间距系数

单位:μm

环境		公路等级	
		高速公路、一级公路	二、三、四级公路
严寒地区	冰冻	275±25	300±35
	盐冻	225±25	250±35
寒冷地区	冰冻	325±45	350±50
	盐冻	275±45	300±50

③抗盐冻要求。各级公路面层混凝土有抗盐冻要求时,应检测混凝土的抗盐冻性,5 块试件经受 30 次严冬循环后,其平均剥落量小于 1.0 kg/m² 为合格,大于或等于 1.0 kg/m² 为不合格。

④磨损量要求。各等级公路面层水泥混凝土磨损量宜符合表 11.25 的规定。

表 11.25　各等级公路面层水泥混凝土磨损量要求

公路等级	高速公路、一级公路	二级公路	三、四级公路
磨损量/(kg·m⁻²)	≤3.0	≤3.5	≤4.0

2.面层水泥混凝土目标配合比设计步骤

面层水泥混凝土目标配合比设计可以使用正交试验法,也可以用经验公式法。高速公路、一级公路应采用正交试验法。

1)正交试验法

(1)确定弯拉强度均值

按式(11.16)计算 28 d 弯拉强度均值。

(2)试验可变因素的确定

试验可变因素应根据混凝土的性能要求和材料变化情况结合经验确定。

①水泥混凝土可选水泥用量、用水量、砂率(或粗集料填充体积率)3 个因素。掺粉煤灰的混凝土可选用水量、基准胶材总量、粉煤灰掺量、粗集料填充体积率 4 个因素。

②每因素选定 3 个水平,并选用 $L_9(3^4)$ 正交表安排试验方案。

(3)试验结果的分析考察指标

对正交试验结果进行直观及回归分析,回归分析的考察指标包括坍落度、弯拉强度、磨损量。有抗冰冻、抗盐冻要求的地区,还应包括抗冻等级、抗盐冻性。

(4)目标配合比的确定

满足坍落度、弯拉强度、磨损量、抗冻等级、抗盐冻性等考察指标要求的正交配合比确定为目标配合比。

2)经验公式法

二级及二级以下公路采用经验公式法时,按下列步骤进行:

(1)初步配合比的计算

①确定弯拉强度均值。按式(11.16)计算 28 d 弯拉强度均值。

②确定水灰(胶)比:

a.计算水灰比。无掺合料时,根据粗集料的类型,水灰比可分别按式(11.17)和式(11.18)统计公式计算:

对碎石或碎卵石混凝土,

$$\frac{W}{C}=\frac{1.568\ 4}{f_c+1.009\ 7-0.359\ 5f_s} \tag{11.17}$$

对卵石混凝土,

$$\frac{W}{C}=\frac{1.261\ 8}{f_c+1.549\ 2-0.470\ 9f_s} \tag{11.18}$$

式中　W/C——水灰比;

　　　f_c——面层水泥混凝土配制 28 d 抗弯拉强度的均值,MPa;

　　　f_s——水泥实测 28 d 抗折强度,MPa。

b.计算水胶比。掺用粉煤灰、硅灰、矿渣粉等掺合料时,应按计入超量取代法中代替水泥的那一部分掺合料用量(代替砂的超量部分不计入)计算水胶比。

c.水灰比的校核。应在满足弯拉强度计算值和耐久性(表11.21)两者要求的水灰比(水胶比)中取小值。

③确定砂率。水泥混凝土的砂率宜根据砂的细度模数和粗集料种类,按表11.26选取。

表11.26 水泥混凝土的砂率

砂细度模数		2.2~2.5	2.5~2.8	2.8~3.1	3.1~3.4	3.4~3.7
砂率 S_P/%	碎石	30~34	32~36	34~38	36~40	38~42
	卵石	28~32	30~34	32~36	34~38	36~40

注:①相同细度模数时,机制砂的砂率宜偏低限取用。

②破碎卵石可在碎石和卵石之间内插取值。

④确定单位用水量:

a.计算单位用水量。根据粗集料种类和坍落度要求,混凝土拌合物每1 m³的用水量,按式(11.19)和式(11.20)计算;掺外加剂的混凝土单位用水量按式(11.21)计算。按式(11.19)或式(11.20)计算得到的用水量是按集料为自然风干状态计。

对碎石混凝土,

$$W_0 = 104.97 + 0.309 S_L + 11.27 \frac{C}{W} + 0.61 S_P \tag{11.19}$$

对砾(卵)石混凝土,

$$W_0 = 86.89 + 0.370 S_L + 11.24 \frac{C}{W} + 1.00 S_P \tag{11.20}$$

$$W_{0w} = W_0 \left(1 - \frac{\beta}{100}\right) \tag{11.21}$$

式中　W_0——不掺外加剂与掺合料混凝土的用水量,kg/m³;

S_L——混凝土拌合物坍落度,mm;

S_P——砂率,%;

W_{0w}——掺外加剂混凝土单位用水量,kg/m³;

β——所用外加剂量的实测减水率,%。

b.单位用水量的校核。计算单位用水量大于表11.27最大单位用水量规定时,应通过采用减水率更高的外加剂降低单位用水量。

表11.27 面层水泥混凝土最大单位用水量

单位:kg/m³

施工工艺	碎石混凝土	卵石混凝土
滑模摊铺机摊铺	160	155
三辊轴机组摊铺	153	148
小型机具摊铺	150	145

⑤确定单位水泥用量：

a.计算单位水泥用量。混凝土拌合物每 1 m³ 的水泥用量按式（11.22）计算。

$$C_0 = \frac{W_0}{W/C} = \left(\frac{C}{W}\right)W_0 \tag{11.22}$$

式中　C_0——单位水泥用量，kg/m³。

b.确定单位水泥用量。混凝土拌合物每 1 m³ 的水泥用量应取计算值和耐久性（表 11.21）规定值两者中的大者。

⑥确定砂石材料单位用量：

a.计算砂石材料单位用量。砂石材料单位用量可按前述体积法或质量法（假定表观密度法）确定。按质量法计算时，混凝土单位质量可取 2 400 ~ 2 450 kg/m³；按体积法计算时，应计入设计含气量。

b.验算砂石材料单位用量。经计算得到的配合比应验算单位粗集料填充体积率，且不宜小于 70%。

（2）配合比的检验与调整

①试拌检验。按初步配合比进行试拌，检验拌合物是否满足不同摊铺方式的最佳工作性要求，检验项目包括含气量、坍落度经时损失、振动黏度系数等。

②调整：

a.在工作性不满足相应摊铺方式要求时，可在保持水灰比不变的前提下，调整单位用水量和砂率，不得减小满足计算弯拉强度及耐久性要求的单位水泥用量。

b.实测拌合物表观密度。对于采用质量法计算的配合比，由于在计算砂、石用量时未考虑含气量，故应实测混凝土拌合物捣实后的表观密度，并按表观密度调整配合比，调整时水灰比不得增大，单位水泥用量不得减小，调整后的拌合物表观密度允许偏差为±2.0%。

③强度复核：

以初选水灰比（水胶比）为中心，按 0.02 增减幅度选定 2 ~ 4 个水灰比（水胶比），制作试件，检验各种混凝土 7 d 和 28 d 配制弯拉强度均值。掺粉煤灰水泥混凝土还应实测 56 d 配制弯拉强度均值。实测弯拉强度后，宜利用其试件完好部分实测抗压强度与劈裂强度，强度实测结果应符合其质量标准。

④耐久性检验：

a.各级公路面层与桥面混凝土设计配合比应实测耐磨性，并应符合表 11.25 的要求。

b.有抗冻要求时，应实测拌合物含气量、硬化混凝土最大气泡间距系数和抗冻性，并用符合表 11.22、表 11.23 及表 11.24 的要求。

c.有抗盐冻要求时，除应检验含气量和最大气泡间距系数外，尚应实测抗盐冻性，并符合要求。

⑤目标配合比的确定。以满足工作性、强度、耐久性同时兼顾经济性的配合比作为实验室基准配合比。

思考题

1.某混凝土搅拌站原使用砂的细度模数为 2.5，后改用细度模数为 2.1 的砂。改砂后原混凝土配方不变,发现混凝土坍落度明显变小,请分析原因。

2.混凝土水灰比(水胶比)的大小对混凝土哪些性质有影响?确定水灰比(水胶比)大小的原因有哪些?

3.试设计某端墙基础(无抗冻性要求)用水泥混凝土的配合组成。

【设计资料】

①设计水泥混凝土强度等级为 C25,施工要求坍落度为 90~110 mm。

②组成材料。

水泥:矿渣硅酸盐水泥32.5级,实测 28 d 抗压强度 39.8 MPa,密度 $\rho_c = 3.1$ g/cm³。

碎石:最大粒径为 31.5 mm,表观密度 $\rho_g = 2.716$ g/cm³,现场含水率为 2.0%。

砂:清洁河砂,中砂,表观密度 $\rho_s = 2.606$ g/cm³,现场含水率为 3.0%。

水:饮用水,符合水泥混凝土拌和用水要求。

【设计要求】

①确定水泥混凝土配制强度。

②按《普通水泥混凝土配合比设计规程》(JGJ 55—2011)的规定方法(体积法及假定表观密度法)计算初步配合比。

③通过实验室试样调整,采用 3 个不同的配合比成型试件,其中一组是基准配合比,另两组的水胶比则分别增加及减少 0.05。28 d 抗压强度试验实测结果分别为 33.6 MPa,28.6 MPa,22.6 MPa,确定实验室配合比。

④按提供的现场材料含水率折算为工地配合比。

4.某实验室试拌混凝土15 L,经调整后各材料的用量为:水泥5.2 kg,水2.9 kg,砂9.6 kg,碎石 18.5 kg。实测混凝土拌合物的密度为 2 362 kg/m³,经强度检测满足设计要求。试确定:

①实验室配合比。

②施工现场砂的含水率为 4%、碎石的含水率为 1.5%,试确定施工配合比。

③水泥选用 42.5 级普通水泥,实测强度为 47.3 MPa,施工时直接将实验室配合比误作施工配合比,试分析其对混凝土强度有何影响。

项目 12　砌筑砂浆配合比设计

【项目描述】

砌筑砂浆的质量主要取决于原材料的质量和原材料的配合比例。《桥涵施工技术规范》（JTG/T 3650—2020）规定，砌筑砂浆所用的水泥、砂、水等材料的质量应符合规范中的相应规定，砂浆的配合比应通过试验确定，当变更砂浆的组成材料时，其配合比应重新试验确定。

本项目为砌筑砂浆的配合比设计。学生通过对相关理论知识的学习，完成"给定数据进行配合比计算，分析给定数据指标调整与确定配合比"工作任务的训练，掌握配合比设计的方法步骤。

【学习目标】

①熟悉砌筑砂浆配合比设计方法步骤。

②能根据给定数据完成配合比计算。

1.相关知识

砌筑砂浆配合比设计应满足以下基本要求：

①砂浆拌合物的和易性应满足施工要求。

②砌筑砂浆的强度、耐久性应满足设计要求。

③经济上应合理，水泥、掺合料的用量应较少。

2.砌筑砂浆配合比设计的方法与步骤

1）配合比计算

（1）确定砂浆的试配强度

砂浆的试配强度应按式（12.1）计算。

$$f_{m,0} = kf_2 \tag{12.1}$$

式中　$f_{m,0}$——砂浆的试配强度，MPa，精确至 0.1 MPa；

　　　f_2——砂浆的强度等级值，MPa，精确至 0.1 MPa；

　　　k——系数，按表 12.1 取值。

表 12.1　砂浆强度标准差 σ 及 k 值

强度等级 施工水平	强度标准差 σ							k
	M5	M7.5	M10	M15	M20	M25	M30	
优良	1.00	1.50	2.00	3.00	4.00	5.00	6.00	1.15
一般	1.25	1.88	2.50	3.75	5.00	6.25	7.50	1.20
较差	1.50	2.25	3.00	4.50	6.00	7.50	9.00	1.25

砂浆强度标准差 σ 的确定。当有统计资料时,标准差应按式(12.2)计算。

$$\sigma = \sqrt{\frac{\sum_{i=1}^{n} f_{mi}^2 - n\mu_{f_m}^2}{n-1}} \tag{12.2}$$

式中　$f_{m,i}$——统计周期内同一品种砂浆第 i 组试件的强度,MPa;

　　　μ_{f_m}——统计周期内同一品种砂浆 n 组试件强度的平均值,MPa;

　　　n——统计周期内同一品种砂浆试件的总组数,$n \geq 25$。

当没有近期统计资料时,砂浆现场强度标准差可按表 12.1 取用。

(2)计算水泥用量

每立方米砂浆中的水泥用量,应按式(12.3)计算。

$$Q_C = \frac{1\,000(f_{m,0} - \beta)}{\alpha f_{ce}} \tag{12.3}$$

式中　Q_C——每立方米砂浆的水泥用量,kg,精确至 1 kg;

　　　f_{ce}——水泥的实测强度,MPa,精确至 0.1 MPa;

　　　α,β——砂浆的特征系数,其中 α 取 3.03,β 取 -15.09。

在无法取得水泥的实测强度值时,可按式(12.4)计算 f_{ce}。

$$f_{ce} = \gamma_c f_{ce,k} \tag{12.4}$$

式中　$f_{ce,k}$——水泥强度等级对应的强度值;

　　　γ_c——水泥强度等级值富余系数,该值应按实际统计资料确定,无统计资料时取 1.0。

(3)计算石灰膏用量 Q_D

为了改善砂浆的稠度,提高保水性,可掺入石灰膏。每立方米砂浆中石灰膏用量按式(12.5)计算。

$$Q_D = Q_A - Q_C \tag{12.5}$$

式中　Q_D——每立方米砂浆的石灰膏用量,kg,精确至 1 kg,石灰膏使用时的稠度为 120±5 mm;

　　　Q_C——每立方米砂浆的水泥用量,kg,精确至 1 kg;

　　　Q_A——每立方米砂浆中水泥和石灰膏的总量,精确至 1 kg,可为 350 kg。

不同稠度的石灰膏,其用量应按表 8.1 中的系数进行估算。

(4)确定砂用量 Q_S

每立方米砂浆中的砂用量,应按干燥状态(含水率小于 0.5%)的堆积密度值作为计算值(kg)。砂浆中水、胶凝材料和掺合料用来填充砂子的空隙,因此,1 m³ 砂就构成了 1 m³ 的砂浆。1 m³ 干燥状态砂子的堆积密度值,也就是 1 m³ 砂浆所用的干砂用量。

(5)确定用水量 Q_W

每立方米砂浆中的用水量,根据砂浆稠度等要求可选用 210~310 kg。混合砂浆中的用水量,不包括石灰膏或黏土膏中的水;当采用细砂或粗砂时,用水量分别取上限或下限;稠度小于 70 mm 时,用水量可小于下限;施工现场气候炎热或干燥季节,可酌量增加用水量。

2)经验选用法

①水泥砂浆试配的材料用量可按表 12.2 选用。

表 12.2　每立方米水泥砂浆材料用量

单位:kg/m³

强度等级	水　泥	砂	用水量
M5	200~230		
M7.5	230~260		
M10	260~290		
M15	290~330	砂的堆积密度值	270~330
M20	340~400		
M25	360~410		
M30	430~480		

注:①M15 及 M15 以下强度等级水泥砂浆,水泥强度等级为 32.5 级;M15 以上强度等级水泥砂浆,水泥强度等级为 42.5级。

②当采用细砂或粗砂时,用水量分别取上限或下限。

③稠度小于 70 mm 时,用水量可小于下限。

④施工现场气候炎热或干燥季节,可酌量增加用水量。

⑤试配强度按式(12.1)计算。

②水泥粉煤灰砂浆材料用量可按表 12.3 选用。

表 12.3　每立方米水泥粉煤灰砂浆材料用量

单位:kg/m³

强度等级	水泥和粉煤灰总量	粉煤灰	砂	用水量
M5	210~240			
M7.5	240~270	粉煤灰掺量可占胶凝材料总量的 15%~25%	砂的堆积密度值	270~330
M10	270~300			
M15	300~330			

注:①表中水泥强度等级为 32.5 级。

②当采用细砂或粗砂时,用水量分别取上限或下限。

③稠度小于 70 mm 时,用水量可小于下限。

④施工现场气候炎热或干燥季节,可酌量增加用水量。

⑤试配强度按式(12.1)计算。

砂浆掺入粉煤灰后,其早期强度会有所降低,因此水泥与粉煤灰胶凝材料总量比水泥砂浆中水泥用量略高。考虑到水泥中特别是 32.5 级水泥中会掺入较大量混合材料,为了保证砂浆耐久性,规定粉煤灰掺量不宜超过胶凝材料总量的 25%。当掺入矿渣粉等其他活性混合材时,可参照表 12.3 选用。

3)配合比的试配、调整与确定

(1)试配检验,调整和易性,确定基准配合比

①砂浆试配时搅拌要求。按计算配合比进行试拌,试拌应采用机械搅拌,搅拌时间自加水时开始算起,并符合下列规定:

a.水泥砂浆和水泥混合砂浆,搅拌时间不得少于 120 s。

b.预拌砂浆和掺有粉煤灰、外加剂、保水增稠剂材料的砂浆,搅拌时间不少于 180 s。

②测定拌合物的稠度和保水率,若不满足要求,则调整材料用量,直到符合要求为止,由此得到基准配合比。

(2)砂浆强度调整与配合比确定

为了满足试配强度的要求,检验强度时至少应采用 3 个不同的配合比,其中一个为基准配合比,另外两个配合比的水泥用量,按基准配合比分别增加和减少 10%,在保证稠度、保水率合格的条件下,可将用水量或掺合料用量作相应调整。3 组配合比测定表观密度后,分别成型、养护、测定 28 d 强度,选定符合试配强度要求且水泥用量最低的配合比作为砂浆试配配合比。

(3)配合比的校正

①根据试配配合比按式(12.6)计算理论表观密度。

$$\rho_t = Q_C + Q_D + Q_S + Q_W \tag{12.6}$$

式中 ρ_t——砂浆的理论表观密度值,kg/m³,精确至 10 kg/m³。

②按式(12.7)计算砂浆的配合比校正系数 δ。

$$\delta = \rho_c / \rho_t \tag{12.7}$$

式中 ρ_c——砂浆的实测表观密度值,kg/m³,精确至 10 kg/m³。

③当砂浆的实测表观密度值与理论表观密度值之差的绝对值不超过理论值的 2% 时,砂浆的试配配合比确定为砂浆设计配合比;当超过 2% 时,应将试配配合比中每项材料均乘以校正系数 δ 后确定为砂浆的设计配合比。

【案例 12.1】设计某路基工程浆砌片石用水泥砂浆的配合比。

【设计资料】①已知砂浆强度等级为 M10,稠度要求为 50~70 mm,施工水平一般。

②原材料:P·S·A 32.5 矿渣水泥,没有富余系数统计资料;天然砂。

【设计要求】①计算初步配合比。

②按初步配合比在试验室进行试拌调整得出试配配合比。

③校正试配配合比确定设计配合比。

【设计步骤】1)原材料检验

①P·S·A 32.5 矿渣水泥检验结果见表 12.4。

表 12.4　水泥检验结果

检验项目		标准规定值	检验结果
细度(负压筛法)/%		≤10	6.1
安定性(雷氏夹法)		合格	合格
初凝时间/min		≥45	235
终凝时间/min		≤600	317
抗压强度/MPa	3 d	≥10.0	19.2
	28 d	≥32.5	36.4
抗折强度/MPa	3 d	≥2.5	3.9
	28 d	≥5.5	7.1

②天然砂检验结果见表 12.5。

表 12.5　天然砂检验结果

检验项目		标准规定值		检验结果	
细度模数		2.3~3.0		2.52	
堆积密度/(kg·m^{-3})		>1 350		1 460	
表观密度/(kg·m^{-3})		>2 500		2 650	
空隙率/%		<47		41.7	
含泥量/%		≤5.0		1.0	
泥块含量/%		≤2.0		0.1	
颗粒级配	筛孔尺寸/mm	4.75	2.36	1.18	0.6	0.3	0.15
	累计筛余/%						
	规定值	10~0	25~0	50~10	70~41	92~70	100~90
	检验值	3.7	7.1	17.7	51.2	85.0	99.6

2)配合比设计

(1)计算配合比

①确定试配强度。

$$f_{m,0} = kf_2 = 1.2 \times 10 \text{ MPa} = 12 \text{ MPa}$$

②计算水泥用量 Q_C。

$$Q_C = \frac{1\ 000(f_{m,0} - \beta)}{\alpha f_{ce}} = \frac{1\ 000 \times (12 + 15.09)}{3.03 \times 32.5} = 275(\text{kg})$$

③确定砂用量。砂的堆积密度为 1 460 kg/m³,则 $Q_s = 1\ 460$ kg。

④确定用水量。取用水量 280 kg。

砂浆的计算配合比为:$Q_C : Q_S : Q_W = 275 : 1\ 460 : 280$。

（2）试配检验，确定基准配合比

①按计算配合比试拌 3 L，每种材料的用量为：

$$Q_C = 275 \text{ kg} \times 0.003 = 0.825 \text{ kg}$$

$$Q_S = 1\ 460 \text{ kg} \times 0.003 = 4.38 \text{ kg}$$

$$Q_W = 280 \text{ kg} \times 0.003 = 0.84 \text{ kg}$$

②拌和检验稠度为 45 mm，调整用水量为 290 kg/m³，再经试拌稠度为 57 mm，符合要求，则基准配合比为 $Q_C : Q_S : Q_W = 275 : 1\ 460 : 290$。

（3）检验强度，得出试配配合比

①以每立方米砂浆水泥用量为 248 kg、303 kg，砂、水用量不变，再拌制两组试样，分别测其稠度。

②水泥用量以 248 kg 为一组，稠度为 47 mm，调整用水量为 296 kg/m³，再测其稠度为 56 mm，符合要求；水泥用量以 303 kg 为一组，稠度为 73 mm，调整用水量为 278 kg/m³，再测其稠度为61 mm，符合要求。

③以 $Q_C : Q_S : Q_W = 248 : 1\ 460 : 296；Q_C : Q_S : Q_W = 275 : 1\ 460 : 290；Q_C : Q_S : Q_W = 303 : 1\ 460 : 278$ 为配合比，成型 3 组强度试件。

④试件标准条件养护 28 d，检验强度，结果见表12.6。

表 12.6 水泥砂浆强度检验结果

试样编号	Ⅰ组			Ⅱ组			Ⅲ组		
	Ⅰ-1	Ⅰ-2	Ⅰ-3	Ⅱ-1	Ⅱ-2	Ⅱ-3	Ⅲ-1	Ⅲ-2	Ⅲ-3
破坏荷载/kN	38.11	42.13	41.69	50.65	47.99	53.98	61.98	58.04	64.54
强度/MPa	7.6	8.4	8.3	10.1	9.6	10.8	12.4	11.6	12.9
强度平均值/MPa	8.1			10.2			12.3		

⑤绘制抗压强度与水泥用量关系图，如图 12.1 所示。

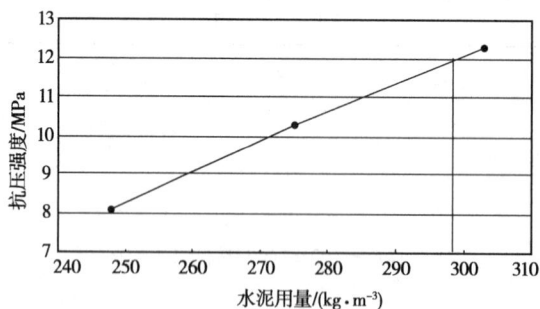

图 12.1 砂浆水泥用量和抗压强度关系图

⑥图上查得强度为 12 MPa 对应的水泥用量为 298 kg。

⑦取每立方米砂浆水泥用量 298 kg、砂用量 1 460 kg、水用量 278 kg，试拌测其稠度为 57 mm，符合要求，并测其表观密度 ρ_c 为 2 085 kg/m³。

则试配配合比为 $Q_C : Q_S : Q_W = 298 : 1\ 460 : 278$。

(4)校正配合比,确定设计配合比

①根据试配配合比计算理论表观密度。

$$\rho_t = Q_C + Q_S + Q_W = (298 + 1\,460 + 278)\ \text{kg/m}^3 = 2\,036\ \text{kg/m}^3$$

②2 085−2 036=49>2 038×2%=41

③计算校正系数 δ:

$$\delta = \rho_c/\rho_t = 2\,085/2\,036 = 1.02$$

④每立方米砂浆各材料用量:

$$Q_C = 298\ \text{kg} \times 1.02 = 304\ \text{kg}$$

$$Q_S = 1\,460\ \text{kg} \times 1.02 = 1\,489\ \text{kg}$$

$$Q_W = 278\ \text{kg} \times 1.02 = 283\ \text{kg}$$

⑤砂浆设计配合比为:

$$Q_C : Q_S : Q_W = 304 : 1\,489 : 283 = 1 : 4.87 : 0.92$$

思考题

1.简述砂浆试配时的搅拌要求。

2.某涵洞基础需要 M7.5 水泥砂浆,所用材料:水泥为 P·S·A 32.5;砂为中砂,含水率为 2%,堆积密度为 1 550 kg/m³;自来水。试计算该水泥砂浆的初步配合比。

项目 13　无机结合料稳定材料目标配合比设计

【项目描述】

　　无机结合料稳定材料组成设计是路面结构设计的重要组成部分。无机结合料稳定类材料的配合比设计,也称混合料的组成设计,包括目标配合比设计、生产配合比设计和施工参数确定3部分。目标配合比设计是根据公路等级、交通荷载等级、结构形式、材料类型等因素确定原材料、掺合料(需要时)目标级配及各档矿料的掺配比例,确定结合料的剂量及混合料的最佳含水率。生产配合比设计和施工参数的确定应结合生产现场的拌和设备来完成,主要目的是完成拌和设备的调试标定,确定施工中结合料的剂量,施工合理的含水率、水泥稳定材料的容许延迟时间等内容。

　　本项目学习无机结合料稳定材料的目标配合比设计。学生通过对相关理论知识的学习,完成"给定数据确定矿质混合料的掺配比例、最佳含水率及结合料(水泥或石灰)的剂量"工作任务的训练,掌握无机结合料稳定材料目标配合比设计的方法和步骤。

【学习目标】

　　①熟悉无机结合料稳定材料配合比设计流程。

　　②熟悉水泥稳定材料、石灰稳定材料的配合比设计步骤。

1.相关知识

(1)设计主要指标

无机结合料稳定材料配合比设计的主要指标为 7 d 龄期无侧限抗压强度。

(2)无机结合料剂量的表示

①水泥稳定材料的水泥剂量应以水泥质量占全部干燥被稳定材料质量的百分率表示。

②石灰稳定材料的石灰剂量应以石灰占全部干燥被稳定材料质量的百分率表示。

③石灰工业废渣混合料应采用质量配合比计算,以石灰:工业废渣:被稳定材料的质量表示。

④水泥工业废渣混合料应采用质量配合比计算,以水泥:工业废渣:被稳定材料的质量表示。

(3)被稳定材料的分档要求

《公路路面基层施工技术细则》(JTG/T F20—2015)规定,被稳定材料的分档应符合表 13.1的要求。

表 13.1　材料分档要求

层　位	高速公路和一级公路		二级及二级以下公路
	极重、特重交通	重、中、轻交通	
基层	≥5	≥4	≥3 或 ≥4ᵃ
底基层	≥4	≥3 或 ≥4ᵃ	≥3

注:a.对一般工程,可选择不少于 3 档备料,对极重、特重交通荷载等级且强度要求较高时,为了保证级配的稳定,宜
　　选择不少于 4 档备料。

（4）混合料配合比设计流程

混合料配合比设计流程如图 13.1 所示。

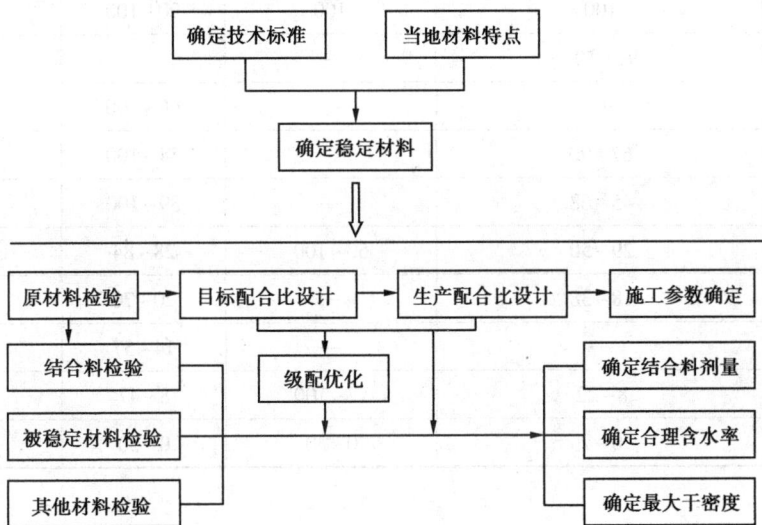

图 13.1　混合料配合比设计流程图

2.无机结合料稳定材料目标配合比设计步骤

1)原材料试验

原材料试验主要包括被稳定材料和结合料的性质试验。参考"教学单元 1 的项目 4 无机结合料稳定材料用原材料性能分析与检验"内容对所选择的原材料进行检验。

2)混合料级配的组成设计

（1）确定混合料矿料级配范围

混合料矿料的级配范围根据设计文件确定。《公路路面基层施工技术细则》（JTG/T F20—2015）给出的推荐级配范围如下:

①水泥稳定材料的推荐级配范围。采用水泥稳定材料,被稳定材料中含有一定量的碎石或砾石,且小于 0.6 mm 的颗粒含量在 30% 以下时,塑性指数可大于 17,且土的不均匀系数应大于5,其级配可采用表 13.2 中推荐的级配范围,并应符合下列规定:用于高速公路和一级公路的底基层时,被稳定材料的公称最大粒径应不大于 31.5 mm,级配宜符合表 13.2 中 C-A-1 或者 C-A-2

的规定,被稳定材料中不宜含有黏性土或粉性土;用于二级公路的基层时,级配宜符合表 13.2 中 C-A-1 的规定,被稳定材料中不宜含有黏性土或粉性土;用于二级以下公路的基层时,级配宜符合表 13.2 中 C-A-3 的规定,被稳定材料公称最大粒径应不大于 37.5mm;用于二级及二级以下公路的底基层时,级配宜符合表 13.2 中 C-A-4 的规定,被稳定材料的公称最大粒径不大于 37.5mm。

表 13.2　水泥稳定材料的推荐级配范围

筛孔尺寸 /mm	高速公路和一级公路底基层或二级公路的基层/%	高速公路和一级公路底基层/%	二级以下公路基层/%	二级及二级以下公路底基层/%
	C-A-1	C-A-2	C-A-3	C-A-4
53	—	—	100	100
37.5	100	100	90~100	—
31.5	90~100	—	—	—
26.5	—	—	66~100	—
19	67~90	—	54~100	—
9.5	45~68	—	39~100	—
4.75	29~50	50~100	28~84	50~100
2.36	18~38	—	20~70	—
1.18	—	—	14~57	—
0.6	8~22	17~100	8~47	17~100
0.075	0~7	0~30	0~30	0~50

②水泥稳定级配碎石或砾石的推荐级配范围。水泥稳定级配碎石或砾石的级配可采用表 13.3 中推荐的级配范围,并宜符合下列规定:用于高速公路和一级公路时,级配宜符合表 13.3 中 C-B-1、C-B-2 的规定;混合料密实时,也可采用 C-B-3 级配。C-B-1 级配宜用于基层和底基层,C-B-2 级配宜用于基层;用于二级及二级以下公路时,级配宜符合表 13.2 中 C-C-1、C-C-2、C-C-3 的规定。C-C-1 级配宜用于基层和底基层,C-C-2、C-C-3 级配宜用于基层,C-B-3 级配宜用于极重、特重交通荷载等级下的基层;被稳定材料的液限宜不大于 28%;用于高速公路和一级公路时,被稳定材料的塑性指数宜不大于 5,用于二级及二级以下公路时,宜不大于 7。

表 13.3　水泥稳定级配碎石或砾石的推荐级配范围

筛孔尺寸 /mm	高速公路和一级公路/%			二级及二级以下公路/%		
	C-B-1	C-B-2	C-B-3	C-C-1	C-C-2	C-C-3
37.5	—	—	—	100	—	—
31.5	—	—	100	100~90	100	—
26.5	100	—	—	94~81	100~90	100
19	86~82	100	68~86	83~67	87~73	100~90
16	79~73	93~88	—	78~61	82~65	92~79

筛孔尺寸 /mm	高速公路和一级公路/%			二级及二级以下公路/%		
	C-B-1	C-B-2	C-B-3	C-C-1	C-C-2	C-C-3
13.2	72~65	86~76	—	73~54	75~58	83~67
9.5	62~53	72~59	38~58	64~45	66~47	71~52
4.75	45~35	45~35	22~32	50~30	50~30	50~30
2.36	31~22	31~22	16~28	36~19	36~19	36~19
1.18	22~13	22~13	—	26~12	26~12	26~12
0.6	15~8	15~8	8~15	19~5	19~5	19~5
0.3	10~5	10~5	—	14~5	14~5	14~5
0.15	7~3	7~3	—	10~3	10~3	10~3
0.075	5~2	5~2	0~3	7~2	7~2	7~2

③石灰粉煤灰稳定材料的推荐级配范围。石灰粉煤灰稳定材料可采用表 13.4 中推荐的级配范围,并应符合下列规定:用于高速公路和一级公路基层时,石灰粉煤灰总质量宜占 15%,应不大于 20%,被稳定材料公称最大粒径应不大于 26.5 mm,级配宜符合表 13.4 中 LF-A-2L 和 LF-A-2S 的规定;用于高速公路和一级公路底基层时,各档被稳定材料总质量不宜小于 80%,级配宜符合表 13.4 中 LF-A-1L 和 LF-A-1S 的规定。对极重、特重交通荷载等级,级配宜符合表 13.4 中 LF-A-2L 和 LF-A-2S 的规定;用于二级及二级以下公路基层时,被稳定材料的公称最大粒径应不大于 31.5 mm,其总质量宜不小于 80%,并符合表 13.4 中 LF-B-2L 和 LF-B-2S 的规定;用于二级及二级以下公路底基层时,各档被稳定材料总质量宜不小于 70%,并符合表 13.4 中 LF-B-1L 和 LF-B-1S 的规定。对极重、特重交通荷载等级,可选择符合表 13.4 中 LF-B-2L 和 LF-B-2S 的规定。

表 13.4　石灰粉煤灰稳定级配碎石或砾石的推荐级配范围

筛孔尺寸 /mm	高速公路和一级公路/%				二级及二级以下公路/%			
	稳定碎石		稳定砾石		稳定碎石		稳定砾石	
	LF-A-1S	LF-A-2S	LF-A-1L	LF-A-2L	LF-B-1S	LF-B-2S	LF-B-1L	LF-B-2L
37.5	—	—	—	—	100	—	100	—
31.5	100	—	100	—	100~90	100	100~90	100
26.5	95~91	100	96~93	100	94~81	100~90	95~84	100~90
19	85~76	89~82	88~81	91~86	83~67	87~73	87~72	91~77
16	80~69	84~73	84~75	87~79	78~61	82~65	83~67	86~71
13.2	72~62	78~65	79~69	82~72	73~54	75~58	79~62	81~65
9.5	65~51	67~53	71~60	73~62	64~45	66~47	72~54	74~55
4.75	45~35	45~35	55~45	55~45	50~30	50~30	60~40	60~40
2.36	31~22	31~22	39~27	39~27	36~19	36~19	44~24	44~24
1.18	22~13	22~13	28~16	28~16	26~12	26~12	33~15	33~15

续表

筛孔尺寸 /mm	高速公路和一级公路/%				二级及二级以下公路/%			
	稳定碎石		稳定砾石		稳定碎石		稳定砾石	
	LF-A-1S	LF-A-2S	LF-A-1L	LF-A-2L	LF-B-1S	LF-B-2S	LF-B-1L	LF-B-2L
0.6	15~8	15~8	20~10	20~10	19~8	19~8	25~9	25~9
0.3	10~5	10~5	14~6	14~6	—	—	—	—
0.15	7~3	7~3	10~3	10~3	—	—	—	—
0.075	5~2	5~2	7~2	7~2	7~2	7~2	10~2	10~2

④水泥粉煤灰稳定材料的推荐级配范围。水泥粉煤灰稳定材料可采用表 13.5 中推荐的级配范围,并应符合下列规定:用于高速公路和一级公路基层时,水泥粉煤灰总质量宜为 12%,应不大于 18%,各档被稳定材料总质量宜不小于 85%,其公称最大粒径应不大于 26.5 mm,级配宜符合表 13.5 中 CF-A-2L 和 CF-A-2S 的规定;用于高速公路和一级公路底基层时,各档被稳定材料总质量不宜小于 80%,级配宜符合表 13.5 中 CF-A-1L 和 CF-A-1S 的规定。对极重、特重交通荷载等级,级配宜符合表 13.5 中 CF-A-2L 和 CF-A-2S 的规定;用于二级及二级以下公路基层时,被稳定材料的公称最大粒径应不大于 31.5mm,其总质量宜不小于 80%,级配宜符合表 13.5 中 CF-B-2L 和 CF-B-2S 的规定;用于二级及二级以下公路底基层时,各档被稳定材料总质量宜不小于 75%,级配宜符合表 13.5 中 CF-B-1L 和 CF-B-1S 的规定。对极重、特重交通荷载等级,级配宜符合表 13.5 中 CF-B-2L 和 CF-B-2S 的规定。

表 13.5　水泥粉煤灰稳定级配碎石或砾石的推荐级配范围

筛孔尺寸 /mm	高速公路和一级公路/%				二级及二级以下公路/%			
	稳定碎石		稳定砾石		稳定碎石		稳定砾石	
	CF-A-1S	CF-A-2S	CF-A-1L	CF-A-2L	CF-B-1S	CF-B-2S	CF-B-1L	CF-B-2L
37.5	—	—	—	—	100	—	100	—
31.5	100	—	100	—	100~90	100	100~90	100
26.5	95~90	100	95~91	100	93~80	100~90	94~81	100~90
19	84~72	88~79	85~76	89~82	81~64	86~70	83~67	87~73
16	79~65	82~70	80~69	84~73	75~57	79~62	78~61	82~65
13.2	72~57	76~61	75~62	78~65	69~50	72~54	73~54	75~58
9.5	61~47	64~49	65~51	67~53	60~40	62~42	64~45	66~47
4.75	40~30	40~30	45~35	45~35	45~25	45~25	50~30	50~30
2.36	28~19	28~19	33~22	33~22	31~16	31~16	36~19	36~19
1.18	20~12	20~12	24~13	24~13	22~11	22~11	26~12	26~12
0.6	14~8	14~8	18~8	18~8	15~7	15~7	19~8	19~8
0.3	10~5	10~5	13~5	13~5	—	—	—	—
0.15	7~3	7~3	10~3	10~3	—	—	—	—
0.075	5~2	5~2	7~2	7~2	5~2	5~2	7~2	7~2

（2）计算组成材料的掺配比例

根据各组成材料的筛分试验资料,采用图解法或试算法,确定各组成材料用量比例。

3）结合料剂量的设计

（1）拟定结合料的剂量

按无机结合料稳定材料类型,拟定 5 个结合料剂量。

①水泥稳定材料配合比试验拟定剂量可采用表 13.6 中的推荐值,最小剂量应符合表 13.7 的最小剂量。根据拌和均匀性要求,材料组成设计所得水泥剂量少于表 13.7 中最小剂量时,应按表 13.7 采用最小剂量。

表 13.6　水泥稳定材料配合比试验推荐水泥试验剂量表

被稳定材料	条　件		推荐试验剂量/%
有级配的碎石或砾石	基层	$R_d \geqslant 5$ MPa	5、6、7、8、9
		$R_d < 5$ MPa	3、4、5、6、7
土、砂、石屑		塑性指数<12	5、7、9、11、13
		塑性指数≥12	6、8、10、12、14
有级配的碎石或砾石	底基层	—	3、4、5、6、7
土、砂、石屑		塑性指数<12	4、5、6、7、8
		塑性指数≥12	6、8、10、12、14
碾压贫混凝土	基层	—	7、8.5、10、11.5、13

表 13.7　水泥的最小剂量

被稳定材料类型	拌和方法	
	路拌法	集中厂拌法
中、粗粒材料	4%	3%
细粒材料	5%	4%

②对石灰粉煤灰稳定材料和水泥粉煤灰稳定材料,结合料拟定剂量采用表 13.8 和表 13.9 中的推荐值,必要时可采用正交设计或均匀设计方法。

表 13.8　石灰粉煤灰稳定材料和石灰煤渣稳定材料推荐比例

材料类型	材料名称	使用层位	结合料间比例	结合料与被稳定材料间的比例
石灰粉煤灰	硅铝粉煤灰的石灰粉煤灰类[a]	基层或底基层	石灰:粉煤灰=1:2~1:9	—
	石灰粉煤灰土	基层或底基层	石灰:粉煤灰=1:2~1:4[b]	石灰粉煤灰:细粒材料=30:70[c]~10:90
	石灰粉煤灰稳定级配碎石或砾石	基层	石灰:粉煤灰=1:2~1:4	石灰粉煤灰:被稳定材料=20:80~15:85[d]

续表

材料类型	材料名称	使用层位	结合料间比例	结合料与被稳定材料间的比例
石灰煤渣	石灰煤渣稳定材料	基层或底基层	石灰：煤渣 = 20：80~15：85	—
	石灰煤渣土	基层或底基层	石灰：煤渣 = 1：1~1：4	石灰煤渣：细粒材料 = 1：1~1：4[e]
	石灰煤渣稳定材料	基层或底基层	石灰：煤渣：被稳定材料 = (7~9)：(26~33)：(67~58)	

注:a.CaO 含量为 2%~6% 的硅铝粉煤灰。

　　b.粉土以 1：2 为宜。

　　c.采用此比例时,石灰与粉煤灰之比宜为(1：2)~(1：3)。

　　d.石灰粉煤灰与粒料之比为(15：85)~(20：80)时,在混合料中,粒料形成骨架,石灰粉煤灰起填充孔隙和胶结作用。

　　这种混合料称骨架密实式石灰粉煤灰粒料。

　　e.混合料中石灰应不少于10%,可通过试验选取强度较高的配合比。

表 13.9　水泥粉煤灰稳定材料和水泥煤渣稳定材料推荐比例

材料类型	材料名称	使用层位	结合料间比例	结合料与被稳定材料间的比例
水泥粉煤灰	硅铝粉煤灰的水泥粉煤灰类[a]	基层或底基层	水泥：粉煤灰 = 1：3~1：9	—
	水泥粉煤灰土	基层或底基层	水泥：粉煤灰 = 1：3~1：5	水泥粉煤灰：细粒材料 = 30：70[b]~10：90
	水泥粉煤灰稳定级配碎石或砾石	基层	水泥：粉煤灰 = 1：3~1：5	水泥粉煤灰：被稳定材料 = 20：80~15：85[c]
水泥煤渣	水泥煤渣稳定材料	基层或底基层	水泥：煤渣 = 5：95~15：85	—
	水泥煤渣土	基层或底基层	水泥：煤渣 = 1：2~1：5	水泥煤渣：细粒材料 = 1：2~1：5[d]
	水泥煤渣稳定材料	基层或底基层	水泥：煤渣：被稳定材料 = (3~5)：(26~33)：(71~62)	

注:a.CaO 含量为 2%~6% 的硅铝粉煤灰。

　　b.采用此比例时,水泥与粉煤灰之比宜为(1：2)~(1：3)。

　　c.水泥粉煤灰与粒料之比为(15：85)~(20：80)时,在混合料中,粒料形成骨架,水泥粉煤灰起填充孔隙和胶结作用。

　　d.混合料中水泥应不少于4%,可通过试验选取强度较高的配合比。

（2）确定各种混合料的最佳含水量、最大干密度和工地预期达到的干密度

①按拟定的水泥或石灰剂量拌制混合料。

②做不同结合料剂量混合料的重型击实试验,得出最佳含水率和最大干密度。

③按规定压实度分别计算不同结合料剂量试件应有的干密度,也就是工地预期达到的干密度。

（3）制备无侧限抗压强度试件

①按最佳含水率和工地预期达到的干密度制备试件。

②试件的尺寸及最少试件数量，根据被稳定材料的粒径大小按表 9.1 确定。如试验结果的偏差系数大于表中规定的值，则应重做试验，并找出原因，加以解决，如不能降低偏差系数，则应增加试件数量。

4）强度检验

试件在规定温度下保温养生 6 d，浸水 24 h 后，按《公路工程无机结合料稳定材料试验规程》（JTG E51—2009）进行无侧限抗压强度试验，计算试验结果的平均值和偏差系数，并按式（13.1）得出强度代表值 R_d^0。对强度数据进行处理时，宜按 3 倍标准差的标准剔除异常数值，且同一组试验样本异常值剔除应不多于 2 个。

$$\overline{R} \geq \frac{R_d}{1 - Z_a C_v} \tag{13.1}$$

式中　$\overline{R}$——一组试验的强度平均值，MPa；

$\quad\quad C_v$——一组试验的强度变异系数；

$\quad\quad Z_a$——标准正态分布表中随保证率或置信度 α 而变的系数，高速公路和一级公路应取保证率 95%，即 $Z_a = 1.645$；二级及二级以下公路应取保证率 90%，即 $Z_a = 1.282$。

5）选定结合料的剂量

①根据试验结果和设计的强度标准，选定满足设计要求的最佳结合料剂量。

②此剂量试件室内试验结果的强度代表值 R_d^0 应不小于设计的强度标准值 R_d，式（13.2）所示。

$$R_d^0 \geq R_d \tag{13.2}$$

③高速公路和一级公路还应验证 90 d 或 180 d 龄期的弯拉强度和抗压回弹模量。

【案例 13.1】水泥稳定级配碎石配合比设计。某新建二级公路，选用水泥稳定级配碎石作为基层。设计强度要求 7 d 龄期的饱水强度为 4.0 MPa，施工时混合料采用集中厂拌法，现场碾压时压实度按 97% 控制。试设计水泥剂量。

材料品种规格：

①水泥：选用 P·S·A 32.5 矿渣水泥。

②矿质材料：选用 G6（10~30 mm 碎石）、G11（5~10 mm 碎）、XG3（0~5 mm 石屑）。

工程设计文件要求级配范围见表 13.10。

表 13.10　水泥稳定级配碎石（C-B-3）级配范围

层　位	通过下列方筛孔（mm）的质量百分率/%						
	31.5	19.0	9.50	4.75	2.36	0.6	0.075
基　层	100	68~86	38~58	22~32	16~28	8~15	0~3

【设计步骤】1）原材料的检验

①P·S·A 32.5 矿渣水泥检验结果见表 13.11。

表 13.11　水泥检验结果

检验项目		标准规定值	检验结果
细度(负压筛法)/%		≤10	5.4
安定性(雷氏夹法)		合格	合格
初凝时间/min		≥240	245
终凝时间/min		≥360 且 ≤600	372
抗压强度/MPa	3 d	≥10.0	19.2
	28 d	≥32.5	36.4
抗折强度/MPa	3 d	≥2.5	3.7
	28 d	≥5.5	7.1

②10~30 mm 碎石:压碎值为 25.6%,符合要求(≤35%)。

③各种材料的筛分结果见表 13.12。

表 13.12　各种材料筛分结果

材料名称	筛孔尺寸/mm						
	31.5	19	9.5	4.75	2.36	0.6	0.075
	通过百分率/%						
10~30 mm 碎石	100	39.4	1.6	0.3	0.3	0.3	0.2
5~10 mm 碎石	100	100	94.9	19.9	2.7	1.7	0.4
0~5 mm 石屑	100	100	99.5	96.5	79.0	45.7	8.0

2)矿质混合料的配合比设计

利用 Excel 表格试配法完成矿料配合比,合成级配计算见表 13.13,合成级配图如图 13.2 所示。

表 13.13　矿质混合料的合成级配计算表

材料名称		配合比/%	筛孔尺寸/mm						
			31.5	19	9.5	4.75	2.36	0.6	0.075
			通过百分率/%						
原材料级配	10~30 mm 碎石	100	100	39.4	1.6	0.3	0.3	0.3	0.2
	5~10 mm 碎石	100	100	100	94.9	19.9	2.7	1.7	0.4
	0~5mm 碎石	100	100	100	99.5	96.5	79.0	45.7	8.0
各种矿料在混合料中级配	10~30 mm 碎石	50	50	19.7	0.8	0.15	0.15	0.15	0.1
	5~10 mm 碎石	25	25	25	23.7	5.0	0.7	0.4	0.1
	0~5 mm 石屑	25	25	25	24.9	24.1	19.8	11.4	1.9
合成级配		100		69.7	49.4	29.3	20.6	12.0	2.1
规定通过百分率/%		100		68~86	38~58	22~32	16~28	8~15	0~3

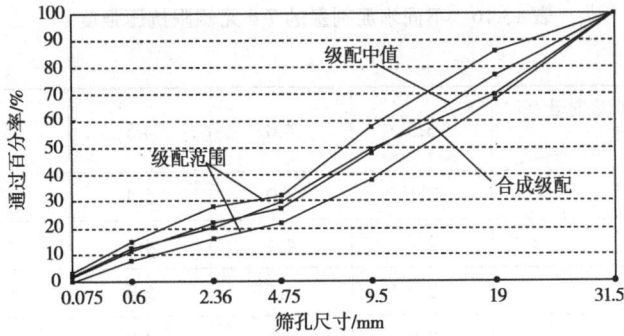

图 13.2　矿质混合料合成级配图

3)水泥剂量的设计

(1)拟定水泥剂量

根据规范推荐及要求,结合经验拟定 5 个水泥剂量为 3.5%,4.0%,4.5%,5.0%,5.5%。

(2)确定混合料的最佳含水率、最大干密度

做 5 个剂量的击实试验。最大干密度、最佳含水率见表 13.14。

表 13.14　不同水泥剂量的最佳含水率和最大干密度

水泥剂量/%	最佳含水率/%	最大干密度/(g·cm⁻³)
3.5	5.0	2.35
4.0	5.1	2.36
4.5	5.1	2.36
5.0	5.3	2.36
5.5	5.5	2.37

(3)确定工地预期达到的干密度

现场碾压时,压实度要求97%,则各种水泥剂量下工地预期达到的干密度见表13.15。

表 13.15　不同水泥剂量下工地预期达到的干密度

水泥剂量/%	最大干密度/(g·cm⁻³)	工地预期达到的干密度/(g·cm⁻³)
4.0	2.35	2.28
4.5	2.36	2.29
5.0	2.36	2.29
5.5	2.36	2.29
6.0	2.37	2.30

(4)成型试件、养护、检验强度

按工地预期达到的干密度和最佳含水率成型试件,并按规范要求进行保湿养生 6 d,浸水 1 d,然后进行抗压试验,计算结果见表 13.16。

表 13.16　不同水泥剂量的 7 d 无侧限抗压强度

单位：MPa

试件编号 ＼ 水泥剂量/%	3.5	4.0	4.5	5.0	5.5
1	3.1	4.0	5.4	5.6	6.1
2	2.7	4.4	4.6	5.4	6.3
3	2.9	4.5	5.3	6.0	5.2
4	3.0	3.9	4.7	5.2	6.5
5	3.5	3.6	5.3	5.5	6.6
6	2.7	3.5	5.2	4.9	5.8
7	3.0	4.3	4.6	5.7	6.6
8	3.6	3.5	4.5	5.6	5.6
9	2.9	4.6	5.7	6.2	6.3
10	2.7	4.0	4.7	5.3	6.5
11	2.6	3.9	4.4	6.1	5.8
12	3.1	3.6	5.1	5.3	5.4
13	2.6	4.1	4.7	4.8	5.9
平均值/MPa	2.7	4.0	4.9	5.5	6.1
标准差/MPa	0.413	0.377	0.397	0.416	0.486
偏差系数/%	15.3	9.4	8.1	7.6	8.0

（5）强度验算

由表 13.11 计算结果可知：当水泥剂量为 4.0%，4.5%，5.0%，5.5% 时的平均抗压强度都达到设计强度 4.0 MPa，故验算这 4 组试件的相关情况见表 13.17，因为是二级公路，所以应取保证率为 90%，$Z_a = 1.282$。

表 13.17　不同水泥剂量强度验算结果

水泥剂量/%	设计强度 R_d /MPa	平均值/MPa	标准差 S/MPa	偏差系数 C_v /%	R_d^0/MPa
4.0	4.0	4.0	0.377	9.4	3.52
4.5	4.0	4.9	0.397	8.1	4.39
5.0	4.0	5.5	0.416	7.6	4.96
5.5	4.0	6.1	0.486	8.0	5.47

由验算得知，水泥剂量为 4.5%，5.0%，5.5% 时满足设计强度要求，选择满足强度要求的最小水泥剂量为 4.5%。

4)结论

该水泥稳定碎石的矿质混合料试验室配合比为:10~30 mm 碎石:5~10 mm 碎石:0~5 mm 石屑=50%:25%:25%;水泥剂量为 4.5%。

思考题

阅读材料——
土工合成材料

1.简述无机结合料稳定材料的配合比设计步骤。

2.某段高速公路底基层水泥稳定土配合比设计,成型 5 组试件,水泥剂量分别为 3.0%,3.5%,4.0%,4.5%,5.0%,其每个试件强度测定值见表 13.18,试选定该水泥稳定土的配合比(设计强度 $R_d=1.5$ MPa)。

表 13.18　5 组试件 7 d 无侧限抗压强度

单位:MPa

水泥剂量/% ＼ 试件	1	2	3	4	5	6
3.0	1.00	1.20	0.82	0.90	0.92	0.78
3.5	1.40	1.60	1.62	1.50	1.40	1.48
4.0	1.74	1.82	1.70	1.62	1.50	1.70
4.5	2.02	1.62	1.60	1.66	1.78	1.62
5.0	2.12	2.02	2.30	1.88	1.80	1.78

参考文献

［1］中华人民共和国交通运输部.公路土工试验规程:JTG E40—2007[S].北京:人民交通出版社,2007.

［2］中华人民共和国交通运输部.公路工程集料试验规程:JTG E42—2005[S].北京:人民交通出版社,2005.

［3］中华人民共和国交通运输部.公路工程岩石试验规程:JTG E41—2005[S].北京:人民交通出版社,2005.

［4］中华人民共和国交通运输部.公路工程水泥及水泥混凝土试验规程:JTG 3420—2020[S].北京:人民交通出版社,2020.

［5］中华人民共和国交通运输部.公路工程无机结合料稳定材料试验规程:JTG E51—2009[S].北京:人民交通出版社,2009.

［6］中华人民共和国交通运输部.公路工程沥青及沥青混合料试验规程:JTG E20—2011[S].北京:人民交通出版社,2011.

［7］中华人民共和国交通运输部.公路工程土工合成材料试验规程:JTG 3650—2020[S].北京:人民交通出版社,2020.

［8］中华人民共和国交通运输部.公路沥青路面施工技术规范:JTG F40—2004[S].北京:人民交通出版社,2004.

［9］中华人民共和国交通运输部.公路桥涵施工技术规范:3650—2020[S].北京:人民交通出版社,2020.

［10］中华人民共和国国家质量监督检验检疫总局,中国国家标准化管理委员会.水泥标准稠度用水量、凝结时间、体积安定性试验方法:GB/T 1346—2011[S].北京:中国标准出版社,2011.

［11］中华人民共和国国家质量监督检验检疫总局,中国国家标准化管理委员会.水泥比表面积测定方法　勃氏法:GB/T 8074—2008[S].北京:中国标准出版社,2008.

［12］中华人民共和国交通运输部.公路路基设计规范:JTG D 30—2015[S].北京:人民交通出版社,2015.

［13］中华人民共和国交通运输部.公路路面基层施工技术细则:JTG/T F20—2015[S].北京:人民交通出版社,2000.

［14］中华人民共和国交通运输部.公路水泥混凝土路面施工技术规范:JTG F30—2003[S].北京:人民交通出版社,2015.

［15］中华人民共和国交通运输部.公路水泥混凝土路面设计规范:JTG D40—2011[S].北京:人民交通出版社,2011.

［16］中华人民共和国交通运输部.公路圬工桥涵设计规范:JTG D61—2005[S].北京:人民交通出版社,2005.

［17］中华人民共和国交通运输部.公路桥涵地基与基础设计规范:JTG 3363—2019［S］.北京:人民交通出版社,2019.

［18］中华人民共和国交通运输部.公路沥青路面设计规范:JTG D50—2017［S］.北京:人民交通出版社,2006.

［19］交通部公路科学研究院.公路工程水泥混凝土外加剂与掺合料应用技术指南［M］.北京:人民交通出版社,2006.

［20］中华人民共和国交通运输部.公路土工合成材料应用技术规范:JTG/T D32—2012［S］.北京:人民交通出版社,2012.

［21］中华人民共和国交通运输部.公路水运试验检测数据报告编制导则:JT/T 828—2019［S］.北京:人民交通出版社,2019.

［22］中华人民共和国国家质量监督检验检疫总局,中国国家标准化管理委员会.通用硅酸盐水泥:GB 175—2007［S］.北京:中国标准出版社,2007.

［23］中华人民共和国住房和城乡建设部.砌筑砂浆配合比设计规程:JGJ/T 98—2010［S］.北京:中国建筑工业出版社,2010.

［24］中华人民共和国住房和城乡建设部.普通水泥混凝土配合比设计规程:JGJ 55—2011［S］.北京:中国建筑工业出版社,2011.

［25］中华人民共和国国家质量监督检验检疫总局,中国国家标准化管理委员会.钢筋混凝土用钢　第2部分:热轧带肋钢筋:GB 1499.2—2018［S］.北京:中国标准出版社,2018.

［26］中华人民共和国国家质量监督检验检疫总局,中国国家标准化管理委员会.钢筋混凝土用钢　第1部分:热轧光圆钢筋:GB 1499.1—2017［S］.北京:中国标准出版社,2017.

［27］中华人民共和国国家质量监督检验检疫总局,中国国家标准化管理委员会.金属材料拉伸试验　第1部分:室温试验方法:GB/T 228.1—2010［S］.北京:中国标准出版社,2010.

［28］中华人民共和国国家质量监督检验检疫总局,中国国家标准化管理委员会.金属材料 弯曲试验方法:GB/T 232—2010［S］.北京:中国标准出版社,2010.

［29］中华人民共和国国家质量监督检验检疫总局,中国国家标准化管理委员会.预应力混凝土用钢绞线:GB/T 5224—2014［S］.北京:中国标准出版社,2014.

［30］中华人民共和国国家质量监督检验检疫总局,中国国家标准化管理委员会.碳素结构钢:GB/T 700—2006［S］.北京:中国标准出版社,2006.

［31］中华人民共和国国家市场监督管理总局,中国国家标准化管理委员会.低合金高强度结构钢:GB/T 1591—2018［S］.北京:中国标准出版社,2018.

［32］中华人民共和国国家质量监督检验检疫总局,中国国家标准化管理委员会.桥梁用结构钢:GB/T 714—2015［S］.北京:中国标准出版社,2015.

［33］中华人民共和国国家质量监督检验检疫总局,中国国家标准化管理委员会.混凝土外加剂:GB 8076—2008［S］.北京:中国标准出版社,2008.

［34］中华人民共和国国家质量监督检验检疫总局,中国国家标准化管理委员会.建筑生石灰:JC/T 479—2013［S］.北京:中国建材工业出版社,2013.

［35］中华人民共和国国家质量监督检验检疫总局,中国国家标准化管理委员会.建筑消石灰:JC/T 481—2013［S］.北京:中国建材工业出版社,2013.

［36］姜志青.道路建筑材料［M］.5版.北京:人民交通出版社,2015.

［37］李福普,李闯民.公路工程试验检测人员用书:材料［M］.2版.北京:人民交通出版社,2014.

《道路建筑材料》试验

学习任务单及检测记录表、报告表

专业＿＿＿＿＿＿＿＿＿＿＿＿＿＿＿

班级＿＿＿＿＿＿＿＿＿＿＿＿＿＿＿

学号＿＿＿＿＿＿＿＿＿＿＿＿＿＿＿

姓名＿＿＿＿＿＿＿＿＿＿＿＿＿＿＿

学期＿＿＿＿＿＿＿＿＿＿＿＿＿＿＿

目　录

试验检测数据报告的组成及填写要求

《公路水运试验检测数据报告编制导则》(JT/T 828—2019)规定,试验检测数据报告包括试验检测记录表和试验检测报告。根据检测目的和报告内容的不同,报告可分为检测类报告和综合评价类报告两类。

一、试验检测记录表的组成及填写

试验检测记录表由标题、基本信息、检测数据、附加声明、落款5部分组成。每一试验参数(或试验方法)可单独编制记录表。同一试验过程中同时获得多个试验参数时,可将多个参数集成编制于一个记录表中。

1.标题部分

标题位于记录表上方,用于表征其基本属性,由记录表名称、唯一性标识编码、检测单位名称、记录编号、页码组成。

①检测单位为检测机构时,应填写等级证书中机构名称,可附加等级证书编号;检测单位为工地试验室时,应填写其授权文件上的工地试验室名称。

②记录编号用于记录表的身份识别,由检测单位自行编写,记录编号在确保唯一的前提下,应简洁且易于管理。

2.基本信息部分

基本信息部分位于标题部分之后,用于表征试验检测的基本信息。基本信息包括工程名称、工程部位/用途、样品信息、试验检测日期、试验条件、检测依据、判定依据、主要仪器设备名称及编号。

(1)工程名称

工程名称为测试对象所属工程项目的名称。当涉及盲样时,可不填写。

(2)工程部位/用途

工程部位/用途为二选一填写项,当涉及盲样时可不填写。当可以明确被检对象在工程中的具体位置时,填写工程部位名称及起止桩号;当被检对象为独立结构时,填写结构物及其构件名称、编号等信息;当指明数据报告结果的具体用途时,填写其相关信息。

（3）样品信息

样品信息包括来样时间、样品名称、样品编号、样品数量、样品状态、制样情况和抽样情况。制样情况和抽样情况可根据实际情况删减。

①来样时间填写检测收到样品的日期，以"YYYY 年 MM 月 DD 日"的形式表示；

②样品名称按标准规范的要求填写；

③样品编号由检测单位自行编制，用于区分每个独立样品的唯一性编号；

④样品数量按照检测依据规定的计量单位，如实填写；

⑤样品状态应描述样品的性状，如样品的物理状态、是否有污染、是否被腐蚀等；

⑥制样情况应描述制样方法及条件、养护条件、养护时间及依据；

⑦抽样情况应描述抽样日期、抽取地点（包括简图、草图或照片）、抽样程序、抽样依据及抽样过程中可能影响检测结果解释的环境条件等。

（4）试验检测日期

当日完成的试验检测工作可填写当日日期，一日以上的试验检测工作应表征试验的起止日期。日期以"YYYY 年 MM 月 DD 日"的形式表示。

（5）试验条件

试验条件填写试验时的温度、湿度、照度、气压等环境条件。

（6）检测依据

检测依据为试验所依据的标准、规范、规程、作业指导等技术文件，应填写完整技术文件名称和代号。当技术文件为公开发布的，可只填写其代号。必要时，还应填写技术文件的方法编号、章节号或条款号等。

（7）判定依据

判定依据为出具检测结论所依据的标准、规范、规程、设计文件、产品说明书等。

（8）主要仪器设备名称及编号

主要仪器设备名称及编号是填写试验检测过程中使用的仪器设备名称及其唯一性标识。应填写参与结果分析计算的量值输出仪器、对结果有重要影响的配套设备名称及编号。

3.检测数据部分

检测数据部分位于基本信息之后，用于填写采集的试验数据，包括原始观测数据、数据处理过程及方法、试验结果等。

（1）原始观测数据

原始观测数据应包含获取试验结果所需的充分信息，以便该试验在尽可能接近原条件的情况下能够复现，具体要求如下：

①手工填写的原始观测数据应在现场如实、完整记录，如需修改，应杠改并在修改处签字；

②由仪器设备自动采集的检测数据、试验照片等电子数据，可打印并签字后粘贴于记录表中或保存电子档。

（2）数据处理过程与方法

数据处理过程与方法填写原始观测数据推导出试验结果的过程记录，包括计算公式、推导过程、数字修约等，必要时填写相应依据。

（3）试验结果

试验结果是按照检测依据的要求给出该项试验的测试结果。

4.附加声明部分

附加声明部分位于检测数据部分之后，用于说明需要提醒和声明的事项，包括对试验检测的依据、方法、条件等偏离情况的声明，以及其他见证方签字、其他需要补充说明的事项。

5.落款部分

落款部分位于附加声明部分之后，用于表征记录表的签认信息，由检测、记录、复核、日期组成。检测、记录、复核应签署实际承担相应工作的人员姓名，日期为记录表的复核日期，以"YYYY 年 MM 月 DD 日"形式表示。对于采用信息化手段编制的记录表，可使用数字签名。

二、检测类报告的组成及填写

检测类报告由标题部分、基本信息部分、检测对象属性部分、检测数据部分、附加声明部分及落款部分组成。

1.标题部分

标题部分由报告名称、唯一性标识编码、检测单位名称、专用章、报告编号、页码组成。检测专用章应端正地盖压在检测单位名称上。

2.基本信息部分

基本信息包括施工/委托单位、工程名称、工程部位/用途、样品信息、检测依据、判定依据、主要仪器设备名称及编号。

3.检测对象属性部分

检测对象属性部分位于基本信息部分之后,用于被检对象、测试过程中有关技术信息的详细描述,应能如实反映检测对象的基本情况,视报告具体内容需要确定,并具有可追溯性。

4.检测数据部分

检测数据部分的相关内容来源于记录表,包含检测项目、技术要求/指标、检测结果、检测结论等内容及反映检测结果与结论的必要图表信息。检测结论应包含根据判定依据做出符合或不符合的相关描述。当需要对检测对象进行判断时,还应包含结果判定信息。

5.附加声明部分

附加声明部分位于检测数据部分之后,用于说明需要提醒和声明的事项,可用于以下情况:

①对试验检测的依据、方法、条件等偏离情况的声明;

②对报告使用方式和责任的声明;

③报告出具方的联系信息;

④其他需要补充说明的事项。

6.落款部分

落款部分由检测、审核、批准、日期组成,日期为报告的批准日期。

学习任务单 1 测定岩石的毛体积密度

岩石的毛体积密度定义：	
试验规程名称及代号	
试验方法代号	
主要 仪器设备	共　种
量积法 简要流程	
水中称量法 简要流程	
试验精度 要求	
自测反思	使用游标卡尺是否 能正确读数
	电子天平操作 步骤及注意事项
	浸水天平操作 步骤及注意事项

岩石毛体积密度试验检测记录表(量积法)

JGLQ03004a

检测单位名称：   记录编号：

工程名称											
工程部位/用途											
样品信息											
试验检测日期					试验条件						
检测依据					判定依据						
主要仪器设备名称及编号											
组织情况			水密度/$(g \cdot cm^{-3})$					岩石密度/$(g \cdot cm^{-3})$			
试件编号											
试件尺寸/mm	直径(边长)	1									
		2									
		面积									
		平均									
	高度	1									
		2									
		3									
		4									
		5									
		平均									
试件体积/cm^3											
试件烘干前质量/g											
试件强制饱水后质量/g											
试件烘干后质量/g											
天然密度/$(g \cdot cm^{-3})$											
天然密度平均值/$(g \cdot cm^{-3})$											
饱和密度/$(g \cdot cm^{-3})$											
饱和密度平均值/$(g \cdot cm^{-3})$											
干密度/$(g \cdot cm^{-3})$											
干密度平均值/$(g \cdot cm^{-3})$											
孔隙率/%											
孔隙率平均值/%											
附加声明：											

检测：   记录：   复核：   日期：   年   月   日

岩石毛体积密度试验检测记录表（水中称量法）

检测单位名称：

记录编号：

工程名称		工程部位/用途	
样品信息			
试验检测日期		试验条件	
检测依据		判定依据	
主要仪器设备名称及编号			
组织情况			

试件编号	试件烘干前质量/g	试件强制饱水后质量/g	试件烘干后质量/g	试件强制饱水后水中质量/g	水密度/(g·cm⁻³)	天然密度/(g·cm⁻³)		饱和密度/(g·cm⁻³)		干密度/(g·cm⁻³)		孔隙率/%		备注
						单值	平均值	单值	平均值	单值	平均值	单值	平均值	

附加声明：

检测： 记录： 复核： 日期： 年 月 日

岩石试验检测报告

BGLQ03001F

检测单位名称：　　　　　　　　　　　　　　　　　　报告编号：

施工/委托单位		工程名称	
工程部位用途			
样品信息			
检测依据		判定依据	
主要仪器设备名称及编号			
委托编号		检测类别	

序　号	检测参数	技术要求	检测结果	结果判定
1	密度/$(g \cdot cm^{-3})$			
2	毛体积密度/$(g \cdot cm^{-3})$			
3	单轴抗压强度/MPa			
4	含水率/%			

以下空白

检测结论：

附加声明：

机构地址：　　　　　　　　　　　　　　　　　　联系电话：

检测：　　　　审核：　　　　批准：　　　　日期：　　年　　月　　日

8

学习任务单 2 测定细集料的表观密度及表观相对密度

细集料表观密度及表观相对密度的定义:			

试验规程名称及代号	
试验方法名称及代号	

主要 仪器设备	共　　　种

试样处理	选取材料粒径要求	材料干湿度要求	材料数量

试验步骤及 简要流程	

试验条件	试样温度要求	如何保证温度符合要求

试验结果 处理	单次计算值保留小数点位数	最终测定值要求

试验结果 分析	针对试验实际操作分析(影响因素、失败原因等):

细集料表观密度试验检测记录表（容量瓶法） JGLQ02014b

检测单位名称：　　　　　　　　　　　　　　　　　　记录编号：

工程名称							
工程部位/用途							
样品信息							
试验检测日期				试验条件			
检测依据				判定依据			
主要仪器设备名称及编号							

试验次数	水温 $t/℃$	试样烘干质量/g	试样、水及容量瓶总质量/g	水及容量瓶总质量/g	表观密度 $/(g \cdot cm^{-3})$	平均表观密度 $/(g \cdot cm^{-3})$	平均表观相对密度

以下空白

附加声明：

检测：　　　　　记录：　　　　　复核：　　　　　日期：　　年　　月　　日

学习任务单 3 测定细集料的堆积密度

细集料堆积密度的定义:		

试验规程名称及代号	
试验方法代号	

主要仪器设备	
	共　　种

试样处理	试样数量	试样干湿要求

试验步骤及简要流程	

容量筒容积校正	水温要求	玻璃板与水面之间没有空隙现象出现	玻璃板与水面之间有空隙的处理方法

试验结果处理	单次计算值保留小数点位数	最终测定值要求

空隙率计算	计算公式	计算精确要求

试验结果分析	针对试验实际操作分析(影响因素、失败原因等):

细集料堆积密度及紧装密度试验检测记录表 JGLQ020041

检测单位名称：　　　　　　　　　　　　　　　　　　　记录编号：

工程名称	
工程部位/用途	
样品信息	

试验检测日期		试验条件	
检测依据		判定依据	

主要仪器设备名称及编号	

砂的表观密度/(g·cm⁻³)		容器筒和玻璃板总质量/g	

容器筒、玻璃板和水总质量/g		容器筒容积/mL	

容器筒质量/g	容器筒及堆积密度砂总质量/g	容器筒及紧装密度砂总质量/g	堆积密度 ρ /(g·cm⁻³)	紧装密度 ρ' /(g·cm⁻³)	平均堆积密度 /(g·cm⁻³)	平均紧装密度 /(g·cm⁻³)

堆积空隙率/%		紧装空隙率/%	

以下空白

附加声明：

检测：　　　　　记录：　　　　　复核：　　　　　日期：　　年　　月　　日

学习任务单4 测定细集料的颗粒级配和粗细程度(水洗法)

细集料颗粒级配的定义:			
试验规程名称及代号			
试验方法代号			
主要仪器设备	共 种		
试样处理	过标准筛尺寸		
	取样方法		
筛分试样要求	筛分试样干湿状况	筛分试样数量	筛分试样份数
试验步骤及简要流程			
砂的水洗方法	如何洗		
	原因		
结果计算	分计筛余的计算中总质量是指		
	计算结果精度要求		
	细度模数计算公式		
筛分曲线绘制要求	横坐标		
	纵坐标		
试验结果分析	针对试验实际操作分析(影响因素、失败原因等):		

细集料筛分试验检测记录表（水洗法）

检测单位名称：　　　　　　　　　　　　　　　　　　　记录编号：

工程名称	
工程部位/用途	
样品信息	

试验检测日期		试验条件	
检测依据		判定依据	

主要仪器设备名称及编号	

试验次数	水洗前烘干试样总质量/g	水洗后烘干试样总质量/g	集料中小于 0.075 mm 的颗粒含量/%	
			单值	平均值

干燥试样总量/g	第一组				第二组				平均通过百分率/%
筛孔尺寸/mm	分计质量/g	分计筛余/%	累计筛余/%	通过百分率/%	分计质量/g	分计筛余/%	累计筛余/%	通过百分率/%	
合计质量	合计 1 =				合计 2 =				
细度模数	$M_{x1}=$				$M_{x2}=$			细度模数平均值 =	

附加声明：

检测：　　　　　　　记录：　　　　　　　复核：　　　　　　　日期：　　年　　月　　日

细集料筛分试验检测记录表（干筛法）

JGLQ020013a

检测单位名称：　　　　　　　　　　　　　　　　　　　　　记录编号：

工程名称										
工程部位/用途										
样品信息										
试验检测日期					试验条件					
检测依据					判定依据					
主要仪器设备名称及编号										

>9.5 mm 颗粒含量计算	试样质量/g			>9.5 mm 颗粒质量/g			>9.5 mm 颗粒含量/%			

干燥试样总量/g	第一组				第二组				平均通过百分率/%
筛孔尺寸/mm	分计质量/g	分计筛余/%	累计筛余/%	通过百分率/%	分计质量/g	分计筛余/%	累计筛余/%	通过百分率/%	
合计质量	合计 1 =				合计 2 =				
细度模数	$M_{x1}=$				$M_{x2}=$			细度模数平均值=	

附加声明：

检测：　　　　　记录：　　　　　复核：　　　　　日期：　　年　　月　　日

15

细集料试验检测报告(沥青混合料及基层用)

BGLQ02001F

检测单位名称：

报告编号：

施工/委托单位		工程名称	
工程部位用途			
样品信息			
检测依据		判定依据	
主要仪器设备名称及编号			
委托编号		检测类别	
批号		生产厂家	

颗粒级配	筛孔尺寸/mm	通过百分率/%							
		4.75	2.36	1.18	0.6	0.3	0.15	0.075	底
	实测值								
	规定值								

序号	检测参数	技术要求	检测结果	结果判定	
1	细度模数				
2	含泥量/%				
3	砂当量/%				
4	表观相对密度				
5	表观密度/$(g \cdot cm^{-3})$				
6	亚甲蓝值/$(g \cdot kg^{-1})$				
7	棱角性/s				
8	坚固性/%			筛分曲线	

检测结论：

附加声明：

机构地址：　　　　　　　　　　　　　　　　联系电话：

检测：　　　　审核：　　　　批准：　　　　日期：　　年　　月　　日

学习任务单 5　测定粗集料的表观密度及表观相对密度

粗集料表观密度及表观相对密度的定义：	
试验规程名称及代号	
试验方法名称及代号	
主要仪器设备	共　　种

试样要求	选取材料粒径要求	材料干湿度要求

取样方法及数量	取样方法	10~30 mm 碎石取样数量

试验步骤及简要流程	

试验过程中水温要求	水温要求	如何测定

计算结果要求精度	单次计算值保留小数点位数	最终测定值要求

试验结果分析	某同学测定 10~30 mm 碎石的表观相对密度,两次平行试验结果之差为 0.024,结果如何处理?
	针对试验实际操作分析(影响因素、失败原因等):

粗集料密度及吸水率试验检测记录表（网篮法）

JGLQ02002a

检测单位名称：

记录编号：

工程名称		工程部位/用途	
样品信息			
试验检测日期		试验条件	
检测依据		判定依据	
主要仪器设备名称及编号			

试验数据及吸水率

密度

水温/℃	水密度/（g·cm⁻³）	集料水中质量/g	集料表干质量/g	集料烘干质量/g	吸水率单值/%	吸水率平均值/%

集料表干相对密度		集料毛体积相对密度		集料表观密度/（g·cm⁻³）		集料表干密度/（g·cm⁻³）		集料毛体积密度/（g·cm⁻³）	
单　值	平均值	单　值	平均值	单　值	平均值	单　值	平均值	单　值	平均值

集料表观相对密度	
单　值	平均值

附加声明：

检测：　　　　　　　　记录：　　　　　　　　复核：　　　　　　　　日期：　　　年　　月　　日

18

学习任务单 6　测定粗集料的压碎值

粗集料压碎值的定义			
压碎值表征粗集料的性能			
试验规程名称及代号			
试验方法代号			

主要仪器设备			
			共　　　种

试样要求	试样干湿要求	粒径要求	一份试样备料数量

试验步骤简要流程	

计算结果精度要求	

压力机使用	加载时送油阀状态		加载时回油阀状态	
	稳压时送油阀状态		稳压时回油阀状态	
	卸载时送油阀状态		卸载时回油阀状态	
	压力机加载速率大小是靠＿＿＿＿＿＿＿＿＿＿＿控制的。			

试验结果分析	针对试验实际操作分析(影响因素、失败原因等)：

粗集料压碎值试验检测记录表

检测单位名称：　　　　　　　　　　　　　　　　　　记录编号：

工程名称			
工程部位/用途			
样品信息			
试验检测日期		试验条件	
检测依据		判定依据	
主要仪器设备名称及编号			
金属筒中试样质量/g			
试验次数			
试验前试样质量/g			
通过 2.36 mm 筛质量/g			
压碎值单值/%			
压碎值平均单值/%			

以下空白

附加声明：

检测：　　　　　记录：　　　　　复核：　　　　　日期：　　年　　月　　日

学习任务单 7 测定道路石油沥青针入度

针入度表征沥青的_____性;测定条件_____。

试验规程名称及代号	
试验方法代号	

主要仪器设备	
	共 种

试样处理	脱水方法(温度)	加热方法(温度)	过筛(尺寸)

浇 模	浇模要求		室温冷却时间要求	恒温时间要求
	高度			
	防尘措施			
	个数			

试验步骤及简要流程	

针尖与试样表面接触与否如何确定	

精度要求	平行试验精度要求	最终结果处理

试验结果分析	针对试验实际操作分析(影响因素、失败原因等):

学习任务单8　测定道路石油沥青延度

延度表征＿＿＿＿＿＿＿＿＿＿性;测定条件＿＿＿＿＿＿＿＿＿＿＿＿＿＿＿＿＿＿＿＿＿＿。

试验规程名称及代号	
试验方法代号	

主要仪器设备				
	共　　种			
试样处理	同针入度试验试样要求			

涂隔离剂	隔离剂名称及配比		隔离剂涂抹位置	

浇模	浇模要求		冷却时间要求		恒温要求	
	个数		时间		时间	
	要求		要求		要求	

试验步骤及简要流程	
计算结果要求精度	
试验结果分析	针对试验实际操作分析(影响因素、失败原因等):

学习任务单 9 测定道路石油沥青软化点

延度表征＿＿＿＿＿＿＿＿性;测定条件＿＿＿＿＿＿＿＿＿＿＿＿＿＿＿＿＿。

试验规程名称及代号	
试验方法代号	

主要仪器设备	共 种
试样处理	同针入度试验试样要求

涂隔离剂	隔离剂名称及配比		隔离剂涂抹位置	

浇 模	浇模要求		冷却要求		恒温要求	
	个数		时间		时间	
	要求		要求		要求	

测定时介质要求	软化点 80 ℃以下者,介质为	软化点 80 ℃以上者,介质为

试验步骤及简要流程	

计算结果要求精度	

试验结果分析	针对试验实际操作分析(影响因素、失败原因等):

沥青三大指标试验检测记录表

检测单位名称：　　　　　　　　　　　　　　　　　　　记录编号：

工程名称	
工程部位/用途	
样品信息	

试验检测日期		试验条件	
检测依据		判定依据	

主要仪器设备名称及编号	

针入度试验

试验温度/℃					
试验次数					
针入度值/(0.1 mm)					
平均针入度值/(0.1 mm)					

25 ℃时针入度/(0.1 mm)		直线回归相关系数		针入度指数 PI	
当量软化点 T_{800}		当量脆点 $T_{1.2}$		塑性温度范围	

延度试验

试样编号	试验温度/℃	延伸速度/(cm·min⁻¹)	延度值/cm			平均值
			1	2	3	

软化点试验

试验编号	室内温度/℃	烧杯内液体名称	每分钟上升温度值	起始温度	1分钟末	2分钟末	3分钟末	4分钟末	5分钟末	6分钟末	7分钟末	8分钟末	9分钟末	10分钟末	11分钟末	12分钟末	13分钟末	14分钟末	15分钟末	测值	平均值
				烧杯中液体温度上升记录/℃																软化点/℃	
1																					
2																					

附加声明：

检测：　　　　　记录：　　　　　复核：　　　　　日期：　　年　　月　　日

道路石油沥青试验检测报告

BGLQ10001F

施工/委托单位			工程名称		
工程部位用途					
样品信息					
检测依据			判定依据		
主要仪器设备名称及编号					
委托编号			检测类别		
批号			生产厂家		
序号	检测参数（单位）		技术要求	检测结果	结果判定
1	针入度试验	针入度 25 ℃,100 g,5 s/(0.1 mm)			
		针入度指数 PI			
2	软化点/℃				
3	延度 5 ℃,5 cm/min(cm)				
4	60 ℃动力黏度/(pa·s)				
5	10 ℃延度,5 cm/min(cm)				
6	15 ℃延度,5 cm/min(cm)				
7	闪点/℃				
8	溶解度/%				
9	15 ℃密度/(g·cm^{-3})				
10	25 ℃密度/(g·cm^{-3})				
11	含蜡量（蒸馏法）/%				
12	薄膜加热试验				

检测结论：

附加声明：

机构地址：   联系电话：

检测：   审核：   批准：   日期：   年   月   日

学习任务单 10　测定水泥的标准稠度用水量

基础知识	水泥标准稠度用水量的定义	
	水泥标准稠度的定义	
	测定目的	
试验规程名称及代号		
主要仪器设备		共　　　种
试验室条件	试验室温度	相对湿度	水泥试样、拌和水、仪器和用具温度
试验原理		
试样处理	过筛(尺寸)	取样(方法)
取样数量		
试验步骤及简要流程		
计算公式		
试验结果分析	针对试验实际操作分析(影响因素、失败原因等):

26

学习任务单 11　测定水泥凝结时间

<table>
<tr><td rowspan="2">基础知识</td><td>水泥凝结
时间的定义</td><td colspan="4"></td></tr>
<tr><td>测定的意义</td><td colspan="4"></td></tr>
<tr><td colspan="2">试验规程名称及代号</td><td colspan="4"></td></tr>
<tr><td colspan="2">主要仪器
设备</td><td colspan="4" style="text-align:right">共　　　种</td></tr>
<tr><td colspan="2">试验环境
条件</td><td>试验室温度</td><td>试验室相对湿度</td><td>养护箱温度</td><td>养护箱相对湿度</td></tr>
<tr><td colspan="2"></td><td></td><td></td><td></td><td></td></tr>
<tr><td colspan="2">试样要求</td><td>过筛(尺寸)</td><td colspan="3"></td></tr>
<tr><td colspan="2">凝结时间
计时起始</td><td colspan="4"></td></tr>
<tr><td colspan="2" rowspan="3">试验步骤及
简要流程</td><td colspan="3">初凝时间的测定</td><td>终凝时间的测定</td></tr>
<tr><td colspan="3"></td><td></td></tr>
<tr><td colspan="3"></td><td></td></tr>
<tr><td colspan="2">结果记录</td><td>凝结时间表示单位</td><td colspan="3"></td></tr>
<tr><td colspan="2">注意事项</td><td colspan="4"></td></tr>
<tr><td colspan="2">试验结果
分析</td><td colspan="4">针对试验实际操作分析(影响因素、失败原因等):</td></tr>
</table>

学习任务单 12 测定水泥安定性

引起水泥体积不安定的原因：	

试验规程名称及代号	
主要仪器 设备	
	共 种
试样要求	
试验步骤及 简要流程	
计算结果 要求精度	
合格判定标准	
试验结果 分析	针对试验实际操作分析(影响因素、失败原因等)：

水泥标准稠度用水量、凝结时间、安定性试验检测记录表

检测单位名称：　　　　　　　　　　　　　　　　　　记录编号：

工程名称	
工程部位/用途	
样品信息	

试验检测日期		试验条件	
检测依据		判定依据	

主要仪器设备名称及编号	

水泥净浆标准稠度试验

试验方法	试验次数	水泥试样质量/g	加水量/mL	试杆距底板距离/mm	稠度/%
标准法					

水泥凝结时间、安定性试验

凝结时间试验							安定性试验		
试样重/g	用水量/g	开始加水泥时间	初凝		终凝		$C_1($　$)-A_1($　$)=$		
							$C_2($　$)-A_2($　$)=$		
			初凝时间	初凝/min	终凝时间	终凝/min	平均值： 规定值：≤5.0 mm		
							结论		

以下空白

附加声明：

检测：　　　　　记录：　　　　　复核：　　　　　日期：　　年　　月　　日

学习任务单 13 测定水泥胶砂强度

胶砂试件材料及比例：			
试验规程名称及代号			
试验方法代号			
主要仪器设备			共 种
试样制备	水泥质量/g	标准砂质量/g	水/g
试件尺寸			
试件组数		试件个数	
制件步骤及简要流程			
养 护	条 件	龄期要求	龄期计时

强度试验步骤及简要流程	抗折强度试验		抗压强度试验

强度试验加载速度	抗折强度	
	抗压强度	

试验结果处理	项目	抗折强度	抗压强度
	单值计算公式		
	单值计算精度要求		
	结果处理方法		

试验结果分析	针对试验实际操作分析(影响因素、失败原因等)：

水泥胶砂强度试验检测记录表

检测单位名称：　　　　　　　　　　　　　　　　　　　记录编号：

工程名称						
工程部位/用途						
样品信息						
试验检测日期			试验条件			
检测依据			判定依据			
主要仪器设备名称及编号						
养护条件				成型日期		

	龄期/d	试验日期	试件尺寸/mm	破坏荷载/kN	抗折强度测值/MPa	抗折强度测定值/MPa
抗折强度	3					
	28					

	龄期/d	试验日期	受压面积/mm²	破坏荷载/kN	抗压强度测值/MPa	抗压强度测定值/MPa
抗压强度	3					
	28					

附加声明：

检测：　　　　　记录：　　　　　复核：　　　　　日期：　年　月　日

水泥试验检测报告

检测单位名称：　　　　　　　　　　　　　　　　　　　　报告编号：

施工/委托单位		工程名称	
工程部位用途			
样品信息			
试验依据		判定依据	
主要仪器设备名称及编号			
委托编号		检测类别	
出厂批号		生产厂家	
序　号	检测参数	技术要求	检测结果	结果判定
1	细度/%			
2	密度/$(kg \cdot m^{-3})$			
3	比表面积/$(m^2 \cdot kg^{-1})$			
4	标准稠度用水量/%			
5	凝结时间/min　初凝			
	终凝			
6	安定性			
7	胶砂流动度/mm			
8	抗折强度/MPa			
	抗压强度/MPa			
9	烧失量/%			

检测结论：

附加声明：

机构地址：　　　　　　　　　　　　　　　　　　　　联系电话：

检测：　　　　审核：　　　　　批准：　　　　　日期：　　年　　月　　日

学习任务单 14　测定石灰有效氧化钙及氧化镁

<table>
<tr><td colspan="3">石灰中有效氧化钙及氧化镁含量与石灰质量的关系：</td></tr>
<tr><td colspan="2">试验规程名称及代号</td><td></td></tr>
<tr><td colspan="2">试验方法代号</td><td></td></tr>
<tr><td rowspan="1">主要仪器
设备</td><td colspan="2">共　　　种</td></tr>
<tr><td rowspan="2">试样处理</td><td>生石灰</td><td>消石灰粉</td></tr>
<tr><td></td><td></td></tr>
<tr><td>试验步骤及
简要流程</td><td colspan="2"></td></tr>
<tr><td>滴定终点的判断</td><td colspan="2"></td></tr>
<tr><td>保证试验数据
准确控制要点</td><td colspan="2"></td></tr>
<tr><td>结果计算公式</td><td colspan="2"></td></tr>
<tr><td>精度要求</td><td colspan="2"></td></tr>
<tr><td rowspan="2">试验结果分析</td><td colspan="2">针对试验实际操作分析(影响因素、失败原因等)：</td></tr>
<tr><td colspan="2"></td></tr>
</table>

石灰钙镁含量试验检测记录表

JGLQ09001

检测单位名称：   记录编号：

工程名称	
工程部位/用途	
样品信息	

试验检测日期		试验条件	
检测依据		判定依据	

主要仪器设备名称及编号	

有效氧化钙和氧化镁的含量测定

试验次数	试样质量/g	盐酸浓度/(mol·L⁻¹)	盐酸耗量/mL	有效氧化钙和氧化镁的含量单值/%	有效氧化钙和氧化镁的含量测定值/%
1					
2					

有效氧化钙的测定

试验次数	试样质量/g	盐酸浓度/(mol·L⁻¹)	盐酸耗量/mL	有效氧化钙含量单值/%	有效氧化钙含量测定值/%
1					
2					

氧化镁的测定

试验次数	试样质量/g	EDTA对CaO的滴定度	EDTA对MgO的滴定度	EDTA滴定钙镁含量的耗量/mL	EDTA滴定钙的耗量/mL	氧化镁含量测值/%	氧化镁含量测定值/%
1							
2							

有效氧化钙和氧化镁的含量/%	

附加声明：

检测：   记录：   复核：   日期：   年   月   日

34

学习任务单 15　测定钢筋屈服强度、抗拉强度、断后伸长率

试验目的	
试验规程名称及代号	
主要仪器设备	共　　种
试样名称	

试样制备	长度要求	个数	取样方法

原始标距	

试验步骤及简要流程	

加载速度		弹性阶段	屈服阶段	抗拉阶段
	规范要求			
	换算为试验机示值			

计算公式	强度计算	断后伸长率计算

数据精度要求	

试验结果分析	针对试验实际操作分析(影响因素、失败原因等):

学习任务单 16　测定钢筋冷弯性能

试验目的	
试验规程名称及代号	
主要仪器设备	共　　　种
试样名称	

试样制备	长度要求	个数	取样

弯曲压头直径	
弯曲角度	
试验步骤及简要流程	
加载速度	
判定项目	
试验结果分析	针对试验实际操作分析(影响因素、失败原因等):

钢筋原材料试验检测记录表

检测单位名称：

记录编号：

工程名称		工程部位/用途	
样品信息			
试验检测日期		试验条件	
检测依据		判定依据	
主要仪器设备名称及编号			

试样编号	试件尺寸		屈服强度		抗拉强度		伸长率		弯曲性能		试验结果
	公称直径 /mm	公称截面面积 /mm²	屈服荷载 /kN	屈服强度 /MPa	极限荷载 /kN	抗拉强度 /MPa	断后标距 /mm	断后伸长率 /%	弯曲角度（度）	弯曲压头直径 /mm	
		原始标距 /mm									

附加声明：

检测：　　　　　　　　　　记录：　　　　　　　　　　复核：　　　　　　　　　　日期：　　　年　　月　　日

37

学习任务单 17   马歇尔试件制作

原材料名称及配合比例						
试验规程名称及代号						
试验方法代号						

主要仪器设备	
	共 种

试件要求	一组合格试件个数		标准试件尺寸	

成型试件的材料计算	混合料总量	
	沥青质量	
	各矿料质量	

温度控制	沥青预热温度	矿料预热温度	拌和温度	击实温度

击实次数要求	道路等级	
	正反次数	

制件步骤及简要流程	

试验结果分析	针对试验实际操作分析(影响因素、失败原因等):

学习任务单 18　沥青混合料密度试验

<table>
<tr><td rowspan="3">沥青混合料
物理指标</td><td>名　称</td><td></td><td></td><td></td><td></td></tr>
<tr><td>符号表示</td><td></td><td></td><td></td><td></td></tr>
<tr><td>单　位</td><td></td><td></td><td></td><td></td></tr>
<tr><td colspan="2">试验规程名称及代号</td><td colspan="4"></td></tr>
<tr><td colspan="2">试验方法代号</td><td colspan="4"></td></tr>
<tr><td colspan="2">主要仪器
设备</td><td colspan="4">共　　种</td></tr>
<tr><td colspan="2">温度控制</td><td colspan="4"></td></tr>
<tr><td colspan="2">试验步骤及
简要流程</td><td colspan="4"></td></tr>
<tr><td rowspan="5">结果计算</td><td colspan="2">毛体积密度
计算公式</td><td colspan="3"></td></tr>
<tr><td rowspan="4">空隙率、矿料
间隙率、沥青
饱和度计算
公式</td><td>计算时需要已知
的数据</td><td colspan="3"></td></tr>
<tr><td>空隙率</td><td colspan="3"></td></tr>
<tr><td>矿料间隙率</td><td colspan="3"></td></tr>
<tr><td>沥青饱和度</td><td colspan="3"></td></tr>
<tr><td colspan="2">试验结果
分析</td><td colspan="4">针对试验实际操作分析(影响因素、失败原因等)：</td></tr>
</table>

学习任务单 19 沥青混合料稳定度试验

<table>
<tr><td rowspan="3">沥青混合料
力学指标</td><td>名　称</td><td></td><td></td></tr>
<tr><td>符号表示</td><td></td><td></td></tr>
<tr><td>单　位</td><td></td><td></td></tr>
<tr><td colspan="2">试验规程名称及代号</td><td colspan="2"></td></tr>
<tr><td colspan="2">试验方法代号</td><td colspan="2"></td></tr>
<tr><td colspan="2">主要仪器
设备</td><td colspan="2">共　　种</td></tr>
<tr><td rowspan="2">试件要求</td><td>标准试件尺寸</td><td colspan="2"></td></tr>
<tr><td>尺寸测定方法</td><td colspan="2"></td></tr>
<tr><td rowspan="2">试验条件</td><td colspan="2" style="text-align:center">温度控制要求</td><td style="text-align:center">时间控制要求</td></tr>
<tr><td colspan="2"></td><td></td></tr>
<tr><td colspan="4">试验步骤及
简要流程</td></tr>
<tr><td rowspan="2">结果处理</td><td>可疑数据
取舍标准</td><td colspan="2"></td></tr>
<tr><td>计算结果</td><td colspan="2"></td></tr>
<tr><td rowspan="2">试验结果
分析</td><td colspan="3">针对试验实际操作分析(影响因素、失败原因等):</td></tr>
<tr><td colspan="3"></td></tr>
</table>

沥青混合料（浸水）马歇尔试验检测记录表

检测单位名称：

记录编号：

工程名称		工程部位/用途	
样品信息			
试验检测日期		试验条件	
检测依据		判定依据	
主要仪器设备名称及编号			

试件编号	沥青种类	拌和温度/℃	试件高度/mm					试件空气中质量/g	试件水中质量/g	试件表干质量/g	击实次数/次				击实温度/℃		
			直径/mm	1	2	3	4	平均				试件毛体积相对密度	理论最大相对密度	空隙率/%	矿料间隙率/%	饱和度/%	稳定度/kN		流值/mm	
		平均															单值	均值	单值	均值

附加声明：

检测：　　　　　　　　　记录：　　　　　　　　　复核：

日期：　　　　年　　月　　日

沥青混合料试验检测报告

BGLQ11001F

检测单位名称： 报告编号：

委托单位		工程名称	
工程部位/用途			
样品信息			
检测依据		判定依据	
主要仪器设备名称及编号			
委托编号		检测类别	
沥青混合料类型		级配类型	

序号	检测参数	技术要求	检测结果	结果判定
1	毛体积相对密度			
2	毛体积密度$/(\text{g} \cdot \text{cm}^{-3})$			
3	空隙率 $VV/\%$			
4	矿料间隙率 $VMA/\%$			
5	沥青饱和度 $VFA/\%$			
6	稳定度 MS/kN			
7	流值 $FL/(0.1 \text{ mm})$			
8	马歇尔模数$/(\text{kN} \cdot \text{mm}^{-1})$			

检测结论：

附加声明：

机构地址： 联系电话：

检测： 审核： 批准： 日期： 年 月 日

学习任务单 20 水泥混凝土坍落度试验

<table>
<tr><td rowspan="3">已知条件</td><td>原材料名称</td><td></td></tr>
<tr><td>配合比例</td><td></td></tr>
<tr><td>坍落度要求</td><td></td></tr>
<tr><td colspan="2">试验规程名称及代号</td><td></td></tr>
<tr><td colspan="2">试验方法代号</td><td></td></tr>
<tr><td colspan="2">主要仪器设备</td><td>共　　　种</td></tr>
<tr><td rowspan="2">拌和要求</td><td>拌和数量</td><td>拌和时间</td></tr>
<tr><td></td><td></td></tr>
<tr><td colspan="2">材料用量计算</td><td></td></tr>
<tr><td colspan="2">试验步骤及简要流程</td><td></td></tr>
<tr><td rowspan="2">结果处理</td><td>坍落度测量精确至</td><td>结果修约至</td></tr>
<tr><td></td><td></td></tr>
<tr><td colspan="2">试验结果分析</td><td>针对试验实际操作分析(影响因素、失败原因等):</td></tr>
</table>

水泥混凝土拌合物稠度试验检测记录表(坍落度仪法) JGLQ05001a

检测单位名称：　　　　　　　　　　　　　　　　　　　　记录编号：

工程名称			
工程部位/用途			
样品信息			
试验检测日期		试验条件	
检测依据		判定依据	
主要仪器设备名称及编号			
混凝土种类		搅拌方式	
坍落度值/mm			
坍落扩展度值	最大直径/mm		
	最小直径/mm		
	平均值/mm		
棍度			
含砂情况			
黏聚性			
保水性			

以下空白

附加声明：

检测：　　　　　记录：　　　　　复核：　　　　　日期：　　年　　月　　日

学习任务单 21　水泥混凝土立方体抗压强度试验

已知条件	设计强度	
	已知配比	
	实测坍落度	
试验规程名称及代号		
试验方法代号		

主要仪器设备			
			共　　　种

试件要求	成型方法要求(根据坍落度)		试件尺寸	一组试件个数

试件制作简要流程	坍落度大于 25 mm 且小于 70 mm 时	坍落度大于 70 mm 时

养护条件	温　度	湿　度	放置方法

加载速度要求	强度等级小于 C30	MPa/s	kN/s
	强度等级大于 C30 且小于 C60		
	强度等级大于 C60		

强度检验步骤及简要流程	

结果处理	单值结果	计算公式		精度要求	
	最后结果处理				

试验结果分析	针对试验实际操作分析(影响因素、失败原因等):

水泥混凝土抗压强度试验检测记录表（立方体）   JGLQ05005

检测单位名称：   记录编号：

工程名称	
工程部位/用途	
样品信息	

试验检测日期		试验条件	
检测依据		判定依据	

主要仪器设备名称及编号	

委托编号		检测类别	
混凝土种类		养护条件	
成型日期		强度等级/MPa	

试件组号	试件编号	龄期/d	试件尺寸/mm	极限荷载/kN	抗压强度单值/MPa	抗压强度值/MPa	换算成标准试件抗压强度值/MPa

附加声明：

检测：   记录：   复核：   日期：   年   月   日

水泥混凝土抗压强度试验检测报告

BGLQ05001F

检测单位名称： 报告编号：

委托单位		工程名称	
工程部位/用途			
样品信息			
试验依据		判定依据	
主要仪器设备名称及编号			
委托编号		检测类别	
混凝土种类		强度等级/MPa	
搅拌方式		养护条件	

试件组号	试件尺寸	成型日期	龄期/d	试验日期	技术要求/MPa	检测结果/MPa	结果判定

检测结论：

附加声明：

机构地址： 联系电话：

检测： 审核： 批准： 日期： 年 月 日

47

学习任务单 22　测定砌筑砂浆拌合物的稠度

<table>
<tr><td rowspan="3">已知条件</td><td>原材料名称</td><td></td></tr>
<tr><td>配合比例</td><td></td></tr>
<tr><td>稠度要求</td><td></td></tr>
<tr><td colspan="2">试验规程名称及代号</td><td></td></tr>
<tr><td>主要仪器
设备</td><td colspan="2">共　　种</td></tr>
<tr><td rowspan="2">拌和要求</td><td>拌和数量</td><td></td></tr>
<tr><td>拌和时间</td><td></td></tr>
<tr><td rowspan="3">材料用量
计算</td><td>水泥</td><td></td></tr>
<tr><td>砂</td><td></td></tr>
<tr><td>水</td><td></td></tr>
<tr><td>试验步骤及
简要流程</td><td colspan="2"></td></tr>
<tr><td>试验结果
精度要求</td><td colspan="2"></td></tr>
<tr><td>试验结果
分析</td><td colspan="2">针对试验实际操作分析(影响因素、失败原因等)：</td></tr>
</table>

砂浆稠度试验检测记录表 JGLQ05012

检测单位名称：   记录编号：

工程名称	
工程部位/用途	
样品信息	

试验检测日期		试验条件	
检测依据		判定依据	

主要仪器设备名称 及编号	

砂浆配合比	

试验次数	试锥下沉深度/mm	稠度/mm	平均值/mm

以下空白

附加声明：

检测：   记录：   复核：   日期：   年   月   日

学习任务单 23　无机结合料稳定材料无侧限抗压强度检验

已知条件	设计强度			
	灰剂量			
	最大干密度		最佳含水率	
	要求压实度			
试验规程名称及代号				
试验方法代号				

主要仪器设备	
	共　　种

试件要求	成型方法	试件尺寸	一组试件个数

材料用量计算	一个试件质量计算	
	备料总质量	
	各材料质量计算	

试件制作简要流程	

养护条件	温　度	湿　度	放置方法

试件条件	试件面积		加载速度	

强度试验简要流程	

结果计算	量力环的标定系数			
	极限荷载		强度计算	

试验结果分析	针对试验实际操作分析(影响因素、失败原因等):

无机结合料稳定材料无侧限抗压强度试验检测记录表 JGLQ09008

检测单位名称：　　　　　　　　　　　　　　　　　　记录编号：

工程名称										

| 工程部位/用途 | |

| 样品信息 | |

试验检测日期		试验条件	

| 检测依据 | | 判定依据 | |

| 主要仪器设备名称及编号 | |

| 成型压实度/% | | 成型时干密度/$(g \cdot cm^{-3})$ | |

| 成型时含水率/% | | 试件直径/mm | |

| 成型日期 | | 试压日期 | |

试件编号	成型后测		泡水前测	养生期间质量损失/g	泡水后测定		吸水率/%	破坏荷载/N	破坏时含水率/%	强度单值/MPa
	试件重/g	试件高度/mm	试件重/g		试件重/g	试件高度/mm				

附加声明：

检测：　　　　　记录：　　　　　复核：　　　　　日期：　　年　　月　　日

无机结合料稳定材料无侧限抗压强度试验检测报告 BGLQ08001F

检测单位名称：　　　　　　　　　　　　　　　　　　　　　报告编号：

委托单位		工程名称	
工程部位/用途			
样品信息			
检测依据		判定依据	
主要仪器设备名称及编号			
委托编号		检测类别	
试件数量/个		试件直径/mm	
成型日期		试压日期	
设计强度/MPa		保证率对应系数 Z_a	

强度单值											
试件编号											
强度单值/MPa											

单组评定						
平均值/MPa	标准差/MPa	变异系数/%	最大值/MPa	最小值/MPa	95%概率值 $R_{c0.95}$/MPa	$R_d/(1-Z_aC_v)$

检测结论：

附加声明：

机构地址：　　　　　　　　　　　　　　　　　　　　　　　联系电话：

检测：　　　　　审核：　　　　　批准：　　　　　日期：　　　年　　　月　　　日